首都域外检察译丛

德国检察机关的创新发展

社会变迁中检察机关的职责与未来

Innovative Entwicklungen in den deutschen Staatsanwaltschaften

Aufgaben und Zukunft der Staatsanwaltschaft im gesellschaftlichen Wandel

［德］拉尔夫·彼得·安德斯 Ralf Peter Anders
［德］基尔斯滕·格拉尔曼–舍雷尔 Kristen Graalmann-Scheerer
［德］杨·亨里克·沙迪 Jan Henrik Schady
主编

王志坤　王梅杰　等／译

法律出版社 LAW PRESS · CHINA
北京

著作权合同登记号
图字：01-2022-6634

总　序

文明交流互鉴,是推动人类文明进步和世界和平发展的重要动力。习近平总书记深刻指出,文明因交流而多彩,文明因互鉴而丰富。在坚持全面依法治国、推进法治中国建设的新征程上,检察机关学习贯彻党的二十大报告关于“更好发挥法治固根本、稳预期、利长远的保障作用,在法治轨道上全面建设社会主义现代化国家”的要求:一方面要传承中华优秀传统法律文化,从我国实际出发,坚定不移走中国特色社会主义法治道路;另一方面也要具有全球视野、树立世界眼光,助力推进法治文明交流互鉴,吸收借鉴其他法治文明的有益成分,铸就社会主义法治文化新辉煌。

我国的检察机关是党绝对领导下的政治机关、法律监督机关和司法机关,人民检察制度是中国特色社会主义政治制度和法律制度的重要组成部分。中国近代检察制度之确立是法治文明交流互鉴的成果,人民检察制度的发端也参考借鉴了苏联模式。一方面,人民检察制度在迄今不足百年的发展历程中深深镌刻着中国革命、建设、改革开放及现代化发展的烙印,具有红色基因;另一方面,人民检察制度本身就是马克思主义基本原理同中国实际相结合、同中华优秀传统文化相结合在法治领域的重要体现,表明检察制度之代表国家提起诉讼及维护法律实施的内涵具有普遍意义。近年来,包括检察改革在内的法治领域、政法领域改革,也在参考借鉴域外经验中获益,生动诠释了"万物并育而不相害,道并行而不相悖"的至理,在法治领域实现了共行天下之大道的发展。

加强法治文明交流互鉴,有利于加快构建中国特色社会主义检察话语与叙事体系,有利于推进中国特色社会主义检察制度更加成熟定型,有利于增强中华法治文明的传播力影响力。随着中国日益走近世界舞台中央,北京市检察机关作为身处国际交往中心的大国首都检察机关,肩负着要在世界各国法治文明交流互鉴中,为推动中国特色社会主义检察制度更加成熟定型贡献北京智慧和力量的责任。在法治文明交流互鉴中,更主动、更全面、更深入地了解域外检察制度或刑事司法制度的运行情况不可或缺,是夯基筑台的一项基础性工作。基于以上考虑,北京市人民检察院依托北京市检察官协会,推出了"首都域外检察译丛"项目,旨在通过译介域外检察制度或刑事司法制度的专著担当交流互鉴的媒介,为统筹推进国内法治和涉外法治建设聊尽绵薄之力。

我们深知,司法制度乃至法律制度同各国执政党治国理政的制度体系密不可分,具体的制度机制或规则条款不能脱离整体制度与先决条件而孤立看待。在借鉴相关制度机制时,必须探析其背后的政治属性与思想文化,这并非一桩容易的事,注定了本项目必须提高政治站位、着眼长远发展,在法治文明的交流互鉴中笃行深耕、久久为功。我们需要面对和接受这种挑战。

是为序。

朱雅频

北京市人民检察院党组书记、检察长

2023 年 8 月

前　言

本文集是“刑事司法的研究与发展”系列中的一本,献给“法律守护人”,即检察机关。检察机关通常也被誉为“世界上最客观的官署”,它负责保障刑事司法的有效实施,这也是非常重要的社会任务。

作为该系列第五卷,本文集的标题是“德国检察机关的创新发展——社会变迁中检察机关的职责与未来”,由23位作者撰写而成。在“检察机关是刑事追诉机关和刑事执行机关”的视角下,这些作者围绕极其不同的主题表达了见解和展望,特别重要的是,检察机关在与刑事诉讼其他各方——政治家、警察、律师以及犯罪行为的被害人——之间的关系中究竟处于什么角色;而关于未来的展望,则阐明了德国检察机关现在必须应对的大变局,并在社会日益个人化且相关刑事侦查也呈现私人化的趋势的时代中,对国家刑事追诉的重要性作了大胆预测。

感谢所有作者的付出以及精彩的专业见解,他们努力的结果便是本文集,它将第一手实践经验、专业判断与学术能力很好地结合在一起。

拉尔夫·彼得·安德斯

基尔斯滕·格拉尔曼-舍雷尔

杨·亨里克·沙迪

2021年2月于汉堡

引　论

《刑事诉讼法》和《法院组织法》已经生效约150年了，但是关于检察机关地位的组织性规定几十年间基本没有变化。然而，随着社会、法律政策、媒体和科学技术的发展以及刑法和刑事诉讼法的日益欧洲化和国际化，检察机关在诉讼上的角色以及在侦查程序、诉讼程序和执行程序中的职责已经发生了根本变化。检察机关承担了保障从侦查程序启动到刑事执行终结的诉讼进行及诉讼结果均应合法的任务。检察机关负有法定的客观义务，在整个诉讼当中，它是法治的保证人，也是诉讼合法进行的保证人。检察机关设立之初就被赋予了“法律守护人”（Wächterin des Gesetzes）的任务，在联邦宪法法院和联邦普通法院一直以来的判决中，这一点都被正确地予以强调。

在快速变迁且深受法律政策影响的世界中，履行这一职责给德国检察机关提出了新的特殊挑战，这些挑战不仅体现在刑事追诉方面和特定犯罪领域，而且也体现在被害人保护和数据保护方面。这与检察机关在公众中的不佳名声不相一致，而这些负面评价主要源自媒体大肆报道的个别案件。

在这本文集中，来自学术界以及有检察实践经验的作者们从不同角度论述了科层构造的现代检察机关的发展、角色、现状和目标，并试图指出德国检察机关未来的发展方向以及如何确保德国检察机关在法治国家中发挥“法律守护人”的作用。

是为“德国检察机关的创新发展”。

基尔斯滕·格拉尔曼-舍雷尔
于德国不来梅

编者及作者名单(依德文姓氏的首字母排序)

拉尔夫·彼得·安德斯(Ralf Peter Anders),德国汉堡地方检察院检察长(主任检察官),汉堡大学法学院编外教师,讲授刑法、刑事诉讼法,重点是经济刑法。

比吉特·阿皮奇(Birgit Apitzsch),德国哥廷根大学哥廷根社会学研究所(SOFI)。

弗尔克·比特曼(Folker Bittmann),德国科隆菲耶特(Verte)律师事务所。

阿希姆·布劳恩艾森(Achim Brauneisen),德国斯图加特总检察院。

赫尔穆特·芬夫辛(Helmut Fünfsinn),德国黑森州政府严重暴力犯罪和恐怖袭击受害者专员,德国黑森州司法部。

克雅尔·加萨(Kjell Gasa),德国伊策霍地方法院检察院。

基尔斯滕·格拉尔曼-舍雷尔(Kirsten Graalmann-Scheerer),德国不来梅州总检察院检察长,不来梅行政学院荣誉教授,讲授刑法、刑事诉讼法。

斯特凡妮·格罗普(Stephanie Gropp),德国弗伦斯堡地方法院检察院。

乔治-弗里德里希·格林特格(Georg-Friedrich Güntge),德国石勒苏益格总检察院。

乌拉·兴斯特(Ulla Hingst),德国吕贝克地方法院检察院。

拉尔夫·科布勒(Ralf Köbler),德国达姆施塔特地方法院。

马加雷特·科佩斯(Margarete Koppers),德国柏林总检察院。

奥特马尔·库里(Otmar Kury),德国汉堡汉萨律师协会原主席。

克劳斯·迈耶-卡布雷(Klaus Meyer-Cabri),欧盟司法合作组织(Eurojust)(荷兰海牙)。

安迪·米特雷尔(Andy Mitterer),德国石勒苏益格-荷尔斯泰因州司法、欧洲与消费者保护部。

拉尔夫·里格尔(Ralf Riegel),德国联邦司法与消费者保护部。

杨·亨里克·沙迪(Jan Henrik Schady),德国石勒苏益格-荷尔斯泰因州司法、欧洲与消费者保护部,对检察机关进行专业监督及刑法部门主任,基尔大学荣誉教授,在犯罪学院重点讲授少年刑法。

约翰·施文(Johann Schwenn),德国施文与克鲁泽(Schwenn & Kruse)律师事务所。

米夏埃尔·佐默费尔德(Michael Sommerfeld),德国联邦司法与消费者保护部。

乌尔丽克·施塔尔曼-利布尔特(Ulrike Stahlmann-Liebelt),德国石勒苏益格-荷尔斯泰因州被害人保护受托人,德国石勒苏益格-荷尔斯泰因州司法、欧洲与消费者保护部。

斯特凡·蒂尔(Stefan Their),德国石勒苏益格-荷尔斯泰因州司法、欧洲与消费者保护部。

贝特霍乐德·福格尔(Berthold Vogel),德国哥廷根大学哥廷根社会学研究所(SOFI)。

马蒂亚斯·魏德林(Matthias Weidling),德国柏林总检察院。

译者名单及翻译分工

本文集共包含前言、引论和20篇文章，具体的翻译分工如下：

王志坤：第9、10、11、12、13、14、15、18、19篇。

王梅杰：第1、3、4、6、7、8、16、17篇。

张雁涵：前言、引论、第2、5篇。

孟俊伟：第20篇。

目　录

第一编　现　状

第二编　作为法律秩序之一部分的检察机关

第三编　最新挑战

第四编　欧洲化

第五编　展　望

第一编　现　状

检察机关的工作负荷:数字和事实

克雅尔·加萨*

一、导论 3

(一)检察机关的任务与地位

德国检察机关的组织与管辖主要由《法院组织法》与《刑事诉讼法》所规定。虽然检察院作为机关设在法院之内,但是根据《法院组织法》第150条,检察院的职务工作却在组织上独立于法院。因此,在州司法行政部门的管辖范围内,对应地方法院和州地方高等法院均设立了检察院(州地方高等法院的检察院一般被称为“总检察院”)。然而,在区法院内并未设立专门的检察院,其职责由设在相应地方法院的检察机关来行使。** 正如《法院组织法》第142条第1款第3项、第2款和第145条第2款所表述,从功能上看,除了检察官之外还有区检察人员(Amtsanwalt),她们/他们处理那些在事实和法 4

---

* 克雅尔·加萨任职于德国伊策霍地方法院检察院。

** 在德国,法律和相关条例规定,检察机关的正式名称有个前缀,即设在某法院的某检察院,以表示二者的对应关系,实践当中,法院和检察院经常合署办公。从组织结构上说,法院系统有四个层级,分别是区法院、地方法院、州地方高等法院以及联邦普通法院,而检察系统基本上只有三级,即地方法院检察院(州地方检察院)、州总检察院、联邦总检察院,其中,地方法院检察院一般对应着区法院与地方法院两个层级。作为例外,柏林市、法兰克福市另设有区检察院。——译者注律上更简单的案件。[区检察人员的具体工作职责由联邦州层面关于检察机关的组织和工作条例(OrgStA)规定。个别情况下,有的联邦州在州两级检察院之外还设立了组织上独立的区检察院(目前在柏林州和黑森州的美因河畔法兰克福市就是这种情况)。]最后,在联邦司法与消费者保护部的业务范围内,设在联邦普通法院内的联邦总检察院作为联邦的检察机关履行职责。

检察机关事务管辖涵盖了大量业务工作,其中最主要的是刑事追诉和刑事执行。在履行作为刑事追诉机关的功能方面,检察院负责领导刑事侦查程序,以查明案情。根据《刑事诉讼法》第 170 条第 1 款和第 2 款,检察机关要解决的根本问题是,在刑事侦查程序结束后是否有足够的理由提起公诉,即是否存在充分的犯罪嫌疑。作出这一决定的依据是《刑事诉讼法》第 160 条第 2 款,该条款也是德国刑事诉讼的核心条款,根据该条款,检察机关不仅应当侦查对被指控人不利的情况,还应当侦查对其有利的情况,并且负责收集相应的证据。[1] 根据《刑事诉讼法》第 151 条,只有通过提起公诉,案件才能成为法院调查程序(gerichtliche Untersuchung)的对象,因此检察机关就具有了非常重要的过滤功能。根据《刑事诉讼法》第 451 条,在法院通过具有既判力的裁判终结诉讼之后,检察机关作为刑事执行机关又重新获得程序支配权(例外的是按照青少年刑法作出的裁判执行,参见《少年法院法》第 82 条)。

除上述主要业务的工作领域之外,检察机关还负责一些其他业务。但是,这些业务由于其多样性以及对整体工作负荷影响较小,不能也不应该成为本文论述的主题,如参与赦免程序、《刑事赔偿法》中的赔偿程序、违反秩序处罚程序或 DNA 身份查明程序。

---

[1] 基于该情况以及其他法秩序十分陌生的客观义务,就形成了“世界上最客观的官署”这一著名的形象;(矛盾的是,检察机关在大众心中通常被认为具有党派性和政治依赖性)参见 *Rautenberg*,DRiZ 2014,214。

(二)检察机关工作负荷的增加 5

在许多地方,(刑事)司法机关几乎超负荷工作,这一事实在最近被反复提及,媒体也多次予以报道。[1] 如果认为这种判断(对此,所描述的负面影响之多和评估的一致性至少在结论上经得起任何严肃的质疑)不是单纯地为了谋求实现职业团体增加人手的要求,那么,就导致检察机关工作量(大量)增加的原因来说,有两个基本方面,或者说是这两个方面的叠加。一方面,这可能是检察机关侦查程序(或其他重要业务)数量增加的结果。另一方面,可以推测,因为诉讼的范围扩大,或者在办理一般来说日益复杂化的侦查程序[2]时,检察官必须关注无论是实体法还是程序法方面的新规定,这样,工作负荷在实质上的增加也得到了解释。

鉴于以上方面,本文将进一步考察以下问题:通过评估新发案件与办结案件数量导致工作量增加的问题(参见本文“二、诉讼和业务数量引起的负荷”),以及近期可能增加复杂性的法律修订的类型和范围(参见本文“四、刑事诉讼复杂化带来的负荷”)。检察机关及区检察院人员配置的发展问题(参见本文“三、人员变化”)也与此相关。

二、诉讼和业务数量引起的负荷 6

(一)联邦范围的发展情况

对于工作负荷来说,一个决定性因素就是每年需要处理和办结的侦查程序数量以及与工作量密切关联的其他业务的数量。因此,有必要考察一下近年来这方面的发展情况。联邦统计局的司法行政系列(专业系列 10)下的检察机关序列(序列 2.6,所谓的“联邦统计数据”[3])为此提供了合适数

---

[1] 仅参见 LTO(2019);*Tangermann*(2019);*Koerth*(2019)。

[2] 作为案件基础的具体生活现实同样会明显增加案件的复杂程度,需要检察机关额外进行其他工作,但其很难在统计上表示,因此难以进行实证研究。

[3] 联邦统计数据基于联邦各州的业务统计数据,自 1981 年以来,这些数据由联邦统计局每年编制和公布。这些相关的州统计数据的法律依据是《联邦统计法》第 3 条第 3 款,更多方法背景也可参见 Baumann(2015),第 74 页,可在 www. destatis. de 获取。

据基础。为清晰起见,以五年为一个区间进行逆向分析*,2003年之前的数据因不具有可比性故不在此进行讨论(旧的联邦数据统计只部分显示旧联邦共和国地区的数据,即不包括所有联邦州的数据)。这里的重点是设立在地方法院内的检察院,区检察院的业务也涵盖在内,因为基于区检察院的业务管辖范围,它们在处理检察机关负责的侦查和执行程序中占据很重要的份额。

1. 新发案件

对已知嫌疑人的案件(Js-Sachen)的审视表明(见表1-1),过去15年间,联邦范围内已知嫌疑人的新发案件总数在个位数的百分比范围内波动,在450万以上,500万以下。总体而言,研究区间内新发案件数增长了约120,500件(增长了2.5%)。在接下来考察节点要用到一种区分,即州地方检察院与区检察院处理的新发案件数之间的差异表明,州地方检察院近些年来的数据几乎未有变动(10年以来仅有0.4%的小幅增加),而区检察院的数据则轻微上升(10年以来增加了1.9%)。

表1-1　联邦内已知嫌疑人的新发案件数统计

项目	2003年/件	2008年/件	2008年与2003年相比/%	2013年/件	2013年与2008年相比/%	2018年/件	2018年与2013年相比/%	2018年与2003年或2008年相比/%
新发案件总数	4,794,452	4,868,930	1.6	4,564,505	-6.3	4,914,931	7.7	2.5(与2003年相比)
州地方检察院新发案件数	未知	3,178,637	—	2,880,220	-9.4	3,192,891	10.9	0.4(与2008年相比)
区检察院新发案件数	未知	1,690,293	—	1,684,285	-0.4	1,722,040	2.2	1.9(与2008年相比)

* 亦称为反向归纳法,通过从已知结果逆向求解最佳方案。——译者注

然而,检察机关业务领域范围内的其他案件并非完全不在考虑之列(见 7
表1-2)。上述计数中并未考虑未知嫌疑人的案件数量,因为这些被登记在
“嫌疑人不明”的序列中。除此之外,还要考虑其他相关业务数据:违反秩序
处罚程序、赦免程序、司法救助程序、(其他)归属于“一般登记项”中的程序
(AR-Sachen,AR程序)以及刑事执行程序。就“嫌疑人不明”的案件而言,
在研究区间内,总共减少了约25万件(下降了7.2%)。而违反秩序处罚程
序在总体上保持稳定,在研究区间内有中等程度的波动(15年来增长了
2.7%)。以下几类数据则表现出了大幅下滑:赦免程序15年来下降了42%;
司法救助程序15年来下降了27.5%;一般登记案件10年以来下降了
21.1%,刑事执行程序也减少了近9.2万件(下降了7.8%)。[1] 8

表1-2　联邦内其他案件数统计

项目	2003年/件	2008年/件	2008年与2003年相比/%	2013年/件	2013年与2008年相比/%	2018年/件	2018年与2013年相比/%	2018年与2003年或2008年相比/%
嫌疑人不明案件数	3,578,090	3,346,745	-6.5	3,368,761	0.7	3,320,941	-1.4	-7.2(与2003年相比)
违反秩序处罚程序案件数	377,698	374,734	-0.8	351,888	-6.1	388,011	10.3	2.7(与2003年相比)
赦免程序案件数	17,331	16,541	-4.6	13,530	-18.2	10,055	-25.7	-42.0(与2003年相比)
司法救助程序案件数	63,672	40,339	-36.6	45,056	11.7	46,162	2.5	-27.5(与2003年相比)
AR程序案件数	未知	107,798	—	93,028	-13.7	85,093	-8.5	-21.1(与2008年相比)
刑事执行程序案件数	未知	1,180,027	—	1,082,259	-8.3	1,088,205	0.5	-7.8(与2008年相比)

[1] 因为只有在作出判决(包括发布处罚令)的情况下才会进入刑事执行程序,因此其价值体现在提起公诉案件的办结类型中。

将已知嫌疑人和未知嫌疑人的新发案件数相加,就得出了每个研究年份新发生的侦查程序的总数。从中可以发现,15 年来新发案件数减少了 136,670 件(轻微下降了 1.6%),这个数值很容易被解释为正常的波动范围(见表 1-3)。

表 1-3　联邦内已知嫌疑人与嫌疑人不明新发案件数合并统计

项目	2003 年/件	2008 年/件	2008 年与 2003 年相比/%	2013 年/件	2013 年与 2008 年相比/%	2018 年/件	2018 年与 2013 年相比/%	2018 年与 2003 年相比/%
案件数	8,372,542	8,215,675	-1.9	7,933,266	-3.4	8,235,872	3.8	-1.6

这也表明在全国范围内,州法院中的检察院在此区间收到的新案件数量基本稳定。

在这种背景下,需要另外研究各个联邦州的不同的新发案件数。由表 1-4 可以看出,在某些情况下,所形成的全国平均数拉平了联邦各州新发案件数在增长和下降方面的巨大差异。例如,在石勒苏益格-荷尔斯泰因州,已知嫌疑人的新发案件数在研究区间内增加了约 35,500 件(增加了 26.2%),而萨克森州的案件数量在同一时期内则下降了相当的百分比(下降了 28.1%)。巴登-符腾堡州、巴伐利亚州、柏林州、不来梅州、黑森州、下萨克森州、北莱茵-威斯特法伦州、莱茵兰-普法尔茨州以及石勒苏益格-荷尔斯泰因州的检察院,如今受理了较多的(有的很多)已知嫌疑人的案件,而勃兰登堡州、汉堡州、梅克伦堡-前波莫瑞州、萨尔州、萨克森州、萨克森-安哈特州以及图林根州情况则相反。

9 **表 1-4　联邦各州已知嫌疑人新发案件数统计**

各联邦州	2003 年/件	2008 年/件	2008 年与 2003 年相比/%	2013 年/件	2013 年与 2008 年相比/%	2018 年/件	2018 年与 2013 年相比/%	2018 年与 2003 年相比/%
巴登-符腾堡州	483,651	492,145	1.8	462,759	-6.0	522,702	13.0	8.1
巴伐利亚州	599,565	566,687	-5.5	549,643	-3.1	616,760	12.3	2.9
柏林州	295,302	302,376	2.4	302,421	0.0	325,694	7.7	10.3

续表

各联邦州	2003年/件	2008年/件	2008年与2003年相比/%	2013年/件	2013年与2008年相比/%	2018年/件	2018年与2013年相比/%	2018年与2003年相比/%
勃兰登堡州	198,523	177,074	10.8	140,821	-20.5	148,374	5.4	-25.3
不来梅州	53,518	56,250	5.1	55,824	-0.8	62,112	11.3	16.1
汉堡州	160,953	157,440	-2.2	144,364	-8.3	157,807	9.3	-2.0
黑森州	339,069	378,147	11.5	353,309	-6.6	382,891	8.4	12.9
梅克伦堡-前波莫瑞州	117,454	116,594	-0.7	94,510	-18.9	102,915	8.9	-12.4
下萨克森州	451,660	475,800	5.3	439,329	-7.7	482,365	9.8	6.8
北莱茵-威斯特法伦州	1,040,302	1,168,751	12.3	1,086,906	-7.0	1,146,937	5.5	10.3
莱茵兰-普法尔茨州	254,790	266,425	4.6	260,128	-2.4	262,436	0.9	3.0
萨尔州	60,704	62,527	3.0	52,701	-15.7	55,053	4.5	-9.3
萨克森州	302,275	213,916	29.2	218,552	2.2	217,232	-0.6	-28.1
萨克森-安哈特州	163,087	142,946	12.3	131,294	-8.2	132,072	0.6	-19.0
石勒苏益格-荷尔斯泰因州	135,541	165,131	21.8	147,716	-9.3	171,100	14.3	26.2
图林根州	138,058	126,721	-8.2	122,528	-3.3	128,481	4.9	-6.9

即使将“嫌疑人不明”案件也纳入其中，与全国平均值相比，各州仍有相当大的偏差。在研究区间内，以下各州均有所增长：巴登-符腾堡州（增长了7.8%）、巴伐利亚州（增长了3.3%）、柏林州（增长了10.4%）、不来梅州（增长了5.3%）、北莱茵-威斯特法伦州（增长了5.3%），莱茵兰-普法尔茨州（增长了0.2%）以及石勒苏益格-荷尔斯泰因州（增长了1.4%）；而其他州则有所下降：汉堡市（下降了5.2%）、黑森州（下降了7.7%）、梅克伦堡-前波莫瑞州（下降了27%）、下萨克森州（下降了6.8%）、萨尔州（下降了7.6%）、萨克森州（下降了19.5%）、萨克森-安哈特州（下降了21.9%）以及图林根州（下降了10.3%）。

2. 办结案件

如果——至少从联邦的平均水平来看——工作负荷加重主要不是源于新发的侦查程序的数量，那么就需要对检察机关受理及最终办结的案件类型进行进一步分析。出于显而易见的原因[1]，按照犯罪类别分类的不同程序对象，在统计上并没有计入新发案件的范围，而是登记在已办结的程序的类型下。

10 首先来观察一下全国平均已办结案件（已知嫌疑人案件）的总数，可以看出考察新发案件的统计得出的结论是有说服力的，因为已办结案件数 15 年来增加了 17.3 万件（增长了 3.6%）。由此可以确定，已办结的案件数超过了新发案件数（足足有 5 万件），因此，在此区间内检察机关的负荷至少在全国平均水平内并未导致案件数量的增加，即“案件堆积”。同时这里也可以看出，与 2008 年、2013 年、2018 年的新发案件数表现得一样，州地方检察院与区检察院业务方面依然存在差异，对于州地方检察院而言近年来（办结案件）数据几乎不变（10 年以来仅增长了 0.4%），而对于区检察院而言数据则有所提升（10 年以来增加了 1.4%）。（见表 1-5）

表 1-5　联邦内已经办结的已知嫌疑人的案件

项目	2003 年/件	2008 年/件	2008 年与 2003 年相比/%	2013 年/件	2013 年与 2008 年相比/%	2018 年/件	2018 年与 2013 年相比/%	2018 年与 2003 年或 2008 年相比/%
办结的总数	4,766,070	4,903,552	2.9	4,537,363	-7.5	4,939,174	8.9	3.6（与 2003 年相比）
州地方检察院办结的总数	未知	3,202,092	—	2,868,566	-10.4	3,213,534	12.0	0.4（与 2008 年相比）
区检察院办结的总数	未知	1,701,460	—	1,668,797	-1.9	1,725,640	3.4	1.4（与 2008 年相比）

[1] 当新接收案件时，已实施的（潜在的）刑事犯罪构成要件的性质通常还不能确定，更多要是在侦查过程中才能确定。参见《联邦内政与司法部（2006）》，第 13 页：“但是，刑事诉讼不仅是一个过滤的过程，而是在司法活动推进中改变评价的过程。”

通过新发案件数的研究发现,与略微增加的案件总数相比,刑事执行程序数量明显下降。仅凭这一发现,就可以推导出关于不同办理程序的数量比例,特别是提交给法院交付审判,从而可能导致定罪的案件比例。因此,对诉讼结果的统计也值得进行进一步研究(见表1-6)。

表1-6 联邦内不同类型的案件办结程序数量统计

程序类别	2003年/件	2008年/件	2008年与2003年相比/%	2013年/件	2013年与2008年相比/%	2018年/件	2018年与2013年相比/%	2018年与2003年或2008年相比/%
提起公诉	573,345	553,719	-3.4	455,510	-17.7	423,143	-7.1	-26.2
申请颁布处罚令	603,999	562,663	-6.8	527,228	-6.3	539,384	2.3	-10.7
科以履行负担的程序终止	265,909	221,197	-16.8	183,333	-17.1	167,775	-8.5	-36.9
未科以履行负担的程序终止	998,845	1,078,449	8.0	1,094,682	1.5	1,222,234	11.7	22.4
《刑事诉讼法》第170条第2款规定的程序终止	1,273,673	1,347,619	5.8	1,286,880	-4.5	1,403,798	9.1	10.2
移交自诉	163,537	222,659	36.2	190,020	-14.7	199,946	5.2	22.3
违法秩序行为	218,244	239,432	9.7	240,884	0.6	263,486	9.4	20.7
财产追缴	未知	9509	—	7585	-20.2	17,196	126.7	80.8(与2008年相比)

从表1-6可见,侦查程序中以提起公诉办结的比例持续下降。在第一 11
个五年期间(2003~2008年)起诉案件减少近2万件(下降了3.4%),第二个五年期间(2008~2013年)减少近10万件(下降了17.7%),而第三个五年期间(2013~2018年)则再度减少了3.2万件(下降了7.1%)。此类办结案件中比例最大的几类是:起诉到区法院(2018年423,000人中共计提起公诉414,000人,占总数的98%)、起诉到"刑事法官"独任审判组织(近243,000

人,占比57%)和起诉到“少年法官”独任审判组织(117,000人,占比28%)。只有约0.4%的案件被起诉到少年法庭(除职业法官,还有陪审员参加);只有1.5%的案件(不包括陪审法院,2018年仅占总数的0.25%)被起诉到大刑事法庭。总体来看,15年间以提起公诉办结的案件下降了26.2%。

在申请颁布处罚令方面的评估结果却不甚清晰。2003年年底以申请颁布处罚令办结的案件共计约60.4万件,较提起公诉的数量稍多;之后连续下降了6.8%和6.3%,2018年又增加至53.9万件(增长了2.3%),最终15年间共下降了10.7%。处罚令是对付轻度到中度犯罪的一种手段,因此这一点也体现在通过处罚令申请的自由刑与其他刑罚(罚金和保留刑罚的警告)案件数量上,二者的比例分别为0.8%与99.2%。

案件办结类型中的科以履行负担的程序终止同样也发生了明显下
12 降。[1] 15年间科以履行负担的程序终止案件从约26.6万件下降了近37%,尽管最近趋势有所放缓(下降了8.5%,之前两个时间区间下降约是其2倍),2018年此项数据近16.8万件。程序终止案件中有83.5%的处罚后果是根据《刑事诉讼法》第153a条第1款第2句中规定的向某一公益机构或国库支付一笔金钱,此项适用最为频繁;而“犯罪人与被害人的冲突调处”(TOA)(6.3%)和“修复损害”(4.1%)则明显适用较少。

与此相反,案件办结类型中未科以履行负担的程序终止,[2] 自2003年的近100万件逐步连续增长了8%(2003~2008年)、1.5%(2008~2013年)、11.7%(2013~2018年),最终增长至122.2万件。其中,以《刑事诉讼法》第153条第1款规定的不起诉*终止程序的案件2018年共计47万件(占比38.5%),紧随其后的则是以《刑事诉讼法》第154条第1款对不重要的次要

[1] 除《刑事诉讼法》第153a条规定的不同情形之外,还包括《使用麻醉品法》第37条以下的免予起诉及《少年法院法》第45条第3款的附条件不起诉。

[2] 这里指根据《刑事诉讼法》第153、153b和153c条,第154、154b~154f条,《少年法院法》第45条第1款和第2款,《使用麻醉品法》第31a条第1款而办结案件的情形。

* 即轻罪不追诉。——译者注

犯罪行为规定的不起诉*终止程序的案件共计约 34.2 万件(占比 28%),这两种显而易见成为此类案件中的重点。同样,《刑事诉讼法》第 170 条第 2 款规定的程序终止数据也有所增长。2003 年,近 127.4 万起案件被认为达不到充分的犯罪嫌疑而终止,这一数据到 2008 年增长了 5.8%,2013 年和 2008 年相比则下降了相近的幅度(-4.5%),2018 年和 2013 年相比则又增长了 9.1%,目前近 140.4 万件。[1]

此外,尽管绝对数值不大,但是可以认定,整个研究区间内,通过不起诉结束诉讼和移交给主管行政机关对违反秩序行为作出处罚而结案有 20.7% 的持续大幅增长,以至于在 2018 年,约有 26.35 万案件以此类方式来结案。

作为另一个类别,联邦统计数据"供参考"地列出了采取"财产追缴"措施的案件数量。即使它并不是一种独立的办结方式,因为这种措施基本发
生在诉讼过程中,至少就其启动而言,与案件办结无关。但是其最近发展值 13
得研究,可以从中获取检察机关工作负荷增加的线索。[2] 在 2013 年大幅下滑约 20%之后,这一数字在 2018 年急剧上升(五年期间增加了近 127%,十年期间增加了 80.8%)。

最后,将视线集中于前述提及的不同犯罪行为类别的数量关系,从中选择几项十年考察区间内重要的业务领域。[3] 然而,应当指出的是,个别业务领域的研究价值因其统计口径在所研究的年份间有所变化而被削弱。在经济犯罪和税收犯罪方面、外国人偷渡犯罪方面,以及《居留法》《避难法》《自由迁徙法》中的犯罪行为以及麻醉品犯罪方面具有显著提升(此处也需
注意法律的变化,例如从《避难程序法》到《避难法》)。上述提及的第一个业 14

* 即数罪中部分不追诉。——译者注

[1] 《刑法》第 20 条规定的因无刑事责任能力而终止程序的情况并不考虑在内。2018 年此项数值为 10,610 件,占比 0.8%。

[2] 联邦统计数据 2003 年并未有相关数据,因此其趋势仅从 2008 年才被勾勒出来。但是,由于 2017 年《刑法上的财产追缴改革法案》带来的根本性变化,这些数值只有有限的可比性。

[3] 更全面、详细的介绍(尽管还没有 2003 年的资料)可在 www.destatis.de 网址下相应年份的国家统计局统计资料第 2.1.2 项下找到。

务领域(经济犯罪和税收犯罪方面)增长超过58%,而上述提及的第二个业务领域(外国人偷渡方面)程序办结的数值则翻了一番(增长了95.7%)。麻醉品法中犯罪行为的数值在此期间从约27.4万件增长至40.7万件(增长了48.8%)。与之相反,危害环境的犯罪(下降了31%)以及腐败犯罪(下降了13.4%)领域则出现了明显的下降。侵害性自主权的犯罪、道路交通安全犯罪、国家安全犯罪等领域在研究区间内出现了(部分十分明显的)波动,结果性犯罪的明显下降(-26.1%)以及国家安全领域犯罪的增长(10.4%)都被认为波动不算明显。就道路交通安全犯罪而言,其绝对数值并不低,如果不考虑"其他犯罪"这一总体类别,其数量仅次于侵犯所有权与财产犯罪的数量,尽管出现了内部的波动,但其最终趋势趋于稳定。

借由对上述数据的评估,可以得出如下结论:鉴于经济和税收犯罪案件的高度复杂性,该领域相对于诉讼总量在比例上的攀升对检察机关的整体工作负荷产生重大影响。相比之下,就需要侦查的范围及每一个要澄清的事实和法律问题来说,危害生命和人身完整性的犯罪、侵害所有权及财产的犯罪(至少就盗窃和简单欺诈的一般犯罪现象而言)或道路交通犯罪,其复杂程度低于平均水平,只有较小幅度、个位数的增长,因此只占据了明显小得多的比例(见表1-7)。

表1-7 联邦范围内的办结案件的数量(已知嫌疑人的案件)

	2008年/件	2013年/件	2013年与2008年相比/%	2018年/件	2018年与2013年相比/%	2018年与2008年相比/%
总计	4,903,552	4,537,363	-7.5	4,939,174	8.9	0.7
危害国家安全犯罪	30,931	24,224	-21.7	34,162	41.0	10.4
侵犯性自主权犯罪	97,399	53,635	-44.9	71,972	34.2	-26.1
危害生命和身体的完整性犯罪	448,253	433,718	-3.2	462,877	6.7	3.3
侵害所有权与财产犯罪	1,538,466	1,555,902	1.1	1,594,268	2.5	3.6
道路交通犯罪	875,319	801,190	-8.5	890,692	11.2	1.8
经济和税收领域犯罪①	44,524	54,732	22.9	70,492	28.8	58.3

续表

	2008 年/件	2013 年/件	2013 年与 2008 年相比/%	2018 年/件	2018 年与 2013 年相比/%	2018 年与 2008 年相比/%
危害环境犯罪	21,697	16,412	-24.4	14,965	-8.8	-31.0
腐败犯罪	38,835	36,141	-6.9	33,636	-6.9	-13.4
外国人偷渡等犯罪	97,743	128,483	31.4	191,284	48.9	95.7
涉麻醉品犯罪	273,817	283,545	3.6	407,483	43.7	48.8
其他犯罪类别	1,099,697	1,011,140	-8.1	1,095,680	8.4	-0.4

①为了有所对比，此项不包括统计中未作详细界定的“其他经济犯罪案件”。

（二）特别研究——以石勒苏益格-荷尔斯泰因州为例

下文即将根据石勒苏益格-荷尔斯泰因州的联邦统计数据，将其过去 10 年的研究期间内检察机关遭遇到的挑战和负担的一些犯罪类别进行分别阐释。信息来源为石勒苏益格的检察机关的年度媒体声明，最终访问日期为 2019 年 4 月 18 日，详见“石勒苏益格-荷尔斯泰因州总检察院的年度新闻通报（2019）”。整体而言，通过截至目前的论述证实，工作的负担并非仅仅是
州范围内程序数量增加的结果（参见 für Schleswig-Holstein o. ,II. 1. a. ），调 15
查难度的增加和范围的持续扩大也是负担提高的原因，例如部分被告和证人世界范围内的迁居频度以及复杂科技的应用等（Generalstaatsanwalt des Landes Schleswig-Holstein［2019］，S. 3）。除此之外，据报道，就简单的、容易证明或者以供词为基础的侦查程序，与被告及其辩护人增多容易引发冲突的互动，也增大了工作负担（Generalstaatsanwalt des Landes Schleswig-Holstein［2019］，S. 3）。

1. 经济犯罪

与全国总体趋势一致，石勒苏益格-荷尔斯泰因州针对《法院组织法》第 74c 条（经济）犯罪管辖范围内的犯罪行为引发[1]的新的侦查程序的数量，在此 10 年间先是经历了波动，之后呈现明显的上升（2017 年上涨了 13.9%、

［1］ 与联邦统计数据不同，石勒苏益格-荷尔斯泰因州总检察院年度新闻发布所依据的统计数据在按犯罪类型进行区分时还标明了所谓的新发案件数。

16 2018年再度增长了35.3%,见表1-8)。而此项侦查程序引发的特殊的负担:一方面源于需要公安机关以外的利益相关者,诸如税务机关参与;另一方面由于所谓的大规模诉讼的比例很高,这往往需要投入大量的人员和时间。2018年石勒苏益格-荷尔斯泰因州的总检察长报告称,在其职能范围内下设经济犯罪部门的两个检察院,共调查了242处住宅和商业对象,投入了56名检察官和1500多名调查人员(Generalstaatsanwalt des Landes Schleswig-Holstein[2019],S.5)。此外,在被告人层面,由于被告人的犯罪活动具有高度的组织性以及频繁的国外联系,对此则需要采取耗费高昂的法律援助措施。

表1-8　石勒苏益格-荷尔斯泰因州经济犯罪(《法院组织法》第74c条管辖条款)新发案件数(已知嫌疑人的案件)

	总数/件	与前一年相比/%
2008年	5384	—
2009年	5261	-2.3
2010年	5252	-0.2
2011年	4816	-8.3
2012年	4961	3.0
2013年	4462	-10.1
2014年	4422	-0.9
2015年	4256	-3.8
2016年	4325	1.6
2017年	4927	13.9
2018年	6666	35.3
10年来的变化		23.8

2. 信息与通信犯罪

信息和通信犯罪领域,虽然在2013年、2017年和2018年出现了一些下降,但是最终却在9年的发展中呈现明显的上升,增长了56%(见表1-9)。

此处的信息和通信犯罪，在统计上仅仅指《刑法》第 202a、263a、269、270、303a、303b 条的特殊犯罪，而所有权和财产犯罪、诽谤罪等“经典”刑事犯罪中，如若使用信息技术手段，则并不属于此领域。[1] 之所以将增长的大量其他犯罪排除在外，是因为此类附加的犯罪构成要件的完成仅仅是一种伴随现象，而此类犯罪行为在统计学上属于信息和通信犯罪之外的更为严重的控告领域。例如，在被称为“特罗伊人敲诈勒索”的案件中，嫌疑人将被害人电子设备的访问入口进行封锁，许诺只有通过缴纳赎金才能解锁。其行为符合《刑法》第 303a 条规定的变更数据或第 303b 条规定的破坏数据，但该行为仅仅是实现敲诈勒索犯罪的一种手段，因此并不额外归属于信息与通信犯罪。由此可以得出结论，因为信息与通信犯罪，侦查程序数量激增。 17
而日益接受将网络作为全年龄段与各式人群交流、交易的平台以及全部生活领域的日趋数字化也可能是原因之一（Generalstaatsanwalt des Landes Schleswig-Holstein［2019］，S. 6）。

表 1-9　石勒苏益格-荷尔斯泰因州信息与通信犯罪（《刑法》中第 202a、263a、269、270、303a、303b 条）新发案件数（已知嫌疑人的案件）

	总数/件	与前一年相比/%
2008 年①	2777	—
2009 年	4348	56.6
2010 年	4763	9.5
2011 年	5292	11.1
2012 年	6483	22.5
2013 年	5206	-19.7
2014 年	5172	-0.7
2015 年	6017	16.3
2016 年	7298	21.3
2017 年	7119	-2.5

［1］ 如果从统计学角度考虑相应的案件，案件数量的增加可能会更多。

续表

	总数/件	与前一年相比/%
2018 年	6785	-4.7
10 年(2008~2018 年)的变化		144.3
9 年(2009~2018 年)的变化		56.0

①2008 年数值明显较低的原因目前已无从考据。因此 9 年的发展足以真实呈现清晰的趋势。

信息与通信犯罪领域案件的增加而导致检察机关负担日益加重的原因较为多元:这一领域的新现象短时间内不断出现,必须用专门的调查方法加以应对。早些年间就有被称为“钓鱼式攻击”(Phishing)或“盗读”(Skimming)的方法,即嫌疑人通过不同手段成功占据计算机通道数据,以此在被害人毫不知情的情况下控制其网络银行账户抑或进行取现。前面提到过的使用所谓的“勒索软件”来进行勒索,并以否则无法解锁被害人的计算机为威胁。同样的原则适用于 2018 年经常出现的“性勒索”,该类勒索通常通过发送相关的短信、隐私图片或者短片,威胁如若被害人不支付钱款,则会将其隐私信息公之于众。还有一种现象被称为“假冒总裁骗术”(CEO－Fraud),在此情形下,嫌疑人设法获得公司内部的通信手段(例如电子邮件
18 等),以便向员工暗示他们正在与高管理级别的上级沟通,从而给员工施加特殊的压力,并诱使员工在一个精心设计的故事掩盖下,向犯罪者的银行账户(通常在国外)发起所谓的高度敏感的大额保密交易。

在这种通常需要大量金钱与准备工作的脚本与情景背后,按照一般规律都会存在大型的犯罪网络,相关嫌疑人一般在不同的层面活动,并经常开发特有的恶意软件,他们活跃在联邦境内、欧洲甚至世界各地,这使联邦范围内或跨境刑事起诉显得尤为必要。鉴于在互联网上隐藏个人身份十分简单,如何锁定这些犯罪嫌疑人即为最大的挑战之一,因此对于共犯的识别也成为
19 侦查程序中的特殊工作量。另外,由于缺乏对个人信息 IP 流量数据的保留,在身份确定过程中的时间紧迫性往往较高,这也增加了检察机关的负担。

石勒苏益格的总检察院在机关内部设立了一个“信息与通信犯罪”总部

来应对此类现象引发的特殊挑战。该部门负责协调检察机关和警察当局之间的系统化合作,制定高效侦查程序的统一标准和战略,支持检察官处理跨境信息与通信犯罪,促进检察官和警察之间的相互信息交流,支持检察官作为处理重大问题的联络人以及组织实施对检察机关部门负责人的培训。此外,截至 2018 年 3 月 1 日,作为四个州地方检察院之一的伊策霍地方检察院成立了一个具有全州管辖权的网络犯罪追诉部门,其不仅涵盖狭义的信息与通信犯罪,还包括利用信息和通信技术实施的或针对数据完整性和真实性的犯罪行为。其重点是有组织的相关犯罪事项,以及追诉那些对整个联邦具有重要意义的组织和机构的攻击(Generalstaatsanwalt des Landes Schleswig-Holstein[2019],S. 35 f.)。这两项措施同样表明,这种犯罪现象涉及大量的资源耗费,而且预计在未来还会增加,与此同时,检察机关也在尽力利用人力资源来遏制这种现象。

3. 侵害性自主权的犯罪

侵害性自主权的犯罪领域的侦查程序在此 10 年间——除了两次小幅下降之外——也经历了稳步增长,最近一年内从近 2300 起案件上升到近 2670 起案件(增加了 21.9%,见表 1-10)。在这方面,性刑法的(多次)修订或改革可能产生了不可忽视的影响。2018 年,该类别的所有侦查程序中有近 1/4(超过年度增幅)可以追溯到《刑法》第 184i 条新设立的性骚扰犯罪。而出现增长的另一个原因可能是此类犯罪的告发意愿日渐增加。

表 1-10 石勒苏益格-荷尔斯泰因州侵害性自主权的犯罪[《刑法》中第 174~178、179(旧版)、180、180a、181a、182、184i、184j、232 条]的新发案件数

年份	新发案件总数及增长率		新发已知嫌疑人案件数及增长率		新发嫌疑人不明案件数及增长率	
	数量/件	与前一年相比/%	数量/件	与前一年相比/%	数量/件	与前一年相比/%
2008 年	1802	—	1464	—	335	—
2009 年	1690	-6.2	1350	-7.8	340	1.5

续表

年份	新发案件总数及增长率		新发已知嫌疑人案件数及增长率		新发嫌疑人不明案件数及增长率	
	数量/件	与前一年相比/%	数量/件	与前一年相比/%	数量/件	与前一年相比/%
2010 年	1815	7.4	1463	8.4	352	3.5
2011 年	1797	-1.0	1464	0.1	333	-5.4
2012 年	1726	-4.0	1376	-6.0	350	5.1
2013 年	1656	-4.1	1360	-1.2	296	-15.4
2014 年	1829	10.4	1470	8.1	359	21.3
2015 年	1684	-7.9	1339	-8.9	345	-3.9
2016 年	2094	24.3	1668	24.6	426	23.5
2017 年	2297	9.7	1868	12.0	429	0.7
2018 年	2668	16.2	2145	14.8	523	21.9
10 年以来的变化	—	48.1	—	46.5	—	56.1

20 4. 儿童色情犯罪

同样，根据《刑法》第 184b 条，儿童色情犯罪领域案件也呈现显著增长。由于呈指数增长的数据量，不仅仅是警方，检察机关也需要花费庞大的资源在这一领域开展侦查；即使是对个人而言，备份二位数以上 TB 的数据也不再是罕见的事情。此类犯罪的另一特征是，不仅针对《刑法》第 184b 条开展侦查，第 176 条（对儿童的性滥用）规定的犯罪也包含在内，而伴随调查的深入（关键词：全面分析），此类侦查程序也在成倍增长，最终往往演变成极其复杂的大型侦查程序*（Umfangsverfahren）。而查明那些隐藏在已经确定的 IP 地址背后的真实身份也导致了信息与通信领域犯罪所描述的那些困难。此外，检察机关还需要不断从美国的非政府组织“国家失踪和被剥削儿童救助中心”（NCMEC）处获得儿童色情相关数据内容，该中心与美国互联网提供商和服务提供商例如脸书和谷歌合作。在美国，每一位互联网提供商均有义务在其服务范围内持续对其传播的数据的

* 投入常规的人员与时限无法应对的案件，通常是有组织犯罪，跨州或跨国犯罪，侦查期限超过 6 个月。——译者注

相关内容进行扫描,并将其获得的信息传输至国家失踪和被剥削儿童救助中心。这一背景从本质上解释了儿童色情犯罪案件在 2017 年和 2018 年的 21
显著增长(见表 1-11)。

表 1-11 石勒苏益格-荷尔斯泰因州儿童色情犯罪新发案件数

年份	新发案件总数及增长率		新发已知嫌疑人案件数及增长率		新发嫌疑人不明案件数及增长率	
	数量/件	与前一年相比/%	数量/件	与前一年相比/%	数量/件	与前一年相比/%
2008 年	1290	—	801	—	489	—
2009 年	436	-66.2	371	-53.7	65	-86.7
2010 年	349	-20.0	278	-25.1	71	9.2
2011 年	706	102.3	552	98.6	154	116.9
2012 年	830	17.6	595	7.8	235	52.6
2013 年	525	-36.7	415	-30.3	110	-53.2
2014 年	458	-12.8	308	-25.8	150	36.4
2015 年	363	-20.7	300	-2.6	63	-58.0
2016 年	407	12.1	308	2.7	99	57.1
2017 年	630	54.8	481	56.2	149	50.5
2018 年	891	41.4	707	47.0	184	23.5
10 年(2008~2018 年)以来的变化		-30.9	—	-11.7	—	-62.4
9 年(2009~2018 年)以来的变化①		104.4	—	90.6	—	181.1

①2008 年数值明显较低的原因目前已无从考据。因此 9 年的发展足以真实呈现清晰的趋势。

5. 麻醉品犯罪

涉违反《麻醉品法》的麻醉品犯罪的数据在经历了前 5 年的下降之后,自 2013 年始有了完全相反的发展趋势,每年增长在 1.9%至 17.5%之间,最终整体增长了 45.3%(见表 1-12)。由于这一犯罪领域属于典型的依靠监控才能侦破的犯罪,因此数据的增加可能主要归因于检察院与警方在该领域为了打击此类犯罪开展了深度和建设性的合作(嫌疑人不明案件数的显著提升在一定程度上也反映了这样的结果)。[石勒苏益格-荷尔斯泰因州

总检察院的年度新闻通报(2019),第 14 页]

表 1-12　石勒苏益格-荷尔斯泰因州麻醉品犯罪新发案件数

(《使用麻醉品法》第 29、29a、30、30a、30b 条)

年份	新发案件总数及增长率		新发已知嫌疑人案件数及增长率		新发嫌疑人不明案件数及增长率	
	数量/件	与前一年相比/%	数量/件	与前一年相比/%	数量/件	与前一年相比/%
2008 年	8788	—	8508	—	280	—
2009 年	8737	-0.6	8416	-1.1	321	14.6
2010 年	8628	-1.2	8293	-1.5	335	4.4
2011 年	8320	-3.6	7981	-3.8	339	1.2
2012 年	7538	-9.4	7238	-9.3	300	-11.5
2013 年	8859	17.5	8433	16.5	426	42.0
2014 年	9569	8.0	9074	7.6	495	16.2
2015 年	9748	1.9	9073	0	675	36.4
2016 年	11,394	16.9	10,752	18.5	642	-4.9
2017 年	11,937	4.8	11,153	3.7	784	22.1
2018 年	12,768	7.0	11,865	6.4	903	15.2
10 年以来的发展情况	—	45.3	—	39.5	—	222.5

22 6. 财产追缴

2017 年 7 月 1 日生效的有关追缴犯罪所得的新规定,使刑法财产追缴程序发生重大变革(BGBl. 2017 I, S. 872),这方面目前尚无法进行充分的统计分析(见表 1-7 的注释),但是毫无疑问的是它将增加相当大的额外工作负荷。立法者宣称的目的是使没收资产成为适当情况下的绝对规则,从实践来看,立法意图已经可以说正在实现。为了顺利没收资产,事先需要进行相当规模的财务调查,这往往达到甚至超过了主案指控所需的调查力度。此外,还需要采取暂时保全措施,这些措施的成本远远高于审前羁押,但在绝大多数诉讼中却必不可缺。有效的资产追缴在执行程序中也有新的效果,因为在财产追缴的情况下,只要嫌疑人没收的金额足够,就会向被害人进行赔偿。抑或必须由作为执行机关的检察机关提出没收债务人资产的破产申请。这一领域的法律给检察机关带来了巨大的额外负担,涉及必要的组织调整、澄清新没收法具体应用中迄今尚未解决的法律问题,以及在这里也经常出现的、境外资产方面的国际司法协助需求等。与信息和通信技术犯罪领域一样,石勒苏益格总检察院于2017年6月对这些挑战作出反应,在其内部设立了“资产追缴组织中心”(ZOV SH)(Generalstaatsanwalt des Landes Schleswig-Holstein[2019],S. 40 f.)。 23

对于石勒苏益格-荷尔斯泰因州来说,对其2017年和2018年的数字进行的谨慎对比发现,通过最终判决发出的有利于国家的没收令的金额增加了336%(从不足78万欧元到340万欧元)。在有利于被害人的没收令方面,同一时期的记录从230万欧元增加到1450万欧元(增加了530%)。

三、人员变化

全面了解检察机关的工作负荷情况需要把人员变化考虑在内,来了解同一分析区间内不断增加的工作负荷是否以及在多大程度获得了人员配置方面的补偿。以下引用的人员配置数据是取整数的人员构成(AKA*),来自联邦司法局(2019年)发布的“法院和检察院的人员编制”,可在https://www.bundesjustizamt.de上查阅。

德国有24个州总检察院,即设立在州地方高等法院内的检察院,在其业务范围内管理着115个设立在地方法院的州地方检察院,此外还有26个附属及分支机构,以及2个区检察院[截至2018年10月26日。见Bundesamt für Justiz(2019),可在www.bundesjustizamt.de上查阅]。2018年,全德国设立在地方法院的检察院总职位数约15,000个,其中检察官职位数占总职位数的1/3,约为5300个,区级检察人员职位数近1000个。设立在州地方高等法院的总检察院总职位数为985个。(见表1-13)

* AKA包括了按全职还是非全职计算的用工人数,所以,可能出现小数,作者为简明起见,取整数进行分析。——译者注

表 1-13　全国范围内,设立在州内法院的检察院的职位统计

单位:个

全国范围内,设立在地方法院的检察院				
	2003 年	2008 年	2013 年	2018 年
检察官职位数	4677	4669	4743	5276
区级检察人员职位数	957	935	941	987
检察院总职位数	15,197	14,719	14,285	15,017
全国范围内,设立在州地方高等法院的总检察院				
	2003 年	2008 年	2013 年	2018 年
检察官职位数	365	357	380	459
检察院总职位数	849	845	868	985

从近 15 年的发展来看,设立在地方法院的检察院检察官职位数增加了
24 599 个,上升了 12.8%,区级检察人员的职位数增加了 30 个,上升了 3.1%。与之相对的是,设立在地方法院的检察院的总职位数减少了 180 个,下降了 1.2%。若将总职位数减去检察官职位数和区级检察人员职位数,那么所谓“下级”岗位(nachgeordneten Diensten)的人员削减高达 8.5%。2003 年与 2013 年的对比显示出,设立在地方法院的检察院总职位数下降了 6.0%,如果扣除检察官职位数和区级检察人员职位数,其他人员的人数削减了 10.1%,在渐进转向(重新)布局的趋势之中,检察机关将来有望在其他人员方面得到充足的人员配备。

这也反映出检察机关在实践中反复描述的发展状况:之前由书记处(Geschäftsstelle)以及其他的“下级”职员完成的增加任务,现在都转移到部门负责人身上。一个非常明显的例子如制作外发信函、起诉书、结案指令等,如今已经不再经部门负责人口述,由书记员(Kanzleikräften)转录和排版,而是部门负责人自己起草,有时借助语音识别软件进行录入并打印出来。

通过(大致的)对比,可以考察出全国 638 个区法院和 115 个地方法院的人员变化情况。(见表 1-14)(2017 年 5 月 15 日,联邦司法与消费者保护部网站 www.bmjv.de 检索。由于缺少各种各样的数据,刑事司法裁决的具

体评估是无法实现的) 25

表 1-14 全国范围内,区法院和地方法院的法官职位及总人数

单位:个

	2003 年	2008 年	2013 年	2018 年
区法院中的法官职位数	8127	7965	7939	8097
地方法院中的法官职位数	5084	4914	4906	5330
区法院总职位数	48,783	46,320	45,343	45,454
地方法院总职位数	13,512	12,682	12,285	12,641

通过表 1-14 可以看出,2003 年至 2018 年,区法院的法官职位数减少了 30 个,降低了 0.4%,地方法院的法官职位数小幅度增加了 246 个,增长了 4.8%。相对而言,同一时间区间内区法院的总职位数减少了 3329 个,降低了 6.8%;地方法院的总职位数减少了 871 个,降低了 6.4%。此外,如果只计算除去法官外的人员总数,那么区法院的人员削减率为 8.1%,地方法院的人员削减率为 13.5%。

(刑事)司法机关不断增加的工作负荷需要大量增加人手,最近在司法政策中越来越成为共识。在第 19 个立法会议期间形成的联盟协议中有一项题为"法治公约"的文件,其中就下述内容达成一致:"我们要保持法治的运行能力,这也将增强对法治民主国家的信赖。我们在联邦和州政府首脑层
面缔结法治公约。公约内容包括,在联邦及州的法院新增 2000 个新的法官 26
职位,以及相应的其他工作岗位。各州已经开始扩招司法人员。"[当时的德国联邦议院是基民盟/基社盟和社民党组成的党团(2018 年),第 123 页;可在 www.cdu.de 上查阅]。同时,就此而言具体的要求是,联邦政府在 2018~2019 年增加了 71 个联邦检察官职位(增长了 30.4%),并为联邦普通法院在卡尔斯鲁厄市的民事庭、莱比锡市的刑事庭增设了 24 个职位。在人事任免权范围内,各州商定,在 2017~2021 年增设 2000 个法官、检察官职位(包括必要的"下级"职位)。只要各州完成第一批 1000 个职位设立后并提交一份报告,联邦会向各州提供一次性固定资金 2.2 亿欧元(分两次支

付）。第二笔款项支付应以第二份报告为基础，报告中应记录：各州在司法管辖范围内承诺的 2021 年 12 月 31 日前设立 2000 个法官和检察官职位均已履行［见联邦司法与消费者保护部（2019 年），可访问 www.bundesregierung.de］。

四、刑事诉讼复杂化带来的负荷

正如开始已经指出的，检察机关工作负担的攀升不仅来自每年要处理的侦查程序的增多，而且也（主要）归因于诉讼复杂程度的升高。前联邦司法部部长海科·马斯在 2014 年 7 月 7 日的演讲中［*Maas*（2014），可在 https://www.bmjv.de 获取］中肯地描述了这一趋势："很多法官和检察官的工作达到了他们的负荷极限。这不纯粹是因为数量庞大，案件也变得越来越复杂，全球化时代跨境犯罪增多，网络钓鱼和域名欺诈（Phishing und Pharming）盛行，司法工作人员也需要掌握技术上的专业知识。他们必须了解越来越多的规定，尤其是附属刑法。与此同时，刑事诉讼程序本身也持续分化且复杂化，原因在于判例日趋精密，新法不断出台。很多新规定能使司
27 法机关和我们国家的公民都受益，它们追求更高的目标——譬如强化嫌疑人、被告人的权利保障，为被害人提供全面保护以及提升司法透明度，这样的目标应当得到支持。然而这同时也为刑事司法带来了沉重的负担。"

近几十年来，立法机关对刑法尤其是刑事诉讼法的数次补充、扩展和改革，加速了上述趋势。已经创设的新刑法条文，如《刑法》第 184i 条、第 184j 条[1]、第 217 条[2]和受国家监管的医疗保健领域的刑事犯罪；越来越多的

［1］ 参见，例如 *Kreuzer*（2018）第 127 页："长期以来，与性犯罪有关的刑法由于受到道德化的、民众主义的呼吁，以及对于个别引起轰动的、被媒体作为丑闻报道的案件作出反映，很容易为了所谓的有必要'填补刑法保护的漏洞'而扩张刑法打击范围，由此，它特别引人关注。"

［2］ 该条根据联邦宪法法院 2020 年 2 月 26 日的判决宣布因违宪而无效-2 BvR2347/15（BGBl. 2020 I, S. 525）。

可罚性前置化，如《刑法》第 89a 条第 1 款[1]或最近所谓的“网络性诱”(Cybergrooming)的立法努力以及《刑法》第 129b 条反映出的报应型刑法与预防型警察法之间的冲突，都不可避免地给刑事追诉机关带来额外的负担。[2] 实体法领域的其他改革已经在计划之中。特别是有意加大针对互联网上所谓“仇恨犯罪”(Hasskriminalität)打击力度的规定，也可能导致对额外人手的大量需求（假设每年增加多达 15 万件新案件，需新增大约 400 个工作岗位，参见 Spiegel Online[2020]）。

刑事诉讼法的众多修改对检察机关负担的增加更具决定性意义（*Zwiehoff* 2013 作出了很好的概述）。例如已经提到过的关于刑法上的财产追缴(Vermögensabschöpfung)的改革，主要在侦查程序中（的暂时保全措施），在刑事执行领域（从没收的犯罪所得中赔偿被害人），同样都会给检察机关带来棘手的法律问题和新任务。

过去几十年刑事诉讼领域立法的主要动因之一是全面扩大对被害人的保护（当然不能忽视的是，许多改革可以追溯到欧盟的要求，参见 *Haverkamp* 2015，S. 53）。虽然在传统主要着眼于犯罪行为人的德国刑事诉讼程序中， *28*
被害人只发挥了很小的作用，但过去三十年的相关改革却始终指向相反的方向（参见 Hermann 2010，S. 236）。“强化被害人在刑事诉讼中的权利”等法规（所谓的第 3 次被害人权利改革法案，BGBl. I 2015，2525；关于这一点的详细信息以及所有与被害人保护有关的现实问题，参见 *Gropp/Stahlmann-Liebelt*[2021]）扩展了检察机关的告知义务，并增设了全新的诉讼参与人，如在诉讼过程中引入社会心理之诉讼陪伴(psychosoziale Prozessbegleitung)。改革的结果是，被害人不再被视为单纯的诉讼客体，而是成为享有广泛知情权、受保护权和参与权的刑事诉讼主体。然而，这种刑事诉讼程序的“重构”也有其负面影响，即被害人权利明显呈碎片化状态，并带来实践当中的执行

---

[1] 联邦普通最高法院 StV 2018，80 的判决指出：“这实际上是在‘宪法允许的边界内’试图针对可能危害国家的行为做准备。”

[2] *Weigend*(2016)对此谈到“立法者真正陷入了人罪化的瘾症之中”。

难题。对于刑事追诉机关来说,也带来了某些(可以理解的)疲倦现象(见 *Hermann* 2010,S. 236)。然而,关于扩大附加诉讼人的权利(Nebenklägerrechte),也已经提出进一步的要求。〔关于 *Weissen Ring* 的呼吁,参见 Weissen Ring(2019);对此持批评意见的,参见 *Gropp/Stahlmann-Liebelt*[2021],Ziff. 3. 3. 〕

正如前文中前联邦司法部部长的话所揭示的,即使近来立法机关已经认识到迫切需要对刑事诉讼法进行全面改革,以实现更高效、更简化的目标,但具体达致这个崇高目标(并不意外)是很困难的。2017 年 8 月 24 日,《关于构建更高效且面向实践的刑事诉讼的法律》开始生效(*Schiemann* 2017,S. 338)。该法经过特设专家委员会的筹备工作,尤其是基于其"富有生气"的标题而被寄予厚望,然而这样的希望和期待并没有成为现实。特别是,此次改革再次包含了使刑事诉讼复杂化而非简单化的规定。所以,2020 年 1 月 1 日生效的《刑事诉讼法》第 136 条第 4 款规定了某些程序和特殊情形下的录音录像义务,正成为讯问被指控人时进行录音录像的数量显著增加的原因。

从 2019 年 12 月 10 日生效的《刑事诉讼现代化法案》(BGBL. 2019 Ⅰ, S. 2121)中可以得出非常相似的(初始)结论。尽管本次修法通过打包规定将附加诉讼代表人和简化提出不公正异议的权利以及申请取证权相绑定,从而减轻了诉讼负担,但是同时也扩展了诸如附加诉讼原告的权利、使用 DNA 筛查和法官讯问强制录音录像等增加工作负担的规定。

29 2019 年 12 月 10 日的《强制辩护权修订法案》(BGBl. 2019 I, S. 2128)也不太可能有助于提高刑事诉讼的效率。这部为(延迟了的)转换所谓的 PKH* 指令(RL 2016/1919/EU)而制定的法律首先服务于保护被指控人。在某些强制辩护(必要辩护)的情况下,未来可以在审前程序(Vorverfahren)中依申请对每个没有辩护人的被指控人提供法律援助(义务辩护人),而不管其经济能力如何,甚至如有必要可以不考虑其本人意愿,此举是否也能有

---

* Prozesskostenhilfe(PKH),即关于对刑事诉讼中犯罪嫌疑人及被告人的诉讼费用救助及对欧盟逮捕令执行程序中被通缉人诉讼费用救助的指令。——译者注

助于改善司法运行还有待观察。至少这些步骤,特别在侦查程序启动时,都没有得到简化。

最后,必须要提到的是刑事司法数字化这一“世纪工程”。特别是所有联邦州正在全速准备引入的电子卷宗,可以预见,由于不熟悉以及起初的容易出错,在期待的效率提升这一长期追求的数字化收益目标实现以前,肯定会在较长时期内带来大量的额外工作(参见 *Gundlach* 2020 S. 50,其中描述了直接传导到至刑事司法工作的影响)。

五、结论

检察机关的首要任务是确保法定性原则(Legalitätsprinzip)不折不扣地实施,特别是在大量的诉讼活动当中,该原则要求对任何犯罪行为都予以追诉,完全不考虑范围、影响及人员身份。对于法治国家的运转而言,法定性原则必不可少,因为它同时也维持和保障了法治国家的先决条件:公民的信赖。如果犯罪行为不能在妥当的范围内追诉或不能被及时追诉,法治就濒临被侵蚀(Erosion des Rechtsstaats)的风险,这种侵蚀出于其他一些理由被一再诟病(参见 *Papier* 2019)。为了维持和加强公众对司法的信赖,快速有效地处理刑事诉讼与确保公众对诉讼质量的信赖一样必不可少。要实现这两个方面,检察机关必须聚焦其核心任务,不得因日益复杂的、零散的规定而耗尽精力。尽管立法机关早已认识到有必要对德国刑事诉讼程序进行根本
性的改革以提高效率,但迄今为止在这一领域的所获,近乎试图化圆为方 *30*
(比喻在做不可能之事)。所谓“提升诉讼效率的法案”(Effektivierungs-Gesetze)的确减轻了部分负荷,然而,对德国刑事诉讼制度产生重大影响的欧盟指令又在刑事诉讼中加入了提高复杂程度的内容。[1]

[1]　前联邦司法部部长卡特琳娜·巴尔利就 2019 年 5 月 16 日内阁决定“刑事诉讼现代化”的发言明显存在悖论:“为了有效进行刑事追诉,我们希望除了增加司法人手也想改进刑事诉讼法。将来,法院审理应当能够快速推进及快速审结……同时,我们也强化了犯罪行为被害人维护其利益的权利。”

因此,本文引用策勒州前总检察长曼费雷德·恩德勒的论述作为结语:“多年来,为了能够履行其在法治国家中的任务,检察机关一直竭力调度所有可能的内部资源,以便依法处理无论在数量、范围还是难度都在增加的诉讼程序。”他于 2001 年作出的这个论断,在 20 年后也同样适用。

参考文献:

Baumann, Thomas. Staatsanwaltschaftliche Ermittlungstätigkeit in Deutschland, Wirtschaft und Statistik 2015, 74.

Bundesamt für Justiz. Anschriftenverzeichnis der Staatsanwaltschaften in der Bundesrepublik Deutschland Stand: 26. Oktober 2018 abzurufen über: https://www. bmjv. de/Shared - Docs/Downloads/DE/PDF/Anschriftenverzeichnis_Staatsanwaltschaften. pdf.

Bundesamt für Justiz. Personalbestand der Staats-und Amtsanwaltschaften bei den Landgerichten Stand: 16. Oktober 2019 abzurufen über: https://www. bundesjustizamt. de/DE/Themen/Buergerdienste/Justizstatistik/Personal/Personal_node. html.

Bundesministerium des Innern/Bundesministerium der Justiz. Zweiter Periodischer Sicherheitsbericht 1. Auflage, November 2006 abzurufen über: https://www. bka. de/DE/AktuelleInformationen/StatistikenLagebilder/PeriodischerSicherheitsbericht/periodischersicherheitsbericht_node. html.

Bundesministerium der Justiz und für Verbraucherschutz. Gerichte des Bundes und der Länder am 15. Mai 2017 abzurufen über: https://www. bmjv. de/SharedDocs/Downloads/DE/PDF/Anzahl_der_Gerichte_des_Bundes_und_der_Laender. pdf.

Bundesministerium der Justiz und für Verbraucherschutz. TOP 3 der Besprechung der Bundeskanzlerin mit den Regierungschefinnen und Regierungschefs der Länder am 31. Januar 2019 abzurufen über:https://www. bmjv. de/SharedDocs/Downloads/DE/PDF/BK-Beschluss-Rechtstaat. pdf.

Fraktionen der CDU/CSU und SPD im Deutschen Bundestag. Ein neuer Aufbruch für Europa-Eine neue Dynamik für Deutschland-Ein neuer Zusammenhalt für unser Land, Koalitionsvertrag zwischen CDU, CSU und SPD in der 19. Legislaturperiode, 12. März 2018 abzurufen über: https://www. cdu. de/system/tdf/media/dokumente/koalitionsvertrag_2018. pdf.

Gundlach, Gregor. Ein Jahr elektronische Akte im Zivilsenat-Was folgt daraus?, Deutsche Richterzeitung 2020, 48.

Haverkamp, Rita. Kriminalpolitik im Spannungsverhältnis von Strafgerechtigkeit und Sanktionenrecht, Zeitschrift für Rechtspolitik 2015, 53.

Hermann, Joachim. Die Entwicklung des Opferschutzes im deutschen Strafrecht und Strafprozessrecht-Eine unendliche Geschichte, Zeitschrift für Internationale Strafrechtsdogmatik 2010, 236.

Kreuzer, Arthur. Kriminalpolitische Kurskorrekturen durch die neue Bundesregierung? -Kein Weiter-So mit steten Strafrechtsausweitungen, Recht und Politik 2018, 147.

Maas, Heiko. Reform des Strafprozessrechts Rede des Bundesministers der Justiz und für Verbraucherschutz zum Auftakt der Expertenkommission zum Strafprozessrecht am 7. Juli 2014 in Berlin abzurufen über:https://www. bmjv. de/SharedDocs/Reden/DE/2014/07072014_Expertenkommission_Reform_StPO. html.

Generalstaatsanwalt des Landes Schleswig-Holstein. Jahrespresseerklärung 18. April 2019 abzurufen über:https://www. schleswig-holstein. de/DE/Landesregierung/STA/Presse/ Pressemitteilungen/pressemitteilungen_node. html.

Gropp, Stephanie/Stahlmann-Liebelt, Ulrike. Umsetzung der Opferrechte in der Praxis-Sachstand und neue Ansätze, in diesem Band Koerth, Katharina.

Personalnot-Die Justiz sieht alt aus www. spiegel. de vom 3. Mai 2019abzurufen über: https://www. spiegel. de/karriere/arbeitsueberlastung-im-gericht-warum-die-justiz-alt-aussieht-a-1265194. html.

LTO. Umfrage bei Länder-Justiz-Überlastet ins neue Jahr www. lto. de vom 2. Januar 2019 abzurufen über: https://www. lto. de/recht/justiz/j/justiz-belastung-personal-mangel-nachwuchs-pensionierung/.

Papier, Hans-Jürgen. Der Rechtstaat zieht sich hier schon bedenklich zurück www. stern. de vom 29. Oktober 2019 abzurufen über: https://www. stern. de/politik/deutschland/ex-verfassungsrichter-hans-juergen-papier-warnt-im-stern-vor-erosion-des-rechtsstaats-8975080. html.

Rautenberg, Erardo C. Die deutsche Staatsanwaltschaft: „Objektivste Behörde" mit viel Macht, aber geringem Ansehen-Was ist zu tun?, Deutsche Richterzeitung 2014, 214.

Schiemann, Anja. Effektivere und praxistauglichere Ausgestaltung des Strafverfahrens? Was von der großen StPO-Reform übriggeblieben ist, Kriminalpolitische Zeitschrift 2017, 338.

Spiegel Online. Gesetz gegen Hasskriminalität-Richterbund fordert hunderte neue Richter und Staatsanwälte www. spiegel. de vom 27. Januar 2020 abzurufen über: https://www. spiegel. de/panorama/justiz/hasskriminalitaet-im-internet-richterbund-fordert-hunderte-neue-juristen-a-3856459c-3cd5-4e84-891f-83c455fb6db4.

Tangermann, Geli. Erste Hilfe für überlastete Staatsanwaltschaft www. welt. de vom 12. Juni 2019 abzurufen über: https://www. welt. de/regionales/hamburg/article195154039/Justiz-Erste-Hilfe-fuer-ueberlastete-Staatsanwaltschaft. html.

Weigend, Thomas. Mehr Strafrecht-und alles wird gut?, Strafrecht 2016, Editorial Die Belastung der Staatsanwaltschaften-Zahlen und Fakten.

Weisser Ring. Strafrechtspolitische Forderungen des WEISSEN RINGS, Stand November 2019 abzurufen über: www. weisser-ring. de.

Zwiehoff, Gabriele. Änderungsgesetze und Neubekanntmachungen der Strafprozessordnung und strafverfahrensrechtlicher Bestimmungen des Gerichtsverfassungsgesetzes: 1991 bis 2012, 1. Auflage, Münster 2013 (abzurufen über https://ub-deposit. fernuni-hagen. de).

聚光灯下与视线之外：检察工作面临的公共和专业挑战

比吉特·阿皮奇[*]　贝特霍乐德·福格尔[**]

一、导论

33 近几十年，检察机关的程序地位和权力变得重要起来（Blankenburg et al. 1978；Ludwig-Mayerhofer und Rzepka 1993；Rautenberg 2014）。检察机关决定终止程序（不起诉）或起诉的案件数量，已经超过法庭审理的案件数量。基于这种“过滤功能”（Blankenburg et al. 1978，S. 28），对于刑事案件中的公民而言，检察官既是其与司法的核心联系，也是法治国（Rechtsstaat）[***]的化身。从公共利益社会学的角度说，如果对“运转中的国家”感兴趣，并追问法治是如何及在何种个人、组织和制度前提下作为公共利益“产生”的，系统盘点检察机关工作现状显然有助于得出答案。

然而，从社会学角度看待检察机关，会很快意识到同时存在“聚光灯下”

---

* 比吉特·阿皮奇任职于德国哥廷根大学哥廷根社会学研究所（SOFI）。

** 贝特霍乐德·福格尔任职于德国哥廷根大学哥廷根社会学研究所（SOFI）。

*** 德国《基本法》第 20 条第 3 款规定，立法受合宪性秩序约束，行政和司法受法律与法（正义）约束。这一条款被认为是法治国的宪法渊源。同条也规定了民主国、社会国。——译者注

34

(Rampenlicht)与“视线之外”(Unsichtbarkeit)的矛盾:检察机关一贯受到公众的批判,主要是基础性的批评——进展太慢、与权势勾结、过于懈怠、负担过重,根本上是一种扭曲的形象(Zerrbild)。同时(检察工作)缺少社会学的阐释和说明,因为迄今为止检察机关在很大程度上是社会学考量法律和正义的盲点。所谓盲点,不仅是针对检察机关的职能,也包括具体工作及其实施情况。这篇论文以检察工作当下的、经验的现实图景与面临的挑战,来反驳一方面是“聚光灯下和扭曲形象”,另一方面是“法社会学与司法社会学研究中广泛的视而不见”的说法。本文是对司法社会学的贡献,将检察工作置于几乎所有与检察官对话中都会出现的冲突领域:一方面是公众对于发生丑闻的期待,另一方面是对检察工作现状事实上的视而不见。

对检察机关的社会学调查是基于“法律和秩序的守护人?——在司法中的代际变化和体制文化”这一项目开展的,该项目在2016~2019年由下萨克森州科学和文化部(MWK)推动,并得到下萨克森州司法机关的持续资助。通过访谈、分组讨论和标准化在线调查,对下萨克森州区法院、地方法院、州地方高等法院及检察机关进行了职业生涯、职业道德、体制文化、专业状况和代际变化等方面的调查。本文在回顾研究现状并阐述数据基础后,将聚焦法官/检察官的个人职业选择、关于专业的自我理解、个人职业认知、司法机关的公众印象以及检察工作的要求和基本条件等方面的研究结果。

二、研究现状

由于在刑事诉讼中的突出地位,以及受指令约束和独立性的问题,检察官成为法学和职业政策讨论的焦点(例如,Hund 1994;Maier 2003;Schaefer 2005;Kelker 2006;Stötzel 2010;Titz 2010;Beinig 2015)。这些问题与关于检察机关之诞生的(法)历史讨论密切相关。(例如,Günther 1973;Wohlers 35
1994;Carsten und Rautenberg 2012),过去也经常是法律社会学辩论的主题(Blankenburg und Treiber 1978)。

法学和法律政策讨论的第二个焦点是检察机关在公众面前的职业形象。对职高生和高中生的最新问卷调查显示,娱乐作品中法院及法官和律师职业形象是积极的(Machura und Kammertöns 2009);法律讨论则表明,检察机关在媒体和公众中的声誉颇有问题。历史视角及文献对此均有所反映(Kiesow 2005),也体现在当前的媒体报道中(Rautenberg 2014)。甚至检察官也倾向于以负面的眼光认知自我。

在以往关于检察工作的法学争论中,主要突出讨论了以下两个问题:(1)什么原因导致文学著作、娱乐作品和报纸杂志中时常出现对检察机关的负面描述,以及检察机关如何应对?(2)这些问题通常与受指令约束有关:检察官的法律地位是否有可能使其在作决策时和日常工作中保持与法官相媲美的独立性?在法学和法律政策讨论中,这些问题尤其成为对检察机关重新定位及吁求改革所讨论的主题。

到目前为止,社会学研究尚未对解答这些问题作出太大贡献。除 20 世纪 70 年代末和 90 年代初的些许研究外,法律和司法社会学研究几乎或根本不涉及检察官。早期的司法社会学研究要么没有区分法官和检察官职业,要么集中于法官职业。所以,考彭(Kaupen[1969])所做的关于司法工作人员的出身与初始社会化的研究以及关于法官的社会来源的研究(Dahrendorf 1961;Richter 1968)就具有了特别重要的意义。紧接其后的是关于法律工作者职业选择的研究(Lange und Luhmann 1974)以及法官在培训与工作当中形成自我认知的研究(Werle 1977;Heldrich und Schmidtchen 1982;Berndt 2010)。

36 检察机关在很大程度上是社会学研究的“未知领域”(terra incognita)。目前只有个别社会学项目涉及检察工作,而这些研究旨在追溯检察工作的行为逻辑和前提条件。布兰肯堡、塞萨和斯特芬于 1978 年率先开展的研究中,主要关注点在于侦查、决策(终止程序或起诉)和起诉各阶段中检察工作的规律性。这项研究是“检察机关首先是科层建构的”这一论点的源头(Sessar 1979)。“科层主义命题”(Bürokratiethese)的支持者主要依据以下

两个方面:通过“在司法决策中广泛采用卷宗中预先认定的‘事实’”来有目的地缩减信息,也就是说,特别是在嫌疑人身份不明的情况下,检察机关以此规避补充侦查;另外还有决策的标准化问题,例如依据在机关内部发布内部法令和准则,以及在嫌疑人身份不明时或证据状况很差时频繁地终止程序(Blankenburg et al. 1978;Sessar 1979;Ludwig - Mayerhofer und Rzepka 1993)。以上研究对司法社会学的重要贡献,在于部分证明了组织背景对检察机关行为的重要性。尽管无法有效证实工作负荷和组织规模对检察机关决策的影响,但有迹象表明工作准则的重要性以及不同检察机关作出的决策存在差异(Blankenburg et al. 1978;Sessar 1979;Ludwig - Mayerhofer und Rzepka 1993)。

检察机关的行为符合典型的科层主义,这个说法在理论和教义学上仍有争议:真的能够借助作为“固化了的互动”(Blankenburg et al. 1978, S. 318)的卷宗——这些卷宗只记录了作出决定的法律依据,而不记录背后的理由(Barton 1980)——重构决策过程与行动理性吗?或者就“卷宗中所选择的事实就是检察机关行动的事实”来说(Blankenburg et al. 1978, S. 318),这个办法就有意义吗?从这些问题出发,有人尝试在公开访谈的基础上分析检察机关的职业行为,其简略从事一定会导致例行公事(Asmus 1988)。此项定性研究得出的结论是,在形式合理性从属于实质合理性的意义上,职业的行动逻辑更胜一筹。韦内特在刑事辩护的专业社会学研究范围内,对检察机关这一角色在法律社会学分类基础上进行过类似的论证:检 37
察机关的行动“以程序的实质启动为起点,始终以程序为导向”,所以,包括了“将非司法的确信转换为正式的司法评价的变形要素”(Wernet 1997, S. 124)。在对检察官具体工作的社会学考察中,重点是可以在多大程度上将其理解为职业行为这一问题,职业行为的特点是根据个案对法律规范进行解释和阐明。或者说,检察机关的行为主要是行政行为的一种具体形式,以内部准则、规程、卷宗主义和科层式的规定为特征。

尽管上文提到的个别研究以改变检察机关的程序地位为初衷,但它们主要完成了——非常有益的——对检察工作的理想化描述。除了个别要点外，还欠缺对（工作）基本条件的系统研究，该条件也是对依托于卷宗的、标准化的决策模式与更强的个案审查的紧张关系及其变体进行研究的前提。

同样，关于检察官的自我职业形象及其变化和社会化基础方面的研究也很少。在许多联邦州，检察官和法官普遍进行联合职业教育，一直持续到试用法官*时期，此后两条职业路线可能会出现难以置信的转变——检察院的科层行为与法院的职业行为形成鲜明对比。然而，到目前为止，我们对指导检察机关行为的模式和标准知之甚少。

另外还包括法律和司法社会学研究迄今尚未澄清的检察官的公众认知和司法地位问题。这一研究领域的空白令人惊讶，这些问题显然在法学和法律政策话语领域内占有一席之地，在检察机关的工作实际中可能也很重要。这些问题一方面说明了与检察工作基本条件的密切联系，另一方面，就
38 检察官面临的要求来说，这些问题也凸显了其重要性。无论在选择职业、接受职业教育时，抑或在捍卫其主要职业形象时，检察官们都要直面这些要求。

基于上述背景，本文聚焦检察官的工作实际，这些工作实际影响了检察官的自我职业形象和行为导向，同时也反映了当前检察机关行为在基本条件和公众认知方面面临的挑战。

三、数据基础与方法

本文在多项研究的基础上展开分析。“法律和秩序的守护人？——司法中的代际变化和体制文化”这一项目对下萨克森州管辖领域内的检察院和法院进行了职业道德、职业生涯、体制文化、专业状况和代际变化方面的

* 《德国法官法》第 12 条规定，在被任命为终身法官和检察官之前，可以先被任命为试用法官。试用法官的期限最长为 5 年。——译者注

研究。该项目采用混合方法设计(Mixed-Methods-Design,参见 Hense und Schork 2017),结合了定性和定量研究。在区法院、地方法院、州地方高等法院、州地方检察院和州总检察院进行专家访谈、个人访谈和分组讨论,并辅以定量的在线问卷调查。

在调查的第一阶段与(有时是几个)政府和司法部门人员以及法院、检察院和法官委员会的负责人进行了 20 次专家访谈(Liebold und Trinczek 2009;Meuser und Nagel 2009),为与法官和检察官进行面谈、分组讨论,尤其是为明确案件选择和访谈指南做好准备。此外,在个别地点与管理层或人事部门负责人进行了专家访谈,调查了某法院或某检察院的社会环境、组织和人员情况,这些细节对个人访谈的评估而言是重要的背景信息。

针对司法工作人员逐个开展的 65 次半结构化、引导式访谈*(参见 Klemm und Liebold 2017 的调查方法),囊括了关于职业生涯、工作条件及其发展、自我职业形象、司法体制文化和司法行政机构等话题的开放性问题。对内容的分析评估综合了归纳和演绎的策略(Mayring 2010),即针对这些材 39
料,运用演绎的、从研究理论与立场得出的编码以及运用直接从材料中得出的编码进行结构化,之后再进行分析。

除了这种基于个人阅历的调查办法,我们还进行了 12 次分组讨论。这个方法尤其适合调查关于"集体"的问题。在此讨论了适用所有人但存在矛盾的规范,同时,在对话中,相互描述和评价了主要经历与看法(Loos und Schäffer 2001;Przyborski 2004)。我们讨论了两个话题:(1)究竟是什么成就了一位优秀的法官或检察官;(2)司法工作人员在多大程度上影响了法律和社会。

在线问卷调查面向区法院、地方法院、州地方高等法院、州地方检察院

* 采访者提出预先确定的问题,但可以非常开放地回答这些问题。与经验社会科学的大多数其他调查方法相比,该程序没有那么严格。在引导式访谈中,不提供答案选项,受访者可以畅谈、评论和解释。这种方法的优点是,采访者通过他的问题清单提出具体的问题,但被采访者可以自由回答,可能还会把谈话引向新的观点,扩大整个采访的范围。——译者注

和州总检察院的司法工作人员。重点调查法官和检察官的自我职业形象、专业状况以及职业生涯和社会结构背景。在线问卷调查可以为定性研究的部分结果提供更广泛的数据基础,并与早期社会学研究的定量研究进行部分比较。

总体而言,通过访谈、分组讨论和在线问卷调查,我们同时接触了“新入职的”和“更富经验的”法官、检察官,男女比例大致相当,涵盖了不同职位、工资水平和法律领域。表2-1给出了样本概览。

表2-1 研究调查样本概览(自述)

单位:人

	专家访谈	引导式访谈	分组讨论	在线调查
检察院总数	**10**	**22**	**4**	**128**
州总检察院	—	3	—	11
州地方检察院	—	19	4	117
法院总数	**8**	**43**	**8**	**280**
州地方高等法院	—	7	2	48
地方法院	—	19	2	98
区法院	—	17	4	133
其他	**2(政府和司法部门)**	**—**	**—**	**72(试用法官)**
合计	**20**	**65**	**12**	**483**

四、研究结果

(一)如何看待司法活动中的检察官——地位的挑战?

比较(法官和检察官)两个职业群体时,声望评价存在显著差异。与法官相比,参与在线问卷调查的检察官对自身职业声望的负面评价更多(见图2-1)。

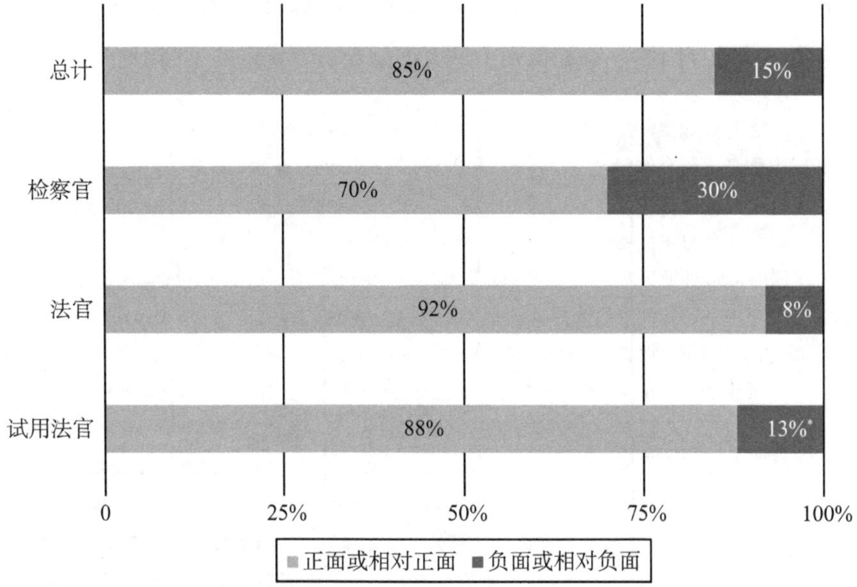

图 2-1 法官和检察官对自身职业的声望评价统计

注:图 2-1 的统计基于哥廷根大学社会学研究所(SOFI)在 2017~2018 年对下萨克森州管辖领域内的检察院和法院所做在线问卷调查中的自述。

这一点在针对成长路径和职业社会化问题进行的访谈和分组讨论中得到了明确的说明。经常有轶闻称,在私下场合,人们认为检察官比法官地位 40
更低,甚至门槛也更低。还有人说,在司法机关中,检察官有时被视为二等司法工作人员。这种看法加上对工作负荷以及部分空间、设施设备问题的关键评价,加剧了受访者的担忧,担心未来检察机关招聘人员会更加困难。事实上,相比有固定职位的司法工作人员的工作空间,试用法官的工作空间因为更差而受到了明确的批评:在线问卷调查显示,51%的试用法官对此的评价为负面或相对负面,33%的法官和 34%的检察官持相同意见。在线问卷调查没有征询对工作负荷和人员配备的看法,但这两点在检察机关的访谈和分组讨论中被视为严重问题。与之相反,工作内容/专业业务,职业的社

* 原文的比例数据有误,应为 12%,此处未做改动。——译者注

会重要性、工作自主性、社会/职业保障以及兼顾家庭与事业的可能性——所有这些职业选择因素——都得到了绝大部分受访者肯定的反馈(见图2-2)。

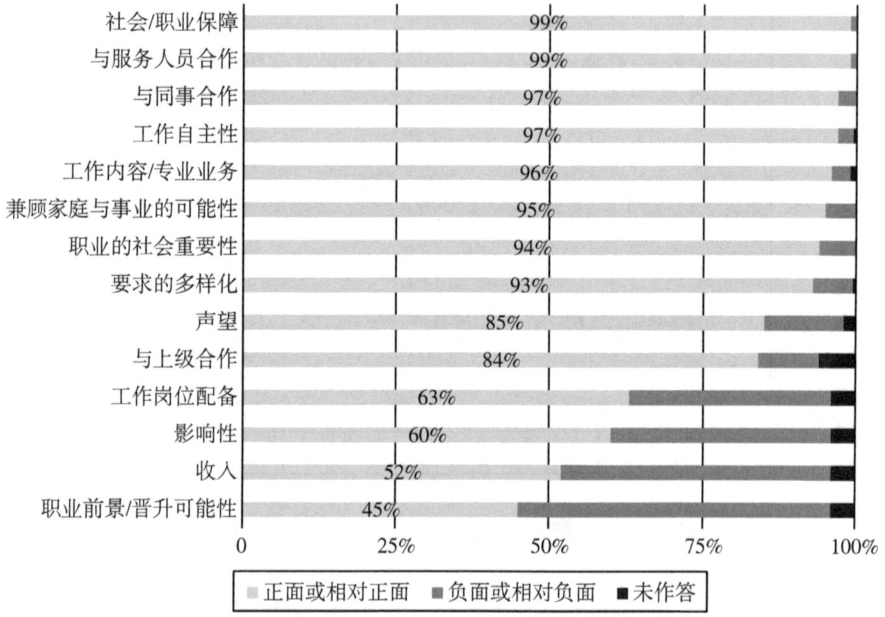

图2-2　法官和检察官对职业选择因素的评价统计

注:图2-2的统计基于哥廷根大学社会学研究所(SOFI)在2017~2018年对下萨克森州管辖领域内的检察院和法院所做在线问卷调查中(如何评价您当前职业的以下领域)的自述。

事实上,从事检察职业的决定往往来得比较晚:超过1/3的在线问卷调查参与者强调,他们在学习之初没有明确的职业抱负或在学习之初只想成
42 为法官;只有8%的受访者在学习之初希望从事检察工作。在实习之初,一半的受访者对法官职业感兴趣,只有10%的受访者对检察机关感兴趣。在线调查时已经成为检察官的受访者也表示,他们在开始学习和实习之初曾将“法官”作为职业目标(29%在学习之初,41%在实习之初;见图2-3)。从访谈中可以得出结论:作为实习者或作为试用法官首次获得的实践认识影响甚大。总体而言,对检察官或试用法官的职业选择最重要的影响因素是实习指导人(见图2-4)。

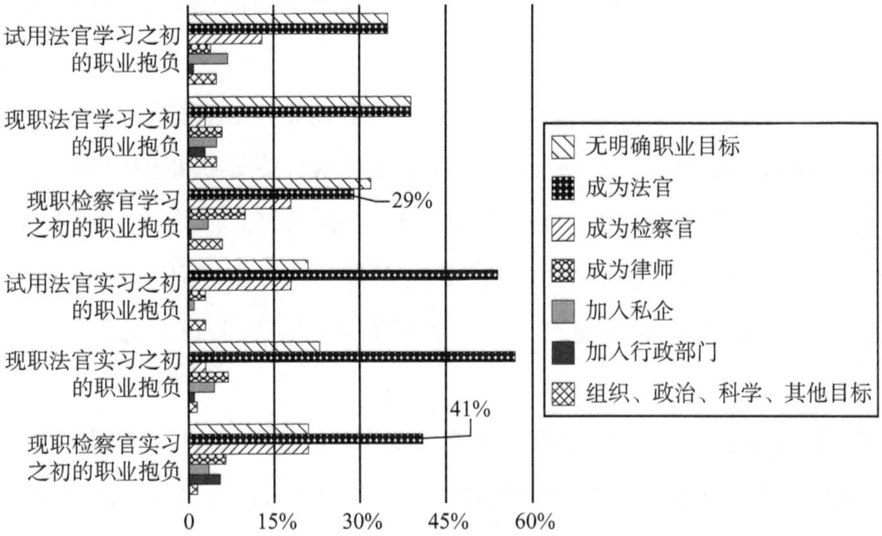

图 2-3 法官、检察官在学习和实习之初的职业抱负统计

注：图 2-3 的统计基于哥廷根大学社会学研究所（SOFI）在 2017~2018 年对下萨克森州管辖领域内的检察院和法院所做在线问卷调查中的自述。

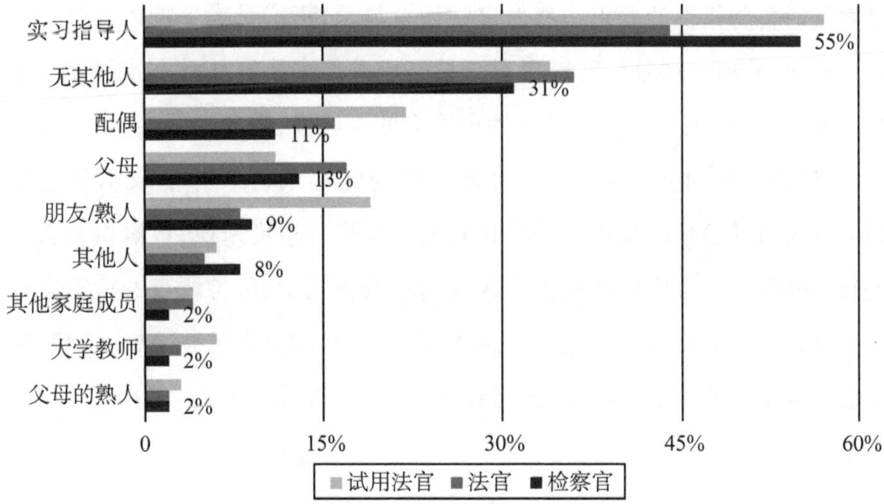

图 2-4 影响法官、检察官职业选择的人的统计

注：图 2-4 的统计基于哥廷根大学社会学研究所（SOFI）在 2017~2018 年对下萨克森州管辖领

域内的检察院和法院所做在线问卷调查(哪些人对您成为法官或检察官的决定产生了重大影响)中的自述。

43 这些研究一方面说明,受访者在学习过程中几乎没有表现出任何想在检察机关工作的想法。另一方面也说明了在检察机关实习和担任试用法官期间的具体经验十分重要。在此期间,不仅能够接触到实务操作和要求,也包括——在关于职业生涯的访谈中被正面强调的——融入团队和部门,获得职业起步的优势,但是也有可能直面紧张的工作空间、设施配备及人力资源。

在线问卷调查的其他结论以及访谈和分组讨论表明,开头提到的关于司法机关内部身份非正式差异的感触,可能与公众对法治制度看法特别挑剔和工作条件的具体变化有关。下文详细说明这两者。

(二)检察机关在司法和社会中的地位:独立的挑战还是公开的挑战?

检察机关工作的独立性问题在文献里是定义检察机关角色的主要连
44 结点,在有关专业政策的讨论中,所谓的指令权似乎是检察机关在处理轰动案件时备受指责的要点。然而定性访谈显示,正式受指令拘束在日常工作中对于侦查程序的展开,或者对于检察机关作出决定并没有发挥多大影响;“来自上级”的指令更多是一种理论上的可能性,而非实践经验。“政治检察官”的(扭曲)形象——作为各部委的党羽或者服务于政治利益集团——显然并不是检察机关的工作日常。从另一角度来说,检察机关自身的行动遭受了来自媒体的压力。在线问卷调查显示,参与调查的检察官比法官更认同“作为法官或检察官,我没有获得媒体和公众足够的尊重”和“作为法官或检察官,我越来越感受到法治国及其机关没有得到尊重”(见图2-5和图2-6)。

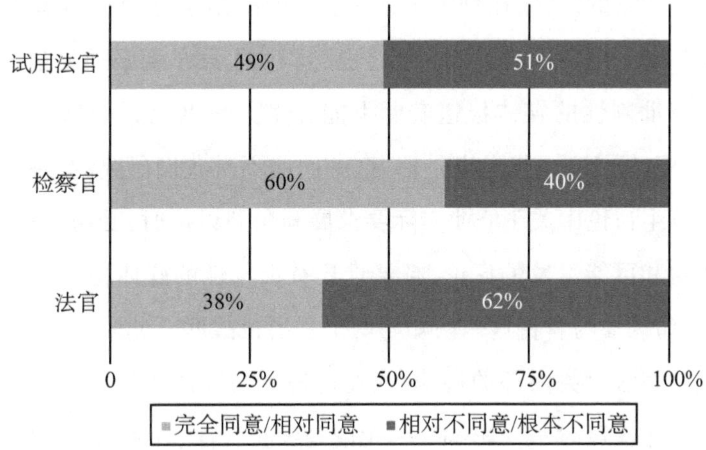

图 2-5 法官、检察官对于自身是否受到媒体和公众尊重的感受评价

注：图 2-5 的统计基于哥廷根大学社会学研究所（SOFI）在 2017～2018 年对下萨克森州管辖领域内的检察院和法院所做在线问卷调查（作为法官或检察官、我没有获得媒体和公众足够的尊重）中的自述。

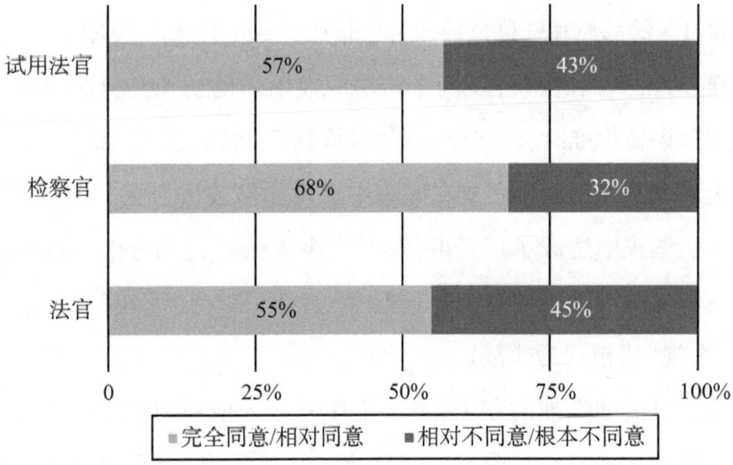

图 2-6 法官、检察官等对法治国及其机关是否得到尊重的评价统计

注：图 2-6 的统计基于哥廷根大学社会学研究所（SOFI）在 2017～2018 年对下萨克森州管辖领域内的检察院和法院所做在线问卷调查（作为法官或检察官，我越来越感受到法治国及其机关没有得到尊重）中的自述。

根据受访者的回答，在刑事诉讼中，不受常见的、频繁的且具有批判性的报道影响是一项特殊的挑战——这也是职业生涯早期必须要学习的。频繁的且具有批判性的媒体报道实际上能在多大程度上影响侦查程序的展
45 开、终止程序（不起诉）或提出量刑，这一问题不是我们研究的主题。然而，在访谈和分组讨论中关于职业实际要求展开激烈讨论时，受访者称，考虑到自己的决定和可能引发的评论，频繁且具有批判性的媒体报道一定会带来压力。[1] 访谈参与者将这一认知与两个主要挑战联系起来。第一，独立性似乎不只是司法机关内部的挑战，往往还需要与媒体进行斗争。处理媒体报道并且在作决策时不受影响——无论是终止程序（不起诉）、起诉还是具体的量刑——日益被视为重要要求。第二，相比以前的社会学研究所预料的，法官和检察官认为不仅是自己，还包括司法机关的下一代人，更需要就拟作出的决定与相对人做好沟通。这在回答“作为一个好的检察活动或法官活动各个指标的权重”时表现得非常明确：除了果断、独立、受过良好的专业教育、不偏私和处事公正等无可争议的主要价值外，社交能力、能够使自己被理解和可信等品质和资格也被认为是非常重要或重要的（见图2-7）。

47 同样，对（法官和检察官）两个司法职业团体的访谈和分组讨论中讨论到价值观和评价标准时，即在什么是“好检察官”的问题上，如何与诉讼参与人进行沟通以及通过起诉书或在庭审中表现如何被认为至关重要。虽然在访谈和在线调查中达成了广泛共识，对当事人而言优先考虑行动和决定的可理解性和可执行性，但在法庭审理中平衡好中立与“人情”、疏远与亲近、权威与“平视”仍被视为挑战。

这给人以一种强烈的印象，司法工作者认为他们的权威——以及司法机关的合法性——并不是既定的且稳定的。或者说，他们越来越多地要求自己和同事通过自身行为和沟通来强化法治国的合法性。找到自身角色意味着要进入另一个紧张环境和开启新的学习任务：一方面是为法治国的正

[1] 在分组讨论中讨论了对通常是错的或过于批判的公开报道的看法——尽管还有其他主题和设问，但是这个话题对于女性司法工作者更为重要。

当性而努力,促使其实现;另一方面是界分公共论辩与私人论辩,并在这两个方面之间取得平衡。

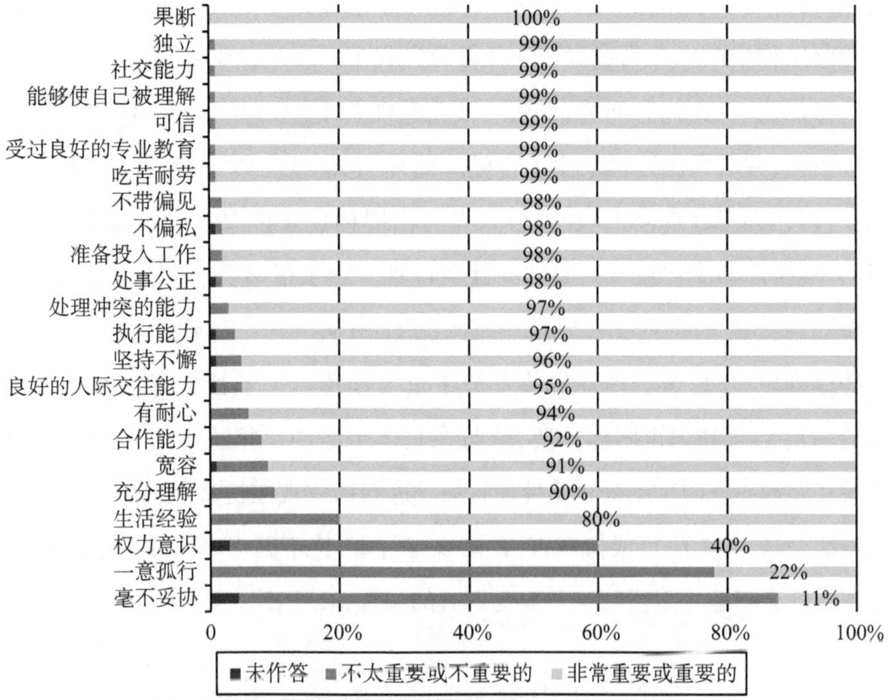

图 2-7 法官和检察官对不同品质的评价统计

注:图 2-7 的统计基于哥廷根大学社会学研究所(SOFI)在 2017~2018 年对下萨克森州管辖领域内的检察院和法院所做在线问卷调查(优秀的法官和检察官应具备哪些品质)中的自述。

(三)检察机关的工作:科层主义与日益繁重的挑战?

在描述自己的职业时,就司法工作中的发挥作用空间及决定方式如何与法官相区分这个问题,居于检察官的中心地位。在访谈中,受访者被问到学业选择和职业选择的过程与标准时,区分问题被明确点了出来。受访者选择检察职业生涯的原因主要是在实习期及(更为重要的)试用法官期间得到的具体的职业实践看法与经验,试用法官均被安排在不同的法院或检察院。许多受访者决定在检察机关工作不仅是出于具体的刑法兴趣,还因为

他们融入团队和部门的经历。与法官只需对已经给出的事实“单纯裁决”相
48 比,在指挥侦查过程中的形塑力和创造力似乎更能吸引人。同样,在分组讨论中,与法官职业相关的权力和要求的区分也成为话题,其中,被明确问到了检察工作中的形塑力或者司法社会化过程中的要求及学习过程。

然而,就工作内容而言,形塑力及创造性并不(只)是作为工作内容才富有吸引力,并成为激励性的个人目标。此外,它们还与以下专业的要求直接相关:即在捍卫客观公正(在探寻入罪与出罪构成要件要素的意义上)的同时,开展全面侦查以及权衡案件的社会背景。对于很多受访者来说,客观性与中立性被视为职业的主导价值,他们在作出从事司法工作的决定以及不选择律师职业时,这一主导价值发挥了重要作用。关于社会背景和社会问题的“社会学”知识也同样重要,这与在具体个案中承担决定后果的明确责任及在办理案件时拒绝公式化处理有关。这同样体现在检察机关的受访者更强烈地否认“作为法官或检察官,我按规定行事,绝不因当事人或被指控人的心理或社会问题受干扰”上(与参与调查的法官和试用法官相比,见图 2-8)。

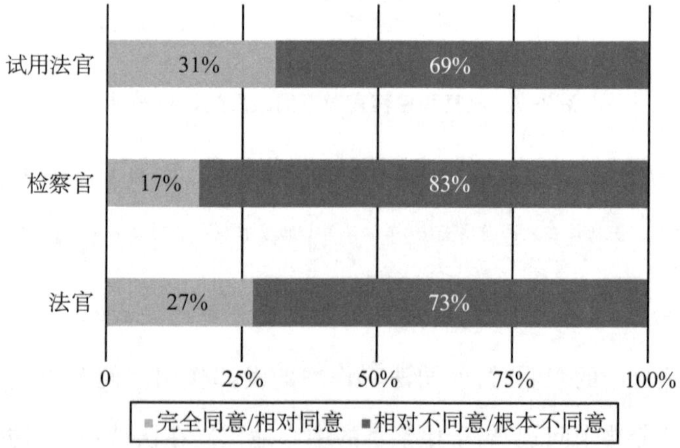

图 2-8　法官、检察官等对纯粹按规定行事的自我评价统计

注:图 2-8 的统计基于哥廷根大学社会学研究所(SOFI)在 2017~2018 年对下萨克森州管辖领域内的检察院和法院所做在线问卷调查(作为法官或检察官,我按规定行事,绝不因当事人或被指控人的心理或社会问题受干扰)中的自述。

此外,有人认为,随着工作压力的增加,全面审查个案和仔细斟酌的时间变少,因此存在作出越来越"公式化"的决定及存疑时宁可终止程序的风险。参与调查的检察官为自己和检察机关的下一代人提出的另一项正义标准,涉及刑事追诉的权重考量,比如在办理嫌疑人几乎没有辩护律师的简单案件和提供全面且可能激烈对抗的辩护辅佐的复杂要案之间权衡。在访谈参与者看来,无论是部门还是机关层面,在量化指标(办结数量)与人事考评相关的情况下,人员不足时,办理简单个案和复杂要案的权衡问题会变得更加尖锐。因此,在访谈和分组讨论中作为问题讨论的工作条件,也可以被视为司法社会化过程中形成并巩固的职业价值的表达。 49

五、结论

法治作为一种公共利益,与其有关的个人、组织和制度前提等问题,到目前为止对检察机关进行的法律社会学研究还无法给出答案。检察官作为"运转中的国家"的工作人员和代表,在研究中被大大忽视了。也有个别社会学研究尝试从是"执行科层主义还是遵循专业逻辑的争议问题"出发去了解检察工作。然而,与对法官社会化的广泛研究相比,我们对检察官的自我职业形象及其具体工作条件知之甚少。同样地,法学和法律政策讨论的中心话题,例如独立性、受指令拘束和检察机关的媒体形象问题,也没有进入社会学研究领域。在此背景下,本文的实证研究重点是检察官的工作实际,并探询其行为导向以及工作中面临的现实挑战。

第一个研究结论是,法学和法律政策讨论中具有轰动性和争议性的关于受指令拘束的话题,在访谈参与者的日常工作中被更多地描述为理论问题,而不是实际问题。受访者认为自己在工作中具有与法官同样的独立性。相反,在讨论中其他话题更受重视。特别要提到的是对检察机关越来越多公开的制度性批判。大肆渲染的丑闻式报道对刑事诉讼造成压力,相应地,检察机关的行为似乎过于松懈或唯命是从。检察官坚持认为,当前社会变 50

革的核心问题——诸如“柴油门”事件、虚拟空间和网络犯罪增加、性犯罪甚至政治腐败案件等，应当依据法治标准而不是复仇司法的标准来处理，但媒体并不认可。这导致检察工作面临较大压力——尤其是对新入职的检察官而言。

第二个研究结论与“公开的挑战”有关，是之前的研究未能预料到的，每位司法工作者都要对司法的合法性承担责任，无论是在书面交流中还是庭审中的“出庭”。在疏远、中立与同理心的平衡上，特别是在以最容易理解的方式沟通所作出的决定（尤其是不起诉决定）上，以及在努力通过新闻报道使司法工作易于理解上，这些针对沟通及专业工作所提出的新要求增大了法治国的合法性。

第三个研究结论是，如果没有追溯到检察机关的自我职业形象及组织、制度基本条件，就无法理解检察机关的行动逻辑，更不用说最终将其归类为“真正的科层主义”或“真正的专业”。此外，我们的研究结果表明，专业的价值和规范往往在司法机关的设备和人力资源配备等具体工作条件上被打破。因此，作出更标准化、更快速和更公式化的科层式决定不能归咎于司法机关的“性质”，而是针对日常工作资源不足的自我保护。面对办公室里堆满案卷，共用的书记处、团队不满编及同有缺陷的转录软件作斗争等因素，
51 检察官的专业精神和职业道德很容易受到冲击，也危及了招录新人。解决上述问题需要政策和基础设施的支持，也需要关注法治运转的理性公众支持。改编一下伯肯弗尔德的名言来形容此种情形：“检察机关想要切合其法治国的任务，但受制于自身无法创造的条件。”

参考文献：

Asmus, *H. -J.* 1988. Der Staatsanwalt-ein bürokratischer Faktor in der Verbrechenskontrolle? Zeitschrift für Soziologie, 17, 117-131.

Barton, *S.* 1980. Staatsanwaltschaftliche Entscheidungskriterien: Die Konstruktion von Realität durch Akten. Monatsschrift für Kriminologie und Strafrechtsreform,63,206-216.

Beinig,S. 2015. Die Weisung an den Staatsanwalt. Zeitschrift für das Juristische Studium,8,546-551.

Berndt, T. 2010. Richterbilder. Dimensionen richterlicher Selbsttypisierungen. Wiesbaden: Springer VS.

Blankenburg,E. ,K. Sessar und W. Steffen. 1978. Die Staatsanwaltschaft im Prozeß strafrechtlicher Sozialkontrolle. Berlin: Duncker & Humblot. Blankenburg,E. und H. Treiber. 1978. Die Einführung der Staatsanwaltschaft in Deutschland. Leviathan,6,161-175.

Carsten,E. S. und E. C. Rautenberg. 2012. Die Geschichte der Staatsanwaltschaft in Deutschland bis zur Gegenwart. Ein Beitrag zur Beseitigung ihrer Weisungsabhängigkeit von der Regierung im Strafverfahren(2 ed.). Baden-Baden: Nomos.

Dahrendorf, R. 1961. Deutsche Richter. Ein Beitrag zur Soziologie der Oberschicht. In Gesellschaft und Freiheit. Zur soziologischen Analyse der Gegenwart, Hrsg. R. Dahrendorf, 176-196. München: Piper.

Günther, H. 1973. Staatsanwaltschaft, Kind der Revolution: Versuch eines juristischen Essays. Frankfurt am Main, Berlin, Wien: Ullstein.

Heldrich,A. und G. Schmidtchen. 1982. Gerechtigkeit als Beruf. Repräsentativumfrage unter jungen Juristen. München: Beck.

Hense,A. und F. Schork. 2017. Doing Mixed Methods: Methodenintegrative Ansätze in der Organisationsforschung. In Handbuch Empirische Organisationsforschung, Hrsg. S. Liebig, W. Matiaske und S. Rosenbohm, 359-388. Wiesbaden: Springer VS.

Hund, H. 1994. Brauchen wir die „unabhängige Staatsanwaltschaft“? Zeitschrift für Rechtspolitik,27,470-474.

Kaupen, *W.* 1969. Die Hüter von Recht und Ordnung. Die soziale Herkunft, Erziehung und Ausbildung der deutschen Juristen-Eine soziologische Analyse. Neuwied/Berlin: Luchterhand.

Kelker, *B.* 2006. Die Rolle der Staatsanwaltschaft im Strafverfahren: Objektives Organ der Rechtspflege oder doch „parteiischer" Anwalt des Staates? Zeitschrift für die gesamte Strafrechtswissenschaft, 118, 389-426.

Kiesow, *R. M.* 2005. Der böse Advokat. In Staatsanwaltschaft: Europäische und amerikanische Geschichten, Hrsg. B. Durand, L. Mayali, A. P. Schioppa und D. Simon, 139-147. Frankfurt am Main: Vittorio Klostermann.

Klemm, *M. und R. Liebold*. 2017. Qualitative Interviews in der Organisationsforschung. In Handbuch Empirische Organisationsforschung, Hrsg. S. Liebig, W. Matiaske und S. Rosenbohm, 299-324. Wiesbaden: Springer VS.

Lange, *E. und N. Luhmann*. 1974. Juristen-Berufswahl und Karrieren. Verwaltungsarchiv, 65, 113-162.

Liebold, *R. und R. Trinczek*. 2009. Experteninterview. In Handbuch Methoden der Organisationsforschung, Hrsg. S. Kühl, P. Strodtholz und A. Taffertshofer, 32-56. Wiesbaden: VS Verlag für Sozialwissenschaften.

Loos, *P. und B. Schäffer*. 2001. Das Gruppendiskussionsverfahren. Opladen: Leske und Budrich.

Ludwig-Mayerhofer, *W. und D. Rzepka*. 1993. Zwischen Strafverfolgung und Sanktionierung-Empirische Analysen zur gewandelten Stellung der Staatsanwaltschaft im Prozeß strafrechtlicher Sozialkontrolle. Zeitschrift für Rechtssoziologie, 14, 115-140.

Machura, *S. und A. Kammertöns*. 2009. Recht im Schulunterricht, Medieneinflüsse und die Attraktivität von Rechtsberufen. Zeitschrift für Rechtssoziologie, 30, 235-259.

Maier, *W.* 2003. Wie unabhängig sind Staatsanwälte in Deutschland?

Zeitschrift für Rechtspolitik, 36, 387-391.

Mayring, P. 2010. Qualitative Inhaltsanalyse: Grundlagen und Techniken. Weinheim: Beltz.

Meuser, M. und U. Nagel. 2009. Das Experteninterview - konzeptionelle Grundlagen und methodische Anlage. In Methoden der vergleichenden Politik- und Sozialwissenschaft, Hrsg., 465-479. Wiesbaden: Springer VS.

Przyborski, A. 2004. Gesprächsanalyse und dokumentarische Methode. Qualitative Auswertung von Gesprächen, Gruppendiskussionen und anderen Diskursen. Wiesbaden: VS Verlag für Sozialwissenschaften.

Rautenberg, E. C. 2014. Die deutsche Staatsanwaltschaft: „Objektivste Behörde" mit viel Macht, aber geringem Ansehen - Was ist zu tun? Deutsche Richterzeitung, 92, 214-219.

Richter, W. 1968. Zur soziologischen Struktur der deutschen Richterschaft. Stuttgart: Ferdinand Enke Verlag.

Schaefer, H. C. 2005. Die(er) neue(rte) Staatsanwaltschaft. Neue Kriminalpolitik, 17, 71-74.

Sessar, K. 1979. Ein bürokratischer Faktor im Prozeß der Verbrechenskontrolle: Der Staatsanwalt. Monatsschrift für Kriminologie und Strafrechtsreform, 62, 129-139.

Stötzel, H. 2010. Was unabhängige Staatsanwaltschaft heißen kann. Kritische Vierteljahresschrift für Gesetzgebung und Rechtswissenschaft, 93, 268-273.

Titz, A. 2010. Weisungsfreie Staatsanwälte-conditio sine qua non für eine selbstverwaltete Justiz? Kritische Vierteljahresschrift für Gesetzgebung und Rechtswissenschaft, 93, 260-267.

Werle, R. 1977. Justizorganisation und Selbstverständnis der Richter. Eine empirische Untersuchung. Kronberg/Ts: Athenäum.

Wernet, *A*. 1997. Professioneller Habitus im Recht. Untersuchungen zur Professionalisierungsbedürftigkeit der Strafrechtspflege und zum Professionshabitus von Strafverteidigern. Berlin: Edition Sigma.

Wohlers, *W*. 1994. Entstehung und Funktion der Staatsanwaltschaft: Ein Beitrag zu den rechtshistorischen und strukturellen Grundlagen des reformierten Strafverfahrens. Berlin: Duncker & Humblot.

《少年法院法》第 36~37 条中的少年检察官：要求和现实

米夏埃尔·佐默费尔德[*]

一、少年检察官——青少年刑事诉讼的决策者 53

在少年刑事程序中，少年检察官是决定性的决策者（总体上持批判意见，Albrecht 2000，S. 333 i. V. m. S. 299 f.），这种情况体现在诉讼的每一个阶段，与一般刑事程序相比要显著得多。

（一）嫌疑人的社会心理诊断

例如，根据《少年法院法》第 43 条第 1 项第 1 句，检察官的调查任务是为了能够对少年犯罪的后果作出适当的决定。因此，少年检察官的任务是对嫌疑人进行社会心理诊断，即调查少年[**]（Jugend）或青年[***]（Heranwachsende）的生活和家庭关系、成长经历、先前行为以及所有其他可用于评估其心理、精神和性格特征的情况（参见《少年法院法》第 43 条第 1 项第 1 句；

---

[*] 米夏埃尔·佐默费尔德任职于德国联邦司法与消费者保护部。

[**] 少年，根据《少年法院法》第 1 条第 2 项，指的是行为时已满 14 岁不满 18 岁者。——译者注

[***] 青年，根据《少年法院法》第 1 条第 2 项，指的是行为时已满 18 岁不满 21 岁者。也有译为未成年青年或甫成年人。——译者注

dazu Sommerfeld, in Ostendorf 2016, § 43 Rn. 12)。这些调查的结果对于评
54 估少年的责任(参见《少年法院法》第3条第1句)或对青年是否适用少年刑法(参见《少年法院法》第105条)十分重要。检察官往往要亲自介入这些调查(参见 Brunner und Dölling 2017, § 36 Rn. 4);若嫌疑人可能被判处少年刑罚,检察官应在起诉前讯问该少年或青年(参见《少年法院法》第44条)。

(二)摆脱正式的社会控制——分流(Diversion)*

此外,由少年检察官决定,在少年刑事诉讼中是否提起公诉。负责少年事务的检察官必须始终评估《少年法院法》第2条第1款第1句所规定的少年刑法的目标——主要是预防少年或青年实施新的犯罪,是否可以在不起诉的情况下实现。[1] 在这种情况下——原则上也适用于少年刑事诉讼(参见 hierzu Sommerfeld, in Ostendorf 2016, § 45 Rn. 5-8)——依据少年刑事诉讼中的起诉便宜原则(Opportunität)以终止诉讼的一般可能性,被《少年法院法》第45、47条的分流条款大大扩展(另参见 Schaffstein et al. 2014, Rn. 601:被评价为"权力的增加")。在一般法律中已经被起诉便宜原则打破的对刑事犯罪的强制追诉(Verfolgungszwang),即法定性原则(Legalität-sprinzip),并不仅仅是进一步松动了,而是被搁置了。据此,分流率**在2018年达到了77%:2018年,根据少年刑法被判决的有59,278件,与之相对,根据《少年法

---

* 分流类似于繁简分流,也有译为转处的,将普通刑事诉讼转为未成年的特别程序或交给社会纠纷调解中心予以非刑罚处理。——译者注

[1] 在这方面,欧洲议会和理事会2016年5月11日《关于刑事诉讼中儿童犯罪嫌疑人或儿童被告人的程序保障的(欧盟)2016/800号指令》[2016年5月21日颁布的《公报L 132》,第1页,以下简称《(欧盟)2016/800号指令》]第7条第5项和第6项导致了《少年法院法》第38条的修订以及在《少年法院法》中插入一个新的第46a条。根据《少年法院法》第38条第3款第1句,少年法庭援助应尽快提供关于其对少年或青年的个性、发展和家庭、社会和经济背景的调查结果的信息,对可能的特殊保护需求的建议,以及应采取的在诉讼中具有重要意义的措施。如果符合少年的最大利益,可以例外地在此报告之前起诉,而且预计最迟在审判开始前可以得到调查的结果(参见《少年法院法》第46a条)。现在,通过少年检察官进行少年法庭援助方针的重要性不仅来自《少年法院法》第38条第6款第1句(相当于《少年法院法》旧版第38条第3款第1句与《社会法》第八卷第52条第2款),而且也明确来自《少年法院法》第38条第3款第1句与第46a条。

** 分流率指在少年刑事诉讼中适用非刑罚处理方式的比率。——译者注

院法》第 45 条第 1 款* 作出了 88,968 项决定、根据《少年法院法》第 45 条 55
第 2 款**作出了 73,882 项决定、根据《少年法院法》第 45 条第 3 款***作出了 4013 项决定以及根据《少年法院法》第 47 条****作出了 31,226 项决定(参见联邦统计局,Fachserie 10,Reihe 3,2018,S. 59 表 2. 2 和 Fachserie 10,Reihe 2. 6,2018,S. 48 表 2. 4. 1)。

(三)在诉讼类型和地域管辖权中作出适合少年的选择

然而,即使有起诉的必要,少年检察官仍然需要决定,根据《少年法院法》第 76~78 条,是否也可以通过简易、速裁和便于少年的"简易少年程序"来实现未来积极的(刑满释放后)缓刑考验(Legalbewährung)的目的(关于一般简易少年程序,详见 Sommerfeld,Ostendorf 2016,Grdl. z. § § 76-78)。除了对程序类型的选择,少年检察官还必须在一般刑事诉讼法(《刑事诉讼法》第 7 条及以下)和《少年法院法》第 42 条的管辖法院中作出适合少年的选择(参见 Brunner und Dölling 2017, § 36 Rn. 4)。

(四)明确流动措施的费用承担问题

少年检察官的另一项任务隐藏在《少年法院法》第 10 条第 6 项第 1 句的规定中:"如果遵守指令涉及费用,检察机关应设法在发出指令前明确谁承担费用。"这一规定——对少年检察官具有约束力,但尚未在各地得到遵守——至迟从 2005 年引入《社会法》第八卷第 36a 条第 1 款第 1 句后,就具

---

* 如具备《刑事诉讼法》第 153 条规定的条件,检察官可不经法官同意决定免予追诉(轻罪不追诉)。——译者注

** 如教育处分已经执行或已经开始,且既不认为法官有依据第 3 款参与诉讼的必要,也不认为有起诉的必要的,检察官可以免于追诉。少年为实现与被害人和解而努力的,视同教育处分。——译者注

*** 如果嫌疑人对其违法行为供认不讳,且检察官认为此等处分实属必要,但没有起诉的,检察官可建议给予训诫,为第 10 条第 1 款第 3 句第 4 项、第 7 项、第 9 项之指示,或通过少年法官为其规定义务。少年法官接受检察官的建议的,则检察官免予追诉;在给予指示或规定之义务情况下,只有当少年接受指示或规定义务时,方可免予追诉。不得适用第 11 条第 3 款和第 15 条第 3 款第 2 句的规定。相应适用第 47 条第 3 款的规定。——译者注

**** 即法官对诉讼程序的终止。——译者注

有了重要意义(参见 Sommerfeld, in Ostendorf 2016, § 38 Rn. 22 m. w. N.)。当少年法庭的法官要求少年或青年请求教育援助(Hilfen zur Erziehung)时,青少年福利机构(Jugendhilfe)的管控责任可能会导致执行方面的巨大问题,并对该措施的结果产生不利影响。因为“原则上只有根据援助计划的决定,并考虑到愿望和选择权(Wunsch-und Wahlrecht)的情况下,公共青少年福利机构才承担(教育)援助的费用”。少年检察官是否能成功地致力于澄清个别案件中的费用承担问题,在很大程度上取决于更重要的因素,如有关人员
56 之间的良好沟通和合作,但也取决于充分的建议(参见《司法部部长会议刑法委员会》2007,第 448 页及以下;《德国青少年和家事法研究所》2007,第 327 页及以下)。因此,这一规定也超出了个案的范围,且与《社会法》第八卷第 71 条第 5 款第 1 句关于少年福利委员会的补充规定有相当大的对应关系。例如,莱比锡市少年福利局(Jugendamt)1999 年 6 月 16 日出台的章程第 6 条第 1 款 d 项(参见 1999 年 7 月 17 日颁布的《莱比锡官方公报第 15 号》)规定,少年福利委员会包括一名由检察院任命的检察官作为顾问成员。根据这一规定的含义和目的,该任命指的是少年检察官。这一职位的部分咨询职能包括明确有争议的费用承担问题,包括提供广泛和至少基本够用的少年援助救济金,特别是符合《少年法院法》第 10 条指示的救济金。在没有规定少年检察官作为顾问成员的情况下,根据《少年法院法》第 10 条第 6 项,少年检察官的任务是与家事法院或少年法院的法官协调,后者作为顾问成员属于少年福利委员会(仅参见 2011 年 1 月 19 日州首府杜塞尔多夫少年福利局的章程第 4 条第 3 款第 3 项,载 2011 年 1 月 29 日《杜塞尔多夫官方公报》第 4 期)。

二、少年检察官——《少年法院法》的法律方案(Gesetzesprogramm)

鉴于这些众多的——在此只是示例性地提出——具体而复杂的要求,为了对少年和青年的违法行为进行刑事追诉和惩戒,必须为少年检察院(和

少年法院)选拔适合这一目的的特殊人员,因为他们的"选任对于实现《少年法院法》的目标具有决定性意义"(so schon Peters 1944, § 24)。因此,根据《少年法院法》第36条第1款第1句:"属于少年法院管辖的诉讼程序应指定少年检察官参与。"[1]"担任少年法庭的少年检察官,应具有教育能力并 57
在少年教育方面有经验(《少年法院法》第37条)。"[2]《少年法院法》的法律方案仅限于这些规定中。[3]

(一)《少年法院法》法律方案的历史框架

确保处理青少年犯罪的高水平资格的立法尝试可以追溯到很久之前。1923年2月16日出台的《少年法院法》(RGBl. 1923 I, S. 135)尽管没有明确的此类表述,但已经在第21条中包含了关于少年检察官的规定。这一条款尚未列入法律草案,但根据帝国议会法律委员会的建议,已被补入 58
法律中(参见 Kiesow 1923, S. XXIX f.)。据此,"每个检察院对青少年案件的处理……将尽可能地统一在某些官员手中"。然而,这"自然并不意

[1] 少年法庭指的是《少年法院法》第33条第2款中详尽列出的司法机构:少年法官、少年参审法庭和少年法庭。在地方高等法院和联邦普通法院没有设立少年法庭;这些法院也是通过分配业务的方式审理少年刑事案件。因此,在州总检察院和联邦总检察院都没有要任命的少年检察官。

[2] 《少年法庭法》第37条不直接适用于州总检察院和联邦总检察院,因为地方高等法院和联邦普通法院没有设立少年法庭。另外,法律并不禁止在州总检察院和联邦总检察院设立相应的少年刑事庭并为其任命少年检察官。这样的业务分配根据现行法律(de lege lata)是可取的,但不是"理所当然的事情"(参见 Schady, in Ostendorf 2016, § 37 Rn. 1;持不同意见的, Diemer, in Diemer et al. 2015, § 36 Rn. 2; Eisenberg 2018, § 36 Rn. 8;以及 Brunner und Dölling 2017, § 36 Rn. 11)。由于法律的修改是不可预见的,所以应该本着20世纪初少年法庭运动的精神,采取第一步,即在州总检察院和联邦总检察院(也在地方高等法院和联邦普通法院)任命具有《少年法院法》第37条规定资格的检察官,即少年检察官。然而,根据现行法律,《少年法院法》第33条第2款将扩展到地方高等法院和联邦普通法院,其结果是,在州总检察院和联邦总检察院中也必须任命少年检察官(参见 Schady und Sommerfeld, in Ostendorf 2016, Grdl. z. §§ 33-38 Rn. 11 m. w. N.;很有启发的论述, Mitsch 2019, S. 681;另一种说法参见 Diemer, in D/S/S 2015, § 36 Rn. 2;主张区分初审程序和法律审程序的, Schoreit 1997, S. 71,认为这样的发展会相当不利,因为"特别是在上诉程序中需要注意以及适用一般的、更重要的法律原则",但这并不令人信服,因为"立法者规定了特殊的资格,如果需要作出决定,在这些情况下也必须任命具有第37条规定的资格的人,此外还要制定少年司法实践的准则"。[就此而言,正确的观点, Schady, in Ostendorf 2016, § 37 Rn. 1])。

[3] 版本情况:2020年6月。由于2021年6月16日颁布的《打击针对儿童的性暴力法》(BGBl. 2021 I, S. 1810),2022年1月1日《少年法院法》第37条进行了修正。本文写作时《少年法院法》的有效版本为截至2020年6月修订的版本,2022年1月1日修正的《少年法院法》第37条尚未生效,故作者有此注释说明,下文同。——译者注

味着","检察官必须专门处理少年案件"(Kiesow 1923, § 21)。尽管如此,实践中,"即在大城市的法院中,创造了一种'检察官类型',在内部被称为少年检察官,因为由他专门处理少年案件"(参见 Jung 1944, S. 194)。[1] 随着 1943 年 11 月 6 日[2]《帝国少年法院法》第 23~24 条的颁布,少年检察官被明确写入法律。从那时起,他将被选任专门办理少年法院管辖的诉讼程序,并且要"具有教育能力,在少年教育和少年指导方面具有经验"。除了进行必要的语言修正外,这些要求在 1953 年被纳入《少年法院法》第 36 条第 1 款第 1 句、第 37 条,至今仍然有效(1953 年 8 月 4 日《少年法院法》,BGBl. I, S. 751;见 Schady und Sommerfeld, in Ostendorf 2016, Grdl. z. § § 33-38 Rn. 3)。

59 (二)《少年法院法》法律方案的国际框架

刑法的目的恰好要考虑年龄的特殊性和可塑性强的年轻罪犯的发展状况,该目的的实现也取决于任用有资格处理这些特殊性的人员,这一事实可被视为国际普遍承认的条件。在这种背景下,诸多联合国文件和欧洲委员会的文件都明确强调了这个条件便不足为奇了。在联合国层面,例如《联合

[1] 那个时代的少年检察官是"处于父亲年龄的人,他们自己也有正在成长的孩子,对他们来说,与少年的关系和协助解决少年冲突似乎是一项特殊的任务。他们从中协助,以便在有可能成功的地方以仁慈和谨慎的态度行事,但在必须就少年的不当行为类型或个性提出其他方面的问题时,也要采取强有力的行动"(Jung 1944, S. 194)。根据 Peters(1944, § 24)的说法,少年检察官必须有"一颗关爱少年的心。职业的快乐、对少年高度责任的认识以及少年的新鲜感……是少年刑事法律工作的基础……少年检察官必须了解少年的发展,了解他们的特点和倾向,最重要的是,有能力区分单纯的少年恶作剧行为与真正的犯罪行为。他们必须熟悉少年堕落和少年犯罪的问题。他们不仅应该体现出惩罚性的暴力,还应该是教育者"。

[2] RGBl. 1943 I, S. 637. 在此之前,帝国司法部为执行《关于向帝国过渡的第二项法律:统一检察院》的第三项行政程序第 23 条(参见 DJ 1934, S. 1608 ff) 自 1934 年 12 月 18 日规定,"少年案件的处理……应尽可能地集中在一名或某些官员手中"。根据上述行政程序第 30 条第 2 句规定,在少年法官单独裁决的少年案件中,检察机关的职责由区检察院行使。"如果在普通诉讼中,案件的处理由区检察院来进行"。——根据 Peters(1944, § 23 Nr. 2)的说法,这一规定并不适用于少年刑事诉讼程序。

国少年司法最低限度标准规则》(《北京规则》)第22.1条、第22.2条[1]、《联合国预防少年犯罪准则》(《利雅得准则》)第58条[2]、《少年司法示范法》第1.1.-1条[3]以及《刑事司法系统中儿童问题行动准则》(联合国经济及社会理事会)第24条[4]就是这种情况;在欧洲委员会层面,例如《关于社 60
会应对少年犯罪的第R(87)20号建议》第9条[5]、《关于欧洲儿童战略的第1286(1996)号建议》第8.vi条[6]和《关于被处以制裁或矫正措施的少年犯的欧洲规则的CM/Rec第(2008)11号建议》第18条[7]也是这种情况。最近,欧盟也发布了这方面的指导方针。2016年5月11日《(欧盟)2016/800号指令》第20条第2款规定:"成员国应采取适当措施,确保……处理涉及儿童的刑事诉讼的检察官,具有该领域的具体专门知识或获得有效专门培训,抑或两者兼备"。[8] 这一规定在上述《(欧盟)2016/800号指令》的考量

[1] 第22.1条　应利用专业教育、在职培训、进修课程以及其他各种适宜的授课方式,使所有处理少年案件的人员具备并保持必要的专业能力。第22.2条　少年司法工作人员的组成应反映出触犯少年司法制度的少年的多样成分。应努力确保少年司法机构中有合理的妇女和少数民族工作人员。

[2] 第58条(转载于BMJ 2001,S.92)内容如下:"为适应青少年的特殊需要,应培训一批男女执法人员及其他有关人员,尽可能地使他们熟悉和利用各种方案和指引办法,不把青少年放在司法系统中处置。"

[3] 第1.1.-1条(转载于BMJ 2001,S.110)内容如下:"所有负责青少年案件的人员……检察机关……必须接受持续的专业培训。"

[4] 第24条(转载于BMJ 2001,S.163)内容如下:"所有在刑事司法系统中与儿童接触或对儿童负有责任的人都应接受有关人权、《公约》的原则和规定以及其他联合国少年司法标准和规范的教育和培训,作为其工作不可分割的一部分。这些人包括……检察官……"

[5] 第9条,(转载于BMJ 2001,S.199)内容如下:(审查立法和法律实践的目的是)"确保所有在诉讼各阶段行事的人……检察官……都受过少年法和少年犯罪领域的专门培训"。

[6] 第8.vi条,(转载于BMJ 2001,S.254)内容如下:(部长委员会应强烈敦促欧洲委员会成员国)"……为所有与儿童接触的专业人员,包括……司法当局的各种成员……提供有关儿童权利的专业培训"。

[7] 第18条(见https://www.unicef.org/tdad/councilofeuropejjrec08(1).pdf,最后访问日期:2019年12月26日)内容如下:"所有与青少年一起工作的工作人员都履行着重要的公共服务。他们的招聘、特殊培训和工作条件应确保他们能够提供适当的照顾标准,以满足青少年的独特需求并为他们提供积极的榜样。"

[8] 《(欧盟)2016/800号指令》第20条第2款,内容如下:"在不影响司法机关的独立性和各成员国司法系统组织的差异的情况下,并在适当尊重负责培训法官和检察官的人的作用的情况下,各成员国应采取适当措施,确保处理涉及儿童的刑事诉讼的法官和检察官,具有该领域的具体专门知识或获得有效专门培训,抑或是两者兼备。"

理由第63项第1句得到了进一步细化。根据此项规定，成员国应“采取适当措施，确保……处理涉及儿童案件的检察官拥有该领域的具体专业知识或有效获得具体培训”。然而，对检察官的“培训”要求不仅来自《（欧盟）
61 2016/800号指令》第20条第2款；在此方面还必须考虑到其他一些规定，如《（欧盟）2016/800号指令》的考量理由第54、55项以及《（欧盟）2016/800号指令》第4条第3款和第13条第2款，这些规定进一步明确了对被指派从事少年司法的法官和检察官的相关少年专业知识的要求以及他们获得有效相关培训的要求。

（三）少年教育方面的教育能力和经验

目前生效的《少年法院法》对任职资格的描述方面——内容比较空洞，而且似乎有些过时——局限于：有关的行为者应该是“在教育上有能力，在少年教育方面有经验”。[1] 另外，《少年法院法逐条准则》（RiJGG）第37条第3项则更加明确：“对于少年检察官的工作……教育学、少年心理学、少年精神病学、犯罪学和社会学领域的知识特别有益。应该组织适当的进修。”归根结底，这是与关于少年刑法的各种关联学科相适应的知识和技能。此外，《少年法院法逐条准则》第37条第1项也规定，在选择少年检察官时，“应特别考虑能力和倾向”。最后，“必须尽可能避免频繁更换……少年检察官，因为在少年司法中需要特殊的经验，而这种经验通常只能在较长的时间内获得”（参见《少年法院法逐条准则》第37条第2项）。

然而，研究结果表明，这种在少年刑事案件中使用的“有经验的专家”的（附属）法律形象并不符合少年司法的通常现实。

1. 少年法院晴雨表

最近一次全国性的少年检察官（和少年法官）问卷调查是在2013年作

[1] 版本情况：2020年6月。由于2021年6月16日颁布的《打击针对儿童的性暴力法》（BGBl. 2021 I, S. 1810），2022年1月1日《少年法院法》第37条进行了修订。

为《少年法院晴雨表》* 进行的(关于《少年法院晴雨表》的整体情况,参见 Höynck und Leuschner 2014a,也参见同一作者在 2014b 的文章中的总结概述)。通过对全国(估计)1552 名少年检察官(关于人数的估计,参见 Höynck und Leuschner 2014a, S. 27 ff. 30)的线上问卷调查,除其他事项外,还提出了关于专业和技能、参加进修和相关组织成员资格的问题。在少年刑法案件 62
中投入全职人力工时(AKA)超过 0.2** 的少年检察官当中,获得了 21.8% 令人满意的回复率(总人数为 987 人)[1],因此,可以对 213 名少年检察官这个群组进行研究。

2. 少年检察官的专业化程度

在研究组中,只有不到 1/3 的人(66 人,31%的少年检察官)百分之百地从事少年刑法案件;那些没有用全部工作时间处理少年刑法案件的人(96 人,45%的少年检察官)平均用大约一半的时间致力于少年刑法案件(在 0.25 和 0.75 个全职人力工时之间)。38%(81 人)的被调查的少年检察官花不足一半的人力工时处理少年刑法案件(参见 Höynck und Leuschner 2014a, S. 48; dies. 2014b, S. 364)。这一发现并不新鲜,近几十年来,专门处理少年案件的人数明显下降(参见 Höynck und Leuschner 2014b, S. 364)。

这种令人担忧的发展的一个重要因素(参见 Brunner und Dölling 2017, § 36 Rn. 3)可能是不断增加的特殊部门。[2] 例如,根据 2018 年 7 月 23 日

* 全书名称为:《少年法院晴雨表——对联邦范围内少年法官和少年检察官的调查结果》,作者在前言中指出:"气象站的晴雨表用来测量压力。压力是许多少年法官和少年检察官在实践中感受到的:公众的压力、任职的压力、来自专业政治辩论的压力。"——译者注

** 检察官可以将自己的人力工时分配在不同案件中,比如少年刑法中分配 0.2,在民事案件中分配 0.8,加起来是 1,表示他这个一个人力工时,可同时办理不同类型的案件。——译者注

[1] 就估计的总计 1552 名少年检察官而言,回复率为 13.9%,低于其他研究的答复率,参见 Höynck und Leuschner 2014a, S. 37。

[2] Höynck und Leuschner(2014a, S. 48)认为,人力配置较少的少年刑事司法部门以及很少接触的少年司法案件的人,在关于少年检察官的调查问卷中感觉没有被涉及,因为通过工作渠道转送的方式,调查问卷甚至没有到他们那里。(正是基于长时间观察的、刑事政策的时代精神,没有社会的错误发展不能归咎于可罚性漏洞的存在,以及作为反应,必须堵上这个漏洞,从归因的角度)增加特殊部门,使"少年刑事司法部门人员配置过低因而代表名额不足的看法"更有说服力。

柏林州出台的《关于检察院和区检察院的组织和工作条例》第 10 条第 1 款和第 3 款(各州的规定概述见 Eisenberg 2018, § 36 Rn. 10),属于特殊犯罪领域管辖范围的少年案件,即可由特殊部门检察官处理,只要其被任命为少年检察官。这种通过条例确立的实践做法,即把特殊犯罪领域从仅负责少年事务的部门中剥离出来,分配给普通部门或特殊部门,是不符合法律规定
63 的(参见 Schady, in Ostendorf 2016, § 36 Rn. 6; Eisenberg 2018, § 36 Rn. 10; Diemer: in D/S/S 2015, § 36 Rn. 5; Eisenberg und Höynck 2013, S. 320 f.)。只有在非常特殊的情况下,即如果其他专业知识不可或缺,且专属管辖少年案件的部门不具备这样的专业知识,才可以不由专属管辖少年案件的部门来处理。根据《少年法院法》第 103 条第 2 款第 2 句的立法精神,这多与经济和国家保护案件相关(参见 Schaffstein et al. 2014, Rn. 601:“原则上,所有诉讼”……都要处理; Brunner und Dölling 2017, § 102 Rn. 3)。在所有其他所谓的特殊犯罪领域,专属管辖少年案件的部门“负全责”(Allzuständigkeit)(参见 Ostendorf und Drenkhahn 2018, Rn. 68 f.; Schady, in Ostendorf 2016, § 36 Rn. 10)占主导地位。[1]

3. 少年检察官的管辖期限

除了专业化程度之外,根据《少年法院法》第 37 条准则的第 2 款,办案和生活经验达致一定程度也是一项重要的资质。(办理少年案件的)时间和连续性是必要的:一方面是为了加深认识,以及巩固正确处理触犯刑法的年轻人的方式;另一方面是为了建立和保持与他人的合作,尤其是和少年(法院)援助以及少年刑事司法(Jugendkriminalrechtspflege)相关的人员的合作。因此,在被任命为少年检察官之前,不仅要从事较长时间的一般检察业务,

[1] 这原则上也适用于麻醉品案件(此处可参见 Eisenberg 2018, § 36 Rn. 10; ders. und Höynck 2013, S. 320 f.;结论亦可参考 Brunner und Dölling 2017, § 36 Rn. 13;另一种观点, Schady: in Ostendorf 2016, § 36 Rn. 6 Fn. 5)。例如,是否可以根据《麻醉品法》第 31a 条或《刑事诉讼法》第 45 条的规定进行诉讼——但当时在教育登记册(Erziehungsregister)上有相应的记录——的决定权属于少年检察官。然而,在合并诉讼的情况下,其必须在早期阶段定期检查是否(仍然)存在《少年法院法》第 103 条第 1 款的先决条件,或者是否可以将有关成年人的诉讼分开,并在此方面移交给负责麻醉品犯罪的(特别)部门。

而且要争取在仅承担少年犯罪事务的部门中长期任职(参见 Diemer, in D/S/S 2015, § 37 Rn. 2)。

从《少年法院晴雨表》中可以得出,少年检察官在少年刑法方面的平均工作时间为 5 年零 9 个月(参见 Höynck und Leuschner 2014a, S. 54)。这一结果与早期的问卷调查研究基本一致(更多文献参见 Eisenberg 2018, § 37 Rn. 9 m. w. N.; Höynck und Leuschner 2014a, S. 54)。然而,在回答这个问题的人(140 人)中,37.8%(53 人)只办理过最多两年的少年刑法案件。[1] 鉴于在少年检察官中,最主要的年龄组(33.3%)是由 35 岁以下的人组成的,我们有理由认为,他们更有可能是新入职的人,而且在部门的停留时间较短,最近有年长的部门负责人转到少年刑法领域,此种情形可能是一个例外。[2] 64

4. (少年检察官)以及相关组织成员的培训与进修

少年刑法领域的工作若不是短期的,(决心)进修也就意义重大。(参见 Eisenberg 2018, § 37 Rn. 9 m. w. N.)。更加重要的是,在学校或实习期间已经获得了专业知识并不是一个普遍现象(参见 Höynck und Leuschner 2014b, S. 365)。根据《少年法院晴雨表》,41.5%的少年检察官表示,他们在学校期间已经以某种形式处理过与少年工作相关的课题(参见 Höynck und Leuschner 2014a, S. 58f.)。[3] 总体而言,38.6%的人在见习期间至少在一个与少年刑法相关的站点(参见 Höynck und Leuschner 2014a, S. 59)[4]参加了培训。

是否参加过少年刑法进修活动或相关会议,81.5%的少年检察官对此问题回答是肯定的(参见 Höynck und Leuschner 2014a, S. 61),通常情况下上一次进修的时间不超过两年前(参见 Höynck und Leuschner 2014b, S. 365)。

[1] 至于为什么研究组中只有 140 人(213 人中的 66%)对这个问题发表了意见,尚不清楚原因。

[2] 调查问卷所体现的结果不允许将有关数据直接联系起来。

[3] 此处特指“专业研究/选修科目(组)”和“额外的相关研讨会”。

[4] 此处特指“(相关领域的)选修站点”和“少年刑法的检察站点”。

而未参与进修的原因中,缺乏适当的(机会)供给[1](20.9%的少年检察
65 官)、缺乏名额(7.1%)和缺乏资金(8.2%),与下述形成鲜明对比:仅部分负责少年刑法领域(21.9%)、超负荷[2](25.0%)、无人替换(14.3%)和没有休息时间(6.5%);最终只有9.7%的少年检察官认为少年刑法进修活动或相关会议没有必要(参见 Höynck und Leuschner 2014a,S. 64)。

《〈少年法院法〉准则》关于《少年法院法》第37条解释的第4项(该项的内容为:建议少年法院的法官和少年检察官,与服务于青少年福利的协会和机构保持联系)的相应建议相反,(令人惊讶的是)接受进一步培训的高意愿与同样庞大的少年检察官群体(80%)形成鲜明对比,他们中没有人是专门处理犯罪少年和少年问题的组织、协会、专业协会或其他机构的成员(参见 Höynck und Leuschner 2014a,S. 66)。尽管《少年法院法》第10条准则第6项第1句的规定具有很大的实际意义和相应的要求(见上文"一、(四)明确流动措施的费用承担问题"),但只有2.6%的少年检察官表示他们属于少年福利委员会[3],只有9.0%的少年检察官是德国少年法庭和少年法庭援助协会[DVJJ 注册协会(e. V.),参见 www. dvjj. de]的成员,该协会是德国少年刑事司法的专业协会。

66 5. 少年检察官的资质

92.1%的少年检察官对自己的专业资质评价为"完全/基本足够",

---

[1] 2015年11月16日在联邦司法与消费者保护部举行的"少年法官和少年检察官的专业资质"研讨会上,根据对各州司法行政部门的问卷调查,提出了(未公开)"现有的少年刑事司法进修供应/计划概述"。据此:

· 在极少部分州内,在计划的意义上推行具体的培训、进修和/或资质认证方法。

· 大多数州定期提供关于(实用)少年刑法主题的(个人)活动。

· 许多州特别提到(若有可能在他们自己提供的服务之外)位于特里尔/乌斯特劳的德国司法学院的进修机会。

· 除此之外,跨国方式作为例外(使用)。

[2] 然而,家庭原因也可能在得出这个理由时起到了一定的作用。在职业生涯的初始阶段,应对工作量本身就是非常大的压力,这个阶段往往与家庭阶段并行或归属于家庭阶段,家庭阶段的额外压力会导致正常工作时间以外的进修意愿受到限制(参见 Höynck und Leuschner 2014b,S. 365f.)。

[3] 据报道,在"地方预防委员会/委员会/圆桌会议"类别中,仅有6.2%的少年检察官为其成员,这在一定程度上反映了这个令人震惊的结果。

81.4%的少年检察官对大多数少年检察官的专业资质评价为“完全/基本足够”(参见 Höynck und Leuschner 2014a,S. 68 f.),这可能是因为,愿意参与问卷调查的群体可能是出于感兴趣,但更为重要的是他们比较有责任心。然而,在某种程度上,必须假定他们对自己的资质水平估计过高,因为自我认知和他人的认知之间存在不小的差距。在接受调查的少年法官中,只有57.8%的人对大多数少年检察官的专业资质评价为“完全/基本足够”,有约1/4 的少年法官(27.6%)对其资格评价为“相当不/不足够”(参见 Höynck und Leuschner 2014a,S. 68)。

(四)小结

《少年法院法》第 36 条和第 37 条以及有关准则所要求的有经验的专家形象并不符合少年司法的通常现实。此外(而且越来越趋向于),少年检察官往往只在较短的时间内进入职场,而且仅有部分只负责少年刑法领域的工作。一般而言,少年检察官在学校和实习期间没有获得必要的专业知识。因此,进修是至关重要的。与普遍愿意进修的高意愿相对应的是一些限制性因素,其中有些是在司法行政层面和组织层面,有些在于少年检察官本身。

三、少年检察官——改革的努力[1]

《少年法院晴雨表》的结论以及较早的调查结果都证明了《少年法院法》中关于少年检察官的相关立法方案(仍然)执行不力。在这种背景下,需要采取立法行动的问题则变得十分重要。

(一)《加强性虐待受害者权利法》(StORMG) 67

2013 年,(联邦)立法者颁布了《加强性虐待受害者权利法》(StORMG,2013 年 6 月 26 日,BGBl. I S. 1805),对要求提高资质迈出了第一步——不过,目前仅限于少年检察领域。该规定中与具体的专业知识相关的要求内

[1] 版本情况:2020 年 6 月。由于 2021 年 6 月 16 日颁布的《打击针对儿童的性暴力法》(BGBl. 2021 I,S. 1810),2022 年 1 月 1 日《少年法院法》第 37 条进行了修订。

容比较少，更多的是在形式上。

相比之下，联邦政府最初的法案草案（vgl. BTDrucks. 17/6261）在其第 3 条中对《少年法院法》第 36、37 条建议修改的目的在于，为了对少年检察官和少年法官提出更具约束力的资格要求（参见 Schady und Sommerfeld, in Ostendorf 2016, Grdl. z. § § 33–38 Rn. 5）。政府草案的大部分内容最终没有成为法律，而是在立法过程中成为各州关于司法组织的反对意见的牺牲品（参见 beispielsweise BT-Drucks. 17/12735, S. 18; Schady und Sommerfeld, in Ostendorf 2016, Grdl. z. § § 33–38 Rn. 12）。这尤其适用于对少年检察官（和少年法官）的特殊职业资质要求，除教育资格和少年教育经验之外，还应该在法律中明确列出，而不"仅仅"是在关于《少年法院法》第 37 条准则第 3 项第 1 句中提及。此外，《少年法院法》第 36 条第 1 款第 2 句被淡化为"应当"的表述。最初的法案草案仍然规定，试用期法官和试用期公务员在被任命后的第一年不得被任命为少年检察官（参见 BT-Drucks. 17/6261, 第 3 条第 1 项序号 a："不得"；联邦政府法案草案版本中关于少年法官也有相应规定，即《少年法院法草案》第 37 条第 3 款第 3 句, BT-Drucks. 17/6261）。此外，在联邦政府法案的原始版本中，对少年检察官在个别案件中履行职责的限制，以及见习少年检察官只能在少年检察官的监督下（和在场的情况下）出席法庭职责的限制，都没有改变（参见 BT-Drucks. 17/12735, 第 3 条第 1 项序列 b 和《少年法院法》第 36 条第 2 款第 2 句和第 3 句）。这也适用于将少年检察官职责移交给区检察人员（Amtsanwälte）的条件（参见《少年法院法》第 36 条第 2 款第 1 句）。

尽管根据《加强性虐待受害者权利法》，最终没有修改《少年法院法》第
68 37 条，但这一"立法举措……使那些负责少年司法人事决策的人进一步认识到与少年相关的特殊资质的重要性，并扩大了相关进修的提供范围"（参见 BT-Drucks. 19/13837, S. 41; 亦见 Höynck und Leuschner 2014a, S. 132）。然而，出于对少年的责任，最初追求的"为少年检察官（和少年法官）的资质设定更具约束力的要求"，以及"对《少年法院法》第 37 条进行相应修正的要

求”,应该进一步推行(参见 Schady und Sommerfeld, in Ostendorf 2016 Grdl. z. § § 33-38 Rn. 12)!

(二)《(欧盟)第 2016/800 号指令》第 20 条第 2 款及其在德国少年刑法中的执行情况

近期尚未有采取此类做法的相应的可能性。根据《加强少年刑事诉讼中嫌疑人的程序性权利的法律草案》,该草案旨在执行《(欧盟)2016/800 号指令》第 20 条第 2 款的大部分规定[见上文“二、(二)《少年法院法》法律方案的国际框架”],“不需要采取联邦措施”(参见 BT-Drucks. 19/13837, S. 41)。然而,这种说法似乎太宽泛了。由于目前在少年刑法领域进修的框架条件的改善是较为脆弱的,其仅在分析评论时有用,并受限于临时性。如果《加强性虐待受害者权利法》引发的“冲击波”消退,或是观察到那些进修的人的责任心已不再敏感,或是相关进修机会的必要扩展停滞不前甚至倒退,则再次到了立法者发挥作用的时刻,其必须采取下一步措施,在法律中提出有约束力的资质要求。

四、结论

少年刑事诉讼中的核心角色是少年检察官。其负责任地履行职责需要高水平的资质,这要通过《少年法院法》第 36 条和第 37 条来实现。这一立法方案可以追溯到过去的立法传统,并在许多国际和欧洲规定中找到相应的规定。然而,在任命少年检察官时,(附属的)法律资质要求往往没有被充 69
分遵守。随着《加强性虐待受害者权利法》草案的出台,立法者试图以更有约束力的方式确定少年检察官(和少年法官)的资质要求——最后却以失败告终。在转化《(欧盟)2016/800 号指令》时,立法者并没有利用另外一种可能性。对各州负责人员及对实践的信任是否有道理,以及是否能因此实现这样的目标,即确保少年检察官具有高水平的资质,以专业上适当和效果导向的方式处理犯罪少年,还有待观察。无论如何,进一步的发展需要仔细地观察，以便在必要时使用诉诸（联邦）立法机构的手段，并再次启动早该进行的——原则上也是需要的——修订，然后取得成功！

参考文献：

Albrecht，P. -A. 2000. Jugendstrafrecht（3. Aufl.）. München：Beck.

Strafrechtsausschuss der Justizministerkonferenz. 2007. Auswirkungen des § 36a SGB VIII auf die jugendstrafrechtliche Sanktionspraxis. Bericht vom 28. Juni 2007. Zeitschrift für Jugendkriminalrecht und Jugendhilfe，18，439-449.

Brunner，R. & Dölling，D. 2017. Jugendgerichtsgesetz（13. Aufl.）. Berlin：de Gruyter.

Bundesministerium der Justiz. Hrsg. 2001. Internationale Menschenrechtsstandards und das Jugendkriminalrecht. Dokumente der Vereinten Nationen und des Europarates. Mönchengladbach：Forum Verlag Godesberg.

Diemer，H.，Schatz，H. & Sonnen，B. -R. 2015. Jugendgerichtsgesetz mit Jugendstrafvollzugsgesetzen（7. Auflage）. Heidelberg：Müller.

Deutsches Institut für Jugendhilfe und Familienrecht. 2007. Jugendhilfe und Jugendgerichtsbarkeit：Die Unterschiede als Chance verstehen！Kommunikation，Kooperation und der § 36a SGB VIII. Zeitschrift für Jugendkriminalrecht und Jugendhilfe，18，323-329.

Eisenberg，U. 2018. Jugendgerichtsgesetz（20. Aufl.）. München：Beck.

Eisenberg，U. & Höynck，T. 2013. Anmerkung zu OLG Karlsruhe-3 Ws 536/12-7 KLs 811 Js 10234/12 HW-Beschluss vom 20. 11. 2012. Zeitschrift für Jugendkriminalrecht und Jugendhilfe，24，320-322.

Höynck，T. & Leuschner，F. 2014a. Das Jugendgerichtsbarometer. Ergebnisse einer bundesweiten Befragung von Jugendrichtern und Jugendstaatsanwälten. Kassel：kassel university press.

Höynck, T. & Leuschner, F. 2014b. Das Jugendgerichtsbarometer: Einblicke in die Rechtswirklichkeit des § 37 JGG sowie die Nutzung ambulanter Maßnahmen durch die Justiz. Zeitschrift für Jugendkriminalrecht und Jugendhilfe, 25, 364–371.

Jung, H. 1944. Der Jugendstaatsanwalt. Deutsche Justiz, 12, 194–196.

Kiesow, W. 1923. Jugendgerichts-Gesetz. Mannheim: I. Bensheimer.

Mitsch, W. 2019. Praxiskommentar zu BGH, Beschl. v. 13. 8. 2019–5 StR 257/19 (Verstoß gegen Elternkonsultationsrechte). Neue Zeitschrift für Strafrecht, 39, 681–682.

Ostendorf, H. Hrsg. 2016. Jugendgerichtsgesetz (10. Aufl.). Baden-Baden: Nomos.

Ostendorf, H. & Drenkhahn, K. 2018. Jugendstrafrecht (9. Aufl.). Baden-Baden: Nomos.

Peters, K. (1944). Reichsjugendgerichtsgesetz (2. Aufl.) Berlin: Walter de Gruyter.

Schaffstein, F., Beulke, W. & Swoboda, S. 2014. Jugendstrafrecht. Eine systematische Darstellung (15. Aufl.). Stuttgart: Kohlhammer.

Schoreit, A. 1997. Erstinstanzliche Zuständigkeit der Bundesanwaltschaft und der Oberlandesgerichte in Strafverfahren gegen Jugendliche und Heranwachsende gem. §§ 120, 142a GVG, § 102 JGG. Neue Zeitschrift für Strafrecht, 17, 69–71.

第二编　作为法律秩序之一部分的检察机关

检察机关与警察的关系

马加雷特·科佩斯　马蒂亚斯·魏德林*

一、导论 73

自检察机关和公安机关存在伊始，其二者之间的关系便受到法律政策讨论的影响。对案件侦查实际控制权的争夺像一条红线一样贯穿他们的历史。

检警双方隶属于受不同政治利益影响的部委，各部委均不想让控制的权柄从其手中被夺走。特别是涉及打击公众视线中的犯罪现象时，在实践中可以看到争夺媒体主导权的斗争——例如现在所谓的“集团犯罪”或“危险人物”犯罪。

内政部认为自己面对的是德国的右翼民粹主义运动，这种运动助长了阴谋论，随之而来的则是日益增长的国家异化与国家批判。2016 年 12 月柏林圣诞市集的袭击事件和其他袭击事件让民众从主观上产生了不安全感。对“强力国家”的公众压力和呼声越来越高。联邦和州一级的内政部门正通过所谓的新政策进行突破，以遏制媒体关注的各种犯罪现象，同时加强警察 74

* 马加雷特·科佩斯和马蒂亚斯·魏德林任职于德国柏林总检察院。

法。在这种情况下，司法部似乎更像一个政治“制动器”（Hemmschuh），因为其任务是指明宪法的限制，并通过其下属的刑事追诉机构保证侦查程序的合法性。

在这种背景下，不谦虚地将成功归于自己旗下，而将失败和失职的责任推卸掉——正如“Anis Amri”案中为处理可能存在的错误而开展的辩驳，这样的尝试便不足为奇了。

不仅仅是在人员和技术设备方面，权力的平衡已经向有利于警方及内政部方面转变。与之相反，检察机关——和司法部一样——似乎缺乏政治游说。

日常实践也表明，致力于查明真相和逮捕罪犯的警察与检察官在侦查程序上做法不同，后者一直将自己视为“世界上最客观的官署”（Rautenberg DRiZ 2014，S. 213），是与警察对立且有利于被告的法律守护者。

警方和检方之间的紧张关系到底能不能得到解决？如若联邦和州一级的政治责任人没有明确的立场，这似乎是无解的。

然而，法律状况是明确的。

检察院应该引导警方的侦查工作，并根据法律规定对其进行监督。根据《刑事诉讼法》第 160 条第 1 款、第 161 条第 1 款第 1 句，《法院组织法》第 152 条第 1 款，作为维护法治国原则的诉讼程序的主宰者，检察院这种所谓的“指挥案件的权力”（Sachleitungsbefugnis）之原则似乎有其坚实的法律依据。

通过赋予检察机关的指示以优先性，这种紧张关系似乎由此得到了解决，即只要存在与之对立的检察机关的指示，警察当局的部级指示就必须让位。

然而，必须指出的是，这一原则出台后的 100 多年里，检察机关的内部组织及其与警方的关系仍然没有得到优化和调整。

甚至《法院组织法》的立法动机也将检警双方的关系描述为“不成熟及界限不明”，“因为两者之间缺乏合法的联系”［Hahn，Die gesamten Materialien zum Gerichtsverfassungsgesetz, , Abt. 1, 1879, S. 153 f. -zitiert bei: Rüping ZStW 95(1983), S. 897, Fußnote 14]。

法律地位也与法律现实形成鲜明对比。实践中，在许多轻微犯罪、普通犯罪以及越来越多的严重犯罪中，检察机关似乎在审前程序中只是一个配角，因为对事实的侦查并不掌控在检察机关手中，实际是在警方手中。 75

但是，检察院是否真的那么无能为力，以致蜕变成"有头无手"(Matussek Kriminalistik 1983, S. 584; Ambos Jura 2003, S. 675)之物，甚至是一只"没牙的老虎"(Heghmanns GA 2003, S. 434)？我们是否可以说这种法律地位只是"关于检察院的宣誓声明"(staatsanwaltschaftlichen Offenbarungseid)(Lilie ZStW 1994, S. 627)？

那么，如何保证和维护检察机关指挥案件的权力呢？

二、历史发展

检察机关的历史发展在此不作详细介绍。然而，为了了解法律状况以及明确自身立场，还是有必要进行简要回顾。

正是"三权分立"的思想导致司法权和警察权之间按照法国的方式进行分离[Habel(1982), S. 24ff.]。正是出于对政治恣意的恐惧才更应防止下述情况的发生，即纠问制法官利用警察来为自己进行侦查，或者警察对因违反繁杂的、经常是独裁的警察条例的行为实施惩罚[Rüping ZStW 95(1983), S. 894]。

自1800年以来，这种分离在德国也越来越盛行[Rüping ZStW 95(1983), S. 895; Habel(1982), S. 24 ff.]。根据早在1846年普鲁士司法部部长穆勒和立法部部长萨维尼的主张(Postulat)，检察机关也应保障被告的权利并对警察进行限制，警察要遵循检察机关的指示并协助其进行侦查[Habel(1982), S. 29]。尽管当时国务会议(Staatsministerium)也因担心失去职权而抵制这种安排，但在德意志帝国的大部分地区，1846年依法引入的检察机关的法律地位基本上符合这样的改革理念[Habel(1982),S. 30f.]。

即使根据1877~1878年颁布的帝国法律(这些规定原则上今天仍然适用),检察机关不仅是公诉机关,而且是法治国概念下尊重个人权利的刑事诉讼的保障者,并对警察活动进行监督和指挥[Habel(1982),S. 34]。

76 然而,在巴登,按照法国的制度,警察、检察院和预审法官被合并为所谓的“司法警察”(police judiciaire)。这被当作一种特殊的模式从1879年开始实行,根据该模式,刑事警察(Kriminalpolizei)在人事方面隶属于警察管理部门,但在专业性方面以及部分纪律问题上隶属于检察机关。就刑事指控而言他们不得不专门向检察机关提出,并完成检察机关的委托。(刑事司法)警察在工作区域上也与其他警察分开,前者被安置在检察机关的大楼里,以便于沟通,建立必要的“组织联系”[Habel (1982) S. 80]。警察部门的全部技术设备也提供给检察机关,每天都会召开工作会议来协调侦查[Habel(1992),S. 81]。在长达三十余年的时间里,巴登的无罪判决数量与定罪数量相比,明显低于帝国其他各州,因为其他州没有实行这种由检察机关对预审程序施加早期影响的制度[Habel(1982),S. 164 f.]。

尽管这种制度已显然经受住了考验[Habel(1982),S. 82],但它在纳粹夺取政权后被终止,此后再也没有恢复过。

三、现行法律状况

根据现行法律,根据所谓的“职权主义”(Offizialprinzip),提起公诉的权力仅限于检察机关(《刑事诉讼法》第152条第1款),而根据“法定性原则”(Legalitätsprinzip)(《刑事诉讼法》第152条第2款),只要有所谓的初始嫌疑(Anfangsverdacht),检察机关就有义务对所有应追诉的犯罪行为采取措施。

因此,根据《刑事诉讼法》第160条第1款的规定,一旦发现有犯罪行为嫌疑,就必须对案情进行调查。对于必要的调查,检察机关既可以自行开展

(《刑事诉讼法》第 161 条第 1 款第 1 句),例如询问证人(《刑事诉讼法》第 161a 条第 1 款)或被告(《刑事诉讼法》第 163a 条第 3 款),也可以交由——作为检察机关的延伸部门——警察部门的官员(《刑事诉讼法》第 161 条第 1 款)或通过法院调查行为(《刑事诉讼法》第 162 条)进行调查。此时,根据《刑事诉讼法》第 161 条第 1 款第 2 句,警察有义务执行检察机关的请求或委托。

《刑事诉讼程序与罚金程序准则》(RiStBV)也认为,检察院指挥案件以
及开展自行调查是规则——至少在法律规定或疑难复杂的案件中是这样, 77
而授权给警察则是例外。后者中检察院必须指挥调查,至少确定其调查的方向和范围(RiStBV 第 1 条、第 3 条第 1 款和第 2 款),个别案件中,还需向警察发出所需的具体指令(RiStBV 第 11 条第 1 款)。

在这种情况下,检察机关作为一个没有独立执行机构的机关,根据《法院组织法》第 152 条第 2 款第 1 句,部分警察以及其他官员团体及职员团体由联邦各州通过法规任命,被指派为所谓的"侦查人员"(如 2005 年 10 月 25 日出台的《检察机关侦查人员条例》,2005 年 12 月 24 日出台的《柏林法律和条例公报》,S. 758 ff.)。据此,与不具备这种职权的警察部门的其他官员相反,只有这些人*可以在紧急情况下采取《刑事诉讼法》规定的某些强制措施(《刑事诉讼法》第 81a 条第 1 款第 2 句、第 81c 条第 5 款第 1 句、第 98 条第 1 款第 1 句、第 132 条第 2 款、第 132 条第 3 款第 2 句、第 105 条第 1 款第 1 句、第 111 条第 2 款、第 163d 条第 2 款第 1 句)。进一步区别来看,此类警察机构可直接接受委托(《法院组织法》第 152 条第 1 款、《刑事诉讼法》第 161 条第 1 款),而对于其他警察部门,检察机关只能通过对应的警察机关的负责人请求他们进行调查。

在《法院组织法》第 152 条中引入"侦查人员"一词,也已说明了警察对自我形象的改变和对自己地位的认知。在此之前,"辅助人员"一词已经沿

* 即上文提到的"侦查人员"。——译者注

用了一百多年,直到 2004 年才被替换,这与 19 世纪警察的实际形象相符。在用语上,立法者还相当慎重地考虑到了警察日益独立的行为方式。

法律修正案的提出理由(Bundestag-Drs. 15/3482 S. 25)指出:

"'检察机关的辅助人员'这一术语无论在语言上还是在事实上都不再能公正地反映当今警察在侦查程序中的职能。诚然,检察机关在侦查程序中仍然拥有不受限制地指挥案件的权力。考虑到在此期间的警察培训和进修水平,以及由此培养出的警察已经从单纯的辅助职能中成长起来的现实情况,再考虑到侦查的实际情况,用'侦查人员'一词取代过时的'辅助人员'
78 一词,更能准确地描述目前检察机关和警察之间的关系。"

当个别的警察为了防范危险采取措施,特别是在面临直接紧迫的危险而采取措施的情况下,检察官发布直接的指令权(Weisungsrecht)则会受到相应的限制(参见《联邦和各州司法部部长和内政部部长关于警察根据检察机关的命令使用直接胁迫的联合准则》,RiStBV 的附件 A B Ⅰ和Ⅱ)。其背景主要是,1971 年 8 月 5 日在慕尼黑发生了一起劫持人质的银行抢劫案,在此过程中,据说一名当时在现场的检察官命令警察使用枪支,导致一名人质被杀(Hertweck DRiZ 1971,S. 308)。本案表明,在刑事追诉与防卫危险冲突的情况下,由于警察的经验更丰富,原则上不应该再把"行动指挥"(Einsatzleitung)让位于检察官,对此理由十分充分。

根据法律的措辞,检察机关仍然是审前程序(Vorverfahren)的唯一领导者和承担者。因此,它有责任通过对警察的侦查活动进行持续的法律控制,确保侦查的彻底性和合法性[BGHSt 34,215(217)]。在侦查过程中,检察机关必须确保获得能够在法庭上站得住脚的证据。

《刑事诉讼法》第 163 条第 1 款第 1 句中的赋权看起来打破了这一原则。据此,即使没有检察机关的指示,警方亦有权侦查犯罪行为,并作出所有不容延迟的命令。《刑事诉讼法》第 163 条第 1 款为警察在所谓的"采取第一行动"(ersten Zugriffs)框架内尽可能独立开展刑事追诉打开了大门,这种侦查权限包括收集所有许可的证据。

这样做的实际原因是,至少大多数的刑事报案是向警方提出的,而警方——在其预防犯罪活动中——往往最先获知一个犯罪行为的初始嫌疑。

但在这里,警察也只是"过渡性的管辖"(Schmitt in:Meyer-Goßner/Schmitt, § 163 Rn. 1 m. w. N.),作为"检察院延长的手臂"(verlängerter Arm der Staatsanwaltschaft)(BGH NJW 2003,S. 3142),检察机关仍然同之前一样承担着证据可靠性的基本责任(Görgen DRiZ 1976,S. 297)。法律考虑到了这一点,规定在执行紧急证据保全后,应不迟延地将侦查卷宗移送主管的检察院(《刑事诉讼法》第163条第2款第1句)。为了使检察院能够通过参与侦查的警察部门履行其指挥案件的权力,警方必须考虑到卷宗完整性原则(Schmitt in:Meyer-Goßner/Schmitt, § 163 Rn. 23)。虽然警方可能会 79
被指责对侦查结果的记录有所欠缺,抑或案卷管理不透明,但如果案情最终在法律层面未得到有效侦查,则检察机关将对外承担最终责任。

然而,对于警察刑事追诉措施的职务监督投诉所涉及的管辖权并非无可争议。如果警察根据《刑事诉讼法》第161条第1款第2句的要求或指示行事,通说认为检察机关对此有管辖权(OVG Hamburg NJW 1970 S. 1700, Schmitt in:Meyer-Goßner/Schmitt, § 163 Rn. 67)。涉及《刑事诉讼法》第163条的情况,为了迎合警察业务主管单位这样的管辖权被部分否定,只有在警察作为检察院的侦查人员时检察机关才具有管辖权。然而由于检察机关对警察的所有刑事诉讼活动有全面的指示权,因此它总是应对警察有管辖权(Erb in:Löwe-Rosenberg, § 163 Rn. 101 m. w. N.)。

四、实践中的案件指挥权

法律规定在实践中被无视,案件侦查基本上由警方自行负责开展,出现此类现象的原因是多方面的,也是显而易见的。

五、报案的接收方——警方

警方通常会先于检方了解相关刑事犯罪线索——尤其是在柏林这样的

大城市，至少在大规模和中等规模的犯罪案件中是这样。因为大多数刑事指控都是直接向警方提出的。与《刑事诉讼法》第 163 条第 1 款第 1 句和第 2 款第 1 句相反，警方通常不局限于采取第一行动，而是在较长的时间内，在检察院不知情且因此不受其影响的情况下独立进行侦查——从警方的角度来看——直到侦查结束或者直到要获得法官裁定指令之时。案件提交给检
80 察机关后，检察院只能选择委托警察进行后续调查。

实务中，尤其是在诸如入室盗窃和盗窃自行车等频率高发的犯罪中，很明显，如果嫌疑人不明，则警方出于经济原因的考量，除保护现场以及询问被害人之外，通常不会进行任何进一步的调查。这种情况下检察机关往往别无选择，只能根据《刑事诉讼法》第 170 条第 2 款终止程序。

因此，通过对已采取的侦查活动的衡量，警方可对诉讼程序进行进一步预判。而同样出于经济原因的考量，检察机关通常不会进一步反驳，而是会接受这一预判。

最后，不应低估警方关于侦查结果的最终报告对检察官意见形成所产生的影响。

然而，检察机关也可以通过一般指示、指令以及决策层定期会议来事先对侦查施加影响。

例如，柏林《关于检警双方合作的联合总命令》(AV Zusammenarbeit)规定了关于提供信息和协调侦查所应遵守的原则。除此之外还规定，一旦发现警方主导的案件无法在 6 个月内处理完毕并提交检察机关，或在 4 个月内无法获得充分的支持，警方必须通过移交卷宗或发送临时报告的方式通知检察院。

同时规定，地方检察院和区检察院的负责人以及警方要至少每年轮流举行一次会议，即柏林地方检察院主要部门的负责人和柏林区检察院的负责人要与负责的警察部门，特别是州刑事警察局和地方部门就所有议题举行会议，会议需定期或根据需要举行，但至少每年一次。

然而，实际执行情况和相关承诺取决于双方各自的负责人。

六、资源

进一步说，相较于检察机关，警方在人员方面，尤其是犯罪学和技术方面更具有优势。

个别案件中，涉及犯罪或罪犯的各种情形使得侦查程序与案件办理集中在一个机关手中是十分必要的。其中一个原因可能是，需要与某种犯罪或罪犯相关的必要背景知识，例如在团伙犯罪当中就是如此，在罪犯彼此独立实施行为的情形中也是如此。 81

虽然柏林地方检察院和总检察院在个别领域——例如惯犯和问题少年犯（Schwellentätern）、"摇滚乐队型"的团伙犯罪领域以及"危险分子"的案件中——实行这种所谓的一手处理（Einhandsachbearbeitung），但是通常来说，警方更能够根据现实状况和以需求为导向开展工作。他们可以相对迅速地召集人员，以便对某一现象进行更多的关注，抑或组建特别委员会。而在检察机关，其稀缺的人力资源、专业领域的高流动率与警方形成鲜明对比。因此，各种犯罪现象往往只是在不同个案中考虑，而不是从战略上考虑。而那些需要相应背景知识的复杂案件，在检察机关往往由不同的部门负责人处理，他们具有不同的专业和技术经验。

一方面，警察可以获得的专业知识增强了他们在侦查过程中的地位。另一方面，由于警方往往不熟悉以及难以理解检察院的职责分工，因此在发生管辖权争议时，警方可能会暂时找不到直接联系人。

七、专业能力和评估能力

此外，在最高法院认可的证据技术方面——例如确认痕迹、DNA 分析、血液样本及麻醉品的检查等，检察机关由于缺乏自己的专家而依赖于联邦和州刑事警察局提供的帮助；在筛选和评估海量数据或数字媒体方面，对信息技术专业知识的快速增长的需求也是如此处理。由于缺乏专业知识，检察院能做的仅限于对提交给它的结果进行合理性检查，而这往往很困难。同样值得注意的是，犯罪学在法学教育中充其量处于从属性地位，检察官往
82 往缺乏专业的技能，以掌握侦查行动的意义或对其结果进行评估。

此外，只有警方拥有诸如秘密监视、电话监听等所需的技术设备。相比之下，即使是在较大规模的检察院，甚至连公车也没有配备。

虽然合法性原则也适用于警察，实际上他们能够或希望（kann und will）自己决定将资源重点集中在哪里，将侦查工作进行至哪里。日常实践，尤其是多发轻罪（Massendelikten）的实践表明，检察机关实际上很少能够按照自己的想法对个案进行优先处理。实践当中，对于那些没有优先办理的案件，检察机关通常基于相应的询问才能从侦查的警方处获知，是否需要对案件作出优先处理的决定。显然在这种情况下，哪些监视令（Observationsaufträgen）和哪些侦查因此具有优先权，由警方内部直接作出的协调和评估，会给那些没有优先办理的侦查程序的侦查目的带来很大的危害。由于缺乏履职所需的法定权力，检察机关仅能适当敦促警察履行义务或试图通过科层制度提升决定对警察的影响力——但结果往往徒劳无功。

八、数据支配

此外，由于警方在电子数据支配方面的优势——诸如他们有能力访问包括个人搜索和 DNA 分析文件在内的各种事实和个人数据收集的 Inpol-neu 系统*和 INZOLL 系统**，因此相对于检方，警方具有信息优势。

诚然，随着 2004 年 9 月 10 日《关于在检察机关更有效地使用数据库的

---

* Inpol-neu 系统是德国警方的全国性个人信息系统（联网数据库），由德国联邦刑事警察局（BKA）运营。它在 2003 年取代了旧的 INPOL 系统进行了更新。——译者注

** “海关调查信息系统”（INZOLL 系统）是一个电子系统，海关当局在该系统中存储有关海关犯罪的数据。海关刑事调查办公室只有在涉及特别严重的罪行，如大规模杀伤性武器的扩散时才会进行自己的调查。解释来源于“联邦数据保护和信息自由特派员”官网 https://www.bfdi.bund.de/DE/Buerger/Inhalte/Polizei-Strafjustiz/National/Zollfahndungsdienst.html;jsessionid=AF666C5E0938C9F61F866FB8EAA2EADB.intranet211，最后访问日期：2022 年 6 月 19 日。——译者注

法案》的出台,检警双方相互查阅对方保存的电子数据的法律前提早已形成,这适用于通缉犯数据、联邦刑事警察局的拘留数据和某些 DNA 分析数据等。然而,联邦政府、各州和联邦刑事警察局仍未就刑事诉讼机关(检察机关)查询 Inpol 和 DNA 的诸实现变量达成共识。

至于在线查阅警方 Inpol-neu 系统和 INZOLL 系统中与检察机关工作相关的数据——尽管在技术上无须花费较多精力即可实现——但实际仍然无法(完全)实现。因此,检察机关自身实施侦缉和打击犯罪策略与对警察 83
予以有效控制一样困难[Lilie ZStW 106(1994),S. 632]。

九、特殊领域

致人死亡的刑事案件领域方面的情况则不同。此种情况下检察机关——至少柏林的检察机关——事实上将行动的缰绳掌握在自己手中,并且按照惯例坚定地履行其指挥案件的权力。

对此检察机关会有一个特殊部门专门负责处理致人死亡的刑事案件(Kapitaldelikten),特殊部门的特别调查员与警方凶杀案侦查委员会(Mordkommissionen)的高素质成员紧密合作,密切协调配合彼此的重大侦查活动。

类似的发展同样发生在经济犯罪领域。然而,这并不是由法律状态造成的,而是柏林刑事警察局的专业部门在诸多案件中所经历的重大挫折造成的,例如当陈年的侦查程序根据《刑事诉讼法》第 170 条第 2 款的规定而被停止,仅有非常有限的案件被提起公诉,或者是在绝对的追诉期限届满前,很多案件最后根据《刑事诉讼法》第 153a 条第 2 款,请求法院作出停止程序的决定。同时,柏林警方在调查之初就考虑到了刑事追诉机关(检察机关)的稀缺资源,只有在检察机关具体接管了责任并就进一步侦查安排表示同意的情况下才会开展结构性侦查。

十、新的发展

尤其是在有组织犯罪领域,检警双方的专门化在像致人死亡的刑事案件(Kapitaldelikten)领域那样以同样的方式运行。一段时间以来,人们注意到,即使在严重犯罪的情况下,警方实际上已经渗透到“检方的地盘”(Wick DRiZ 1992,S. 222)。由于新的警察法在联邦各州已经收紧,并赋予了联邦各州更强的干预权,因此必须批判性地看待这一发展,使其变得更加具有现实意义。

尤其是预防性的“预防危险”(Gefahrenvorsorge)和压制性的“预防性刑
84 事追诉”(Strafverfolgungsvorsorge)之间的界限正变得越来越模糊。

除了经典的预防危险,近几十年来,预防的观念在警察法中也日益凸显。无论是否已存在具体的危险,都应自始通过预防性的警察履职来防止刑事犯罪。

所谓预防性刑事追诉[BVerfGE 103,21(30);113,348(370 f.)],指的是能够或有助于对未来才会发生的刑事犯罪行为进行追诉的措施。其与已经发生的刑事犯罪或《刑事诉讼法》第152条第2款意义上的初始嫌疑并无关联,而是旨在对不确定的未来可能发生的刑事犯罪进行追究。预防性刑事追诉——尽管在时间上是预防性的——具体来说却是以压制性为导向的刑事诉讼[BVerfG,Beschluss vom 18. Dezember 2018-1 BvR42/15-juris Rn 68;BVerfGE 113,348(370)]。

与预防性刑事追诉相反,预防危险的目的是消除和预防对公共安全和秩序的危险和干扰。它的目的不是以压制人的方式(repressiv-personenbezogen)对犯罪分子进行追诉,而是以客观预防的方式(präventiv-objektiv)直接对法秩序的完整性和它所保护的法益进行保护。这里也包括对刑事犯罪的预防[BVerfGE 100,313(394)]。在预防危险的背景下,国家也会在具体危险发生之前积极采取行动,这些危险虽然在行动时尚未产生具体的威胁,但以后可能会出现。警察行动的目的或是预防后续出现的危险,抑或至少能够对现存的危险进行有效的打击[BVerwGE 141,329(335 Rn. 29)]。预防危险还包括所谓的预防刑事犯罪,即预防尚未产生具体威胁的刑事犯罪。它包括以下措施,即对预料到的事情进程予以干预,抑或对某些确定的因素或因果链条的条件产生影响，以便提前预防刑事犯罪危险的发生（BVerfG, Beschluss vom 18. Dezember 2018-1 BvR142/15-, juris Rn. 70）。

警方越发理所当然地进入刑事诉讼领域。近期在恐怖主义犯罪行为频发的背景下，为了采取必要的预防危险举措，2017 年 7 月 24 日，巴伐利亚州立法机构通过了《关于对危险人物开展更有效监视的法案》，对《巴伐利亚州警察任务和职权法》进行了修订，并于 2017 年 8 月 1 日生效（GVBL 2017, S. 388）。

在这种背景下，《巴伐利亚州警察任务和职权法》第 11 条第 3 款第 1 句对"紧迫的"危险进行了如下定义，即当"在个案中……预计未来会发生相当 85
强度或后果的攻击"时。"紧迫的"危险是一系列基本权限的基础——其中部分基本权限受到了较大的限制，如身份确认（《巴伐利亚州警察任务和职权法》第 13 条第 1 款第 1 项）、身份识别措施（《巴伐利亚州警察任务和职权法》第 14 条第 1 款第 4 项），下令驱逐、颁布接触禁令或居留禁令（《巴伐利亚州警察任务和职权法》第 16 条第 1 款第 2 句、第 2 款第 1 句），进行公开的录音和录像（《巴伐利亚州警察任务和职权法》第 30 条第 2 款第 1 句第 2 项 b）以及拘留的可能性（《巴伐利亚州警察任务和职权法》第 17 条第 1 款第 4、5 项）。

其他联邦州（如北莱茵-威斯特法伦州、巴登-符腾堡州、萨克森州）已经对他们的法规进行了调整，另有其他联邦州正在计划调整（如勃兰登堡州、柏林州）。

然而，预防危险的措施和预防刑事追诉的措施往往较为接近。监管职权和权能也可能会重叠，将警察采取的措施归类为这两个责任领域中的其中一个，有时被证明是相当困难的。这就会导致——例如在对重点犯罪进行视听监控和自动车牌辨识的情况下——预防性的和镇压性的警察活动彼此交织，难以解开。

在预防犯罪领域，警察不受检察机关的指令权的约束。然而，在这种情况下，警察往往会获悉有关具体犯罪的信息，而根据法定性原则（Legalitätsprinzip),他们必须对这些罪行进行追诉,但这会危及他们的实际任务。原则上,刑事追诉和预防危险的任务同样重要。

一般而言,在秘密侦查的情况下,应该注意到,由此产生的偶然认知[*](Zufallserkenntnisse)总是会引起这样的问题:是否可以暂时推迟对新得知的刑事犯罪的追诉——如有可能,直到秘密侦查公布后再行追诉?或者是否不能推迟或只能在短时间内推迟指控?

上述提出的问题,如果主管决策者答复称,不能或只可能在短时间内推迟对预期或已经确定的刑事犯罪的起诉,那么这往往会使秘密侦查(可能)受到威胁。无论是(能够)观察到违法行为的警方,抑或作为刑事追诉机关的检方,均处于一个矛盾的紧张状态,即秘密侦查预计取得的成功和推迟追诉可能出现的预期之外的延迟后果所承担的责任之间的矛盾。

此处需要注意的原则——警方有义务向检方进行信息通报——已在联
86 邦和各州司法部部长和内政部部长《关于检警双方在刑事诉讼和起诉组织犯罪中使用秘密信任人[**](Vertrauenspersonen)和卧底侦查员(Verdeckten Ermittlern)的合作准则》中作了规定(Anlage D und E zu RiStBV),而柏林检察院已通过内部指令将其进一步具体化。

然而,当使用卧底侦查员时,前期仅由警方单独与之保持联系。检方对其进行控制的可能性事实上仍然有限。即使在评估《刑事诉讼法》第 110a 条第 1 款第 3 句的要求,即"仅当该查明采用的其他方式可能无望或十分困难"时,也基本上取决于警方的评估。根据《刑事诉讼法》第 110b 条第 1 款,检方只有一种"否决权"(Vetorecht, Roxin DRiZ 1997, S. 120),据此,对于相关信息的搜集和获取,《刑事诉讼法》第 110a 条及以下条款不适用于警方外

---

* Zufallserkenntnisse:同 Zufallsfund 偶然发现,指的是与上游犯罪没有关系但指向另一犯罪的某些证据信息(《刑事诉讼法》第 108 条第 1 款第 1 句)。——译者注

** 信任人,指不属于追诉机关,但长期可靠地对查清犯罪提供帮助,且其身份基本上保密的人。参见《德国刑事诉讼法典》,宗玉琨译注,知识产权出版社 2013 年版,第 83 页。——译者注

勤人员和线人 * (Informanten)。

在实践中,也会发生这样的情况,即检察机关往往太迟才被告知秘密侦查措施的实施、过程和实际终止。例如,只有在《刑事诉讼法》第 100e 条第 1 款第 4 句、第 163f 条第 1 款第 1 句第 2 项规定的法定时限到期后才被告知,抑或根本不被告知。例如,无论出于何种原因,警方单方面终止较长期的监视或电话监听,都会使刑事追诉机关无法行使其指挥案件的权力,从而在根本上动摇这个权力。然而,恰恰是在有可能丧失直接的了解或证据的情况下,充分的相互通报在警方和刑事追诉机关之间的合作中才显得尤为重要。如若当下不能或以后也不能再采取电话监听或监视措施,通常就属于此类情况。

尤其是在这一领域,侦查结果的记录不足也是一个问题。一方面,对于侦查的警方而言,对工作步骤和侦查结果的记录是警方本职工作和不言而喻的任务。同样显而易见的是,检察机关的主管部门负责人也必须通过具体的侦查指令和明确的询问,来致力于维持卷宗的真实性和清晰度。另一方面,进行卧底侦查的程序非常复杂。例如,在多久的处理期限内,必须提交警方的案情报告,或主管的部门负责人必须向警方进行询问——对此并没有一般的(有效的)指示。

十一、变革 87

组织上的变动

那么问题来了,新的合作组织模式是否能够促进检警双方进行合乎预期的、充满信任的合作?允许一个机关被另一个机关完全吸收的解决方案,即涉及《基本法》第 92 条规定的分权原则和法治国原则,在我们看来并不可行。

在中等规模和大规模刑事犯罪领域,由于警察的实际领导力,将检察院

* 线人,指在个案中被追诉机关许诺给予信任后,提供信息的人。参见《德国刑事诉讼法典》,宗玉琨译注,知识产权出版社 2013 年版,第 83 页。——译者注

有关职权从司法机构中剥离出来并入警察机关的提议(Hübner NJW 1929, S. 984),无论是过去还是现在均与检察院的历史作用和刑事诉讼的基础不相符。

将检察院作为纯粹的公诉机关,而将侦查程序归于警方,由警察单独进行侦查(Böhme DJZ 1926,S. 1379),这样尽管可以将实际行动建立在法律基础之上,但没有认识到,如果没有专业的法律知识——不仅是刑法和刑事诉讼法知识,还包括相应的鉴证(法医)经验——侦查程序就无法有效地、合法地予以开展。

依照“巴登”模式,警方的部分领域在组织上的从属地位乍一看还是有好处的。这不仅满足了司法机关的法律优先权和控制职能,还在事实上促进了最佳合作,这也是因为部门结构和地域管辖是相一致的。一些地区积极实践的经验也支持了这一点——特别是在致人死亡的刑事案件(Kapital-sachen)中——事实上依照“巴登”模式的检警双方的密切合作,目前已经成为普遍做法。

在实践中,可以通过将个别刑事警察临时委派到检察院的方式,来避免预防性和镇压性警方权限之间的冲突。然而,临时“外包”具有相应资格的警察既不太现实,而且可想而知内政部对此也会进行抵制,因此政治上也不可行。

88 十二、获取警方数据

最终,检察机关实际上必须被赋予直接获取警方存储的所有刑法相关数据的权力。

人员缉捕系统主要用于人员逮捕。它与刑事诉讼的联系是显而易见的,法律规定——如《刑事诉讼法》第131~131c条——强调了司法机关在此方面的责任。由于刑事追诉机关的不知情而发生的通缉事故应该是可以避免的。

如果表明采取了 DNA 身份鉴定措施，那么，在其他刑事诉讼中，是否已经对嫌疑人的分子遗传鉴定样本进行了存储，这一点就显得尤为重要。如果检察机关从诉讼程序中还看不出来的话，可以通过网上获取数据的方式，来避免向警方进行相应的问询（这往往伴随卷宗的移送）。

十三、告知义务

对于警察而言，在一定时间内仍没有开始执行命令，抑或在一定时间内没有采取相应的措施，再或是可以预见到的一些情形，似乎有必要规定警察，特别是在预防性犯罪控制领域和为执行侦查措施而进行秘密侦查的情况下（如进行监视），承担起立即告知刑事追诉机关案件情况的义务——事先口头通知，事后通过书面方式通知（也可通过电子邮件）。

在这一点上，未予告知到底是基于警方内部作出的优先次序决定，还是基于缺乏人员或其他资源，抑或是基于其他非程序性原因，都无关紧要了。

告知时间上的相关安排应根据措施的重要性和紧迫性来确定。特别是在秘密侦查——如电话监听或监视的情况下，应及时提供信息，否则有可能导致第一手信息或证据丧失。

这种告知义务可以使检察机关在考虑不采取、中断或终止侦查程序而 89
提出的（背景）理由的情况下，重新评估案件事实和法律状况。例如，可以在一般指令或命令中规定这样的告知义务。

十四、缩小资源差距

无论如何，检察机关必须决定哪些技术调查要优先进行，哪些要推迟进行。

因此，似乎有必要主张与推动检察机关参与警方内部的协调和评估，以决定哪些调查命令被优先考虑，哪些由于缺乏优先权而被搁置；在提供合理的理由的情况下，警方至少应向司法机关披露其所作的决定。

如果相对于与其他调查,已安排好的调查活动优先级较低且在一定时间后仍未开始,或者如果该调查在一定时间内没有进一步实施,那么无论如何,此种情况下应履行告知义务。

最后,检察机关不必担忧将犯罪技术机构置于检警双方的共同管理之下。为此,可以有各种组织模式,如将其与警察完全分离,使其在双重领导下独立运作,抑或检察机关的管理人员轮流担任机构的领导职务。当然这样也会受到来自内政部的巨大阻力。

十五、结论

在这个神奇的制衡体系中,权力问题应该被放在次要位置。因为其对当前问题没有任何其他帮助。毕竟,警方的犯罪统计数据建立在法律上没有履职权限的警察侦查之上,且最终80%或更高比例的案件被检察机关终止了程序,那么警方的犯罪统计数据有什么用?

检警双方的机构分离具有较为深厚的历史基础,不应因此而受到质疑。
90 检察机关必须控制刑事诉讼依法进行,而不是像纳粹时期那样被操纵和利用。同样,在法治国背景下,保持检察机关对预审程序全面负责是不可或缺的。然而,由于侦查程序事实上的“警察化”,实务做法与法律规定并不相符,由于最近发生的具有恐怖主义色彩的袭击事件以及公民主观上产生的愈演愈烈的不安全感,人们担心长此以往发展下去,检察机关将不再是侦查程序的决定力量。这只能通过改善检察机关的技术和人员装备来加以抗衡,同时应慎重考虑——不受政治考量和担心权能丧失的影响——进行组织改革,以加强检察机关的法律地位。

参考文献:

Professor Dr. Ambos, Kai. „Staatsanwaltschaftliche Kontrolle der Polizei, Verpolizeilichung des Ermittlungsverfahrens und organisierte Kriminalität“.

Juristische Ausbildung 2003 (674–682).

Richter am Landgericht Dr. Görgen, Friedrich. „Die Polizei als Staatsanwaltschaft vor der Staatsanwaltschaft?“. *Deutsche Richterzeitung* 1976 (296–300).

Regierungsrat Dr. Böhme. „Die Notwendigkeit der reichsrechtlichen Reform des Polizeirechts“. *Deutsche Juristen-Zeitung* 1926 (1377–1382).

Habel, Burkhard 1982. „*Möglichkeit einer Reform des Verhältnisses von Staatsanwaltschaft und Polizei im Ermittlungsverfahren*“ (Dissertation zur Erlangung eines Doktorgrades der Juristischen Fakultät der Georg-August-Universität zu Göttingen). Göttingen.

Professor Dr. Heghmanns, Michael. „Die prozessuale Rolle der Staatsanwaltschaft“. *Goltdammer' s Archiv für Strafrecht* 2003 (432–450).

Staatsanwalt Hertweck, Günther. „Staatsanwalt und Schießbefehl“. *Deutsche Richterzeitung* 1971 (308).

Landgerichtsdirektor Hübner. „Die Zukunft der Staatsanwaltschaft“. *Juristische Wochenschrift* 1929 (982–985).

Professor Dr. Lilie, Hans. „Das Verhältnis von Polizei und Staatsanwaltschaft im Ermittlungsverfahren“. *Zeitschrift für die gesamte Strafrechtswissenschaft* 106 (1994) (624–643).

Löwe-Rosenberg, *Die Strafprozessordnung und das Gerichtsverfassungsgesetz.* 27. Aufl. 2018. De Gruyter.

Kriminaloberrat Matussek, Hans. „Zum mehr als 100sten Jahrestag eines gespannten Verhältnisses“. *Kriminalistik, Zeitschrift für die gesamte kriminalistische Wissenschaft und Praxis* 1983 (583–585.).

Meyer-Goßner/Schmitt. *Strafprozessordnung.* 61. Aufl. 2018. C. H. Beck.

Dr. Rautenberg, Erardo C. „Die deutsche Staatsanwaltschaft: „Objektivste Behörde“ mit viel Macht, aber geringem Ansehen-Was ist zu tun? “. *Deutsche Richterzeitung* 2014 (214-219).

Professor Dr. Roxin, Claus. „Zur Rechtsstellung der Staatsanwaltschaft damals und heute“. *Deutsche Richterzeitung* 1997 (109-121).

Professor Dr. R, Hinrich „Das Verhältnis von Staatsanwaltschaft und Polizei-Zum Problem der Einheit der Strafverfolgung“. *Zeitschrift für die gesamte Strafrechtswissenschaft* 95 (1983) (895-917).

Oberstaatsanwalt Wick, Manfred. „Gefahrenabwehr-Vorbeugende Verbrechensbekämpfung Legalitätsprinzip“. *Deutsche Richterzeitung* 1992 (217-222).

检察机关与律师的关系

奥特马尔·库里*

一、一个涉及政策的前言 93

在我们这样一个由优秀的宪法所维系的国家中，研究涉及司法机关的问题，答案总是受到政治和社会条件的影响，这一事实无须特别强调。然而，哲学家卡尔·马克思的名言"存在决定意识"并不能为详细地且可靠地观察律师与检察官之间的关系提供足够坚实的基础。德国的社会、政治和法律状况太多样、太复杂，也太矛盾。因此，我确信在研究检律关系时，必须至少列出三个不同的层次，以便以一种可理解和方便的方式来描述这两个职业之间的关系图景：

第一个层次是政治和法律政策环境，必须赋予其特殊的、压倒一切的意义。

第二个层次是，一方面描述在职业法中规定的律师职业自治组织与律 94
师惩戒法院(Anwaltsgerichtsbarkeit)的密切协作，另一方面描述以惩戒法为准则的检察活动。

第三个层次是刑事司法中关于普通诉讼的程序规定——如《刑事诉讼

* 奥特马尔·库里在德国汉堡担任律师，汉萨律师协会原主席。

法》和《法院组织法》所规定的——描述了律师和检察机关在给定范围内发挥作用的基本权利与义务。

这样的分类在考察之初就表明,它们不能也无意成为其他无数出版物的补充,比如指导在刑事司法中作为辩护人或附加诉讼人的律师如何分析诉讼法及其他规定给出的个别条文。对此,律师可以使用很多优秀的评注、教科书、专著或其他出版物。

二、法律政策方面;法律政策关系层次

过去几年,适用法律的主体——律师、检察官以及所有其他公民——被给予了许多值得注意的看法,其中包括对重要法治成就的粗暴攻击,导致我们国家的某些地区出现了明显的、严重的不安全感。对持不同意见的人进行嘲弄、贬低和侮辱,与一直以来不尊重人有关,且不仅仅发生在公共网络讨论中,这使得我们——我指的是所有适用法律的主体——所有律师和所有检察人员,必须团结一致、坚定不移地致力于尊重生命、环境、言论自由、平等原则以及我们优秀宪法的其他价值观,这是不言而喻的,同样也是不可或缺的。

这意味着我们所有人,不只是律师或检察官,应当比以前更加明确地拥
95 护我们的宪法原则,并以无畏的决心向外界表明这一点。尤其是对于那些
以“种族问题”歧视他人的恶性政治运动,更应如此。

通过德意志联邦共和国基本法的一些特殊救济保障(Wohltaten)——禁止恣意(Willkürverbot)、法定听审权——可以看出,我们在法律体系中埋下了多少宝藏,但对此却往往不为人知,更不用说被称道了。

如此看来,我深信德意志联邦共和国的律师和检察官必须秉持“英勇无畏”(Zivilcourage)的勇气,一次又一次地推动拉德布鲁赫式的法治。因为我们的国家是由宪法激活的,父辈们曾目睹过专制和犯罪的可怕后果:战争苦难,集中营和灾难性的种族灭绝。

因此,现在到了所有适用法律的机关捍卫我们以自由精神为活力和生

机的欧洲共同体的时候了,有人蓄谋通过暴力、种族主义或反犹太主义来破坏我们的自由生活方式、宽容和开放。

由于上述挑战不仅会危及德国内部的和平,因此由德国宪法赋予义务的律师与检察人员的政治和法律政策关系应明晰地描述为:

对人权的崇高价值和我们的宪法,以及由此对我们的诉讼法(它们无非是宪法的产物)采取共同的、无畏的和明确的立场,这是绝对的、绝不可放弃的时代要求。在律师和检察人员共同的、服务共同体利益的国家政策任务面前,不存在专业层面的争论、纷争和偶尔鸡毛蒜皮的空间。

因为无论是律师还是检察人员都不应搞错,他们必须承担且切实履行其在法治国家中的职责和义务,就像伟大的法哲学家拉德布鲁赫在其演讲中所畅想的以及在其法哲学论文中所描绘的法治,就像在德国所创立及被维护的法治,对于这样的法治,我是满意的。

宪法作为法律基础,保障人民生活在人权和自由受到绝对保护的国度 96
里,它保障新闻自由和言论自由,取缔种族主义或反犹太主义,并禁止国家独裁,为了所有人的福祉,需要在未来进行坚定、有远见的捍卫和维护。这意味着律师和检察官有义务致力于实现相同、一致的法律政策目标:

并肩合作,以良好的法律知识防御并拒绝对我们自由生活和思想基础的任何形式的攻击。

三、职业法方面;律师职业法和惩戒法领域的检律关系

《联邦律师法》(BRAO)第七章规定了律师惩戒的诉讼规则。《联邦律师法》第120条规定,设立在地方高等法院的检察机关承担在律师惩戒法院*(Anwaltsgericht)出庭的检察职责。由此在律师惩戒法院、涉及惩戒时管

* 律师惩戒法院(Anwaltsgericht)是对于律师违反职业义务予以惩戒的职业法院。该法院只能由律师作为名誉法官组成。控诉人的角色由州总检察院承担。律师法院设在各律师协会。其管辖范围与该律师协会的地域管辖范围一致。一个律师协会管辖区域可以设立不止一个律师法院。——译者注

辖法律救济案件的律师惩戒高等法院[*](Anwaltsgerichtshof)以及联邦普通法院的律师审判庭审理中形成的与律师自治机关、律师协会的关系中,检律关系受《联邦律师法》第120a条规定的相互通报机制的约束。

除了审计师、税务顾问、医生、牙医、药剂师等专业组织,律师也是公法规定的专业机构之一。律师协会作为公法上的专业机构,根据《联邦律师法》的规定,在地方高等法院区域内履行全面的、自主的、独立的自治职责。与德国律师的独立性一起,独立的自治被证明是自由职业活动的伟大成就
97 之一。在律师协会及其所有机构有效且深入的自我管理下,不仅在积极意义上保障了德国律师的利益及其对国家的独立性,而且还保障了寻求正义者(Rechtsuchenden,委托人)的共同利益,尤其是保障了他们诉诸司法的机会。此外,协会保证律师个人、律师事务所和(受雇于客户公司的)常任律师有必要的空间来自由从事其职业。

德国联邦律师协会系列出版物中,格里加(《律师自治的宪法基础》,2014)以其里程碑式的作品表明,甚至在《基本法》出台之前就已经形成的自治,除了"其管理结构的现实意义"之外,还"在德国国家法中拥有合宪的地位"。格里加指出:

"通过其自治的组织结构,律师的行业自治保障了基本法中的法治原则,并有效地发挥了法治的个别保障作用。如果没有一个独立于国家的自由法律职业,那么在国家结构的某些领域,实现法治的宪法价值将无法得到保证。因此,律师的自治在法治原则中找到了合法的例外……"(Griga,2014,S.331)

---

* 律师惩戒高等法院(Anwaltsgerichtshof)在德国指受理针对律师法庭作出的裁判提出抗告(Beschwerde)和上诉的法院。具体指在地方高等法院设立的上诉法院。因为一个州可能有多个地方高等法院,每个州政府可以通过条例确立其中一个作为律师惩戒高等法院。律师惩戒高等法院由地方高等法院的职业法官和律师组成,审判长或审判庭庭长必须是律师。位于律师惩戒法院之上的是联邦普通法院的律师案件审判庭,其前身是德国律师荣誉法院(Ehrengerichtshof)。——译者注

根据第1条规定，律师具有独立的适法机关[1]（Organes der Rechtspflege）的地位。如果不仔细研究这一法律定义，就无法准确和全面地描述检律关系，因为人们多次表达了这样的担忧：不能仅仅这样认定律师承担起了对于适法所必需的功能。

扎尔迪特（Widmaier/Salditt 2014，§ 1，Rdn 28）警告说，在和平的时候，不应该传播一种令人困倦的幸福感，而在政治上的艰难时期，不应该消解抵抗的力量。然而，在我看来，对"适法机关"一词不应该有太多的批评。如果人们像沃尔夫那样（Gaier et al. 2014，§ 1 Rdn 28）将该术语理解为一项原则，该原则在法律思想中概括了律师对适法的功能，并且只有通过每个诉讼法中配置的职能才能获得其具体的轮廓，那么律师职业活动的自由绝不会因对该术语的误读而受到限制。

此外，适法机关的独立性特点也十分重要，独立性并不等同于无限的自 98
由。这种独立性可以这样定义：律师隔绝任何违反其适法功能的影响，这个适法功能是我们国家和宪政的基本核心。很明显，即使那些对程序配置或者刑事追诉机关或法院的决定提出的最严厉的批评，也不会攻击基本的适法这个核心。正是在适法过程中必要的激烈辩论，保障了作出的决定忠实于法，与法律相一致。

为了对委托人保持独立性以及始终严格反对程序之外的指令或者影响之企图，人身的独立也特别属于独立性要求之一。考虑到对宪法的忠诚，必须无条件地保障经济上的独立。按照我的看法，不依赖于国家尤其重要，因为，律师必须在法律基础上，维护其委托人的利益，而不必不当顾虑其行为可能构成对国家本身、国家机构、组织或当局、所有的法院以及强势的控诉

[1] "Rechtspflege"一词甚难翻译，一般译为"司法"，如[德]罗科信：《德国刑事诉讼法》，吴丽琪译，台北，三民书局1998年版，第175页；《德国刑事诉讼法典》，宗玉琨译注，知识产权出版社2013年版，第337页；连孟琦：《德国刑事诉讼法附德国法院组织法选译》，台北，元照出版公司2016年版，第446页。该词在实质意义指国家或其机关将法律适用于个案。为与中文的司法机关相区分，此处译为"适法"。——译者注

机关的反对(作对)。依托这个独立性,律师受到基础性的保护。他的发言对于他而言不是私人的,如果没有背离事实基础,就应归之于履职范围(BVerfG NJW 1996,3267 ff.;BGH NJW 2002,2015,2116)。

另外,德国律师的章程大会(相当于律师议会)在《律师职业行为准则》(BORA)第1条中规定,律师自由、自主、不受约束地从事其职业,律师的自由权利保证了公民对法律的参与,参见《律师职业行为准则》第1条第1款、第2款,另外还规定:"其活动服务于法治之实现。"

根据我国的联邦宪法和法院组织法,检察机关是国家对刑事案件的调查和追诉机构,通过联邦总检察院,设于地方高等法院、地方法院的检察院(州总检察院和州地方检察院)负责调查刑事犯罪并将其交付审判。在这样做的时候,检察人员受到法律制度的严格约束,必须遵守其上级的正式指示。

99 检察机关和律师协会的相互通报以及由此所产生的并在《联邦律师法》第120a条得以深化的关系网络,首先涉及律师纪律法院(Disziplinargericht)、律师惩戒法院、律师惩戒高等法院的审判庭和联邦普通法院的律师审判庭的诉讼(涉及后两个,仅在其作为惩戒救济审法院时)。

州总检察院参与律师惩戒程序,首先由立法者在州的律师法中,继而在联邦律师法中作了规定,针对这一规定,过去及现在一直有批评的声音。

该法律规定的批判者提出的空洞乏味然而又不能否定的论证是,检察人员不从事律师的职业,不能对律师职业法形成自己的法律观点。欠缺专业知识——这种说法有时也会遭到反驳。

批评者没有意识到,不仅是律师,检察院的专业人员也需要通过国家司法考试才能获得担任检察官的资格。此外,认真观察法律职业就能明了,法律职业完全不像其他职业,法律人在接受通才型法律教育(Einheitsjurist)后,在几乎所有法律领域都获得了特殊的、非常高的能力,能够出色地熟悉每个法律领域。

大量经由充分论证提出的法律请求书,以及随后检察院、管辖法院

(Instanzgerichte)和联邦宪法法院作出的各种决定,为那些接受培训获得担任法官资格的通才型法律人(也因此可以担任律师)提供了极好的证明。由于律师和检察官需要通过同样的培训,在职业团体中他们的智识能力也没有差别,所以,那些批评性的论证,在我看来没有说服力。

哈特施汤[Hartstang(1986,1991)]的评论也认为,无论是职业法官参与律师惩戒高等法院的审判庭,抑或是州总检察长决定律师的行为是否应受到“荣誉法院”的惩罚,都不能与律师作为独立适法机关的地位相协调,因为,与其他适法机关相比,这么做将限制律师的独立性及平等地位,如果考 100
虑到欧洲法对德国律师惩戒管辖权的批评,德国这种做法就站不住脚。

此外,这种批评忽略了这样一个事实:律师惩戒法院的决定是由身为律师的法官作出的,他们也构成了律师惩戒高等法院审判庭审理组织的大多数,而且在联邦普通法院律师审判庭的决定中,有两名律师被任命为联邦普通法院的“律师法官”。

雷尔森(Feuerich/Weyland-BRAO/Reelsen §120 Rdn 12)正确地指出,恰恰是州总检察院(Generalität)的参与,避免和消除了公众对完全由职业成员(律师)推动的独立惩戒程序的怀疑。

偶尔也能听到有人说,州总检察院参与律师惩戒诉讼,动摇了对律师自治中的内部专业监督;它有时也会弱化律师惩戒的司法管辖权。

无论是在具体内容还是在整体上,这种说法都没有有说服力的依据。我确信,情况恰恰相反。

根据《基本法》第92条连同第20条第2款,司法权(die rechtsprechende Gewalt)只能由国家的法院行使,所以,职业惩戒法院意义上的律师惩戒法院也能获得正当依据(BVerfGE 26,186),这些法院可以根据联邦宪法法院的判决设立,而《联邦律师法》作为国家法律成为设立相关法院的依据。考虑到法官的身份得到了充分保障,由于这些法院服务于完成国家的任务,所以,法院的运行受国家之拘束(BVerfGE 48,300)。

考虑到欧洲法层面上的质疑,《联邦律师法》第120条、第121条规定检察机关间接参与律师惩戒法院强化了该法院作为职业法院的地位,这些规定将律师惩戒程序中控诉的垄断权赋予了州总检察院。

这些职业法院总是一再受到法律人士的明确批评,特别是那些在布鲁塞尔为欧盟及欧盟委员会工作的法律人士。

101 从布鲁塞尔的角度来看,德国的律师惩戒管辖可以被正当化,因为,在律师惩戒高等法院的审判庭中,除三名律师担任法官外,还有另外两名参加律师审判庭的职业法官,以及联邦普通法院的律师审判庭是由两个职业法官和两名律师组成的。

有时能听到这样的批评,职业法院,也包括律师惩戒法院,不免将自己视为表达宽恕的部门,不会果断地惩罚其律师同行的违反职业法的行为,不管有无事实依据。至少个别律师惩戒法院的统计数字表明,这种将可追溯到一个老掉牙的比喻——一只乌鸦不会啄食另一只乌鸦的眼睛——的说法是错误的。

然而,必须始终确保,法律要求的法官工作不被体系之外或程序之外的考虑所掩盖。我认为,由律师担任"法官"的纪律惩戒法院,是完全的、有效的自治的优势所在,法律将控诉的垄断权赋予州总检察院、职业法官参与律师惩戒高等法院的审判庭以及参与联邦普通法院的律师案件审判庭原则上是合理的结构性安排,它能使职业惩戒法院免受不客观、不实在的批评。

《联邦律师法》关于律师惩戒诉讼程序的规定——绝大部分适用《法院组织法》和《刑事诉讼法》——确定了正常的职业法程序中的检律关系,具体来说,即州总检察院与律师自治之间的关系。

《联邦律师法》第 122 条中法院关于启动诉讼程序的决定,第 123 条中规定的律师向州总检察院申请启动证明其清白程序的权利,第 130 条中关于指控书内容的规定,第 131 条第 3 款第 2 句规定的检察机关对法院不启动诉讼程序决定提出抗告的法律救济权,适用于律师惩戒法院开庭审理的规定
102 以及第 142 条关于抗告的法律救济的规定,第 143 条关于上诉的规定,以及第 145 条针对律师惩戒高等法院决定允许提出上告的规定,这些规定划清了

检察院与律协之间合作的框架和领域,以及相互的关系网络、不同法律层面上的程序关系。在这些领域存在一个非常紧密的关系网络,可以视为检律之间有一种程序的、职业法的关系。

虽然可以从法律中提取出个别规定、教义和方法,以及围绕《联邦律师法》产生的异常广泛的评注和文献,试图为所有可以想到的问题提供答案,但对于律师自治和检察院之间法律所要求的合作实践,我们还知之甚少。

通常情况下,律师通过其协会自我管理,与州总检察院保持着良好、有效的工作水平。

这是妥当的,因为根据《联邦律师法》第 73 条第 2 款第 4 项,律师协会执行委员会(Vorstand)的任务之一是监督律师协会成员履行职责的情况,并行使谴责(Rüge)权。如果在投诉程序中,执行委员会得出结论,认为违反职业法的程度已经达到了《联邦律师法》第 74 条所规定的谴责权不足以惩罚违反职业法的行为,它必须通过执行委员会的决议,将该事项移交给州总检察院,后者必须就是否启动律师惩戒程序作出决定。

这要求律师协会和州总检察院之间进行密切、无缝的合作,以便就职业违法行为或职业越界行为等问题交换不同的意见。

对于那些执行委员会没有能力查清的案件,它可以使用州总检察院(Generalität)的调查手段,当然,为了保障正常的程序运行,必须绝对遵循及时交换所获认知的要求。

如果州总检察院向律师惩戒法院指控了某个律师,律师惩戒法院的审判组织决定开启程序,那么州总检察院和律师在法院这个诉讼程序中的工作类似于二者在职业法律程序(惩戒)之外的一般刑事司法协作工作*。

汉堡自由汉萨城的汉萨律师协会一直重视在每年定期举行的工作会议 103
上与州总检察院就基本问题进行广泛而深入的讨论。这一点很有必要,因为在律师的非职业活动领域,划分某一个非职业行为是否构成职业法上的

---

* 指律师惩戒程序中的检律关系类似于在普通刑事案件的关系。——译者注

越界,有时是极难作出判断的,还会遇到很多法律问题。

汉堡的律师协会和检察院在合作中讨论和共同考虑的主题涉及一些突出的法律领域,例如统一《联邦律师法》第 113 条[*]违反义务的概念,汉堡自由汉萨城的律师惩戒法院(2009 年 2 月 16 日的判决,Noster 2009,157)就此作出了一个新的判例。

一直以来具有特别重要意义的话题是,如何判断私人的、非职业行为。例如,对于律师在其职业收入之外实施的逃税行为(如出租和租赁、资本收益等),何种情况下属于职业法中的越界,从而有必要加以纪律惩戒,截至目前也没有明确的区分。

工作统计方面的交流也很重要。偶尔听到的对律师惩戒管辖范围的批评,即它不公布统计数据,但这是无稽之谈。每个律师协会都会在其年度业务报告中公布律师惩戒管辖的收案及办结的数字,并特别说明所作出的法律后果(开释、终止程序、定性和令其承担法律后果)。

执行委员会的主席团和投诉处理部的负责人与州总检察院(Generalität)和当地负责律师惩戒诉讼的部门的联席会议,证明是一个极有价值的手段,可以将执行委员会每年对数百件投诉案件所获得的法律判断及形成的处理意见,移送给州总检察院,从而使职业法的法律原则获得统一适用。这也有助于确保法律不仅在一个律师惩戒管辖区适用,而是在德国所有的律师惩戒管辖区统一适用。然而,在律师惩戒法院和州总检察院的不同管辖区域,
104 仍然存在不尽如人意之处,因为各地区对法律的适用是不同的。所以,律师协会和州总检察院的相关机构应继续对此保持关注。

因此,在由《联邦律师法》予以规范的职业惩戒程序中,涉及律师协会和检察机关之间的关系,在这个层面上,律师协会通过自我管理,检察机关通过州总检察院,二者必须为一个统一的目标而共同努力。

《联邦律师法》第 43 条规定了律师的一般职业义务,据此,律师应当认

---

* 《联邦律师法》第 113 条的标题为“对违反义务的处罚”。——译者注

真从事职业，证明其在职业内外配享律师地位所要求的尊重和信赖，并能得到相应的确认。对于违反职业法的行为，将在法院的诉讼程序中使用法律规定的手段予以澄清和判决。

显然，如果律师协会和检察机关有效参与职业惩戒诉讼程序，确保任何违反职业法的行为在一般刑事司法之外得到惩罚，那么寻求正义的人（委托人）将对律师充满信心。

四、刑法与刑事诉讼方面；在一般刑事司法核心领域的检律关系

律师和检察机关之间的关系——反之亦然——仍然取决于这两个适法机构在一般刑事司法领域的活动。承办民事和行政诉讼业务的律师很少与检察机关接触，检律之间最密切的接触存在于专注于履行刑事职责的那部分律师与检察机关之间，不管在个别案件中如何。

为了能够掌握和了解律师和检察机关之间在刑法方面的工作水平，有必要更仔细地审视辩护律师和检察官在法定诉讼程序中的法定职业图景。 *105*

如果我们围绕相关问题审视一下相关文化、历史和宪法背景，辩护人在德国宪法和法律体系中的作用和地位就更为清晰了。

辩护是一项人权。它比任何宪法和成文法都要古老。

它是文化遗产。

它植根于服务共同体的刑事司法之中。从法律史看，它是通过定义公民的自由发展起来的，如同它在社会实践当中形成与得到证明一样。

获得辩护权不仅仅为希腊城邦这样的高级文化所熟知，凯尔特人，特别是日耳曼部落也有类似的常规机构。

西塞罗（Cicero）是古罗马著名的辩护人，迄今为止，我们还会引用他关于律师伦理的演讲支持辩护这个人权。公元前 66 年，他为被告克伦齐乌斯·哈比图斯（Cluenzius Habitus）所作的发言非常著名。他指出，发现真相当然是法官的责任，然而，辩护人必须获得进行辩护的机会。

即使在最黑暗的中世纪审判中，辩护人也被赋予了这样的任务。只有少数几个不光彩的例外。这些案件包括1300年在威尼斯对但丁的审判和在佛罗伦萨的审判，或者在极权制度下对被告的刑事审判——我不想在这里谈论国家社会主义的不公正——这些案件综合而言都揭示了一种情况：被告全被拒绝和禁止辩护。

但是，即使是这种对辩护的禁止，也只能证明它植根于人类文化。因为每个人都直觉地感觉到，如果被告不知道有辩护律师，他没办法获得律师为其辩护，那么这个案件必然会受到不公正的对待。没错——因为这是不公正的，这是缺乏文化的，这是一种野蛮行径。

辩护形象的背后是一种认识，即只有经受住任何智力挑战的判断才可能是一个好的、真实的判断。正是基于这样一个卓越的正义道德要求，辩护——我们的法律这么认为，我们的宪法也这么认为——是不可或缺的。

106 必须详细描述辩护律师的角色和地位：即便辩护律师从事的是一种人人都十分了解的职业——就像通常看起来那样。

与美国的法庭电影不同——美国式的诉讼结构很有吸引力，德国的辩护职责要与法院和检察机关合作，就不能那么简单地描述了。因为，在德国的诉讼法中，虽然规定了对质的元素，但是斗争元素并不起决定性的作用。

刑事辩护所要达到的效果很容易描述：使用允许的手段达到最佳的结果——无罪释放、终止程序或者可接受的刑罚，仅仅如此。

辩方如何才能取得最佳结果，用几句话是说不清楚的。然而，人们可以对良好的刑事辩护提出很多期待和要求。

首先是细致入微的工作，它让人抱有好感，对此，也是寻求辩护辅佐的人有权要求的。

只能通过充分详细地研究卷宗，才能对案卷有较好的了解，知道案件的基本细节。如果没有持续将证据审查中（比如在询问证人中）获得的认知，与卷宗中记载的以及事前对侦查的研究进行对比比较，就不可能在开庭审理中有效地对证据调查产生影响。

了解实体法和程序法至关重要。当然，也包括随时随地获取这些法律文本，以便在口头开庭审理中陈述、辩护和质疑相关的法律立场。任何不知道被指控人如何针对搜查令、逮捕令或其他强制措施进行辩护的人，任何对查证申请权或带有笔录的书证，对于发问权或禁止宣誓等没有一定了解的人，不得认为他能够从事辩护，以及他能够向被指控人、被告人提供法律建议，以便他们在诉讼程序中为自己辩护。

辩护必须始终从现实出发进行思考。必须考虑动机，必须进行合理性 *107*
审查，证据的评估必须成为日常工作，需要具备同理心，以及对本质和联系具有良好、可靠的认知。

辩护人通常要单独面对一个强有力的控诉机关——对此下面还要谈到——或者一个合议庭。毅力和定力是不可替代的。谁回避对质、谁甘于咬合抑制*，谁在必要时不争辩，就必然面临失败。辩护就是一场斗争（Dahs，Handbuch des Strafverteidigers 2015 und alle Auflagen）！

然而，斗争不是主要工作。在多数情况下，倾听、增进理解，尤其是和谐，对于取得适当的结果至关重要。对质与和谐并非相互排斥，而是相辅相成。它们反映了刑事诉讼法的相关规定。

辩护人必须有强硬的手腕，首先要引导向他寻求辅佐的人推进法定程序，不能由委托人指定方向。只有律师充分地了解法律。谁不能引领委托人，他就不应把刑事辩护作为自己的职业。

《刑事诉讼法》赋予律师最锋利的剑就是查证申请权，掌握它，用好它，是一项当然的义务。

阿尔斯伯格在他著名的关于查证申请的书中说："证据问题是刑事诉讼的核心问题。只有在对实际案件有深入了解、对实际必要性有深刻理解的基础上，才能理解查证申请实现法律主张的含义。"（Alsberg et al. 2013）

对于实务人士来说，没有什么比事实是否被证明更重要的问题了。在

---

* 咬合抑制（Beißhemmungen）是动物行为学的概念，指同一族群的犬科捕食者，处于强势地位的动物不会强力伤害劣势的动物。引申为克制自己不攻击别人、造成伤害。——译者注

法院和检察机关,法律争议并不比事实认定更频繁。

好的辩护必须有好的结案陈词。只有做好适当和充分的准备,才能做好结案陈词。通常,如果不沉溺于宏大幻想,没有精心的准备,没有人能在
108 持续数天的刑事审理后还能够讲出证据调查的细节以及所抛出的法律问题而不出现法律错误。有机联系地、不被打断地阐述被告的案件,是总结陈词的固有优势。

经常有人期待辩护律师为委托人构建一个故事。不能这么辩护。这样的辩护将奠基在谎言之上;如果委托人撒了谎,不能归咎于辩护人。对于辩护律师,适用禁止撒谎的原则(参见 BGH NJW 1972,2141;NStZ 1999,188;NJW 2009,2960;für alles:Beulke und Ruhmannseder 2010,Rdn 17)。因此,建议委托人最好不要说任何谎言,他可以保持沉默。

盲目相信所说的一切,这样的辩护同样不值得推荐。很少有仅仅基于他人所说就形成内心确信的,这简直一清二楚:

如果我看穿对方的能力不如他欺骗我的能力,我就被欺骗了,我甚至没有意识到这一点。因此,单纯的个人印象并不重要,尽管法院更偏爱它,以此来论证证人陈述的可靠性。

证据、动机问题、合理性、沉默的证人们和物证对形成内心确信非常重要。而所有这一切都必须经得起有序地、深思熟虑的证据评价。

联邦普通法院指出,允许的辩护行为不构成阻挠刑罚犯罪(妨害司法罪,《刑法》第 258 条)。因此,辩护律师可以使用允许的手段申请将被告人无罪释放,因为,属于罪责证明的,不仅是被告人实施了某个犯罪行为,而且还必须能够以无懈可击的方式在诉讼程序中证明它。

绝不能忘记,现代民主法治的任务不仅是保护个人不受不公正待遇,而且在针对犯罪嫌疑人无罪推定存疑时,也要通过获取和保存可信的、适当的刑事诉讼手段来保护犯罪嫌疑人。

因此,辩护律师也是被告人权利的守护人,他负有监督程序是否合法的职责。所以,刑事辩护的职业伦理水平之高可见一斑。

辩护人对诉讼程序予以监督,同时,也对当局可能的司法不公予以抵制。因为,旨在刑事追诉的国家机关可能在发现真相过程中搞错,当刑罚施之于无辜之人,可能导致一场灾难。这意味着,确立和维护法律的法治国家自身实施了不法。 109

阻止这一切发生的辩护律师,完成了一项伟大任务。其中,蕴含着他所从事的职业的尊严。

检察机关拥有起诉的垄断权。我们的法律赋予了检察机关查清犯罪行为的职责,如果存在充分的犯罪怀疑,就要提交审判。起诉人与人类历史一样悠久,他们是刑事诉讼不可或缺的组成部分。

然而,根据德国法律,检察官不是被告的敌人,即使某些诉讼引起了激烈的辩论。

检察机关应遵守的核心规范,即检察机关必须遵守查清犯罪事实的全面义务,也决定了它的职业形象。根据《刑事诉讼法》第160条第2款,检察机关不仅要查清入罪,也要查清出罪的情况,确保能调取到有丧失之虞的证据。

后一项义务具有决定性的重要意义。支持起诉要一直勤勉从事。必须以精细的考量,找出所有入罪或出罪的情况,确保入罪的、出罪的证据都得以保全。法治国家必须能够信赖检察机关认真对待其保全出罪证据的义务,就像其认真对待收集入罪的情况及证据的义务一样。因为,只有它有途径将技术装备精良的侦查机构——由执法警察、刑事警察、财税机构等共同组成——整合到侦查工作之中。然而辩护人没有这种可能性,他只有查证申请权。

刑事诉讼法的许多条款同样适用于辩护律师和检察机关。很明显,在法庭电影中,德国的刑事诉讼系统绝对不像——恕我直言——在我看来相当冷漠的美式刑事陪审团制度那样有戏剧性,后者更倾向于正面交锋以及剧场表演。 110

值得注意的是,律师界对检察机关采取了一个完全批评的态度。个别的经验来自个别的刑事诉讼，其中总有承担适用法律的机关在工作，这些经验构成了上述观点的基础。很多辩护律师抱怨说，对于法律赋予检察机关的义务，即也要查清出罪的情形，在实践当中有时不履行或者即便履行了也并不情愿。

检察机关对专门从事辩护的律师的批评也好不到哪儿去。一直被抱怨的是，辩护给案件带来了冲突，对诉讼来说是有害的。特别受到批评的是，提出查证申请导致了刑事诉讼的明显拖延。对于后面这一个理由，我从来都不以为然。

刑事司法系统的任务是利用其所掌握的手段，以程序上允许的方式查清犯罪事实。刑事法院的核心任务之一是作出没有错误的判决。如果在这种前提下，辩护被认为是让人筋疲力尽的、固执的、苛求的，那么，这种形式恰好充分反映了法律的精神。至于一个刑事诉讼需要多长时间，以便能在考虑所有因素的情况下尽可能好地以及没有法律错误地作出判决，并不是一个重要问题。我完全支持这样的看法，查证申请权在一些案件当中能够且必须更密集地使用，为了查清实际的案发过程，甚至可以延请鉴定人。

就办案的口吻而言，这种指责偶尔也是对的。然而，对的也只是个别案件，这些案件不仅让律师也让检察机关有理由对对方提出批评。

然而，一些诉讼中出现的缺陷，例如法律知识不足或缺乏经验、证据调查出错、错误使用程序性手段和语气不恰当，并不是否定律师或检察机关的证据，而是突出强调人们要积极行动，不是所有人都一样，也并非总有适当的或妥切的能力。

111 这样的批评与我对检律关系的考虑并无特别的联系，因为它没有法律的或制度的依据。

就法律和制度而言，在德国，律师在侦查程序与刑事法院环节，以及检察环节中，就同一诉讼阶段均已形成了一般性的能力和品质，与其他很多法律制度相比，堪称典范。在本文中也已经证明，检律关系在很大程度上必须通过依法参与每个刑事诉讼阶段来观察，而联邦宪法法院认为这是特别重要的。这种参与往往是在充分考虑法律规定前提下进行的合作，它应当保障作出一个没有法律错误的、客观正确的判决或者一个没有法律错误的、客观正确的决定。

律师和检察机关都不应该回避冲突。只有对事实和法律观点进行最深入的探讨、分析和辩论，才能保证法院能够作出正确、公正的判决。

因此，我认为律师和检察机关之间的关系，在合作的核心领域，即普通刑事诉讼程序中，应致力于实现相同的、一致的目标：

协助涉嫌犯罪的人在调查和侦查程序中以及随后对其提起的任何诉讼中免受国家实施的不法。

错误的判决会因侵犯公民利益给法治国家留下伤痕。所有司法当局都必须尽其所知和所信避免误判。与此同时，律师和检察机关必须合作，以维护有序的刑事司法系统，而刑事司法是保护法律、社会，因而一直保护人民的。

五、结论

在上述三个层面上，对检律关系进行了考察，并给出了肯定性的总体评价，由此得出了一个明确的结论：

在拉德布鲁赫式的民主法治国家，律师和检察机关有义务实现同一个 112
目标，即履行宪法和法律赋予的任务，保障刑事司法的运行。此外，成功的法律体系在很大程度上决定了律师和检察机关之间的关系。

我认为无须改变。

参考文献：

Alsberg, *M.*; *Nüse*, *K. -H.*; *Meyer*, *K.* (2013). Der Beweisantrag im Strafprozess (6. Aufl.). Köln: Carl Heymanns.

Beulke, *W.*; *Ruhmannseder*, *F.* (2010). Die Strafbarkeit des Verteidigers:

eine systematische Darstellung der Beistandspflicht und ihrer Grenzen (2. Aufl.). Heidelberg: C. F. Müller.

Dahs, H. (2015). Handbuch des Strafverteidigers (8. Aufl.). Köln: Otto Schmidt.

Feuerich, W. E.; *Weyland, D.* (2016). Bundesrechtsanwaltsordnung mit BORA, FAO, PartGG, EuRAG und PAO Kommentar (9. Aufl.). München: Franz Vahlen.

Gaier, R.; *Wolf, C.*; *Göcken, S.* (2014). Anwaltliches Berufsrecht Kommentar (2. Aufl.). Köln: Otto Schmidt.

Griga, M. (2014). Verfassungsrechtliche Grundlagen der selbstverwalteten Anwaltschaft: Demokratie und Rechtsstaat im Konflikt. München: C. H. Beck.

Hartstang, G. (1986). Der deutsche Rechtsanwalt: Rechtsstellung und Funktion in Vergangenheit und Gegenwart. Heidelberg: C. F. Müller.

Hartstang, G. (1991). Anwaltsrecht. Köln: Carl Heymanns.

Noster, A. (2009). Der Rechtswirklichkeit zum Durchbruch verholfen–Anmerkung zum Urteil des Anwaltsgerichtshofs in der Freien und Hansestadt Hamburg vom 16. 2. 2009. BRAK–Mitteilungen, 40, 157–162.

Widmaier, G.; *Müller, E.*; *Schlothauer, R.* (2014). Münchener Anwaltshandbuch Strafverteidigung (2. Aufl.). München: C. H. Beck.

检察机关和作为社会刑事司法系统合作伙伴的法院协助机构

斯特凡·蒂尔*

一、导论 113

一些读者可能并不知晓法院协助机构**及其在德国刑事司法系统中的地位。从名称也看不出它与检察院有何关系。检察机关和法院协助机构是否真的将彼此视为合作伙伴?到底什么是社会刑事司法系统?本文旨在为这些问题提供答案。

石勒苏益格-荷尔斯泰因州前总检察长赫伯特·奥斯滕多夫在其任职期间(1989~1997年)影响了"社会刑事司法"(Sozialen Strafrechtspflege)的概念(Ostendorf 2006,2,4)。对此他的一些主导思想是:

· 预防(Prävention)而不是压制(Repression)。

· 社会融合(Soziale Integration)而不是社会排斥(soziale Ausgrenzung)。

---

* 斯特凡·蒂尔任职于德国石勒苏益格-荷尔斯泰因州司法、欧洲与消费者保护部。

** Gerichtshilfe——宗玉琨译注的《德国刑事诉讼法典》中将其翻译为"法院协助机构",连孟琦翻译的《德国刑事诉讼法附德国法院组织法选译》中将其翻译为"司法辅助机构"。此处参考前者译法译为"法院协助机构"。——译者注

· 赔偿与和解（Ausgleich und Versöhnung）而不是刑罚。

· 流动（ambulant）优先于固定（stationär）的措施。

114 · 对强者的犯罪行为（如有组织犯罪、经济犯罪、严重的性犯罪）采取强硬的应对措施。

· 对弱者的犯罪行为（轻度至中度犯罪范围内的犯罪）采取宽松的应对措施。

在此背景下，奥斯滕多夫还主张在石勒苏益格-荷尔斯泰因州进一步发展和增加使用法院协助机构。法院协助机构[*]，也被称为社会的法院协助机构（soziale Gerichtshilfe）或成人法院协助机构（Erwachsenengerichtshilfe），以区别于少年法院协助机构（Jugendgerichtshilfe）；它被认为是与考验帮助机构[**]（Bewährungshilfe）并列的国家司法流动社会工作的第二个重要角色。

《德国刑法施行法》（EGStGB）第 294 条规定，根据《刑事诉讼法》（StPO）第 160 条第 3 款第 2 句，法院协助机构是国家司法行政部门职能范围的一部分。州政府可以通过法定命令从社会管理领域指定另一个机构。各州在其州司法行政部门内部决定，如何在与地方高等法院、地方法院、检察机关的关系下组织法院协助机构，是否建立其自身的部门，如何规范职务监督和专业监督，以及法院协助机构的组织和人事结构如何体现其与考验

* "法院协助机构"是依照《德国刑法施行法》第 294 条由州司法行政机关设置的机构。在有些地方也有从事这项法院协助工作的社会团体。在青少年犯罪的案件中，这种法院协助机构可以作为诉讼参与人，在成年人犯罪案件中，该机构不能作为诉讼参与人。法院协助机构提供被告的个人情况信息，这些信息对估计过失的程度、改过自新的可能性以及被判有罪的可能性有重大意义。这些信息不是为了帮助证明有罪或无罪，而是为法院作出正确的裁判以及被告以后的再社会化工作提供一些事实基础。信息的调查工作由经过良好的心理学训练和有经验的社会工作者完成。参见《德国刑事诉讼法典》，宗玉琨译注，知识产权出版社 2013 年版，第 159 页。——译者注

** Bewährungshilfe——宗玉琨译注的《德国刑事诉讼法典》中将其翻译为"考验帮助机构"，将 Bewährungshelfer 译为"考验帮助人"；连孟琦翻译的《德国刑事诉讼法附德国法院组织法选译》中将其翻译为"观护机构"，将 Bewährungshelfer 译为"观护人"。此处参考前者译法译为"考验帮助机构"，因为"观护"一词在我国法律语境下多用于未成年人犯罪，例如《中华人民共和国未成年人保护法》和《中华人民共和国预防未成年人犯罪法》中对于未成年人犯罪均提出了"社会观护"的概念，因此此处译为"考验帮助机构"更不容易引发歧义。Bewährung 系"缓刑"之意，此处却并未译为"缓刑考验帮助机构"，因为在德国法语境下，"考验帮助人"不仅适用于缓刑情形，也适用于假释情形，具体可参考《德国刑事诉讼法》第 463d 条。——译者注

帮助机构的关系(Hering 2014,S. 103 ff. ;Kurze 1999,S. 81 ff.)。从近 30 年联邦范围内各州的比较中可以看出一个趋势:一方面,将原来单独运作的考验帮助机构和法院协助机构的业务合并为司法系统的流动社会服务;另一方面,将这种社会司法服务从法院和检察院中剥离出来(Lutzebäck 2014,S. 79 ff.)。

石勒苏益格-荷尔斯泰因州早在 1980 年就在当地检察机关引入法院协助机构。就此而言,至少在石勒苏益格-荷尔斯泰因州,检察机关和法院协助机构可被称为密切的合作伙伴,因为它们在组织方面(继续)在一个屋檐下运作。

联邦范围内社会刑事司法系统的参与者包括司法系统流动的社会服务(考验帮助机构、法院协助机构、行为监督)、流动的独立罪犯援助机构*以及与法律规定的再社会化任务相关的所有刑事司法领域,包括固定的机构等。社会刑事司法的概念超越了传统的刑事司法概念,它通常被理解为国家方面(考验帮助机构、法院协助机构、行为监督)以及非国家方面(独立的罪犯 115
援助机构)的以行为人为导向的流动措施,以及执行中的社会工作(Cornel 2018,S. 64 f.)。

在法院和检察院日益发展的被害人视角和被害人导向的背景下,社会刑事司法现在不但被理解为与已经实施行为的人及其亲属的工作,也被理解为与犯罪行为被害人的工作。在法治化的社会刑事司法领域,被害人援助(Opferhilfe)机构也属于活动主体之一。社会刑事司法的目的是确保实现融合的、人道主义的罪犯援助和被害人援助,并让所有与该问题有关的社会力量参与其中。[1]

* Straffälligenhilfe:罪犯援助机构,是对罪犯犯罪相关的社会援助的总称。罪犯援助的目的不仅是为了对罪犯个人予以支持,更是为了预防再犯。在制度上,考验帮助机构、法院协助机构、少年法院协助机构均属于犯罪援助机构。此外,还有独立的罪犯援助机构。——译者注

[1] Siehe https://www. soziale-strafrechtspflege. de/satzung 2019.

二、法院协助机构的法律依据

1975年1月1日,《德国刑法施行法》(EGStGB)将法院协助机构引入德国刑法。《刑事诉讼法》第160条第3款规定了在侦查程序中委托法院协助机构的可能性。根据这一规定,检察院可以“利用”法院协助机构,以调查对确定犯罪的法律后果具有重要意义的情况(Meyer-Goßner/Schmitt/StPO 2018, § 160 Rdn 24)。《刑事诉讼法》(StPO)第463d条规定了在刑事执行程序中委托法院协助机构的可能性。据此,法院或执行机关可以“利用”法院协助机构——为了准备依据《刑事诉讼法》第453~461条作出决定,特别是准备作出撤销缓刑或假释决定之前(Meyer-Goßner/Schmitt/StPO 2018, § 463d Rdn 1)。在实践中的理解是,由法院协助机构报告被指控人(Beschuldigten)、被诉人(Angeschuldigten)、被告人(Angeklagten)* 和有罪判决人(Verurteilten)的生活状况。一般会对当事人的社会、经济和健康状况作出报告。通常情况下会对当事人的困境状态进行描述(例如成瘾、负债、无业或无前景、无家可归),确定相应的解决方案和干预措施(治疗、转介到咨询中心等)并与当事人讨论。对于提供和启动社会援助和支持措施,立法者对此没有相关规定,但与犯罪有关的侦查任何情况下都不能由法院协助机构进行。

116 一些州司法行政部门对“正当地避免监禁”(verantwortbaren Haftvermeidung)一词的理解是,在中间程序中有针对性地和依据构想使用法院协助机构。在这种情况下针对被告被判处自由刑且适用或不适用缓刑(某些死罪除外)的情况会被转交给法院协助机构,并要求在可能的情况下到被告家中走访,探访其社会环境,对某些情况下的问题提供可解决的方案,并就此编写一份报告,以此为审判程序的量刑工作提供帮助。同时,这一概念可以使

---

* 被指控人指在整个程序进程中对犯罪嫌疑人的称谓,在公诉被提起后,也就是公诉书递交后被称为“被诉人”,在裁定审理程序开启后称为“被告人”。参见《德国刑事诉讼法典》,宗玉琨译注,知识产权出版社2013年版,第20页。——译者注

在审判程序之前的时间被充分运用,来积极影响那些对于量刑和缓刑问题很重要的情况(居住问题、工作问题、吸毒成瘾被告的治疗问题以及家庭问题等)。这是为了避免(昂贵的)羁押空间被那些若正当地适用非监禁也不会影响社会法律安宁的罪犯占用(例如,在轻度和中度犯罪的情况下)。[1]

众多的州法令、通知和命令也为联邦各州增加了额外的任务,如犯罪人与被害人的冲突调处(Täter-Opfer-Ausgleich),通过履行免费的社会公益服务避免执行替代自由刑(Ersatzfreiheitsstrafen)的措施,协助作出羁押决定和编写被害人报告等。因此,各州的任务范围和法院协助机构的情况也大有不同。

三、法院协助机构的任务

(一)1975年以来的发展

1975年引入了法院协助机构,目的是通过探索被告和罪犯的个性和社
会状况,将社会心理诊断和预测首先引入侦查程序及审理程序,之后也引入 117
到了执行程序当中。在引入法院协助机构后约10年,即在法院协助机构尚未建立的情况下,当时的11个州司法行政部门就开始创建新的活动领域,并委托法院协助机构来处理。

在过去的25年里,以被害人为导向的意识在刑法、刑事诉讼程序以及社会中变得越来越强。长期以来,刑事司法也不仅将其目光集中在被告身上,还关注被害人的恐惧和需求。与之相适应的是,犯罪人与被害人的冲突调处和被害人报告(Opferberichterstattung)已成为法院协助机构的进一步活动领域,而这也是基于法院协助机构的建议以及检察机关和法院协助机构的建设性对话构想出的。

近几十年来,德国通过利用法院协助机构来避免执行替代自由刑刑罚,

---

[1] 石勒苏益格-荷尔斯泰因州总检察院,2019年年报,第48页,https://www.google.com/url?sa=t&rct=j&q=&esrc=s&source=web&cd=2&cad=rja&uact=8&ved=2ahUKEwjEi46OvujmAhWBzKQKHQHICiwQFjABegQIBhAB&url=https%3A%2F%2Fwww.schleswig-holstein.de%2FDE%2FLandesregierung%2FSTA%2FPresse%2FPressemitteilungen%2Fpressemitteilungen_node.html&usg=AOvVaw054gLxSx2vkLsIrgJuLwiM。

为监禁提供决策支持(Haftentscheidungshilfe),为犯罪人与被害人进行冲突调处,以及提供被害人报告,因此,法院协助机构的任务范围在联邦范围内进行了扩大,尽管方向并不统一,但在很大程度上向社会工作的行动领域进行扩展,而其中也提出了多样化和专业上不同的配置要求。

(二)免费的社会公益工作

将被判处罚金刑的有罪判决者安排在社会公益劳动措施中,往往需要被判刑人(客户)的意愿与伴随的付出。如果被判处罚金刑的有罪判决者无力支付罚金,检察机关则会通知他们可以分期付款,然后进行免费的社会公益服务。然而,这类信息许多有罪判决者并不掌握,因为此类客户群的特点往往是社会生活条件困难、缺乏邮政快递服务、居所不确定、社会技能低下等。这时,就需要法院协助机构提供社会工作的专业支持(Profession Sozialer Arbeit),其可以在调解之外自行组织社会公益服务并激励和陪伴罪犯进行社会公益工作,因为若不如此进行,公益工作往往会中断(Bögelein und Kawamura-Reindl 2018,S. 249,253)。在通过履行免费的社会公益服务避免执行替代自由刑背景下,除上述领域活动外,法院协助机构还参与实施《刑事诉讼法》第153a条和《刑法》第56b条(如果没有指定考验帮助机构)的相关工作。

118 ### (三)协助羁押决定

在协助羁押决定(Haftentscheidungshilfe)或协助缩短羁押时间(Haftverkürzungshilfe)方面,当面临或被命令待审羁押(Untersuchungshaft)时,会要求法院协助机构介入。这里的目的是对被告所有可能的现有社会关系进行审查,对由于审前羁押而对就业关系可能造成的威胁进行评估,安排住宿或提供并在必要时启动酒精或毒品戒断或治疗措施。法院协助机构可以由检察院或治安法官*(Haftrichter)召集。除了可能改善被羁押人员的

* 对于签发逮捕令(Erlass eines Haftbefehls)的法官,人们称之为治安法官(Haftrichter)。——译者注

生活状况外,法院协助机构还根据《刑事诉讼法》第 112 条第 2 款第 2 项就嫌疑人脱逃危险的预测作出报告,为治安法官作出羁押决定提供依据。

(四)犯罪人与被害人的冲突调处和修复式司法

20 世纪 90 年代引入的犯罪人与被害人的冲突调处*是法院协助机构的一个转折点,因为其专业人员必须首次与犯罪的受害方(被害人)打交道。在此之前,法院协助机构仅仅被赋予了与犯罪人有关的任务。而现在犯罪人与被害人的冲突调处则需要具备冲突咨询和调解方法方面的特殊技能。从事法院协助机构工作的专业人员通常拥有社会工作(Sozialer Arbeit)的学位。对于犯罪人与被害人的冲突调处工作,人们对专业调解的特定资格愈发期待。犯罪人与被害人的冲突调处是解决犯罪者和被害人之间冲突的一种形式,旨在实现各方之间的平衡。它使被害人能够在刑事犯罪发生后尽快获得物质和非物质的赔偿,其情感状态也能得到倾听。对于犯罪者来说,既有可能对损害进行补偿,但也有可能通过与被害人的个人对质而导致双方对犯罪行为产生激烈争论。因此,犯罪人与被害人的冲突调处往往适宜

---

* 犯罪人与被害人的冲突调处(Täter-Opfer-Ausgleich),规定于德国《刑事诉讼法》第 155a 条,即检察院和法院应当在程序的每个阶段考察被指控人与被害人达成冲突调处的可能性。在适当情形下,应当尽力促成此调处。不得违背被害人的明示意思而认为适合调处。该条于 1999 年被写入《德国刑事诉讼法》,为实践中长期存在的对犯罪人和被害人进行调处的现象设立了法律依据,协调了其他法律中如《德国刑法》《德国被害人保护法》中相关规定的关系。在 20 世纪 80 年代刑事司法的取向出现了转变,被害人的利益得到了重视,在许多地区设立了调处的示例机构,起初是针对青少年犯罪,后扩张到成年人犯罪。调处的目的在于解除犯罪人与被害人的紧张关系,产生调和作用。例如,人身伤害、诈骗、胁迫这些犯罪中,存在犯罪人与被害人的紧张关系,对这些犯罪可以适用此调处,而比如在巴伐利亚州就有规定(各州有自己的具体规定),对使用武器的犯罪、无事故后果的醉驾、行贿等不适用调处。调处并不以被指控人的供认为前提,但对于暴力犯罪和性犯罪,通常要求有被指控人的供认。参见《德国刑事诉讼法典》,宗玉琨译注,知识产权出版社 2013 年版,第 156 页。我国台湾地区学者连孟琦将此专有名词译为"加害人与被害人调和",台湾地区也有学者译为"行为人与被害人和解""犯罪人与被害人均衡协商"等。连孟琦认为这项制度跟台湾地区实务上偏重经济赔偿的调解及和解制度有所不同,尤其《德国刑事诉讼法》也另有调解及和解的规定(第 380 条和第 405 条),因此不采取调解和和解的译法;协商一词容易联想到认罪协商;冲突调处已经很好地表达制度的内涵,但采用意译的方式,明显超出字义,仍有美中不足之处;因此最后决定译为"加害人与被害人调和"。"调和"一词不仅可以表达中立第三人协调当事人进行沟通对谈的动作,也可表现最后达成合意的状态,而且调和也可包含调和双方利益、状态的概念,这个字的多义性更接近德文 Ausgleich 所要表达的多重内涵。参见《德国刑事诉讼法附德国法院组织法选译》,连孟琦译,台北,元照出版公司 2016 年版,第 X 页。——译者注

对犯罪者施加持久的影响,并防止其进一步犯罪,其启动的基本条件是罪犯承认自己的罪行。

犯罪人与被害人的冲突调处由法院协助机构、少年法院协助机构或向
119 犯罪者提供援助的独立机构进行。犯罪人与被害人的冲突调处由于蕴含“冲突调处”的理念(Ausgleichsgedanken)而被看作修复式司法(Restorative Justice)的一个项目。其他冲突调处式的司法服务还包括各种形式的社区会议、扩展的犯罪人与被害人的冲突调处、家庭会议或受害者移情培训(也存在于刑事执行阶段)。因此,一些州的司法行政部门也会参与到法院协助机构中。

(五)被害人情况报告

委托制作被害人情况报告(数量甚至高于犯罪人与被害人的冲突调处)与刑事司法对受害者一方的评估有关。这种评估很重要,因为法院协助机构作为犯罪者援助的一个专业领域,其将有关刑事犯罪被害人和有关犯罪影响的信息引入刑事诉讼程序。如果这些被害人情况报告能够为刑事诉讼提供信息,特别是关于犯罪后果的信息,并以此作为量刑的标准,那么对检察院和法院来说是非常重要的。在制作被害人情况报告的过程中,刑事犯罪的被害人会接受探望,使他们有机会对他们的经历(通常是创伤性的)、伤害、羞辱以及犯罪相关的其他心理和生理后果进行表达。这向被害人传达了他们并未被抛弃的信息。同时,如果情况允许,要查明是否可以考虑必要时进行调处以及以何种形式进行调处(例如犯罪人与被害人的冲突调处)。也要阐明是否需要提供社会心理的诉讼陪伴。当被告在法庭上认罪时,证人和被害人的陈述经常被舍弃了,结果导致暴力犯罪的程度和后果在主审程序上并不能完全被查明,因此被害人情况报告十分重要。就此而言,法院协助机构制作的被害人情况报告有助于实现更多的正义。

(六)家庭中的暴力

在“家庭暴力”概念的背景下,一些检察院越来越多地考虑到使用法院

协助机构。检察机关设立的负责调查家庭暴力的特别部门已经证明了其价值。[1] 结合危险预防措施(如将施暴者赶出家门),让施暴者有机会通过参加反暴力培训计划、家庭咨询、夫妻咨询、犯罪人与被害人冲突调处等方式寻求帮助。现有的刑事追诉压力来自已经提起的诉讼和即将提起的诉讼,因此十分鼓励犯罪人的合作意愿。在这种情况下,法院协助机构被委托对犯罪人进行家访,以获得对犯罪人和被害人情况的直接印象,此外,也会在适当情况下对参与犯罪活动的犯罪人的意愿和能力进行调查。法院协助机构出具的报告是刑事司法系统决定是否要求犯罪人参加反暴力项目的核心依据。此处的目的是使大多数男性犯罪人的行为产生持久的变化。 120

上述的各个责任领域,以及不同责任领域的组合,通常是由委托机构,特别是检察院和法院决定的——往往是在可为规定(Kann-Vorschriften)框架内对委托事项行使相关的自由裁量权(Ermessensentscheidung)。迄今为止,法院协助机构只能借助于委托机构对其工作质量和对下一步诉讼的有效性的信赖,对委托事项的发展产生间接且微小的影响。

(七)联邦范围内发展不统一

在德国联邦境内,只有部分州有关于各自法院协助机构活动的有效数据。既没有全国性的法院协助机构案件记录,也没有各州法院协助机构委托数据的对比。总而言之,各州司法行政的情况并不统一,司法行政部门的法院协助机构主要是在刑事执行程序中完成委托,然而各州却在理念上将法院协助机构的重点放在侦查和主审程序中。一种解释可能在于《刑事诉 121
讼法》第160条第3款第2句是可为规定,并未对法院协助机构的任务和资质进行约束性规定。与少年法院协助机构相比,法院协助机构的总体要求没有法律定义。同时,各州的统计数据显示,在使用法院协助机构的情况

[1] 石勒苏益格-荷尔斯泰因州总检察院,2019年年报,第32页,https://www.google.com/url? sa = t&rct = j&q = &esrc = s&source = web&cd = 2&cad = rja&uact = 8&ved = 2ahUKEwjEi46OvujmAhWBzKQKHQHICiwQFjABegQIBhAB&url = https%3A%2F%2Fwww.schleswig-holstein.de%2FDE%2FLandesregierung%2FSTA%2FPresse%2FPressemitteilungen%2Fpressemitteilungen_node.html&usg = AOvVaw054gLxSx2vkLsIrgJuLwiM。

下,特别是在采取措施避免执行替代自由刑的情况下,法院协助机构制作报告的经典形式已丧失了其重要意义。法院协助机构承担新的责任领域和发展特定的社会工作方法(例如刑法中的调解)已经并将继续以牺牲法院协助机构的核心任务为代价。同时,在那些已经启动构建统一的(流动)社会司法服务改革进程的州,法院协助机构所受委托也明显下降。

四、运作模式和效果

法院协助机构是否——若是,在何种程度上——要履行或应该履行社会服务和社会援助的任务,这个问题对于评估其运作模式和效果非常重要。从法律的角度来看,法院协助机构的任务——即成为检察院或法院的侦查协助机构(Ermittlungshilfe)——通常情况下是这样定义的:它不是为了提供改善当事人生活条件意义上的援助,而是进行应该有助于作出更公平的判决的社会心理诊断。法院协助机构应以司法机构的需求而非客户的需求为导向。一方面有人担心,法院协助机构作为独立的社会服务(Sozialer Dienst),可以摆脱检察院和法院的具体指令,并优先以专业社会工作原则为导向(Bottke 1981,62,69)。

另外,也有人批评,法院协助机构并不太重视社会工作的专业目标——即改善当事人的生活状况。仅仅为了进行社会心理诊断所使用的社会工作方法(如咨询、危机干预、个案管理)和技术(如动机访谈)并不能证明法院协助机构能按照专业的社会工作标准发挥作用。此外,社会工作者作为法院协助人员(Gerichtshelfer),始终从事社会控制工作,其有义务保持中立,并有义务向检察院和法院报告。

122 对罪犯的中长期照管(在帮助和监督的意义上)是考验帮助机构传统上提供专业个案援助的核心,与之相对比,法院协助机构却发现自己处于双重困境。一旦缓刑过程被简化为免于惩罚,界定和证明法院协助机构开展社会心理诊断的运作模式和效果,远比验证实际的缓刑过程要困难得多。由

此不难看出，在采取措施避免执行替代自由刑方面使用法院协助机构是一个相对成功的例子。节省的羁押天数和工作时间的总和较为容易计算，在预算政策方面也具有重要意义。与之相对应，调查报告的质量及其效果的评估则要复杂得多。上述法院协助机构在“司法机关的侦查协助机构”与“以罪犯重返社会为目标的专业社会工作行为者”两极之间的角色冲突也清楚地表明，自引入以来，法院协助机构既未能形成明确专业化的和全国统一的形象，也未能形成像少年法院协助机构和考验帮助机构一样的相关角色。尽管各州为实现其刑事政策目标，在质量和数量上都使用了法院协助机构，但这并没有使法院协助机构的整体情况得到改善。作为一种在可为规定基础上运作的社会服务，法院协助机构大大扩展了其任务范围，但这却并未强化联邦的社会工作统一的形象。然而，将此归咎于法院协助机构似乎并不公平，因为在刑事政策方面，法院协助机构往往是达到目的的手段。在过去的 40 年里，各州司法行政部门倾向于将任意的、相互之间缺乏协同的项目和工作领域分配给法院协助机构。

五、合作与网络化

受司法部门的命令约束，法院协助机构不能自行决定其工作的范围、内容和重点。随着法院协助机构工作范围的扩大，相关的合作事务当然也成倍增加。这不仅指与检察院的合作，也尤其适用于与法院、监狱、向犯罪人和被害人提供援助的独立机构、乡镇卫生、社会和劳动管理部门以及众多咨询和治疗机构的合作。法院协助机构越是在侦查程序中发挥其“清算功能” 123
（Clearing-Funktion），就越必须了解所有的司法机构和社会机构，以及这些机构与其调查对象的法律经历、社会经验情况的关联性。与考验帮助机构类似，不局限于提供短期病历（kurzfristige Anamnese）、跨越个案（einzelfallübergreifend）的工作正变得越来越重要，这对法院协助机构整体任务门类和流动的司法社会服务要素的发展产生了相应的影响。

在石勒苏益格-荷尔斯泰因州,法院协助机构与检察院建立联系被证明是正确的,因为在这儿(与其他大多数州相反)其被视为检察院的一项社会服务加以使用。法院协助机构对检察院和法院的决策过程的重要性不断提高。委托数处于稳定的高水平,在侦查程序和审判程序中约占95%。法院协助机构在社会刑事司法系统框架内履行重要任务,如对被害人受犯罪的影响以及被告人的生活环境进行调查,以便为检察院和法院提供更广泛的决策依据。特别是在"家庭暴力"案件中,使用法院协助机构已成为必不可少的手段。此外,石勒苏益格-荷尔斯泰因州的法院协助机构也经常被委托在少年刑事诉讼中开展犯罪人与被害人冲突调处,这大大加强了青少年刑法中这种替代性制裁的使用。

六、与刑事政策的相关性

与考验帮助机构以及行为监督相比,法院协助机构与刑事政策的相关性仍有争议。虽然"ADG e. V."*声称法院协助机构"在刑事司法中具有极其重要的意义"(德国法院协助机构协会发行的小册子《法院协助机构——为谁而设?》,1991,S. 6),但其人员配置和参与诉讼的数量显然与此重要性并不相符。在联邦范围内,法院协助机构委托事项的数量没有统一和持续的增长,其对侦查程序的参与也没有增加;从根据一般刑法判决的所有案件的总数来看,其参与程度仍然很低。

124 在社会科学研究领域也是如此,即使在几十年后,法院协助机构仍然代表性不足。"由于仍然缺乏对活动和影响的分析,目前只能对法院协助机构作出不确定的评估"(Kaiser 1980,S. 194)。

法院协助机构的法律基础可以追溯到刑法从行为刑法(Tatstrafrecht)到行为人刑法(Täterstrafrecht)的发展。"如果不了解罪犯的人格,既不能评估

---

* Arbeitsgemeinschaft Deutsche Gerichtshilfe eingetragener Verein,德国法院协助机构协会。——译者注

罪犯的个人罪责，也无法判断他再社会化需求的程度和性质，特别是他对刑罚的敏感性”（BGHSt 7,28）。法院协助机构的任务是在被告的人格层面确定与法律后果相关的事实。因此，它必须获得有关罪犯人格的必要信息，并调查其发展和生活环境，即特别是罪犯在犯罪时，如有可能也包括在判刑时的发展困境、社会联系和具体生活状况。

这一重要的任务描述与检察院和法院对法院协助机构的使用相对较少之间的差异，有几种可能的解释：

· 法学教育中没有提到法院协助机构制度，因此即使在刑事司法的语境下也鲜为人知。

· 检察院的传统任务仍然集中在对案件事实的侦查上。将被告人人格纳入考量的法律后果侦查，往往处于从属地位。

· 法院尽管更加重视法律后果相关的案件事实，但是通常情况下法院协助人员并不参与其中。而在重大复杂案件中，参与的不是法院协助人员，而是专家证人和鉴定人。

· 缺乏法律依据和对任务的描述不充分，也导致法院协助机构在实践中处于弱势地位。在使用法院协助机构方面，最好能有更有约束力的任务定义和标准。

在法院协助机构的合作［必要时，网络化（Vernetzung）］以及它与刑事政策的关联性联系起来的情况下，也可预见司法社会服务的组织结构以及考验帮助机构与法院协助机构合并的趋势。除了五个较新的联邦州无一例外地拥有统一的、流动的司法社会服务外，其余联邦州越来越倾向于合并曾经 125
各自独立的流动机构，尤其是考验帮助机构和法院协助机构，目的是提供贯穿始终的观护、更有效地利用资源和获得协同效应。刑事司法和刑事政策的重点向来是司法执行（Justizvollzug/刑事执行）的后续发展。流动的司法社会服务是次要的，因此它的重点放在了考验帮助机构和行为监督上。由于强调以风险为导向的方法、社会控制和预防再犯，犯罪人重新回归社会被置于保守的考虑。联邦范围内加强法院协助机构的趋势既不明显，而且似乎也不太现实。

七、法院协助机构的特征

在大多数州,法院协助机构在失去了其特有的专业特征的情况下,已越来越多地与考验帮助机构合并,形成统一的流动司法社会服务。在石勒苏益格-荷尔斯泰因州,法院协助机构是检察院的一个重要组成部分,这对其重要性和利用率产生了积极的影响。然而,在这里不能把法院协助机构(也)说成是检察院的一种独立的社会服务。在地方上的检察院,它被纳入一个部门,由部门领导行使职务监督和专业监督。

检察院是一个科层制的机构。在这种结构中,根据《法院组织法》(GVG)第146条的规定,上级可以向检察机关人员发布一般指令,即对履行具有程序性或刑事政策内容的职责有约束力的规定。这一指令链条从司法部部长经总检察长到主任检察官,再到各个部门负责人。[1] 在石勒苏益格-荷尔斯泰因州,法院协助机构的专业也被纳入这一指令链条之中。

在侦查程序中,法院协助机构的典型任务在于收集以下信息:

· 关于人格特质和诊断

· 当前生活状况

126 · 经济情况

· 健康状况

· 社会关系

· 职业状况

· 休闲活动

· 当事人对犯罪指控的态度

最终会将调查结果总结在一份报告中,如有必要,作为补充还将对需要支持和帮助的程度进行社会教育评估。不过,为了应对或降低个别紧急情

[1] 指令的形式:司法部部长通过法令,总检察长通过通知,主任检察官通过内部命令。

况而建议采取措施或如有必要附随这样的措施，则逾越了检察机关的调查委托。在对话中，法院协助机构的专业人员之间也存在分歧，他们一再强调，其与考验帮助机构须提供数年的观护有专业的区别，此外，专业人员要求在情况明显的情况下启动初步的社会援助措施。法院协助机构不仅应编写一份关于被告的社会心理状况的报告以及对其免于惩处的生活方式进行预估，而且还应建议、发起或居间协调促成为此须采取的必要措施和援助。这使得调查援助不仅是——狭义上的——更为公平的司法应对的手段，而且在某些情况下，能够以发起或促成任何援助的措施为手段，使被告人回归社会，甚至在一定条件下使被告避免监禁。

实践中，法院协助机构专业人员在家访过程中，无论是通过债务咨询、药物咨询、社会心理服务还是其他专门服务，均与那些明显需要专业支持的被告进行了会见。他们还遇到了棘手的生活和住房状况，例如从中不能排除危害儿童的风险。法院协助机构如果只限于制作调查报告而不通知主管的青少年福利机构，很可能被视为违反了专业社会工作的基本原则。当法院协助机构的主管人员强调法院协助机构既不执行预防危险的任务，也不执行更详细的社会协助活动时，其专业人员的冲突便由此产生。归根结底，法院协助机构是一个非独立性的调查组织（Ermittlungsorgan），其为检察院和法院查清案件事实提供支持。

在这种情况下，科赫已经提及了法院协助机构的双重任务。“提出委托的法官或检察官希望得到一份客观的报告和事实，以期在后续诉讼中使用。127
而当事人只是单纯期望得到帮助”（Koch 1999，S. 71）。

因此，人们不能也不应该忽视那些在侦查过程中与犯罪者接触时获知的帮助需求。对于那些赞成以狭义的观念将法院协助机构作为一个调查组织的人，则需要另外的协助组织机构，在社会法规定的常规机构无法满足需求的情况下，他们便可以向这些机构求助。然而，进一步的居间协调与全程协助的原则及过渡管理（Übergangsmanagement）的经验相矛盾，因为这样一来，当事人不得不再次与多个联系人打交道，而且也会担心他们是否能真正得到帮助(或者他们不会从其他组织单位获得帮助)。因此,必须在司法社会服务的框架内提供早期帮助(Cornel et al. 2015,S. 14)。

八、前景展望

关于前述的法院协助机构的各种任务和总体要求的专业讨论尚未画下句号。与刑事政策的关系各个州的看法也十分不同。例如,在石勒苏益格-荷尔斯泰因州,法院协助机构已经成为“检察院的社会服务”,而在巴伐利亚州,无论是从数量上抑或是质量上,却并未(或不打算)将法院协助机构纳入刑事司法系统。

法院协助机构作为刑法中犯罪人和被害人导向的一部分,扩大其范围十分重要,持此观点的刑事政策学家呼吁对既有法律规定进行改进。这些建议的目的主要是使更多的人参与进来,并为此制定有约束力的标准。对于性犯罪者和暴力犯罪者等被指控的犯罪群体,今后在刑事诉讼中是否会比过去更多地委托法院协助机构,这一点将尤为重要。除根据《刑事诉讼法》第 160 条第 3 款进行的委托外,根据《刑事诉讼法》第 126a 条进行委托也是可以想见的。为此,迫切需要获得特殊的知识——如各种各样的预测评估和风险工具,以及进一步提升法院协助机构的质量保证。此外,这也同样适用于从事考验帮助和行为监督的专业人员(Klug und Schaitl 2012, S. 96)。

128 法院协助机构的专业人员不应局限于短期和一次性的社会心理诊断和评估,作为司法系统的社会工作者,他们也应该承担中期的观护和支持活动——如果这些活动是相关人员需要的,并且不能由之后才参与进来的考验帮助机构的专业人员来承担。这需要与法院协助机构的委托方以及在服务和专业监督的框架内的负责人进行对话,进行理念上的讨论和推进进一步发展。只有这样,法院协助机构的专业人员才能有效地为刑事司法机构和调查对象的诉讼程序贡献他们的全部专业能力——其专业的策略结果

是,获得更高的认可,并与社会工作和社会刑事司法系统中众多其他专业人员地位平等。

参考文献:

Bögelein,*N.*,*Kawamura-Reindl*,*G.*(2018),Gemeinnützige Arbeit zur Vermeidung von Ersatzfreiheitsstrafen. In Cornel/Kawamura-Reindl/Sonnen (Hrsg.),Resozialisierung. Handbuch,246-261.

Bottke,*W.*(1981),Bemerkungen zur Gerichtshilfe für Erwachsene, Monatsschrift für Kriminologie und Strafrechtsreform,1/2,62-81.

Cornel,*H.*,*Dünkel*,*F.*,*Pruin*,*I.*,*Sonnen*,*B.*,*Weber*,*J.*(2015),Diskussionsentwurf für ein Landesresozialisierungsgesetz:Nichtfreiheitsentziehende Maßnahmen und Hilfeleistungen für Straffällige,Mönchengladbach:Forum Verlag Godesberg GmbH.

Cornel,*H.*(2018),Rechtsgebiete der Resozialisierung. In Cornel/Kawamura-Reindl/Sonnen(Hrsg.),Resozialisierung. Handbuch,63-74.

Hering,*R.-D.*(2014),Stand und Perspektive der Gerichtshilfe in Deutschland,Forum Strafvollzug,2,102-107.

Kaiser,*G.*(1980),Kriminologie. Ein Lehrbuch,Heidelberg,Karlsruhe:C. F. Müller.

Klug,*W.*,*Schaitl*,*H.*(2012),Soziale Dienste der Justiz:Perspektiven aus Wissenschaft und Praxis,Mönchengladbach:Forum Verlag Godesberg GmbH.

Koch,*V.*(1999),Erwachsenengerichtshilfe:Eine Einführung für die soziale Arbeit,Wiesbaden:Springer VS Verlag für Sozialwissenschaften.

Kurze,*M.*(1999),Soziale Arbeit und Strafjustiz:Eine Untersuchung zur Arbeit von Gerichtshilfe,Bewährungshilfe,Führungsaufsicht,Wiesbaden:Kriminologische Zentralstelle e. V.

Lutzebäck, *L.* (2014), Soziale Dienste der Justiz in Deutschland: Ein Ländervergleich, Forum Strafvollzug, 2, 79-84.

Meyer-Goßner, *L.*, *Schmitt*, *B.* (2018), Strafprozessordnung mit GVG und Nebengesetzen (61. Auflage), München: Beck.

Ostendorf, *H.* (2006), Soziale Strafrechtspflege-25 Jahre Gerichtshilfe in Schleswig-Holstein, Schleswig-Holsteinische Anzeigen, 1, 2-7.

现代媒体社会中的检察机关的公共关系

乌拉·兴斯特*

一、导论 129

在现代媒体社会,司法机关的公众形象越来越多地被媒体报道所影响。因此,司法机构不能再回避与媒体的专业交流。它们必须宣传自己的立场和工作,既要尽可能全面地告知媒体和公众,又要有利于自己的声誉。它们的媒体工作基本上决定了社会对其工作的看法。

在这种情况下,刑事程序的交流环境发生了根本性的变化。媒体的力量已经大大增加。以前,庭审公开[1]反映了法院的司法公开,与之相比,在如今的媒体社会,人们对诉讼讨论了很多不同的公开形式(Boehme-Neßler 2010,S. 37)。司法沟通(juristische Kommunikation)必须适应这种传播条件的变化。

不过,检察机关的媒体工作(新闻宣传)总是处在两方的紧张关系之中,一方面是侦查程序原则上不公开以及诉讼参与人人格权保护,另一方面是

---

* 乌拉·兴斯特任职于德国吕贝克地方法院检察院。

[1] 庭审公开(Saalöffentlichkeit),指任何人都应当有机会获知庭审的地点与时间,并根据实际情况参加旁听。

公众的知情权。

130 ## 二、现代媒体社会中关于侦查程序和刑事诉讼传播的现实环境

(一)媒体环境的变化

刑事侦查程序是在一个持续且日益加速变迁的媒体现实(Medienwirklichkeit)中进行的。随着媒体的多样化发展,传播受众群体也在扩张。新数字媒体高歌猛进,带来了信息传播速度的极大提升。事件被更快地公开,但随后更快地失去新闻价值(Neuling 2005,S. 35 f.)。除此之外,沟通发生在新数字媒体之中,而非以前的单一信息传播渠道(参见 Bentele 2016,S. 104 ff.)。

司法机关和媒体之间的功能逻辑及行动逻辑很难兼容。司法机关的工作首先需要安静和集中,必须在正式的程序中完全按照法律规定作出没有感情色彩的决定。与之相反,由于面临吸引消费者关注的大规模竞争,媒体处在巨大的经济压力之下,因此他们的报道在很大程度上遵循经济规律。对于引发情绪和愤怒潜能的故事来说,犯罪与司法近乎是取之不竭的源泉(Friedrichsen 2009,S. 75)。通过有区别的诉讼报道(Prozessberichten),即在报道中以平衡的方式反映出嫌疑人和法律上已被判处刑罚的罪犯之间的差异,不容易获得广泛关注。相反,简化和夸大的炒作式报道(Boehme-Neßler 2010,S. 27.)则受到高度关注。

此外,不同于刑事追诉机关,记者不受刑事诉讼程序原则的约束。这些本应保证被告获得公平审判的原则在媒体程序中毫无意义。如果允许被告在刑事诉讼中保持沉默而不被评价为对其不利,那么他的沉默在公众眼中则会被解释为其他不同的含义:坦白、负罪感、心虚、不安、胆怯或傲慢(Herzog 2014,S. 62.)。

131 ### (二)媒体对侦查程序和刑事诉讼的描述

媒体对刑事诉讼的描述方式与方法——包括对真实诉讼的报道和对虚

构案件的描述,如侦探小说、律政系列或“法庭表演秀”——直接影响到公众对现实中侦查程序和刑事诉讼的印象,并影响公众的法律认知,以及他们对刑法和刑事诉讼的认识。

在小说和电影中的刑事诉讼往往遵循英美对抗制的诉讼程序,由诉讼当事人推动。从而戏剧性地将检察官和辩护律师描绘成基本的对立两造,并将法院的审判设定为陪审团法庭,但这种法庭组成自 1924 年以来在德国就不复存在了。

与大多数法庭电影不同,法庭表演秀旨在传达一种纪实性的印象,但事实上,其为了满足戏剧性的要求而牺牲了审判程序的现实流程,在这里,对诉讼参与者的描绘也主要遵循英美法律体系的刻板印象。

而对实际案件的报道也往往与现实有限地相符。只有重要的新闻才会被传播。重要性主要取决于案件新不新,以及公众的期待水平。报道出来的是那些令人触动的、令人感动的、使人感到震撼的或吸引他们的内容(Walter 2009,S. 27,33)。因此,“坏消息就是好消息”的规则始终适用于媒体。充满冲突或丑闻的事件,抑或是适合大肆渲染的新闻,就会被报道出来。焦点越来越不集中在实际的法律问题或与法律相关的事实细节上,而是在所涉及的人和引人注目的事实上(Boehme-Neßler 2003,S. 125)。这一发展带来了报道小报化的危险,即媒体讲述自己的故事多于司法的故事(Reike 2012,S. 123)。

三、检察机关公共关系的工具 132

(一)经典的交流工具

新闻发言人的工作总是由两部分组成,即内部交流和外部沟通。内部交流是为了弄清楚,为何当局要参与到公共关系中,并在内部解释媒体的议题重点(Kottkamp 2015,S. 49)。在这种情况下,提供新闻素材(Erstellung von Pressespiegeln)也很重要。以此介绍关于本机关媒体报道的知识,让机关负责人及部门负责人有机会向新闻发言人指出专业上错误的描述。

在对外传播中，新闻发言人代表机关，他是机关的“脸面”（Gesicht），即使他不必对每一个问题都发表看法，但无论在何种情况下均必须表明自己对待工作认真负责的态度（Huff 2012, S. 272）。

与商业企业的媒体工作相比，检察机关的新闻发言人可用的工具范围要小得多，因为他们有义务秉持客观的态度，且对所有的媒体代表一视同仁（参见《石荷州新闻法》* 第 4 条第 4 款）。

为了满足新闻法规定的知情权，新闻发言人既要单独提供信息，即对记者的询问作出回应，也要——为了使信息的提供更加有效——发布新闻通告（Veröffentlichung von Pressemitteilungen），以回答有关特定程序的重复询问。这些主要是通过电子邮件分发。

另一个重要的工具是检察院的回应性新闻工作，主要是通过电视或广播中的原声报道，或接受采访。

只有在媒体非常关注的特殊诉讼中，才会举行新闻发布会（Pressekonferenzen）。

正如科特卡姆普的实证研究表明，尽管对公开的重要性看法有所改变，但检察机关的媒体工作目前仍以回应性为主（Kottkamp 2015, S. 142 ff., 150 ff.）。

133 在积极主动的新闻工作中，主要使用的是发送新闻通告（Versendung von Pressemitteilungen）这一经典手段。

此外，媒体也会定期收到可能对公众有重大影响的刑事案件公开审理（öffentliche Verhandlung）期日的情况概览。根据《石勒苏益格-荷尔斯泰因州司法机构与媒体合作准则》第 5 条第 4 款第 1 句，这方面的责任由检察院的新闻办公室承担。根据德利茨 1986 年的研究报告中对汉堡地方检察院每周就即将举行的、对公众具有重要意义的公开审理而发出的新闻稿与各日

* 《石勒苏益格-荷尔斯泰因州新闻法》，Landespressegesetz Schleswig-Holstein，即 LPG S-H，以下简称《石荷州新闻法》。——译者注

报随后的报道之间的联系的研究，此举并没有丧失其现实意义，相反，鉴于媒体格局的变化，其意义更加重大［参见上文"二、（一）经典的交流工具"］。德利茨指出，关于主要审理活动的媒体通报，对于报道产生了很大影响，预告的诉讼有超过一半被作了报道（Delitz 1986，S. 514，519）。

新闻访谈（Pressegespräche）和背景访谈（Hintergrundgespräche）——在当前情境下或每年就业务发展或各自业务领域的创新或变化进行讨论——为全面介绍司法机关的任务和关切提供了机会。然而，它们在实践中很少被使用，至少在地方检察院是如此。

科特卡姆普的研究也表明，Web 2.0 传播媒体［脸书（Facebook）、推特（Twitter）、照片墙（Instagram）、博客（blog）］在公检法新闻关系中尚未发挥作用（Kottkamp 2015，S. 145 ff.）。

（二）诉讼公关作为检察机关的公关工具？

1. 定义

"诉讼公关"（Litigation-PR）这个词几年前才进入实际的法律工作。今天，如果人们在互联网上通过搜索引擎查找这个词，就会发现有许多专业机构提供诉讼公关服务，为委托人积极地影响诉讼的结果，并同样控制结果向委托人倾斜。

一个经常被引用和参考的定义来自美国律师和诉讼公关专家詹姆斯·F. 哈格提，"诉讼公关的最佳定义是在任何法律纠纷或裁决程序的过程中管控沟通过程，以影响结果或对委托人的整体声誉产生影响"（Haggerty 2003， 134
S. 2）。

因此，它是指在法律纠纷或法庭诉讼期间管理沟通过程（Steuern von Kommunikationsprozessen），目的是影响其结果或减轻对委托人声誉的影响。

2. 检察院能运用诉讼公关吗？

上述定义已经揭示了关于检察机关运用诉讼公关的核心问题。检察机关是一个独立的司法机关，有义务保持客观。根据《刑事诉讼法》第 160 条第2款,检察机关并不是嫌疑人或被告人的敌对者,其有义务调查并考虑到那些不仅有助于定罪的情况,也包括无罪的情况。它必须以不偏不倚的方式进行侦查,并以这种方式促进刑事诉讼的真实和公平结果。因此,它只允许提供客观信息。而基于上述诉讼公关定义,有目的地、有针对性地——甚至可能是操纵性地——沟通将与其角色截然相反。

尽管如此,本特勒在其2016年的博士论文中说,理应注意到"近来,检察机关公开工作的错误发展与弊端越来越频繁",这也支持了他的论点,即"检察机关诉讼公关的问题不仅仅是理论上的,而是在近代德国法律史上频繁发生"(Bentele 2016,S. 65)。

他特别指出,新闻通告是检察院开展诉讼公关的一种手段,如果新闻稿的表述有倾向性,并且/或者有识别出被告的内容,就可以用来影响公众舆论(Bentele S. 68)。作为进一步的手段,他还提到了在被告知道侦查结果之前将侦查结果告知媒体,披露即将采取的侦查措施,例如,搜查或在正在进行的审理程序中发表预判的和倾向性的言论。

在对晚近法律史上的案例的研究中,他把这些案例作为刑事诉讼中的诉讼公关的例子。但是,他没有证明,他所批评的(部分无疑是正确的)检察机关媒体工作是否是有针对性地影响公共舆论的例子,其目的是间接对法
135 院裁判施加影响。

不可否认的是,检察机关的媒体工作有时也会导致错误,可能会违反为保持中立性和客观性而提供客观信息的要求,违反无罪推定(Unschuldsvermutung)和公平审判等原则。也可能有这样的情况:检察机关的做法是为了以某种方式向公众展示案件的事实。然而,从全国各地检察机关每天发布的大量媒体信息来看,这些案件只是例外而非常规,并不能证明检察机关越来越多地试图通过媒体关系影响诉讼结果的结论。

检察院的新闻稿由新闻发言人来负责,这并非没有原因,他们本身并不对作为新闻稿主题的案件进行侦查,因此与之有较大的专业距离。这意味着无法防止检察官绕过新闻发言人与记者直接接触,"泄露"与"他们的案

件”有关的信息。然而,这就不应被评估为检察机关利用诉讼公关作为公关工具。

此外,2012 年拉德马赫尔和比尔对德国法院、检察院和律师事务所的诉讼公关状况的研究(Rademacher und Bühl 2012,S. 243 ff.)发现,在司法机构,超过 70%的受访者要么根本不知道“诉讼公关”这个词,要么不知道它的确切含义(在律师事务所,这个比例只有 30%)。只有 26.5%受访的检察官相信,审判结果实际上可以被影响。从这些数字来看,可以认为检察院和法院根本不熟悉诉讼公关的实际策略——至少在大多数情况下不熟悉。拉德马赫尔和比尔在他们的研究中也得出结论,诉讼公关的潜力还没有被检察院和法院认识到,受访问的新闻发言人仍然把这个词理解为传统的新闻和媒体工作,而不是针对诉讼阶段的策略性沟通工作(Rademacher und Bühl 2012,S. 252)。

施密特-盖格尔(Schmitt-Geiger 2012,S. 70)正确地指出,在德国,诉讼公关的法律和媒体的框架条件与美国这个诉讼公关的发源地有很大不同。 *136*
一方面,德国的参审员不具备与美国陪审团相媲美的法律地位。另一方面,美德有完全不同的诉讼文化,在美国,有计划地对陪审团施加策略影响是审判中理所当然的事情,而在德国,试图通过媒体影响法庭被描述为“对法律发现(Rechtsfindung)的猛烈攻击”(Tolksdorf 2009,S. 21)。

因此,仍可以得出结论,根据本文的相关评估,一开始定义的诉讼公关(如果有的话)只发生在少数个别案件中。由于上述原因,在检察院的公共关系工具大全中并没有其存在的空间。

四、检察院新闻工作的法律依据——现行法

(一)媒体从检察院获取信息的权利

检察机关有义务向媒体提供有关侦查程序的信息。

新闻工作者可以依据《基本法》第 5 条第 1 款第 2 句选项 1,广播工作者

可依据《基本法》第 5 条第 1 款第 2 句援引受保护的新闻出版自由和广播报道自由。根据《基本法》第 5 条第 1 款第 2 句，在这方面，媒体提供了具有普遍意义的服务，并且作为信息传播者，创造了民众可普遍获得的来源。因此，他们通过报道涉及公众利益的事实来完成一项"公共任务"。这包括在信息、批判或娱乐方面对国家和社会有重要意义的所有主题。这个意义上的新闻既不限于期刊，也不限于"严肃"或政治性的新闻（Bullinger in：Löffler 2015，§ 3 LPG Rn. 32 ff.）。

《基本法》第 5 条第 1 款第 2 句是否确立了宪法上直接的信息请求权（Auskunftsanspruch）（Ricker und Weberling 2021，20. Kap. Rn. 7f.；Jerschke 1971，S. 223 f.；Staggat 1970，S. 63 ff.，99 m. w. N.；Reike 2012，S. 141；Kottkamp 2015，S. 37）或者人们对《石荷州新闻法》所规定的信息请求权是否应被评价为对《基本法》第 5 条第 1 款第 2 句所规定的宪法指令的简单转化（更多文献参见 BVerwGE 70，310，311；关于整个争议情况参见 Burkhardt in：Löffler 2015，§ 4 LPG Rn. 19 f.）长期以来都是有争议的。自 2013 年 3 月
137 20 日的判决（BVerwG AfP 2013，335）以来，德国联邦普通行政法院（BVerwG）也认为，在联邦立法机构没有为新闻单位在宪法上确立一个针对联邦机关直接的新闻信息请求权的情况下，就此而言，因为存在相反的立法权限（州立法不能确立宪法上的权利），所以州新闻法不能作出宪法指令的转化*（BVerwG NVwZ 2016，1020，2021；另参阅 BVerfG NVwZ 2016，50，51）。

因此，各州的新闻法的信息请求权——在各个联邦州的新闻法第 4 条中几乎有相同的规定——应当至少表明了原则上存在一种主观的信息权（Neuling 2005，S. 152），相应地，当局也有义务提供信息。

在某些情况下，也有人认为，根据《刑事诉讼法》第 475 条，媒体有信息请求权（OVG Münster NJW 2001，3803；LG Berlin NJW 2002，838；Mitsch 2010，3479，3482；持相反意见的：KK－StPO/Gieg，8. Aufl. 2019，Rn. 10；

---

* 即州新闻法不能确立联邦立法者才有权作出的直接规定。——译者注

MüKoStPO/Singelnstein, 1. Aufl. 2019, Rn. 11-13 m. w. N.; Hilger in: Löwe/Rosenberg, StPO, 26. Aufl. 2010, Rn. 2; Meyer-Goßner/Schmitt/Schmitt, StPO, 63. Aufl. 2020 Rn. 1a; wohl auch BVerwG NJW 2015, 807, 811)。然而，不管怎么样，它都要受到《刑事诉讼法》第475条第1款第2句和第477条第2款和第3款的限制，因此在实践中很少应用，这也是本文不予进一步讨论的原因，而将重点放在州新闻法的信息请求权上。

仅仅为了完整起见，应该提到的是，根据各州法律的具体规定，针对信息获取的请求权也可以从各州的《信息自由法》中产生。在石勒苏益格-荷尔斯泰因州，关于刑事诉讼的信息并非如此，因为《石荷州信息获取法》(IZG S-H*)第2条第4款第3项规定，法院、刑事追诉机关和刑事执行机关，只要它们是或曾经是适法机关，就不属于该法要求的提供信息的机构。

各州新闻法规定的知情权的范围和限制在各州有所不同。《石荷州新闻法》第4条第1款规定，当局有义务向新闻界提供履行其公共职责所需的信息。作为新闻界的代表，参与完成提供信息和形成公众舆论的公共任务的人(参见《石荷州新闻法》第3节)，即编辑、出版商、发行商和记者，都应享有这种请求权。

鉴于媒体对自由和民主国家的社会意义(BVerfGE 20, 162, 176 m. w. N.)，公共任务(öffentlichen Aufgabe)的概念应作广义解释(见上文)。关于提供信息的义务，法律只限定在与履行其公共任务有关的新闻工作所提出的请求上，只排除了并非用于新闻工作的信息请求，(Burkhardt in: Löffler *138*
2015, § 4 LPG Rn. 78)，以及对“无关于公众”的私人事务的报道，由于它们与公众舆论的形成没有关系，不构成对公共利益事务的表达，因此不属于“公共任务”(BGHSt 18, 182, 187; BGHAfP 1988, 34; weitere Nachweise bei Bullinger in: Löffler 2015, § 3 LPG Rn. 32 ff.)。除了这种消极的划定，公共任务的构成要件要素几乎没有任何实际功能。特别是，在每个案件中不必

* IZG S-H: Informationszugangsgesetz für das Land Schleswig-Holstein，即《石勒苏益格-荷尔斯泰因州信息获取法》，简称《石荷州信息获取法》。——译者注

确定具体的报道利益(Berichterstattungsinteresse),当局也无权审查所申请的信息是否确实关涉公共利益而因此拒绝提供信息(OVG Hamburg, AfP 2010,617 ff.;Ricker und Weberling 2021,19. Kap. Rn. 2 m. w. N.)。

一项信息是否应被披露,主要由《石荷州新闻法》第 4 条第 2 款列举类型的界限来决定。在以下情况下,侦查机关拥有拒绝提供信息的自由裁量权:未决诉讼的正常进行可能会受到阻挠、妨碍、拖延或危害(第 1 项);有关保密的规定与之相冲突(第 2 项);主要的公共利益或值得保护的私人利益会受到侵犯(第 3 项);或者其范围超出了合理程度(第 4 项)。

在自由裁量的框架内,当局必须权衡新闻自由的制度保障(《基本法》第 5 条第 1 款第 2 句)带来的新闻界的信息请求权与《石荷州新闻法》第 4 条第 2 款所列的冲突利益(OVG Bremen, NJW 1989 926,927;OLG Schleswig, NJW 1985,1090;Ricker und Weberling 2021,20. Kap. Rn. 2)。因此,当局有义务逐案进行利益权衡,其中应包括与决定相关的各个因素,并仔细权衡赞成与反对的理由,还必须满足比例原则(BayVGH NJW 2004,3358;OVG Koblenz,NJW 1991,2659,2660;Burkhard in:Löffler 2015 Löffler,2015, § 4 LPG Rn. 90)。个别情况下,也可以不作裁量,结果只有一个不会出现裁量错误的结论,例如,若存在保密条款,则证明有义务拒绝提供信息。当局对自由裁量权的行使要接受司法审查(Burkhard in:Löffler 2015, § 4 LPG Rn. 90)。

《刑事诉讼程序与罚金程序准则》第 23 条总结了检察机关的媒体工作
139 应遵循的基本原则,该条对《石荷州新闻法》第 4 条进行了补充,即“……媒体知悉的内容既不能损害侦查目的,也不能影响审判程序的结果;被告的公平审判权不能受到损害。还必须在个案中逐一审查:在全面报道中的公众利益是否超过了被告或其他相关方,特别是受害方的个人权利。应当避免不必要的个人信息披露。通常情况下,匿名也能满足大众对信息的普遍兴趣。”

此外,各州司法行政部门分别发布了司法部门与媒体合作的一般行政命令。在石勒苏益格-荷尔斯泰因州制发的这些规定(石勒苏益格-荷尔斯泰因州司法、文化和欧洲部2015年8月20日出台的《关于石勒苏益格-荷尔斯泰因州司法机构与媒体合作的指导方针》,官方公报SH 2015,1082),还明确了提供信息的基础、范围、时间以及保护的义务,这些规定也再次涉及《刑事诉讼程序与罚金程序准则》的第23条。

(二)检察院积极开展媒体工作

1. 检察院积极开展媒体工作的原因

检察院也在无问询的情况下积极推进媒体或公关工作,一方面是为了支持媒体完成受宪法保护的向公众提供信息和促进舆论形成的任务,另一方面也是出于内在的动机。

后者可能有不同的原因。上文已经说过,大多数人对司法机关的印象越来越多地被媒体对司法机关的描述所塑造,但媒体传递出的所谓刑事诉讼现实,并不必然与司法现实相吻合。在这方面,检察院的目标可以是通过其自身传播影响媒体对某一事件的表述,并从其角度共同参与确定该事件,以抵消报道引起的民众不安和不确定性,创造司法透明和巩固民众对司法的信任,同时克服民众与法律的疏远距离(参见Kottkamp 2015,S. 41;Reike 2012,S. 138)。这种需要可能在很早的阶段就出现了,甚至可能在初步审查是否存在初始怀疑(Anfangsverdacht)的阶段就出现了,例如,当举报方(在这 *140*
些案件中通常是组织)将他们的刑事报案(Strafanzeige)与发布自己的新闻通告联系起来,在新闻稿中全面披露了举报的案件事实以及由此产生的刑事指控。

根据石勒苏益格-荷尔斯泰因州司法、文化和欧洲部2015年8月20日出台的《关于石勒苏益格-荷尔斯泰因州司法机构与媒体合作的指导方针》第4条第6款(Amtsbl. SH 2015,1082),新闻办公室的任务还包括准备反驳的声明或相反的陈述,即"只要媒体公开的情况传播了不正确的事实,司法程序参与者受法律保护的利益受到侵犯,或司法的宪法功能或司法机构的声誉普遍受到损害且有纠正的必要”。

2. 检察机关主动开展媒体工作的法律依据

检察机关有义务披露信息(见上文),但这并不意味着检察机关有法律依据积极向公众通报正在进行的侦查,也包括在有权获得信息的媒体并未提出请求的情况下。

司法部门积极开展媒体工作的基础和限制尚未由专门的新闻法规定予以明确。倘若积极的媒体工作只包含匿名信息,原则上是符合宪法的、没有问题的。对此并不需要明确的法律依据。然而,必须始终注意,特别是在例外提及个人信息的情况下,以及在提供涉案参与人其他信息,甚至仅仅是确认性信息的情况下,可能存在必须予以正当化地对一般人格权(《基本法》第1条第1款、第2款),尤其是信息自主决定权的侵犯,该侵犯是需要法律基础的。与此并行的是尊重私人生活的权利(《欧洲人权公约》第8条第8款、《公民权利和政治权利国际公约》第17条、《欧盟基本权利宪章》第7条),以及明确载于《欧盟基本权利宪章》第8条第1款中的受保护的个人信息权利
141 (Zöller und Esser 2019, S. 30)。

根据本文的观点,检察机关可以根据《石荷州新闻法》第4条的信息披露规定,自行开展媒体工作(相同观点,参见 Bentele 2016, S. 177; OLG Düsseldorf AfP 2005, 375, 380;稍微不同的观点,参见 Neuling 2005, S. 153,诺伊灵没有从《石荷州新闻法》第4条第1款中推论出主动开展新闻工作的合法性,而主要从第4条第2款中提炼出考量“是否”提供信息的决定权的限制;不同的观点,参见 Lindner 2006, S. 349 ff.; Eisele 2014, 932, 937;关于媒体对《基本法》第5条第1款第2句的主动披露信息的请求权,参见 Mavany 2019, S. 242 ff.)。

联邦宪法法院恰恰没有将新闻自由限定为典型的防御基本权(Abwehrgrundrecht),而是提出了源于新闻自由基本权的国家之行动义务(BVerfGE 20, 162, 175),并指出,国家的信息公开工作不仅仅在宪法上是允许的,而且也是必要的(BVerfG NJW 1977, 751, 753)。从这一要求可以得出,现有法规

应当解释为支持最广泛的公开工作(Jarass 1981,193,195)。

考虑到《石荷州新闻法》第4条,这也是可能的。因为该条款的文义没有对来自媒体"依要求"或"依询问"才提供信息的义务作出限制,而是只在《石荷州新闻法》第4条第2款所列的情形中规范了提供信息的边界,所以,从反面推论,在这个边界之外提供信息都是允许的。

在当局和新闻界之间以《基本法》第5条第1款的任务为导向的合作中,还必须考虑到,新闻界为了完成其任务,在有疑问的情况下,不仅要通过自己的研究了解符合公众利益的诉讼,而且还要在没有具体询问的情况下,通过检察机关的积极行动了解这些诉讼(Bentele S. 177)。在国家行为尽可能透明——这也是民主意志形成过程的一个重要前提——的意义上,在新闻自由和报道自由的基础上,国家机关有权主动披露媒体评估其履行职责所需要的所有信息(Zöller and Esser 2019,S. 30)。

石勒苏益格-荷尔斯泰因州司法、文化和欧洲部2015年8月20日出台的《关于石勒苏益格-荷尔斯泰因州司法机构与媒体合作的指导方针》(Amtsbl. SH 2015,1082)也是基于此。其第1条第2款指出,媒体只有在 142
"法院和司法机关通过积极的公共关系工作与媒体保持联系,并在法定条款的框架内尽可能迅速和全面地告知媒体,才能完成其任务:为此,他们主动向媒体通报司法机关的活动,并应要求提供信息"。后者在第4条第1款第1句中被明确规定为"新闻办公室的任务"。

对于所谓的公开侦缉*(Öffentlichkeitsfahndung)的特殊情况,《刑事诉讼法》第131条和第131b条也有特殊的法律依据,它授权检察机关在调查侦缉(Aufklärungsfahndung)和查明身份(Identitätsfahndung)时,可利用媒体对嫌疑人——在重大刑事犯罪案件中,还可以对证人——进行公开侦缉。

---

* "公开侦缉"(Öffentlichkeitsfahndung)指存在重大犯罪行为,并且《刑事诉讼法》第131条第1款和第2款的条件亦符合的情况下,侦缉不再是机关内部的措施,而是向全体公众或者有限的人员范围作出,例如通过电视或网络公开侦缉。参见《德国刑事诉讼法典》,宗玉琨译注,知识产权出版社2013年版,第119页。——译者注

五、根据应然法(de lege ferenda)为检察机关的公共关系工作创建法律基础

在媒体高度关注的刑事诉讼中,检察院的媒体工作受到了相当多的批评——米歇尔·弗里德曼、克劳斯·楚姆文克尔、约尔格·陶斯、纳德亚·贝纳伊萨、约尔格·卡赫尔曼、曼内斯曼公司恶意收购案等案件就是例子(但由于这方面的出版物很多,这里不做详细介绍)——在过去的文献中,人们提出了各种建议,为检察机关的公共关系工作制定具体的法律规定。

(一)达尔普克迈耶(Dalbkermeyer):在《法院组织法》中新增第169a条

早在1994年,达尔普克迈耶就在她的论文中提出,为了补充关于审理程序的直接公开原则的规定,应该接着《法院组织法》第169条创设侦查程序中的间接公开的规定(Dalbkermeyer 1994, S. 183 ff.)。

她建议的第1款参照《刑事诉讼程序与罚金程序准则》第23条和1962年刑法草案(E 1962 StGB)第452条的措辞,先规定侦查程序不公开的原则(第1款第1句),接着明确根据《刑事诉讼程序与罚金程序准则》第23条关
143 于侦查机关在公平、贯彻无罪推定的诉讼边界内与媒体合作的义务。

未经被告人同意,不得在起诉前对其进行身份识别,除非是为了调查刑事犯罪的需要(第2款)。

拟议条款的第3款旨在规范被告人的参与权(Beteiligungsrechte),即被告人有权提前,且最迟应在同一时间收到书面通知或新闻稿的副本,并有权被邀请参加新闻发布会。

(二)迈耶(Meier):在《刑事诉讼法》中新增第475a条

为"刑事司法和媒体选择草案(AE-StuM)"制定的提案(Meier 2004, 89ff.)规定,对媒体提供的信息仅限于有关犯罪的一般信息、诉讼状况和侦查的确认结果。在三种情况下可以识别被告的身份:第一,媒体已经提到了被指控人的身份;第二,被指控人已经同意;第三,在平衡公众对披露被指控

人身份的知情利益和其身份的保密利益时，前者优先。对于时代新闻人物，以及对于公众特别关注的罪行，只要有重大犯罪嫌疑，就应推定有这种优先。在迈耶的设想下，被告有权参与检察院的媒体工作，但仅限于：在被告提出要求时必须告诉他向媒体提供了哪些信息，这实际上是创造了一种提供档案信息的义务（Dokumentationspflicht）（关于这一建议的讨论，参见 Fischer 2014，82 ff.）。

（三）诺伊灵：在《刑事诉讼法》中新增第 160a 条

诺伊灵在他 2005 年的论文中提出了与达尔普克迈耶类似的方案（Neuling 2005，第 315 页及以下）。基于州新闻法第 4 条第 2 款对新闻权的限制，他希望通过规范允许和不允许的信息内容（Auskunftsinhalte），将阻挠、复杂化、拖延或危及刑事侦查程序的未决案件的情形具体化，这同时也会“与各个检察官的个人决策脱钩”（Neuling 2005，S. 314）。根据诺伊灵拟的《刑事 *144* 诉讼法》第 160a 条第 3 款，“客观描述性信息”应是被允许的，它包含了关于诉讼的外部过程（侦查机关、指控内容、强制措施的实施或侦查程序的结束）的信息。相反，根据《刑事诉讼法》第 160a 条第 4 款，关于侦查程序内部情况的“主观评价信息”，如果侵犯了值得保护的被告人的利益，特别是片面地评价侦查措施和侦查结果，或将被告人描绘成有罪或已经定罪的犯罪者，则是不允许的。

与达尔普克迈耶一样，诺伊灵也想在其提议的条款第 2 款中禁止对被告进行身份识别（关于该提议的讨论，参见 Fischer 2014，91 ff.）。《刑事诉讼法》第 160a 条第 1 款还规定了检察机关在侦查程序中向媒体发布信息的特权。警察只被授权在与检察机关协商后提供信息。

（四）本特勒：在《刑事诉讼法》中新增第 475a 条和补充刑事条款

本特勒认为《刑事诉讼程序与罚金程序准则》第 23 条的“本身良好的规定”缺乏约束力是其最大的缺陷，* 因此希望将其提升成为制定法。他还主

* 《刑事诉讼程序与罚金程序准则》由联邦司法部制定，不是法律。——译者注

张在《刑事诉讼法》中新增第475a条，以便涵盖整个刑事诉讼程序，而不仅仅是侦查程序(Bentele 2016,S. 228 ff.)。

除《刑事诉讼程序与罚金程序准则》第23条之外，他希望通过明确提及无罪推定，将公平审判的原则具体化(《刑事诉讼法》第475a条第1款第3句："特别是如果侦查机关公布的信息造成被告在审判程序结束前已经被定罪或有罪的印象，则公平审判的权利可能会受到损害。")此外，对媒体的信息通常由检察院为此目的设立的新闻办公室提供，所有媒体和媒体代表都应得到平等对待(《刑事诉讼法》第475a条第1款第4句)。

只有在根据《刑事诉讼法》第131a条进行公开侦缉的情况下，并在被告同意和存在可信的认罪供述的情况下，才允许对被告进行身份识别。

145 关于即将采取的强制措施的披露将被明确禁止(《刑事诉讼法》第475a条第4款)。

接下来，本特勒希望在刑法层面对侦查机关违反《刑事诉讼法》第475a条规定的行为进行处罚，以便使其对行为人身陷更大风险的境地进行负责，从而产生预防效果(Bentele S. 232 ff.)。

因此，他想在《刑法》第353d条——禁止告知法庭审理情况——中增加两项。在第4项中，公职人员从起诉书或刑事诉讼的其他官方文件中，仅仅是根据其大意而公布信息将受到惩罚。在第5项——也是作为公职人员犯罪——中公布有关即将采取的强制措施的信息将被惩罚。

此外，本特勒建议在侵害名誉类犯罪(Ehrverletzungsdelikte)的层面上扩充《刑法》第190条(通过刑事判定提供真实性证明)，以对抗公诉机关在诉讼公关中的倾向性言论。为此，他想在条款中插入一句话："如果行为是由公职人员公开地或者向媒体实施的，当被侮辱人被指摘或散布犯某罪之前没有被宣判有罪，视为无真实性证明。"*(Bentele 2016,S. 233 f.)。

---

* 即在定罪之前，只要是公职人员实施的上述行为，均为侮辱行为(没有真实依据)。——译者注

（五）刑事诉讼和警察法的工作组（ASP）关于刑事诉讼中司法媒体工作的法律草案，《刑事诉讼法》第501~504条

2019年春季，刑事诉讼法和警察法的工作组（ASP）提交了关于刑事诉讼中司法媒体工作的法律草案，该法案是在“预防危险法和刑事诉讼法中的当代媒体”研究项目框架内制定的。

该草案拟在《刑事诉讼法》中新增一个关于“媒体工作”的章节（《刑事诉讼法》草案第501~504条），其中首次明确规定了媒体在刑事诉讼中的知情权，并规定了公诉机关向媒体和公众提供信息的细则。

起点是《刑事诉讼法》草案第501条，其中前两款规定了媒体工作的指导原则，并规定检察院和法院有义务提供有助于完成媒体公共任务的信息 146
（第1款第1句），据此必须保持中立性和客观性（第1款第2句），必须尊重无罪推定（第2款第1句），不得损害被告得到有效辩护的权利（第2款第2句）。检察机关根据这一规定采取的行动不一定需要媒体代表的事先请求，也应当允许他们主动开展媒体工作，如果他们认为在个别情况下这对履行媒体的公共职责是必要的（Zöller und Esser 2019，S. 47）。

如果提供信息的目的不能以其他方式实现，并且提供信息的合法利益超过了由于被告人的身份或个别案件的特殊情况而值得保护的主体的利益，则（作为例外）允许提供含有个人数据的信息——包括已经为媒体所知的数据（第3款，第1句和第3句）。第3款第2句列出了权衡利益的标准，这些标准是基于判决为媒体制定的可疑的报告范围的原则[BVerfG NJW-RR 2010，470（473）；BGH NJW 2014，2029（2032）；BGH NJW 2000，1036（1036 f.）]。

关于检察院或法院的决定的信息，只有在相关人员已获取这些信息或以其他方式了解到这些信息后才可提供（第4款）。此外，在侦查程序中，只应提供有关侦查程序开始和结束的信息（第5款第1句）；因此，正在进行的

侦查期间的所谓“讯情预报”(Wasserstandsmeldungen)* 则不应提供,除非侦查措施是公开实施的(第5款第2句)。在媒体积极工作的情况下,这一规定旨在让检察机关有机会通过提供澄清信息,对公开进行的侦查措施的不当表述作出反应(Zöller and Esser 2019, S. 54)。不允许提供关于即将采取的侦查措施的信息(第5款第3句)。

《刑事诉讼法》草案第501条有8款进一步规定了在公开审理中宣读的起诉书部分的披露(第6款),公诉人在审理程序中的发言(第7款)以及媒体要求提供化名判决书副本的权利(第8款)。

根据该草案,检察机关将负责在侦查程序和执行程序中提供信息,其他时候则由受理案件法院的审判长提供信息,另外,检察机关有权在提起公诉后提供信息(《刑事诉讼法》草案第502条第1款)。

147 对于检警双方的关系,《刑事诉讼法》草案第502条第2款规定了警方在移交卷宗给检察院之前拥有提供信息的权力,然而,检察院可以在任何时候决定收回这个权力,并在个别案件中委托——也可随时撤销——警方当局和官员提供信息。含有个人数据的信息的提供(《刑事诉讼法》草案第501条第3款)只能由检察机关提供。

根据《刑事诉讼法》草案第503条的程序规定,媒体原则上有义务以书面或电子方式提交请求,但在紧急情况下可以不这样做(第1款第1句和第2句)。必须遵守平等对待(一视同仁)的原则;不得批准提供独家信息的请求(第1款第3句和第4句)。对于检察院和法院提供的信息,草案规定必须采用书面或电子形式,并进一步规定了存档的义务(第2款)。

《刑事诉讼法》草案第504条根据《石荷州新闻法》第4条第2款中的拒绝理由,编纂了强制性和选择性的拒绝理由,据此,该条款因设立了强制性拒绝理由而比《石荷州新闻法》中的类似条款适用范围更窄。

最后,为了防止税务机关所谓的“泄密”,草案以《税法通则草案》第30

* 比喻周期性地通报案件侦查进展情况。——译者注

条第4款的形式进行了补充，禁止向媒体提供根据《税法通则》第30条第2款获得的信息。

(六)观点小结

到目前为止，检察院和法院的媒体工作一直是在州新闻法规范的基础上进行的，这些规范涉及新闻界对当局的一般信息要求，其中要考虑到法律上没有约束力的《刑事诉讼程序与罚金程序准则》第23条和各州司法部关于司法系统与媒体合作的各自指导方针。

笔者赞同为媒体在刑事案件中的工作建立一个单独的联邦法律基础，作为现有的州新闻法信息要求的特别法(lex specialis)。一方面，它将提供一种可能性，即提供专门针对各州和包括联邦当局在内的刑事诉讼情况的法规，通过这些法规，司法公共关系工作将与媒体的现实情况相一致，被告 *148*
的权利也将得到保护。另一方面，这可以使检察院和法院在处理公共关系工作方面更加标准化，因为就目前对比联邦范围内的情况，公共关系工作差异很大。

由于媒体工作并不限于侦查程序，因此，与达尔普克迈耶和诺伊灵的建议相反，将要制定的条款必须适用于包含执行程序在内的所有刑事诉讼程序。

刑事诉讼法和警察法的工作组(ASP)提出的关于刑事诉讼中的司法媒体工作的法律草案将《刑事诉讼程序与罚金程序准则》第23条的要求以及各州司法行政部门的各种行政法规转化为制定法条款，并根据最高法院的判例——已经为媒体报道作出了规定，例如关于犯罪嫌疑的报道和身份识别报道——在向媒体提供信息的内容方面对刑事追诉机关进行约束。从提高现有法规的效率来看，这种做法是有意义的。

笔者也赞同对检警之间提供信息的责任作出明确规定(《刑事诉讼法》草案第502条第2款至第4款)。它考虑到了《刑事诉讼法》第160条规定的检察院在侦查程序中的程序主权*(Verfahrenshoheit)，并允许根据个案情

---

* 检察机关在刑事诉讼中查清犯罪事实的义务，也包括了客观公正义务。——译者注

况在刑事追诉机关之间灵活分配媒体工作。

与本特勒相比，ASP 草案没有包含任何关于违反《刑事诉讼法》草案第 501～504 条规定的司法媒体信息要求的惩罚条款，这一点也是正确的。类推《德国民法典》第 1004 条临时法律保护，根据新闻法提出的反报道（澄清的报道）请求权（Gegendarstellungsansprüche），以及根据《基本法》第 34 条与《德国民法典》第 823 条第 1 款、第 839 条，《基本法》第 2 条第 1 款与第 1 条第 1 款对侵犯人格权造成的精神损害赔偿请求和损害赔偿请求，这些似乎已经足够了，不但可以作为关系人防卫虚假的、侵犯人格权的司法报道的手段，也可以获得赔偿，从而对实施行为的人起到预防的效果。

由于该草案超出了现有法规的编纂范围，它成为各方激烈讨论和反对的对象。恰恰这一点——即启动对该主题的辩论——也是工作组本身所宣
149 称的目标。媒体以书面或电子方式提交信息请求的义务（紧急案件除外），以及对媒体获取信息请求的相应书面或电子回复（《刑事诉讼法》草案第 505 条第 1 款和第 2 款）被批评为过时、耗时和不实用。为了能够对对方作出评估，明确请求以及相应地提供信息，面对面联系或电话联系是尤其重要的。

《刑事诉讼法》草案第 501 条第 4 款规定，只有在检察院或法院的决定被宣布，当事人收到或以其他方式了解之后，才允许提供有关该决定的信息，但是没有规定关系人在影响媒体获得信息内容方面的参与权。相反，它将《刑事诉讼程序与罚金程序准则》第 23 条第 2 款的规定内容作了普遍化的处理，该规定包含了提供关于提起公诉相关信息的要求。

但是，与达尔普克迈耶建议的增设《法院组织法》第 169a 条第 3 款不同，该草案不包含对关系人听证，甚至不包含在向媒体发布信息前征得关系人的同意。然而，这样的程序要求在绝大多数情况下也是不可行的，因为媒体发问通常是在相当大的时间压力下进行的，而且往往没有足够的可能性与相关人员联系。此外，有了听证权，信息请求权的实施将取决于当事人的合作意愿（Zöller und Esser 2019，S. 51 f.）。

然而，这是在对质权（Konfrontationsrecht）意义上由媒体法学家所要求

的(据波恩的格诺特·莱尔律师2019年5月6日在美因茨科学院介绍法律草案时所说),就此而言,可以期待,由于相关内容的缺失,在关于法律草案的讨论中肯定会遭到相关方面的严厉批评。

六、结论

在现代媒体环境中,检察机关并不是一个真正的媒体参与者——由于其客观性的义务,以及作为侦查程序的主人,而且侦查程序本质上仍然是不公开的,因此它不可能也没有必要成为一个真正的媒体角色。所谓的诉讼公关工具与这一作用不相容。在检察机关的公共关系工作中,并没有它们的空间。

随着刑事诉讼法和警察法的工作组(ASP)提出关于刑事诉讼中的司法媒体工作法律草案,政治界现在首次有了一个对侦查机关和法院的媒体工 *150* 作创设全国性法律规定的坚实工作基础。草案中提出的建议是否会被听取,还有待观察。

参考文献:

Bentele, Christoph. 2016. Zulässigkeit und Grenzen von Litigation-PR durch die Staatsanwaltschaft. Marburg.

Boehme-Neßler, Volker. 2010. Die Öffentlichkeit als Richter? Chancen und Ri siken von Litigation-PR aus verfassungsrechtlicher und rechtssoziologischer Sicht. In Die Öffentlichkeit als Richter? Litigation-PR als neue Methode der Rechtsfindung, Hrsg. Volker Boehme-Neßler. Baden-Baden.

Boehme-Neßler, Volker. 2003. Recht als Theater? Auswirkungen der Fernsehkultur auf das Recht, Zeitschrift Rechtspolitik 2003, 125 ff.

Dalbkermeyer, Birgit. 1994. Der Schutz des Beschuldigten vor identifizierenden und tendenziösen Pressemitteilungen der Ermittlungsbehörden.

Frankfurt a. M.

Delitz, Jürgen. 1986. Pressemitteilungen und Gerichtsberichterstattung: Eine empirische Studie zum Verhältnis von Öffentlichkeitsarbeit und Berichterstattung in Tageszeitungen. Rundfunk und Fernsehen 1986,513 ff.

Eisele, Jörg. 2014. Strafprozessführung durch die Medien. JZ 2014,932 ff.

Fischer, Niklas. 2014. Die Medienöffentlichkeit im strafrechtlichen Ermittlungsverfahren. Berlin.

Friedrichsen, Gisela. 2009. Strafjustiz und Medien - Beobachtungen aus dem Zuschauerraum. In Das moderne Strafrecht in der Mediengesellschaft: Einfluss der Medien auf Gesetzgebung, Rechtsprechung und Forensik, Hrsg. Rode, Irmgard und Leipert, Matthias. Münster, 75 ff.

Haggerty, James F. 2003. In the Court of Public Opinion - Winning Your Case with Public Relations. New Jersey.

Annelies Herzog. 2014. Öffentlichkeits-und Medienarbeit des Strafverteidigers (Litigation-PR). Berlin.

Huff, Martin W.. 2012. Wie kommunikationsfähig müssen Justizbehörden sein? Anforderungen an Fähigkeiten, Fertigkeiten und Ausbildung. In Litigation-PR: Alles was Recht ist: Zum systematischen Stand der strategischen Rechtskommunikation, Hrsg. Rademacher, Lars und Schmitt-Geiger, Alexander. Wiesbaden, 267 ff.

Jarass, Hans D.. 1981. Rechtsfragen der Öffentlichkeitsarbeit - Zugleich ein Beitrag zum Thema Werbung und Recht, Neue Juristische Wochenschrift 1981, 193 ff.

Jerschke, Hans-Ulrich, 1971. Öffentlichkeitspflicht der Exekutive und Informationsrecht der Presse. Berlin.

Karlsruher Kommentar zur Strafprozessordnung, 8. Aufl. 2019. München.

Kottkamp, Julia. 2015. Öffentlichkeitsarbeit von Staatsanwaltschaften in der Mediengesellschaft. Wiesbaden.

Lindner, Franz Josef. 2006. Zum verfassungsrechtlichen Gebot einer justizieIlen Schweigepflicht. In Wieviel Sicherheit braucht die Freiheit, Hrsg. Strafverteidigervereinigungen. Frankfurt a. M. ,349 ff.

Löffler, Martin. 2015. Presserecht: Kommentar zu den deutschen Landespressegesetzen, 6. Aufl. München.

Löwe-Rosenberg, Strafprozessordnung, 26. Aufl. 2010. Berlin.

Mavany, Makus. 2019. Medienarbeit in Strafsachen – ein Thema für den Bundesgesetzgeber!. In Zöller, Mark A. und R. Esser, Hrsg. Justizielle Medienarbeit im Strafverfahren. Baden-Baden.

Meier, Bernd-Dieter. 2004. Auskünfte gegenüber Medien. In Alternativ-Entwurf Strafjustiz und Medien (AE-StuM): Entwurf eines Arbeitskreises deutscher, österreichischer und schweizerischer Strafrechtslehrer (Arbeitskreis AE), 89 ff. München.

Meyer-Goßner/Schmitt, Strafprozessordnung, 63. Aufl. 2020. München.

Mitsch, Wolfgang. 2010. Postmortales Persönlichkeitsrecht verstorbener Straftäter, Neue Juristische Wochenschrift 2010, 3479 ff.

Münchner Kommentar zur Strafprozessordnung, 1. Aufl. 2019. München.

Neuling, Christian - Alexander. 2005. Inquisition durch Information: Medienöffentliche Strafrechtspflege im nichtöffentlichen Ermittlungsverfahren. Berlin.

Rademacher, Lars und A. Bühl. 2012. Die Bedeutung von Litigation-PR im deutschen Rechtssystem: Ergebnisse einer Befragung deutscher Gerichte, Anwälte und Staatsanwaltschaften. In Litigation-PR: Alles was Recht ist: Zum systematischen Stand der strategischen.

Rechtskommunikation, Hrsg. Rademacher, Lars und A. Schmitt-Geiger. Wiesbaden, 243 ff.

Reike, Anna. 2012. Die Rolle der Staatsanwaltschaft in der Mediengesellschaft: Möglichkeitenund Grenzen staatsanwaltlicher Öffentlichkeitsarbeit im Ermittlungsverfahren. Hamburg.

Ricker, Reinhard und J. Weberling. 2021. Handbuch des Presserechts, 7. Aufl. München.

Schmitt-Geiger, Alexander. 2012. Deutschland und die USA: Ist US-amerikanische Litigation-PR auf Deutschland übertragbar?. In Litigation-PR: Alles was Recht ist: Zum systematischen Stand der strategischen Rechtskommunikation, Hrsg. Rademacher, Lars und A. Schmitt-Geiger. Wiesbaden, 57 ff.

Staggat, Werner. 1970. Zur Rechtsgrundlage des Informationsanspruches der Presse. Münster.

Klaus Tolksdorf. 2009. Warnung vor Manipulation. Frankfurter Allgemeine Zeitung vom 04. 02. 2009, S. 21.

Walter, Michael. 2009. Über Medien als Kriminalpolitiker. In Das moderne Strafrecht in der Mediengesellschaft, Hrsg. Rode, Irmgard und M. Leipert. Berlin. 27 ff.

Zöller, Mark A. und R. Esser, Hrsg. 2019. Justizielle Medienarbeit im Strafverfahren. Baden-Baden.

第三编　最新挑战

德国检察机关在追诉具有恐怖主义背景的犯罪方面的新挑战

阿希姆·布劳恩艾森*

一、导论 155

在最近一个阶段的恐怖主义袭击中，受害者人数最多的是 2014 年，全球共计 32,685 人死亡（IEP 2015，S. 2.）。自那之后，受害者的数量一直在减少。西欧的下降幅度为 52%。幸运的是，2018 年德国没有发生相应的死亡事故。

然而，新的威胁正在出现。美国马里兰州的经济与和平研究所（IEP）指出，事实证明，宗教极端团体具有很强的适应力和变革能力。他们接二连三地分裂并形成新的组织和联盟。在 2017 年全球至少造成一人死亡的 169 个恐怖组织中，有 42 个是新形成的，而它们在过去 3 年中没有造成过死亡事件。2017 年最活跃的组织是叙利亚的沙姆解放组织（Hay'at Tahrir al-Sham），其在欧洲却几乎不为人所知。它造成了 176 人的死亡（IEP 2018，S. 22；IEP 2018 Presseportal）。

---

* 阿希姆·布劳恩艾森任职于德国斯图加特总检察院。

欧洲情况的显著改善有以下原因。极端恐怖组织“伊斯兰国”(IS)由于
156 在军事上的失利和在欧洲实施袭击的能力被削弱,已失去其大部分吸引力。反恐(Terrorismusbekämpfung)人员和资源已经增加,监视技术也得到了改进。然而,有趣的是,尽管与恐怖主义有关的死亡人数减少了,但同期欧洲的恐怖事件数量却增加了(IEP 2018 Presseportal)。

在打击国际恐怖主义的复杂环境中,德国检察机关是众多参与者之一。反恐斗争的最前沿是预防或阻止恐怖袭击——这原本是情报部门(Geheimdienste)和警方的业务。检察机关负责刑事追诉。根据传统的刑法理解,他们的贡献始于犯罪发生后,即在整个反恐战略的后期阶段。然而,目前伴随宗教极端恐怖主义的发展,人们对这种源于一般刑法教义学的传统理解产生了动摇。最近,随着 IS 的出现,恐怖主义的形态发生了巨大的变化。因此,检察机关的行动领域已远远进入实际犯罪行为的准备阶段。

二、恐怖主义的变化形式

在 2001 年 9 月 11 日袭击事件影响的基础上,作为对 2003 年美国干预伊拉克的反应,IS 及其他机构相应建立,而这也对西方国家的年轻人产生了特殊的吸引力。从 2014 年起,它控制了伊拉克和叙利亚的大部分地区。不同于早期阶段,对于 IS 而言,政治驱动力被宗教驱动力所取代。IS 的军事力量、控制领土的力量、媒体制作以及收入来源等,直至其覆亡,均超越了人们之前对恐怖组织的认知(Riegler 2017)。

在世界范围内出现的恐怖主义与所谓的“旧恐怖主义”有着根本的不同。“冷战”时期,从 20 世纪 60 年代末左右就可以观察到恐怖主义的国际化,因为“人民战争”(Volkskriegs)的概念最初在巴勒斯坦、阿尔及利亚、西班牙或爱尔兰等地区有限的内战式冲突(bürgerkriegsähnlichen Konflikten)中就已经失败。“解放巴勒斯坦人民阵线”(PLFP)转而尝试劫持客机
157 (Riegler 2017)。与此同时,工业化国家中出现了一种新形式的无政府恐怖

主义。20 世纪 60 年代末，红军旅*（RAF）、红色旅**（Brigate Rosse）和“直接行动”（Action Directe）都是相互联系的小团体。他们把自己看作“先锋”，目的是借助武装斗争来克服过时的、可憎的政治制度。因此，恐怖行动的对象首当其冲的是将要斗争的国家代表——政治家、警察和司法官员或商业领袖（Riegler 2009，S. 73 ff.）。

在过去，恐怖主义的干部组织（Kaderorganisationen）的基地是明确的，这是其主要特征，但在网络结构松散的 IS 恐怖主义时代，世界越来越多地受到个人犯罪者的挑战。在过去，侦查机关可以定期调查他们熟悉的人。现在，像乌尔丽克·迈因霍芙、安德烈亚斯·巴德尔或霍尔格·迈因斯这样的恐怖分子已经转入地下，侦查机关尽管知道这个人，但不知道这些恐怖分子的藏身之处。

IS 还直接通过互联网和社交媒体向全世界的受众展现力量。对于欧洲最近发生的许多袭击事件——巴黎、布鲁塞尔、尼斯、伦敦、柏林和巴塞罗那，承担责任的不再是那些紧密嵌入更大的恐怖组织的行为人。大多数情况下，他们是“圣战”的支持者，或只是与 IS 或基地组织（Al-Qaida）有间接联系的小团体。通常情况下，这种“独狼式”的恐怖分子关心的是如何利用一切机会进行以宣扬宗教极端思想为动机的暴力行动。攻击的手段是刀、卡车或汽车。将日用品改装成武器随意攻击人群，无差别地造成大规模伤亡，这些不再需要长时间的计划。

---

* 红军旅（Rote Armee Fraktion，RAF），是德国的一支左翼恐怖主义组织，主要由安德烈亚斯·巴德尔、古德伦·安司林、霍尔斯特·马勒、乌尔丽克·迈因霍芙等人建立，又称“巴德尔—迈因霍芙帮”。该组织采用乌拉圭“图帕马罗斯”游击队的标记，即五角星内有一把冲锋枪。组织宗旨是“瓦解北约”“动摇帝国主义体系”，其攻击的主要目标是北约机构的设施、美国和德国的军警机构、司法机构，以及政界领导人和经济界代表等。——译者注

** 红色旅（意大利语：Brigate Rosse，常被缩写为“BR”，英文：Red Brigades），意大利极左翼恐怖组织，成立于 1970 年，主要创建者为特伦托大学的一名社会学学生雷纳托·库乔（Renato Curcio）。最初的成员是一些左翼激进的工人和学生。该组织声称它的宗旨是对抗资产阶级，它的标志为一挺机关枪和一颗五角星。该组织最著名的行动之一是在 1978 年绑架并杀害了意大利时任总理阿尔多·莫罗。红色旅已发展成为“政治-军事共产党”（Partito Comunista Politico-Militare），仍被意大利政府认定为恐怖组织并抓捕其成员。——译者注

对于来自右翼的恐怖活动来说,无法看出存在类似的发展变化。至少从理论上讲,想要建立专制秩序的右翼暴力在一次又一次地发生。在德国,1980 年对慕尼黑啤酒节的袭击和 1999 年至 2007 年国家社会主义地下组织(NSU)的阴险谋杀活动非常突出。据联邦宪法保卫局(Bundesamt für Verfassungsschutz)称,右翼恐怖主义近期的发展与圣战恐怖主义的发展趋势之间的一个对比是:如今的潜在犯罪者往往不再在传统的组织中活动。其原因是犯罪者的类型发生了变化:一般是 30 岁左右,男性,而且此前往往不被当局注意。他的世界观往往由各种阴谋论(Verschwö-rungstheorien)组成。
158 仇恨对象主要针对寻求政治避难者和穆斯林。与宗教极端恐怖主义一样,这种激进化已强烈地转移到互联网上(Der Spiegel 13/2019)。此类危险的可悲表现是,2019 年 3 月 15 日,一名 28 岁的年轻人在克赖斯特彻奇/新西兰发动了主动策划的大规模谋杀,50 人死亡,死者主要是穆斯林。

恐怖主义形式的改变给一般的侦查机构,特别是检察官带来了诸多前所未知的挑战。

三、缺少调查的起点

针对恐怖主义,侦查机关往往缺乏切实的调查起点。往往不知道谁会受到攻击。

与过去不同的是,在(政治)进程中,极端现象不再显而易见。相反,像阿尼斯·阿姆里*这样的犯罪者往往匿名在互联网上或通过互联网在社交媒体或清真寺中进行极端行为。而在绑架过程中要求释放被监禁的同伙以借此引发侦查,如 1977 年德国雇主协会主席汉斯·马丁·施莱尔被绑架案,但此类现象也不再出现。对此,伊拉克大主教巴沙尔·瓦尔达在 2016 年用一句“IS 不进行谈判”来描述(Odenthal 2016)。因此,在袭击事件发生后,通

---

* 系“12·19”柏林恐怖袭击事件嫌犯。“12·19”柏林恐怖袭击事件是指 2016 年 12 月 19 日晚,一辆货车突然冲进德国柏林市中心的一座圣诞市集,造成 12 人死亡,55 人受伤。——译者注

常不可能从对被告的审讯中获得任何用于侦查的关联事实。袭击分子的死亡如今也是其战略的一部分。袭击者将自己和尽可能多的受害者一起炸死,或在袭击过程中被警察射杀,亦是计划的一部分,且不被视为不幸的后果。在自杀式袭击的情况下,自然不可能进行审讯。最后,煽动在欧洲进行袭击的恐怖组织的中心位于境外,位于那些没有正常运作的行政和司法机构的地区。此外,还有来自战争地区的回返者(Rückkehrer),他们的身份往往不明确。在过去5年中,超过40,000名"外国战士"参与了叙利亚和伊拉克的冲突,其中10,000人来自欧洲。他们中约有3000人后来回到了欧洲(IEP 2018,S. 62)。

因此,受到威胁的西方国家必须制定战略来处理这种匿名者的威胁问题。此处首先要关切的是尽可能早地识别潜在的犯罪者。

实体刑法中上游犯罪的设定

2001年9月11日对纽约双子塔和华盛顿五角大楼的袭击是基地组织领导人新的全球战略框架中最引人注目的行动。该事件在全世界范围内招致了对基地组织无数的攻击。它导致了激烈的军事干预,并对国际社会致力于反恐产生了影响,至今没有其他事件可与之相比。对德国来说,2001年的"9・11"事件也是为反恐建立全新法律基础的引线。 *159*

此后,德国立法机关开展了大量立法工作,在2001年12月至2017年年底,颁布了——并非详尽无遗——80多部直接或间接旨在改善反恐斗争的联邦法律(Wissenschaftliche Dienste des Deutschen Bundestags 2017)。此外,还有许多对国际法规、各州的警察法和其他州级安全法规的修正案。

修正案规定加强安全机构(Sicherheitsbehörden)体系中的个别制度(例如,2008年12月25日出台的《联邦刑事警察局预防国际恐怖主义危险法》,BGBl. I 2008 S. 3083),对《情报法》进行补充(例如,2007年1月5日出台的《反恐怖主义法补充法》),并为安全机构之间更好的合作创造基础(例如,2006年12月22日出台的《关于建立联邦和各州警方和情报部门联合反恐档案的法案》,BGBl. I 2006 S. 3409)。对于检察机关的工作而言,重要的是建立新的犯罪构成要件,旨在能够在实际犯罪之前的早期阶段追诉和揭露恐怖活动。

1. 根据《刑法》第 129b 条:国外的恐怖组织

作为刑法领域对这一目标的首次反应,德国立法机关在 2002 年 8 月 22 日的第 34 次刑法修正案中,新增《刑法》第 129b 条,其中规定了成立以及加入或支持国外犯罪和恐怖组织的刑事犯罪(BGBl. I 2002 S. 3390)。从那时
160 起,德国刑法也不加限制地适用于欧盟以外的组织。因此,德国刑法的界限得到了广泛的扩展。特别是对于那些在欧盟成员国连一个独立的下属机构都没有的组织——比如基地组织、两河流域基地组织(Al-Qaida im Zweistromland)、革命人民解放党-阵线(DHKP-C)、乌兹别克斯坦伊斯兰运动(Islamische Bewegung Usbekistan),以及恐怖组织迁徙者与支持者军(Jaish al-Muhajirin wal-Ansar)、沙姆军(Junud ash-Sham)、ISIS、IS 等。涉及刑事责任所需的法益,必须通过以下事实来确定:只有当参与行为在德国境内实施,或者行为人或受害人是德国人,或者行为人或受害人在德国境内时,该刑事规范才适用(Fischer 2019, § 129b Rn. 2,3 und 7)。

"一个人眼中的恐怖分子是另一个人眼中的自由战士"(Dillinger 2008, S. 12;Riegler 2017),这句谚语源于"冷战"期间两个阵营的紧张对峙。德国检察官如今又遇到了这种现象。在侦查过程中,经常会出现谁是恐怖分子、谁是自由战士的问题。因为根据德国刑法,往往不容易确定叙利亚或伊拉克的一个组织是否应被列为外国恐怖组织,特别是在具有内战性质的武装冲突中。当涉及诸如自由叙利亚军(FSA)这样的所谓解放运动组织时,情况尤其如此。对于这些其影响主要发生在遥远的国外、可能涉及以外交方式运用刑事司法的犯罪行为,立法者希望阻止将责任转移给检察机关和法院(Fischer 2019, § 129b Rn. 13; Ambos 2016, S. 505 ff.; BTDrucks. 14/8893,8;Dölling et al. 2017, § 129b Rn. 4)。因此,对于与欧盟以外的组织有关的犯罪行为,只有在联邦司法和消费者保护部的授权下,才允许根据《刑

法》第 129b 条第 1 款第 3 句进行追诉。

截至 2018 年 12 月 31 日,联邦司法部共批准了 133 起案件的追诉授权(BTDrucks. 19/9773,S. 26/27;根据《刑法》第 129b 条第 1 款第 3 句意义上的个案授权没有统计进来),例如,2002 年 9 月 18 日针对加入基地组织的成员,2015 年 10 月 13 日针对加入“伊斯兰国”的成员就批准了追诉(BT-Drucks. 18/9779,S. 7 und 8)。对于自由叙利亚军,联邦总检察长于 2013 年 6 月 14 日申请了授权,但随后被联邦司法部拒绝(BTDrucks. 18/9779,S. 4 und 10)。由伊朗支持的真主党(Hisbollah)在德国也很活跃,它有大约 950 名成员,至今也没有获得追诉授权。联邦政府的担忧与其政治考量有关, 161
《刑法》第 129b 条第 1 款第 3 句的授权要求是为政治考量留出了空间。为了以色列的利益,德国在近东地区反复扮演着外交掮客(diplomatischer Makler)的角色。联邦外交部不希望危及这一点(Steinke 2019)。

犯罪构成要件的不确定性,这是学术界对《刑法》第 129b 条的犯罪行为进行广泛批评的依据。除此之外,它还被指责存在恣意,主要针对法定性原则(Legalitätsprinzip)的“系统性违反”和刑法的政治化(Fischer 2019, § 129b Rn. 12 f. ;Bubnoff 2002,S. 2675;Kempf 2006,S. 283,289)。自《刑法》第 129b 条出台以来,美国政府、欧盟以及联邦司法部将决定(不是法律上的,而是事实上的)联邦总检察院可以调查谁,以及谁必须作为政治被告被移送审判(Lorscheid 2012)。

然而,该规范的合宪性得到了慕尼黑地方高等法院的确认(OLG München NJW 2007,2786–2789)。联邦宪法法院和联邦普通法院均未对其提出异议(参见 Heintschel-Heinegg 2019, § 129b Rn. 2–3)。对该规范可以作出一个合宪性解释。联邦宪法法院已经确定,反恐领域事关正当的国家法益保护(BVerfG NVwZ-RR 2004,613;BVerfG NVwZ 1990,151;BGH NStZ-RR 2005,73;NStZ-RR 2006,240)。从法治国的角度来看,通过追诉授权的要求来限制追诉是毫无问题的(OLG München NJW 2007,2786),因为德国刑法对行政机关授权追诉的制度并不陌生(参见《刑法》第 104a 条)。

此外，该条只适用于根据《刑法》第 129、129a、129b 条参与恐怖组织(Beteiligung an der Organisation)的情况，而不适用于追诉在组织框架内犯下的其他境外犯罪行为，如谋杀(Altvater 2003, S. 179, 181)。

学者们对《刑法》第 129b 条的刑事规定的有效性同样持怀疑态度(参见 Plottnitz 2002, S. 351, 353; Heger in Lackner und Kühl 2018, Rn. 1; Krauß 2009, § 129b Rn. 7)。但是如今看来，这显然是一个错误的判断。虽然《刑法》第 129b 条针对的是国外的恐怖组织，但该犯罪构成现在在德国的反恐斗争中发挥着极其重要的作用。在 IS 的活动脱离了叙利亚和伊拉克的实际冲突领域后，以及 2014~2015 年的难民潮将大量人口从那里的危机地区带
162 到西欧后，它的重要性稳步上升。《刑法》第 129b 条的规定是使侦查机关“走在犯罪前面”的核心侦查方法。如果没有该项规定，侦查机关面对当前的恐怖主义现象将是盲目的，因而基本上无法采取行动。

通常，对纯境外案件的侦查是以对现居住于德国的嫌疑人进行侦查为起点。只要具有外国国籍的境外恐怖组织成员或支持者进入德意志联邦共和国境内，就会满足《刑法》第 129b 条第 1 款第 2 句的犯罪构成所必需的法益关联“在德国境内”这一要求。从这时起，可以适用该规范。在大多数情况下，犯罪嫌疑是基于寻求庇护者(Asylsuchende)在自己的庇护程序中向联邦移民和难民局(BAMF)提出的自我指控(Selbstbezichtigungen)。

如果初始嫌疑有《刑法》第 129b 条意义上的参与行为，则可以启动侦查。可以使用《刑法》第 129b 条规定的用于侦查刑事犯罪的所有侦查措施。也包括秘密侦查手段，如监听(Telekommunikationsüberwachung)(《刑事诉讼法》第 100a 条第 2 款第 1 项 d)、提取电信通信数据(Erhebung von Verkehrsdaten)(《刑事诉讼法》第 100g 条)或监视(Observationen)(《刑事诉讼法》第 100h 条)。从这些秘密措施中获得关于嫌疑人在联邦共和国境内计划和准备犯罪的进一步信息，这种情况并不罕见。根据《刑法》第 129b 条进行的侦查为检察机关提供了一种在早期阶段关注当事人的方式。在“意外利润”

(windfall profit)*的意义上,同时可以澄清这个人在德国是否有危险。由于《刑事诉讼法》中规定的“刑事程序的保护性形式”,相关人的权利得到了保障(Kühne in Löwe-Rosenberg 2016,Einl. H 19 ff.)。

联邦刑事警察局的数据显示,2010 年以来,德国侦查机关至少阻止了 13 起在德国的袭击事件(Stern 10. 04. 2019)。该数据仅仅是已被证实的被挫败的袭击数量。实际数量或应更高。根据《刑法》第 129b 条所提供的侦查手段在此方面具有一定作用。2017 年,联邦范围内共有 18 起根据《刑法》第 129b 条定罪的案件(联邦统计局,第 28 页)。2018 年这一数字大幅增加,但仍为两位数。虽然相应的判决数量并不多,但刑事规范不可或缺。

将《刑法》第 129b 条作为剥夺在德国的 IS 代表人员的影响力的手段,典型的例子有:对前伊斯兰活动家斯文·拉乌和萨拉菲主义传教士阿布·瓦拉的刑事诉讼,后者被认为是 IS 在德国最重要的招募者(Wöhler-Khalfallah 163
2018,Nr. 16 d)。2017 年 7 月 26 日,斯文·拉乌因在四起案件中支持外国恐怖组织而被杜塞尔多夫地方高等法院判处 5 年 6 个月有期徒刑(《刑法》第 129a 条第 1 款、第 5 款,第 129b 条第 1 款)(OLG Düsseldorf Az. III-5 StS 1/16)。对阿布·瓦拉的刑事诉讼由策勒地方高等法院于 2017 年 9 月 5 日开始,并从 2017 年 9 月 26 日开始审理(OLG Celle Az. 4 StE 1/17)。现如今,在互联网论坛可以看到,与 2014~2015 年相比,IS 不再发挥突出作用。这也可归功于安全机构及法院对代表性人物的锲而不舍的打击。奥斯纳布吕克的伊斯兰教学者米歇尔·基弗正确指出:“在我看来,这些打击宗教极端主义者的成果在公众认知中总是被忽略。”(Haneke 2019)

2. 严重危害国家的暴力犯罪的预备行为和资助恐怖主义行为

除此之外,2009 年,德国《刑法》第 89a~89c 条引入了准备危害国家的严重暴力行为以及为实施此类行为建立关系和资助恐怖主义的上游犯罪(2009 年 7 月 30 日出台的法案,BGBl. I 2009 S. 2437,2015 年 6 月 12 日出台

* 因特定事件带来的大额收益,超出原本预期,此处指意外或偶然获得关于恐怖分子的犯罪计划。——译者注

的修正案,BGBl. I 2015 S. 926)。例如,这些规定的目标是在伊拉克和叙利亚的领土上打击 IS。与《刑法》第 129b 条一样,这些罪行将可罚性很好地转移到了犯罪前的准备阶段,例如,根据《刑法》第 89a 条第 2a 款,对于离开德国以预备实施危害国家的严重暴力行为的人,即“预备行为的预备”也应受到惩罚。而 2014~2015 年 IS 活动高峰期的经验也表明,此类犯罪构成要件的设立也是立法者明智而有远见的决定(在迪尔和克诺布于 2015 年第 22 期的《明镜周刊》第 42 页中针对刑法规范的适用可能性所表达的疑惑,没有在实践应用中证实)。

随着叙利亚东部最后一个 IS 控制区的丧失和 2014 年宣布的哈里发政权的垮台,《刑法》第 89a~89c 条已经失去了重要性,因为在此期间,IS 支持者出国到战争区事实上已经不再发生。然而,可以确认的是,这些构成要件在 IS 高峰期正是刑法上的打击手段,侦查机关以此阻止那些为了参与战争而决定出国的极端化的 IS 追随者,以及他们向 IS 转移金钱或物资(OLG
164 Stuttgart Beschluss v. 04. 02. 2014, Az. 4 Ws 16/14, BeckRS 2014, 18036),并通过其在重新入境后进行刑事诉讼,以达到一般预防的效果(BGH Beschluss v. 06. 04. 201, Az. 3 StR 326/16, becklink 2007495)。

四、集中化/管辖集中

如果侦查机关没有适当地让实体法工具成为活的法律,那么仅仅引入新的刑事规范作用有限。2016 年 12 月 19 日在柏林市中心的布赖特沙伊德广场发生的破坏性袭击,袭击者阿尼斯·阿姆里致 12 人死亡、55 人受伤,部分人员伤势严重,这对立法机关和当局来说都是一个信号,要求改善和加强联邦国家安全架构的各个层面的合作。因此,德国恐怖主义的历史也是德国法律政策和安全机构不断应对和学习的历史(Haneke 2019)。

1. 联邦立法机关

联邦立法机关通过加强联邦总检察长的地位,在更大程度上集中了刑事诉讼领域的追诉管辖权(2015 年 6 月 12 日出台法案,BGBl. 2015 I S. 925; Schmitt in Meyer-Goßner und Schmitt 2019, § 120 GVG Rn. 3a)。该法加强了《德国法院组织法》第 120 条第 2 款中联邦总检察长的移送管辖权(Evokationszuständigkeit),明确了联邦总检察长在被追诉犯罪行为的国家保护性质尚未确定的侦查初期的管辖权(《德国法院组织法》第 142a 条第 1 款第 2 句),还强化了联邦总检察长在各州检察机关合并处理时出现管辖冲突中的地位(《德国法院组织法》第 143 条第 3 款第 2 句)(BTDrucks. 18/3007, S. 6,10-14)。

2. 德国检察机关"反恐"的新结构概念

由于联邦原则(das föderale Prinzip),联邦层面的立法集中化努力(Zentralisierungsbestrebungen)受到宪法的严格限制(《基本法》第 30 条、第 96 条
第 5 款)。仅仅在这个框架内可能采取的立法措施是远远不够的。因此,德 165
国检察机关在联邦立法机关立法努力的同时,在全国范围内进行了重组,并有针对性地大大加强了网络的形成。新结构概念是由德国州总检察长与联邦总检察长于 2017 年 5 月 23 日在魏玛一致通过的决议发起的(2018 年 4 月 9 日勃兰登堡州总检察长关于建立勃兰登堡州中央国家保护联络和协调中心的通知令中正式提到,v. 15. 05. 2018, S. 42)。

新结构概念由两个要素组成。第一个要素是强化州检察机关和联邦总检察院的联网,以及强化国家安全领域案件在州检察机关层面的管辖集中,目的是促进专业化。第二个要素是针对在警察法上被归类为"宗教极端危险人物"的人,与警察紧密合作。对于新的打击策略更为重要的支柱是柏林-特雷普托联邦和州安全机构的联合反恐中心(GTAZ)。各州的检察机关将更有效、更迅速地参与情报的收集,以及使信息在 GTAZ 间流动,以及从 GTAZ 中获取信息和流向 GTAZ。联网为一致启动跨州合并处理铺平了道路。

联邦 16 个州短时间内在各州政府所在地的总检察院设立了集中和专门的办公室,作为所谓的国家保护中心(Staatsschutzzentren)(汉堡州参议院对

议员 Seelmaecker/CDU 2018 年 1 月 19 日的问询答复中作了简要说明,LT-Drucks. 21/11585,S. 1)。所有与国家保护有关的诉讼程序的相关信息都将在这里以州为单位汇集起来。国家保护中心在州内协调这一领域的刑事追诉,并负责对不同地区或多个州的涉恐犯罪嫌疑人的诉讼,必要时也包括来自一般犯罪领域的诉讼,在合并诉讼中一起处理。国家保护中心通过 GTAZ 的连接点——即联邦总检察长和各州刑事警察局——确保从 GTAZ 向州检察机关快速和可靠地传递情报。同时,相对于各州检察院,联邦总检察长在恐怖主义领域的刑事诉讼中承担了比此前更核心的协调职能。这一点非常
166 重要,因为它确保了——特别是在所谓的"高风险人群"的情况下——良好的协调(Sehl 2019)。

将一个人归类为"宗教极端危险人物"是根据预防性的警察法进行的(关于危险的概念,参见 Barton/Fischer/Jahn/Park,2018,S. 24;以及联邦政府于 2006 年 11 月 20 日作出的《一周书面问答》第 6 页,http://dipbt. bundestag. de/dip21/btd/16/035/1603570. pdf;另参见 Ruthig in Schenke et al. 2019, § 56 Rn. 5,6;Wartenphul 2017,423,424;Brodowski et al. 2017,S. 8 f.)。分类决定(Einstufungs-entscheidung)的目的不是刑事追诉。检察机关不参与该决定。因此,总检察院的国家保护中心在新结构概念框架内,就被他们列为"危险人物"的人方面,加强了与各州刑事警察局的合作并使其制度化。其目的是全面、快速和持续地交流关于这些人的信息(所谓的"风险管理")。通过对司法信息来源,尤其是登记信息的评估,国家保护中心搞清楚是否有理由在检察机关一级启动措施,以便进行适当的诉讼。这里的重点还在于,如果在不同的检察院对其进行诉讼,对被归类为危险人物的人是应该启动侦查程序,还是应该将其纳入合并诉讼(关于法律依据,参见 Griesbaum und Wallenta 2013,S. 376;Schmitt in Meyer-Goßner und Schmitt 2019, § 147 GVG Rn. 1)。

在德国,近 100%的涉恐犯罪嫌疑人在其生平至少都犯过轻度或轻微罪行,其中至少 70%的行为是暴力犯罪(IEP 2018,S. 61)。

五、技术发展的后果

除了确保尽可能理想的合作，检察机关必须对下述行为作出反应：一是对新技术发展带来的具体要求，二是对恐怖主义国际化带来的，此前并不为人所知的人员快速流动的能力。

潜在犯罪者的流动性对恐怖主义诉讼中侦查措施的性质和范围产生了
重大影响。如今侦查机关几乎无一例外地被迫面临着需要翻译的情况。在 167
关于被怀疑是 IS 成员或支持 IS 的诉讼中几乎都是阿拉伯语。许多情况下，由于德国侦查人员不熟悉某些术语使用的文化背景，所以无法对翻译文本进行归类。这就是为什么在电信监听措施中积累的聊天信息、文本和图片必须由伊斯兰学者进行另外的解释和分类。对存储在被扣押的电脑、移动电话、外部数据存储设备或云端的数据进行评估也是如此。

在这种情况下，公开和秘密侦查中获得的大量数据材料也成为一个问题。数据量在千兆字节范围内是标准的。在数据运营商那里，数据量高达五到六位数的聊天信息以及一个或几个 TB 的文本、图片和视频也并不少见。

数据收集和数据评估也需要花费大量人力和时间。数据量的不断快速膨胀——不仅是在反恐方面——是检察机关未来面临的问题之一。有些数据量超过了人类掌控的范围。到目前为止，还没有令人满意的解决方案。投资于人工智能支持的分析软件也无济于事。检察院决不能把这个问题留给大型律师事务所（Anger in Handelsblatt 2019）。

必须找到方法，使侦查机关不会因为技术变革而失去反恐的必要信息来源。随着 2021 年 5G 移动通信标准的引入，有人担心会产生信息源重大损失。主要是因为该标准计划对所有通信内容进行端对端加密，这将导致今后电信监控在法律上虽然仍然是允许的，但在应用中不再产生任何结果，因为电信服务提供商根据《刑事诉讼法》第 100a 条和《电信法》第 110 条转发给侦查机关的加密内容无法被解密。因此，侦查机关将不再能够做他们在法律上被允许做的事情。2017 年在法律上引入的源头电信监控（Quellen-Telekommunikationsüberwachung）和在线搜索（《刑事诉讼法》第 100a 条第 1 款第 3 项第 2 句、第 3 句，第 100b 条）并非替代者，因为技术上的花费无可估量，而且由于与电信监控相比对基本权利的侵犯明显更大，其应用必须限于绝对的例外情况（2017 年 8 月 17 日《关于有效及实用配置刑事诉讼的法
168 案》，BGBl. I 2017 S. 3202）。因此，在 2019 年 5 月 28 日的一项决议中，州总检察长们和联邦总检察长呼吁联邦立法机关，如果符合《刑事诉讼法》第 100a 条的要求，应规定网络运营商有法律义务交出未加密的通信内容，从而确保电信监控这一调查手段能够及时避免损失［司法部部长会议 2019 年 6 月 5/6 日在 TOP II. 3. 下通过了相应的决议《在引入第五代移动电话（5G）时确保电信监控的可能性》］。

六、小结

鉴于恐怖主义形态的变化，无人能绝对肯定，安全机构能够在早期阶段即发现所有正在策划的恐怖主义行动。然而尽管仍然存在抽象的危险，但自 2001 年 9 月 11 日的袭击以来，德国的安全架构已经得到了根本性的改善。新的反恐战略现在也在检察机关的层面上生效。

立法者作出了及时和正确的反应。同时，检察机关优化了他们的合作结构。他们也从柏林市中心的布赖特沙伊德广场袭击事件中吸取了教训。2018 年 6 月 20 日，欧洲反恐中心（ECTC）负责人曼努埃尔·纳瓦雷特在欧洲议会内政委员会上对安全机构致力于更有效反恐发表了评论："恐怖分子的计划被更早发现，因为情报部门和警察的工具被更精确地使用。"（Europäisches Parlament Aktuelles 2018）。应该补充的是，德国检察机关正在以新的方式作出贡献，以便始终在法治国的前提下，更准确地使用这些工具，这并非徒劳无益。

目前,德国检察机关面临的最重要挑战是防止极端边缘人群的相互聚集,即所谓的共同激进化(Ko-Radikalisierung)(Logvinov 2017,S. 89-95)。为此,必须使新的合作机制具有长期可持续性,并迅速适应不断变化的趋势。同时,必须防止电信监控领域至关重要的侦查手段失效,必须迅速找到 169
如何处理大数据存储技术革命伴生问题的答案。

参考文献:

Altvater, Gerhard. 2003. Das 34. Strafrechtsänderungsgesetz - § 129b StGB. Neue Zeitschrift für Strafrecht 2003,179-184.

Ambos, Kai. 2016. Die Verfolgungsermächtigung i. R. v. § 129b StGB Notwendige Berücksichtigung völkerrechts-und außenpolitischer Interessen bei mangelnder Berücksichtigung humanitärvölkerrechtlicher Wertungen? Zeitschrift für Internationale Strafrechtsdogmatik(ZIS)2016,505-518.

Anger, Heike. 2019. Legal Tech: Wenn die Großkanzlei zum „Lab" wird. Handelsblatt vom 03. 06. 2019. https://www. handelsblatt. com/politik/deutschland/digitalisierung-legal-tech-wenn-die-grosskanzlei-zum-lab-wird-/24415208. html? ticket = ST - 1178168 - 0GdnYesNAS7iCocPFHeH - ap5. Zugegriffen:10. 06. 2019.

Brauneisen, Achim. 2018. Sammelverfahren gegen Gefährder? In Festschrift für Reinhold Schlothauer zum 70. Geburtstag. Hrsg. S. Barton, T. Fischer, M. Jahn und T. Park, 17-27. München: C. H. Beck.

Brodowski, D. , M. Jahn und C. Schmitt-Leonardy. 2017. „Gefahrenträchtiges Gefährderrecht." Zeitschrift für das Gesamte Sicherheitsrecht 1/2017,7-11.

Statistisches Bundesamt (DESTATIS). 2018. Rechtspflege, Fachserie 10, Reihe 3 Strafverfolgung 2017. https://www. destatis. de/DE/Themen/Staat/

Justiz-Rechtspflege/inhalt. html#sprg235918. Zugegriffen:18. 05. 2019.

Der Spiegel. 13/2019. Lücken bei der Überwachung rechtsextremer Terrorverdächtiger. Vom 23. 03. 2019: http://www. spiegel. de/politik/deutschland/verfassungsschutz-luecken-bei-ueberwachung-rechtsextremer-terrorverdaechtiger-a-1259191. htm. Zugegriffen:28. 03. 2019.

Diehl, J. , und M. Knobbe. 2015. Terrorhilfe mit Blaulicht. Der Spiegel 22/2015, 42.

Dillinger, Johannes. 2008. Terrorismus-Wissen was stimmt. Freiburg, Basel, Wien: Herder.

Dölling, D. , G. Duttge, S. König und D. Rössner. 2017. Gesamtes Strafrecht. Sinzheim: Nomos.

dpa. 2018. Prediger Abu Walaa gab laut Kronzeuge grünes Licht für Anschläge. RP Online 04. 12. 2018: https://rp-online. de/panorama/celle-kronzeuge-belastet-abu-walaa_aid-34908733. Zugegriffen:12. 04. 2019.

dpa. 2019. BKA verhinderte in den vergangenen neun Jahren wohl 13 Anschläge in Deutschland. In Stern vom 10. 04. 2019: https://www. stern. de/politik/deutschland/bka-hat-seit-2010-wohl-13-anschlaege-in-deutschland-verhindert-8661236. html. Zugegriffen:02. 06. 2019.

Europäisches Parlament. 2018. Terrorismus in der EU: Anschläge, Todesopfer, Festnahmen. http://www. europarl. europa. eu/news/de/headlines/security/20180703STO07125/terrorismus-in-der-eu-anschlage-todesopfer-festnahmen. Zugegriffen:02. 06. 2019.

Fischer, Thomas. 2019. Strafgesetzbuch mit Nebengesetzen. 66. Aufl. München: C. H. Beck.

Griesbaum, R. , und F. Wallenta. 2013. Strafverfolgung zur Verhinderung terroristischer Anschläge - Eine Bestandsaufnahme. Neue Zeitschrift für Strafrecht, 369-379.

Haneke, Alexander. 2019. Die Saat der Salafisten. Frankfurter Allgemeine Zeitung 11. 06. 2019.

IEP, Institut for Economics & Peace. 2015. Global Terrorism Index 2015. Maryland/USA. http://economicsandpeace. org/wp - content/uploads/2015/11/Global-Terrorism-Index-2015. pdf. Zugegriffen: 02. 06. 2019.

IEP, Institute for Economics & Peace. 2018. Global Terrorism Index 2018. Maryland/USA. http://visionofhumanity. org/app/uploads/2018/06/Global-Peace-Index-2018-2. pdf. Zugegriffen: 02. 06. 2019.

IEP, Institute for Economics & Peace, Presseportal. 2018. Global Terrorism Index 2018. Maryland/USA. https://www. presseportal. de/pm/115291/4134511. Zugegriffen: 02. 06. 2019.

Kempf, Eberhard. 2006. Strafrecht goes global. In E. Kempf, G. Jansen und E. Müller, Hrsg., Festschrift für Christian Richter II, 283 - 300 Sinzheim: Nomos.

Krauß, Matthias. 2009. In Leipziger Kommentar zum StGB. Hrsg. v. H. W. Laufhütte, R. Rissing - van Saan, K. Tiedemann. 12. Aufl., Berlin, New York: Walter de Gruyter.

Kühne, H. H., K. H. Gössel, K. Lüderssen und M. Jahn. 2016. Die Strafprozessordnung und das Gerichtsverfassungsgesetz: StPO. In Löwe-Rosenberg, EINLEITUNG. Hrsg. J. P Becker, V. Erb, R. Esser, K. Graalmann-Scheerer, H. Hilger und A. Ignor. 27. Aufl. Berlin; New York: Walter de Gruyter.

Lackner, K. und K. Kühl. 2018. Strafgesetzbuch. 29. Aufl. München: C. H. Beck.

Logvinov, Michail. 2017. Salafismus, Radikalisierung und terroristische Gewalt. Springer VS, Wiesbaden.

Lorscheid, Helmut. 2012. „Der Paragraph 129 b und die Rechtsstaatlichkeit." Heise Online 04. 09. 2012. https://www. heise. de/tp/features/Der-

Paragraph-129-b-und-die-Rechtsstaatlichkeit-3395432. html. Zugegriffen: 30. 05. 2019.

Meyer-Goßner, Lutz und Schmitt, Bertram, 2019. Strafprozessordnung mit GVG und Nebengesetzen. 62. Aufl. München: C. H. Beck.

Odenthal, Björn. 2016. „Der IS verhandelt nicht." katholisch. de vom 20. 09. 2016. https://www. katholisch. de/aktuelles/aktuelle-artikel/der-is-verhandelt-nicht. Zugegriffen: 24. 05. 2019.

Riegler, Thomas. 2017. Terrorismus-damals und heute. https://thomas-riegler. net/2017/10/23/terrorismus-damals-und-heute/. Zugegriffen: 10. 02. 2019.

Riegler, Thomas. 2009. Terrorismus. Akteure, Strukturen, Entwicklungslinien. 1. Aufl. Innsbruck: Studienverlag.

Schenke, W-R., K. Graulich und J. Ruthig. 2019. Sicherheitsrecht des Bundes. 2. Aufl. § 56BKAG. München: C. H. Beck.

Sehl, Markus. 2019. Generalbundesanwalt zur terroristischen Bedrohungslage-Neues Referat übernimmt „Gefährdermanagement". Legal Tribune Online vom 18. 01. 2019. https://www. lto. de/recht/justiz/j/generalbundesanwalt-terrorismus-islamistisch-gefaehrder-rechts-links/. Zugegriffen: 18. 04. 2019.

Steinke, Ronen. 2019. Warum Deutschland die Hisbollah nicht als terroristische Vereinigung einstuft. Süddeutsche Zeitung vom 31. 05. 2019: https://www. sueddeutsche. de/politik/deutschland-hisbollah-terror-1. 4468055. Zugegriffen: 02. 06. 2019.

v. Bubnoff, Eckhart. 2002. Terrorismusbekämpfung-eine weltweite Herausforderung. Neue Juristische Wochenschrift, 2672-2676.

v. Heintschel-Heinegg. 2019. BeckOK StGB. 41. Edition. Stand 01. 02. 2019.

v. Plottnitz, Rupert. 2002. § 129 a StGB: Ein Symbol als ewiger Hoffnungsträger. Zeitschriftfür Rechtspolitik,351–354.

Wartenphul, Nicole. 2017. Der „Gefährder“: Wer ist das? Juris Die Monatszeitschrift 11/2017,423–426.

Wissenschaftliche Dienste des Deutschen Bundestags. 2017. Maßnahmen des Bundes zurTerrorismusbekämpfung seit 2001. WD 3–3000–037/17.

Wöhler–Khalfallah. 2018. Islamischer Staat im Irak und in Syrien(ISIS). In Möllers Wörterbuch der Polizei. 3. Aufl. München: C. H. Beck.

检察机关和全社会的刑事追诉

赫尔穆特·芬夫辛*

173 ## 一、全社会预防犯罪的理念

无论在犯罪学、刑事侦查学、刑事政策还是在刑罚理论的领域，预防思想都不是一个新概念。这个概念在20世纪的刑法中已经成为主旋律，但是最早的表述可以追溯到17世纪末。预防思想导致了两个重要的刑罚理论的产生，现在在《刑法》第46条以下有关量刑的规定中还可以看到。费尔巴哈创立了以心理强制说(Feuerbach 1799/1800, § 8 ff.)而闻名的一般预防理论。在刑法理论的发展过程中，30年之后，李斯特强烈反对由康德和黑格尔奠定基础的绝对刑罚理论，并要求刑法明确面向特殊预防，即追求犯罪分子的再社会化以及保护社会免受犯罪分子的侵害(von Liszt 1905, S. 64 ff.)。在他看来，刑罚是通过压制实现预防。与此同时，他开启了关注刑法之外领
174 域的视野，指出良好的社会政策就是最好的、最有效的刑事政策(von Liszt 1905, Aufsätze und Vorträge, S. 246.)。

如此一来，就产生了跨部门的预防犯罪理念和将关注重点置于犯罪发

* 赫尔穆特·芬夫辛是德国黑森州政府严重暴力犯罪和恐怖袭击受害者专员，任职于黑森州司法部。

生之前的阶段。据目前所见,预防犯罪作为德语文献中的概念到 1970 年才出现(Jehle 1996, S. 13 m. w. N)。很明显,这里继受了英语"犯罪预防"(crime prevention)的术语,截至当时,该术语在美国及国际上早就已经确立了(Jehle 1996,S. 14)。不过,它通常与"犯罪控制"(crime control)联系在一起(Jehle 1996,S. 14)。所以,在犯罪学中谈论的是刑法的社会控制,它是全面社会控制的一个特定部分,比如,被定义为国家和社会的活动、策略、制裁,目的是在刑法保护的规范领域内使行为合规(Kaiser 1988,S. 224)。

就此而言,预防犯罪的概念明显超出了所谓的刑事司法体系的视野,因为它特别包括了犯罪发生之前的阶段以及非刑事的措施(Jehle 1996,S. 15;全面的分析参见 Rössner 1996,S. 203)。所有预防的方法共同之处在于,认为在演变为犯罪之前,应当尽可能早地识别错误动向以及风险,并施之以干预(Jehle 1996,S. 15)。更进一步的行动是,形塑不同的生活范围以及社会关系,尽可能消除犯罪成因。区别于刑事追诉,预防犯罪不仅仅是国家的事,更多需要引入社会力量与更多专业领域(Jehle 1996,S. 15)。除此之外,犯罪预防还需要一个跨部门的视角,克服传统管辖的条条框框,以使司法、内政、青少年、社会、卫健、住建、交通等部门共同致力于犯罪预防(Fünfsinn 1996,S. 111 und 114;alle Schwind et al. 1980)。

二、全社会预防犯罪的组织形式

(一)州预防犯罪委员会——黑森州模式

"预防犯罪专家委员会"的成立可以追溯至 1992 年 6 月 23 日的内阁决议。这一内阁决议采纳了黑森州司法部前专家委员会的建议,该委员会在 175
1989 年 12 月《给黑森州司法部部长的刑事政策报告》中提出,预防犯罪只有"离开内政及司法政策的笼子,才能成功地对所有社会政治上的重要机构产生影响"。因此,该委员会建议在州层面上设立一个预防委员会。

在设立黑森州预防委员会时,自然参考了斯堪的纳维亚和英美地区的经验,这两个地方当时都设立了预防委员会,也评估了石勒苏益格-荷尔斯泰因州预防委员会的卓有成效的工作(Jäger 1996,S. 121 ff.)。现在有 13 个联邦州设立了州预防委员会,其他各州的预防工作大多通过州刑事犯罪警察局进行协调(Schreiber 2007,S. 24;Kube 1996,S. 133 ff.)。在萨尔州,成立了“州预防行动研究所”(详情参见 https://www.saarland.de/lph.htm. 主页内容由该州社会、健康与妇女、家庭部发布)。对于本文讨论的主题,值得关注的是,黑森州预防犯罪委员会从一开始就由州司法部领导,而下萨克森州与北莱茵-威斯特法伦州(简称北-威州)则中间才交由司法部领导,其他各州由州内政部负责管理。将专家委员会的控制权交由很少参与各类行政给付、因此“中立”的黑森州司法部,目的是不突出对个别部门的要求,而是考量跨部门的联系(Fünfsinn 1996,S. 114)。

近 30 年来,州预防犯罪委员会的设立与多样化犯罪预防的确立与扩大协同推进,特别与乡镇预防犯罪理念(Kommunalen Kriminalprävention)、乡镇预防犯罪的网络化同向而行。随着州预防犯罪委员会的成立,该理念得以扩张,这一方法的重要性也得到了政治层面的支持。在其职能上,州预防犯罪委员会是政治、行政、预防、经济之间的桥梁,由此也成国家行动与市民社会活动的交接点与中间人。它的任务之一,是将预防犯罪的各方聚合在一起。

在黑森州,全社会预防犯罪的扩张导致了组织形式的变化。自 2001 年以来,对该委员会的领导就成为司法部刑事部的一部分,在预防工作中得到
176 了该部负责人(Referatsleitungen)的广泛支持。刑事部负责人在州预防委员会个别工作主题与其部门职责接近的时候,予以指导、领导州预防犯罪委员会工作组的工作,或者参与其中。就交叉问题,如对老年人犯罪的预防(Fünfsinn 2015,S. 85 ff.),所考量的东西明显比实体刑法的个别问题要更为开放,比如就街头涂鸦,刑事部负责人只被问及实体刑法的问题。除此之外,预防犯罪委员会的工作组还得到了检察官、法官的支持,他们对于所涉及的现象,比如青少年犯罪、家庭暴力或者毒品成瘾问题贡献了自己的司法

经验。

(二)德国预防犯罪论坛

根据州预防犯罪委员会的经验,除了众多的乡镇及州级(kommunalen und landesweiten Präventionsaktivitäten)犯罪预防活动之外,通过设立"德国预防犯罪论坛"(DFK)来加强这一领域的经验网络,以及探索新举措,这符合相关逻辑(Jehle 1996,S. 29 ff.)。更重要的是,在整个欧洲范围内,也存在很多预防犯罪机构,并且正在实施大量的预防犯罪项目。从这个角度来看,2001 年联邦政府、各州以及商业企业成立的德国预防犯罪基金会是对以往预防活动的有效补充,同时也是在全社会建立一个常设的、全职的(专家)预防犯罪机构的尝试(Fünfsinn 2004,S. 169,171)。

(三)德国预防犯罪大会

德国预防犯罪大会(DPT)于 1995 年创设,是专门为预防犯罪工作而成立的全国性年度大会,目的是广泛讨论整个社会的预防活动,并向一些感兴趣的公众普及相关知识。这提供了一个实践的论坛,保障了广泛的国际经验交流,并提供了讨论实施策略的机会,以及制定和提出对实践、政治、行政和科学的建议。

(四)国家预防犯罪中心 *177*

本领域的另外一个基石是国家预防犯罪中心(NZK)。该中心于 2015 年设立,2016 年开展工作,旨在提供关于预防犯罪的科学知识,无论在法律上还是在管理上,都依托德国预防犯罪基金会。此外,还与设在威斯巴登的犯罪学中心(KrimZ)存在工作上的交叉。在国家预防犯罪中心,要求进行特殊估算与评价。还要发展出一些标准,如怎样将有效的预防理念更快地转化为实践。目前国家预防犯罪中心尤其关注极端主义的若干问题,其中就有左翼、右翼以及宗教动机引起的极端化(Kahl 2015,S. 3 ff.)。

(五)乡镇的预防犯罪委员会(Kommunale Präventionsräte)

自 20 世纪 90 年代开始,在很多联邦州几乎都建立了地方的预防犯罪委员会。就像我们所看到的,它们获得了州预防犯罪委员会的支持。比如,形成了如下理念:任何人、任何机构,因为他们自己的关切或自己——经常是志愿的——投身其中,从而获得了参与预防犯罪的特殊利益与可能性,对此,也应该被给予有效组织的机会(Schreiber 2007, S. 7 m. w. N.; Heinz 1996, S. 55 ff.)。这样一来,乡镇预防犯罪呈现出了三个基本特征:地方导向、跨部门网络以及公民参与。地方导向基于以下观察,多数的犯罪分子在居住地实施犯罪行为(Steffen 2005, S. 155, 157)。因此,乡镇作为首先的预防犯罪活动场域便凸显出来。跨部门网络是指要立即从不同角度查明特殊的行动要求并派出有特定职权的人(Schreiber 2007, S. 8)。就公民参与而言,人们普遍认为,只有公民对自己的安全负起责任并投身其中,才能保证预防工作有效开展(Doll 2002, S. 23; Heinz 1996, S. 110)。公民可能担当测
178 震仪的角色,通过记录对犯罪情况感知的变化锁定犯罪行为的重点所在(Schreiber 2007, S. 8)。

三、组织结构的影响

在上述第二部分中所述的组织形式的成效是显而易见的,至少在参与黑森州预防犯罪委员会工作小组的组织方面,以及在黑森州司法部刑事部门的指挥方面,特别是在检察院的实际工作方面:上述个别预防犯罪机构所致力解决社会问题的认知,在更大的工作范围内被当作了个别司法部刑事部和刑事司法系统工作的事实基础。这种方式可能导致有意义的简化处理。法律问题的现实关联性不再必须通过实证研究来澄清,遗憾的是这种情况从未真正出现过。在我看来,虽然以后、也包括这里,只能通过日常生活经验遏制日益增多的抛弃实证保障的做法,然而,预防犯罪思想相关的稳固结构就蕴含在经验保障之中。因此,应将日常生活经验理论置于一个广泛的事实基础之上。

此外,那些在预防犯罪个别领域工作的机构,特别是非国家机构,明显

更容易与司法部或检察院建立起联系，例如就检察官而言，主要是处理与上述主题领域相关——家庭暴力、青少年犯罪、毒品犯罪等——案件的特别部门的检察官，从而可能发挥更强的影响。这种更直接的沟通形式的效果，下面会借助个别的例子来加以说明。

四、全社会预防犯罪对检察工作的影响

除了在其他地方（Fünfsinn 2013，S. 199，207 ff.）、特别以反暴力法和所谓“跟踪”的立法为例子所阐明的以外——在这些领域，全社会预防犯罪发挥了影响，甚至影响到了立法——全社会预防犯罪当下对实践的重要影响，焦点在检察工作上面。对此，应考虑开头所提到的那些现象，以便在黑森州 179
经验的基础上阐明，在全社会预防犯罪的共同愿景意义上，压制与预防相互结合的可能性。

（一）家庭暴力

在家庭暴力的问题领域以及其他的犯罪领域，刑事追诉机关与预防犯罪机构之间存在着富有意义且持久的合作，这在黑森州已是悠久的传统。

从检察机关的视角来看，出发点是设立特别管辖的部门，这同时也是与当地乡镇建立网络的联结点。多年前，黑森州的检察院就成立了“家庭暴力”专门部门，为了在家庭暴力犯罪领域针对多样化的犯罪形式由专业化的人员提供相应的办理方式。他们还参加“反家庭暴力的圆桌会议”以及其他跨学科的活动，为它们提供司法的经验。这种专业化的形式无论从压制还是预防的角度看，都是卓有成效的。

从预防的角度看，对于相关参与主体和机构建立网络的关键出发点是在黑森州司法部设立的“州反家庭暴力协调中心”。至少在黑森州，州反家庭暴力协调中心的理念与全社会预防犯罪的理念是密切联系的，具体来说，是从州预防犯罪委员会发展出来的。该协调中心的工作以预防犯罪为目标，它把以被害人保护为主的刑事政策目标与妇女工作的绝大部分成果结

合了起来(Bell und Fünfsinn 2007,S. 7 ff.)。

州预防犯罪委员会的"家庭中的暴力"工作组,从一开始就由司法、内政、社会工作等相关部门以及检察院、负责乡镇妇女办公室的州级统筹机构、咨询机构派员参加,该工作组受委托制定打击家庭暴力的州级行动计划
180 (Bell und Fünfsinn 2007,S. 7)。工作组所编制的行动计划由黑森州内阁会议于2004年11月29日审议通过。其目标规定如下:

"通过州行动计划,黑森州基于国家责任,加强对家庭暴力的预防工作,采取措施保护及帮助被害人,对家暴分子实施干预。对于已经发生家庭暴力的情形,黑森州致力于采取长效措施,堵塞既有漏洞。在反家庭暴力的地方工作中,黑森州相关公共机构和志愿人士组成的网络经受住了考验且卓有成效。州行动计划要促进完善区域架构。"

州行动计划的一个核心要求是建立州反家庭暴力协调中心,该中心将在州行动计划的实施中发挥重要协调作用。随后,州反家庭暴力协调中心于2006年2月1日在黑森州司法部设立。在司法部,该中心被并入刑事部门,并与州预防犯罪委员会的"家庭中的暴力"工作组建立工作联系。

在值得关注的具体行动项目中,特别鼓励跨学科合作,如以反家庭暴力圆桌会议的方式,也重视对所有负责相关工作的专业人士的培训。与乡镇反家庭暴力圆桌会议的合作恰恰是州协调中心的核心工作。黑森州反家庭暴力协调中心的构造(Bell und Fünfsinn 2007,7,10)与其他州的预防犯罪委员会整体非常相似,这些委员会与地方的预防小组协调行动,鼓励将预防犯罪工作作为这些小组的主要任务。同时,"家庭中的暴力"工作组也编制了第二个行动计划,该计划于2012年9月12日获得内阁会议批准。

(二)青少年犯罪

在青少年刑法领域(Eisenberg 2018, § 2 JGG Rn. 5 ff.)以及所有防止
181 青少年犯罪的努力中,很清楚地展现了压制与预防的结合。关于跨机构合作的可能性,也包括处于核心位置的检察机关,下面将借助一个有说服力的

例子来说明，这个例子想以理想的方式实现全社会的预防犯罪，即青少年权利之家（Haus des Jugendrechts）。基于 1999 年 6 月 1 日在斯图加特的巴特-坎斯塔特地区开始的青少年权利之家项目，一些模型已经被研发出了，这些模型旨在化解现实当中国家对于青少年的犯罪或社会扰乱行为的反应经常不协调且伴有重大延迟的问题。

通过建立青少年权利之家，优化了跨部门的协作，以支持快速、彻底地处理青少年刑事诉讼，办案期限也得以缩短，此举经由警察、检察、少年协助机构（Jugendhilfe）在空间上的聚合才能实现。因此，目标是达成国家机关之间快速、统一的反应，并用尽不仅在《少年法院法》中，而且也在比如儿童福利法和青少年福利法（《社会法典》第八部分）中规定的所有手段（Abschlussbericht 2008，S. 7）。

该模式无可置疑的优势是整体缩短了办案的时间。警察在收到案件后，直接转送检察机关，在检察机关办理。同时，向少年法院协助机构（Jugendgerichtshilfe）通报相关情况。由此，在警察与检察机关之间的邮寄往来流程就省略了。如有必要，每一个参与的机关都可以在直接磋商与讨论现状后在其职权范围内作出反应。有所帮助的是，该模式令参与方对每个伙伴的工作方式、特殊的法律与实际问题以及各自特性明显增进了相互理解。需要注意的是，不得混淆各自的工作范围。与那些普通部门相比，青少年权利之家要办理更少的案件数量，这有助于程序提速与提升质量。另外一个优势是，通过尽早沟通信息实现工作优化。所以，在检察机关就能确定落实《刑事诉讼法》关于集中审理的规定（第 154、154a 条）的方向，按照《刑事诉讼法》的相关规定，审前程序（Ermittlungsverfahren）的指挥也由其接管。通过将更高比例的工作时间用于预防犯罪，与当地学校、青少年保护机构、无固定工作场所的工作者、社会志愿工作者的联系从而大幅改善了。

检察机关的相关负责人到区法院支持公诉，这一原则是一个优势，它向
被告人或被指控人传达了有人正在关心其福祉及存在的问题。与该优势相 182
伴而生的明显的高成本，比如人员以及物资、适当的场所等，将通过长期的

成本支出减少来冲抵,即青少年犯罪的减少。

在黑森州,继2010年威斯巴登青少年权利之家、2011年法兰克福—高地青年权利之家和2015年法兰克福—北部青少年权利之家开幕之后,现在议会党团协议(黑森州联盟协议,第20个立法周期,第3004行以下)规定,要在整个黑森州实施青少年权利之家。奥芬巴赫青少年权利之家刚刚开业,法兰克福—南部的另一家青少年权利之家已筹备完毕,法兰克福—中东部以及卡塞尔和哈瑙的青少年权利之家已经开始计划建立。对乡村地区则设计了虚拟的青少年权利之家,其示范意义可以从富尔达的试点项目中了解到。其目的是促进乡村地区参与少年刑事诉讼的所有机构之间的深入联网和加强合作。目前,"21岁以下特别突出的犯罪嫌疑人"和"多次/密集实施犯罪的嫌疑人"已经被纳入于相关概念当中。通过量身定做的教育措施,应当能够阻止21岁以下特别突出的犯罪嫌疑人变成多次/密集实施犯罪的嫌疑人。为此,一个特殊的干预方式是采取监控与照顾相结合的方法,力图通过及时的制裁,特别是通过犯罪人与被害人冲突调处(TOA)来阻止青少年继续堕落。只有网络协作良好运转时,国家机构,即警察、司法、学校、青少年福利部门等的特殊措施才能协调一致。

在青少年权利之家中,犯罪人与被害人冲突调处具有特别重要的意义,它在行为人与被害人之间启动一个沟通程序,追求通过赔偿被害人物质损害与非物质损害来达成目标。对于青少年和甫长成的行为人(少年和青年),在处理犯罪的同时,应启动一个学习程序。这样做的前提条件是查清犯罪事实,青少年人或甫长成的行为人同意协商程序,当然最重要的是,须得到被害人的同意。在青少年犯罪领域,犯罪人与被害人冲突调处在青少年权利之家中特别成功。相比传统的青少年办案部门,其适用占比明显高
183 得多。例如,根据法兰克福青少年权利之家2017年的数据,在这里登记了82起案件,其中88%由犯罪人与被害人冲突调处而终止诉讼(不起诉),平均的办案期限为七个星期。

(三)毒品犯罪

如今大多数西欧国家的一个共识是,现代毒品的应对措施必须基于四个支柱:(1)预防;(2)药物帮助以及生活援助;(3)为了保护民众健康施予治疗;(4)作为最后手段的压制,以保障安全与秩序,为其他三个支柱兜底(Fabricius 2018 § 35 BtMG Rn. 24-30),而且这些原则的作用范围彼此融合。因为,在麻醉品刑法中,很大一部分犯罪行为涉及如下事实,即行为人与被害人是同一个人,所以,特殊预防和一般预防都有其重要意义。压制与预防的交织,导致立法者有意通过立法(如《刑法》第 56、57 条的治疗要求,《刑法》第 64 条的收容或者《麻醉品法》第 35 条的推迟刑罚执行)打击麻醉品成瘾以及预防再犯,很长一段时间以来,也导致了刑事司法系统参与全社会预防犯罪委员会。

职是之故,联邦范围内唯一的设在法兰克福州总检察院的打击麻醉品犯罪中心(ZfB),为州和联邦一级处理麻醉品问题的机构提供咨询意见,并就立法草案及法治项目、药物帮助项目发表看法。在法兰克福处理毒品问题的每周一圆桌会议上,该中心负责提供咨询意见,它还是黑森州"成瘾预防"工作小组的成员之一。

作为法兰克福市周一圆桌会议的参与者——该会议是一个为市政当局就毒品问题提供建议的委员会——检察机关的打击麻醉品犯罪中心遵循一种被称为"毒品政策中的法兰克福之路"的务实、可行的毒品防治方法,多年来,这套方法一直是国内外许多城市的模板。对于笔者来说,始于 20 世纪 80 年代的法兰克福周一圆桌会议就是一个极好的例子,它说明了跨部门以及公民参与的合作对于解决严重社会问题的作用。尽管当时还没有确立全 184
社会预防犯罪的理念。

借由对于运营毒品安全注射屋[*](Drogenkonsumräumen)与德国麻醉品法和国际麻醉品公约是否一致提出法律鉴定意见,打击麻醉品犯罪中心对

---

* 一个免费给吸毒者提供毒品或注射器的机构。——译者注

于设立毒品安全注射屋发挥了关键作用。打击麻醉品犯罪中心所支持的观点逐渐演变为一种值得尊敬的少数说，直至立法以新制定的《麻醉品法》第10a条确认了毒品安全注射屋的运营。

法兰克福市毒品预防委员会另外一个现行预防项目是所谓的物质监测，通过这个项目可以检测在吸食场所获得的毒品包装及使用过的注射器上的附着物，以发掘关于吸食的毒品的种类、纯度等信息。对于异常的或危险的混合物，可能在相应的场合发布一般预警提示，从而尽可能地阻止致命中毒事件的发生。由打击麻醉品犯罪中心出具的法律鉴定意见也促进了该项目的实施，目前该项目也在柏林州和汉堡州得到执行。

所谓的“毒品检查”，即特别在麻醉品吸食的活动现场尽可能地对随身携带的物质进行快筛，也有利于避免吸毒过量和中毒。在黑森州社会与融合部以及黑森州成瘾问题中心的领导下，打击麻醉品犯罪中心也参与了一个工作小组，其任务首先是制定一个示范项目的法律实施框架，该项目后来又纳入了修改《麻醉品法》的一个草案，从而允许各联邦州批准这类项目。黑森州预防委员会的“预防成瘾”工作小组——打击麻醉品犯罪中心也是成员之一——也研究了“毒品检查”项目，并对此表示了肯定。

（四）极端主义和恐怖主义

尽管刑事追诉机关和司法机关一如既往地追究带有极端主义或恐怖主义背景的犯罪行为，宪法保卫机关* 也在查获每一个策划实施的恐怖活动，但是，在维护基本的、宪法所保护的规范与价值方面，全社会预防犯罪也具
185 有同等重要的任务。即便2016年12月柏林市中心的布赖特沙伊德广场袭击事件、安斯巴赫炸弹袭击事件等个别恐怖行为无法通过预防犯罪加以阻止，但极端主义和恐怖主义仍然是整个社会的任务和挑战，必须采取广泛的措施予以反击（Fünfsinn 2019，S. 207 ff）。

这项任务十分重要，从而推动跨机构合作以及将机构与公民整合起来

* 负责国内安全情报的反间谍机构，但并不享有警察的权力。——译者注

形成了一个固定的结构。2013 年黑森州设立了反极端主义信息与负责中心（HKE，https://hke. hessen. de），自此以后负责协调全州的工作，预防与干预所有领域的反宪政企图。它是了解既有的或规划中的项目、方案的对口联系人，对资助采取相关措施提出意见建议。全国范围内的反极端主义与负责中心特别致力于跨领域、跨地域以及跨组织方面。在全州范围内采取集中化、协调、优化的办法，发动对右翼、左翼以及极端恐怖主义的预防与干预，以打击相关破坏宪法实施的活动。

权能集中的结果是，在查明相应行动需求后，黑森州反萨拉菲主义（Salfismus）预防网络开发并引入了一个接纳难民的咨询模块，来提高市政当局对应对可能的右翼极端主义活动的敏感性。黑森州反极端主义信息与负责中心的指导小组包括了当地机构（如内政、司法、文化与社会）的代表以及黑森州宪法保卫局、黑森州警察局的代表。指导小组可以选择性地扩大其他市民社会的参加者，与信息与负责中心的战略方向保持一致，支持采取网络化的活动。显然，在这一点上，检察机关以其丰富的经验能够富有成效地参与其中。

在预防右翼极端主义和预防右翼暴力方面，黑森州还有其他的机构，首先是“黑森州咨询网”（https://www. beratungsnetzwerk-hessen. de）。它由不同的国家、非国家和教会机构、组织、公共和独立机构的众多成员组成，他们的共同任务是针对右翼极端主义、仇外或反犹、反吉普赛或种族主义背景以及其他形式的团伙性反人类活动的冲突，提出意见建议，当场提出预防措
施。该网络团队对全黑森州的学校、父母和家庭成员、市政当局、社团和其 186
他的寻求帮助的人提供建议。所提供的灵活建议是及时、谨慎、免费和专业的，并负责制定处理现场紧急冲突局势的行动战略，并为未来解决紧迫冲突制定行动策略。

作为补充的还有通过教育项目“红线——帮助在加入之前远离”所提供的咨询服务，该项目针对的是政治态度混乱、有可能陷入有组织右翼极端主义的右翼青年。该项目也面向那些在其工作中遇到困难的传播者

(Multiplikator)。

在反极端恐怖主义方面,黑森州与预防暴力网络(VPN https://www.beratungsstelle-hessen.de/)合作,这是一个由多年来在去极端化领域致力于应对极端主义暴力犯罪及预防极端主义的资深专业人士组成的协会。在黑森州,预防暴力网络由2014年7月成立的“黑森州以宗教宽容代替极端主义咨询中心”承担,并在法兰克福市以及卡塞尔市、奥芬巴赫市设有分中心。其工作的出发点是对处于危险中的年轻人有针对性地进行启蒙,对已经激进的人提供有效的退出援助,并对极端主义组织成员提供专业的咨询。

对于应对监狱中极端化的特殊危险情形——因为困难的生活条件以及相对狭窄的空间部分地导致罪犯人格有问题,黑森州司法部自2016年4月设立了自己的工作专班(Stabsstelle),即监狱去极端化网络(简称Nedis),负责集中管理黑森州监狱中的去极端化及其预防。目前,黑森州最大的监狱有8名观察员负责收集有关罪犯极端主义倾向的信息,并确保向安全部门及Nedis报告情况。现在,黑森州监狱系统中所有类型的极端主义都能被及时掌握。这其中,检察机关的参与是必不可少的。

187 特别在反极端主义领域,检察机关参与预防项目是富有意义的,但当务之急是跨机构的经验交流。

(五)网络犯罪

虽然根据年度警察犯罪统计和刑事诉讼统计,德国有统计记录的犯罪多年来总体上一直在下降(援引http://www.bka.de以及年度刑事诉讼统计,https://www.destatis.de),尽管有大量未报告的案件(下萨克森州刑事警察局,2017年,第53页),但可以确认,使用互联网作为犯罪手段的犯罪呈不断增加趋势(联邦刑事警察局,2017年警察犯罪统计,以互联网为犯罪手段的犯罪基本表)。当下这种趋势并不让人惊讶,因为在我们信息社会,超过90%的德国人在私人以及职业生活中都必须使用网络(ARD-ZDF在线研究,2018),由此,也容易受到数字攻击。网络犯罪现象的特点是,对于广大用户而言，无疑都有可能通过网络实施犯罪行为。这涉及网络上非法影子经济（地下经济）的勃兴，它通过交易平台和交流论坛提供各种非法物品及服务（作为一种服务的网络犯罪）（Fünfsinn und Krause 2019, S. 641 ff.）。互联网提供的犯罪机会无比宽泛，其范围不再局限于互联网特有的行为（如入侵他人的计算机和网络、传播恶意软件、拦截私人访问数据或者计算机诈骗）。实际上，传统犯罪行为，像诈骗、勒索[1]、贩毒[2]、贩卖枪支[3]、使用假币[4]或儿童色情[5]等都可以主要通过网络作为犯罪手段而实施。由于这些平台对每一个网络用户开放，同时允许最大可能的匿名，这对那些即使没有高深技术知识的人实施犯罪也产生了很大的吸引力[6]。这种现 188
象因所谓的暗网的出现而进一步强化（Fünfsinn, Ungefuk und Krause 2017, S. 440 ff.）。

基于这种发展，自 2010 年以来几乎每一个联邦州都在检察机关设立了打击网络犯罪的部门，在黑森州，是设在法兰克福总检察院的打击网络犯罪中心（ZIT）。然而，这方面的先驱是 2000 年在科特布斯地方检察院以打击计算机和数据网络犯罪为目的设立的勃兰登堡州专门检察处*（Schwcrpunktstaatsanwaltschaft des Landes Brandenburg）。

然而，由于网络犯罪现在已呈现出“人人匿名的有组织犯罪”的形式，因此，不能再仅仅通过执法当局在个案基础上迅速和坚决地起诉犯罪来打击

---

[1] Bundeskriminalamt, Bundeslagebild Cybercrime 2017, S. 9.

[2] Bundeskriminalamt, Bundeslagebild Rauschgiftkriminalität 2017, S. 15 f.

[3] Bundeskriminalamt, Bundeslagebild Waffenkriminalität 2017, S. 11 f.

[4] Bundeskriminalamt, Bundeslagebild Falschgeldkriminalität 2017, S. 6 f.

[5] Bundeskriminalamt, Polizeiliche Kriminalstatistik 2017, Schlüssel 143200.

[6] Bundeskriminalamt, Bundeslagebild Cybercrime 2017, S. 24.

* 该专门检察处管辖勃兰登堡州全州发生的宣扬暴力、色情及其他危及青少年的文书的职责。目前，在 16 个联邦州，都有此类的设置。依据《刑事诉讼程序与罚金程序准则》第 223 条，旨在按照统一的原则以严格目的意义的刑罚规定执行对青少年的保护。此外，设在科特布斯的这个专门检察处还负责勃兰登堡州内的变更数据（第 303a 条）、破坏计算机（第 303b 条）以及探知、拦截数据及其预备行为（第 202a、b、c 条）等犯罪。也包括其他使用数据网络的特定犯罪构成要件。主要是与政治背景有关的，比如煽动民众、散发违宪组织的宣传品或运用其标识、公开煽动犯罪等破坏公共秩序的犯罪。还管辖需要特别技术或法律知识的犯罪，比如网络诈骗、钓鱼或散布受版权保护的作品及侮辱犯罪；还包括《联邦数据保护法》等特定法规定的犯罪案件。——译者注

网络犯罪。为了有效打击形式多样的网络犯罪形式,预防措施必须发挥实质作用,从而防止演变为以网络作为犯罪工具的犯罪行为——要么通过网络用户的与危害相当的举动来完全阻止具体的犯罪行为,要么以此吓阻实施犯罪的行为动机。这项任务只有通过全社会的预防犯罪才能成功,所有国家的和社会的机构都要贡献各自的技能和经验。在此背景下,全社会预防犯罪理念对检察机关工作的影响就不容小觑了。

因此,打击网络犯罪中心认为其任务是通过公开讲座和讨论活动以及对研究项目的支持、积极促成公益劳动,以及根据从具体侦查程序中获得的一般知识来传播网络犯罪的危害和侵害场景,以此从源头上参与对全社会所必需的网络犯罪危险的启蒙,从而发挥应有的作用(Büchel und Hirsch 2014;Wernert 2017)。

打击网络犯罪中心的预防工作,不仅涉及让各行各业的公司了解互联网通信受到攻击的危险,例如在法兰克福市举行的欧洲金融周等国际会议或工商业相关商会(如德国证券机构协会)及高校(如法兰克福大学、中部黑
189 森工业大学)举办咨询活动。打击网络犯罪中心还经常通过宣讲关于“网络欺凌”和“网络诱奸”的内容向儿童和青少年宣传互联网通信的危险,例如在德国预防日、地方预防犯罪委员会的咨询活动中,也在医生协会等专业团体的会议以及学校的家长晚会上宣讲。打击网络犯罪中心还提供有关所有年龄组新的、数字形态的暴力的信息,例如在黑森州司法部的家庭暴力州级协调中心的专家会议上发布。

此外,打击网络犯罪中心还积极支持研究项目,例如在下萨克森州犯罪学研究所举办专业讲座,或作为弗劳恩霍夫安全信息技术研究所和达姆施塔特技术大学的跨学科联合项目“暗网的平行结构、活动形式和用户行为(PANDA)”(https://panda-projekt.de)的相关合作伙伴。

检察机关在网络犯罪领域的工作是以全社会预防犯罪理念为导向的工作,最终也是一个以这些目的为导向的积极的媒体和公共关系工作。因为随着每一次(出色的)侦查成功案例的公布也都传达了这样的信息:不存在

“地下经济”中宣扬的网络犯罪完全匿名,在互联网或暗网中也不存在不受刑事追诉的空间。比如,在确保在线市场的安全方面。当 Faking. cc、Germany on Deepweb 或 Hansa Market 等网站的网页不仅被删除,而且还被另外的指示标志所取代,表明该网站因涉嫌犯罪而被查封(Fünfsinn und Ungefuk 2017,S. 440 ff.)。这反过来——完全在费尔巴哈(Feuerbach 1799/1800, § 8 ff.)的意义上——作为一般预防措施,可以防止那些有犯罪倾向的人实施相应的犯罪。

五、结论和展望

全社会预防犯罪对于刑法的影响已经根深蒂固。起初人们可能认为,如果将该理念作为处于核心地位的刑事政策讨论准则的另一个传送带,就跟被害人保护理念和尊重妇女权益一样,那么,其影响是不可否认的(Albrecht 2006,S. 204 ff.),接下来又增添了其他重要的证据。一方面,这体现了不同组织形式的交汇聚合。前面已经阐明,不但黑森州司法部刑事部门中的刑事专业领域负责人,而且也包括检察官,都参加了每个专门主题的州预防委员会的工作组。具体参与方式既可以是领导某个组织体,比如领导 190
反家庭暴力州级协调中心;领导某个工作组;也可以是勤勉地参与其中。

另一方面,全社会预防犯罪的组织形式又推动引入了一些新的犯罪构成要件,比如跟踪、强制结婚、女性割礼(损伤女性外阴),也影响了《少年法院法》和《法院组织法》的修改(Fünfsinn 2013,S. 199,207 ff.)。然而,应当指出,在法治国家刑法教义学的意义上,对此还没有进行批判性的结果评估。基于预防犯罪的意图增设实体法上的危险犯构成要件,在某些情况下可能削弱重要的最后手段及明确性(罪刑法定)原则(Neubacher 2006, S. 855,864 ff.)。刑事诉讼法中被害人权利的不断增加会危及对被告人的法治保障,这些保障的核心部分受《基本法》保护,因此也是必需的(强制的),因为每个公民都有可能被怀疑实施了不法行为。在划定预防犯罪的界限时,也必须注意这些考虑(Kudlich 2007,S. 90,以反兴奋剂的刑事保护和现行立法的困难为例;Redeker 2004,S. 160;针对预防范式划定刑法的法治界限,全面的分析参见 Sander 2007,S. 307 ff.)。

与之相对,检察官参与关于某个深刻社会问题的圆桌会议,乍一看并没有产生显著的效果。然而,细看的话,却带来了持续的影响。一方面,检察机关特别部门工作的案件基础得以扩展;另一方面,检察机关的所作所为更容易被社会的一部分人理解。

参考文献:

Abschlussbericht der Expertenkommission zur Verbesserung der rechtlichen und tatsächlichen Instrumentarien zur Bekämpfung der Jugenddelinquenz. 2008.

Albrecht, Hans-Jörg. 2006. Stalking-Nationale und internationale Rechtspolitik und Gesetzesentwicklung. In Familie Partnerschaft Recht, 204-208.

Bell, Anja und Fünfsinn, Helmut. 2007. Deutscher Präventionstag 2007/Prävention in Hessen-Die Landeskoordinierungsstelle gegen häusliche Gewalt in Hessen-ein Beispiel für gelungene, ressortübergreifende und bürgerbeteiligende Kriminalprävention, forum kriminalprävention Heft 3, 7 ff.

Büchel, Michael und Hirsch, Peter. 2014. Internetkriminalität. Heidelberg: Kriminalistik Verlag.

Bundeskriminalamt. 2017. Bundeslagebild Cybercrime, Rauschgiftkriminalität, Waffenkriminalität, Falschgeldkriminalität.

Doll, Bernd. 2002. Kommunale Kriminalprävention-Netzwerk der Zukunft. In Dokumentation des Fachkongresses, Hrsg. Innenministerium Baden-Württemberg, 22-25.

Eisenberg, Ulrich. 2018. JGG, 20. Aufl. München: C. H. Beck.

Feuerbach, Paul Johann Anselm. 1799/1800. Revision der Grundsätze und

Grundbegriffe des positiven Peinlichen Rechts,8 ff.

Fünfsinn,Helmut. 1996. Kriminalprävention und Strafjustiz-Das hessische Modell. In Kriminalprävention und Strafjustiz,Hrsg. J. -M. Jehle,111 ff. Wiesbaden:Kriminologische Zentralstelle e. V.

Fünfsinn, Helmut. 2004. Gewalt an Schulen - Konzepte der kriminalpräventiven Räte in Hessen. In Auswege aus der Gewalt an Schulen, Band I,Hrsg. Günter Gehl,169 ff. Weimar:Bertuch Verlag.

Fünfsinn, Helmut. 2008. Der Einfluss der gesamtgesellschaftlichen Kriminalprävention auf die moderne Strafgesetzgebung. In Festschrift für Gunter Widmaier, Hrsg. Schöch, Satzger, Schäfer, Ignor, Knauer, 909 ff. Köln: Carl Heymanns Verlag.

Fünfsinn,Helmut. 2011. Möglichkeiten der Kriminalprävention im Bereich des Extremismus. In Extremismus und Terrorismus als Herausforderung für Gesellschaft und Justiz, Hrsg. Fünfsinn, Helmut und Pfahl-Traughber, Armin, 57-71.

Fünfsinn, Helmut. 2013. Kriminalprävention und Strafrecht-Erfahrungen aus dem hessischen Landespräventionsrat und der Strafrechtsabteilung des Hessischen Ministeriums der Justiz, für Integration und Europa. In Festschrift für Rudolf Egg, Hrsg. Axel Dessecker und Werner Sohn, 199-122. Wiesbaden: Kriminologische Zentralstelle e. V.

Fünfsinn,Helmut. 2015. Strafrecht in Zeiten des demografischen Wandels-Bedarf es eines „Alterstrafrecht"? In Festschrift für Dieter Rössner,Hrsg. Britta Bannenberg,Hauke Brettel,Bernd-Dieter Meier,Helmut Remschmidt,Christoph Safferling,85-102. Baden-Baden:Nomos Verlagsgesellschaft.

Fünfsinn,Helmut,Ungefuk,Georg und Krause,Benjamin. 2017. Das Darknet aus Sicht der Strafverfolgungsbehörden. Kriminalistik,440 ff.

Fünfsinn,Helmut. 2019. Kriminalprävention im Bereich Extremismus und

Terrorismus-eine gesamtgesellschaftliche Aufgabe und Herausforderung. In Der Kampf gegen den Terror in Gegenwart und Zukunft, Hrsg. Frank Lüttig und Jens Lehmann, 207-228. Baden-Baden: Nomos Verlagsgesellschaft.

Fünfsinn, Helmut und Krause, Benjamin. 2019. Plattformen zur Ermög-lichung krimineller Handlungen im Internet. In Festschrift für Ulrich Eisenberg, Hrsg. Ingke Goeckenjan, Jens Puschke und Tobias Singelnstein, 641-654. Berlin: Duncker & Humblot.

Heinz, Wolfgang. 1996. Kriminalprävention auf kommunaler Ebene. In Kriminalprävention und Strafjustiz, Hrsg. J. -M. Jehle. Wiesbaden: Kriminologische Zentralstelle e. V.

Jäger, Joachim. 1996. Das schleswig-holsteinische Modell. In Kriminalprävention und Strafjustiz, Hrsg. J. -M. Jehle. Wiesbaden: Kriminologische Zentralstelle e. V.

Jehle, Jörg-Martin. 1996. Möglichkeiten und Grenzen der Kriminalprävention. In Kriminalprävention und Strafjustiz, Hrsg. J. -M. Jehle, 13 ff. Wiesbaden: Kriminologische Zentralstelle e. V.

Kahl, Wolfgang. 2015. Mehr Forschung und Prävention auf Bundesebene. Arbeitsstelle NZK startet 2016. Forum kriminalprävention, 4, 3-5.

Kaiser, Günther. 1988. Kriminologie, 2. Aufl. , Heidelberg: C. F. Müller.

Koalitionsvertrag Hessen 20. Legislaturperiode -„ Aufbruch im Wandel durch Haltung, Orientierung und Zusammenhalt " Körner, Patzak, Volkmer. 2018. BtMG. 9. Aufl. München: C. H. Beck.

Kube, Edwin. 1996. Polizeiliche Kriminalprävention. In Kriminalprävention und Strafjustiz, Hrsg. J. -M. Jehle, 133-152. Wiesbaden: Kriminologische Zentralstelle e. V.

Kudlich, Hans. 2007. An den Grenzen des Strafrechts-Rationale und verfassungsorientierte Strafgesetzgebung, dargestellt am Beispiel des strafrechtlichen

Schutzes gegen Doping. Juristische Arbeitsblätter 90-95.

Landeskriminalamt Niedersachsen. 2017. Befragung zu Sicherheit und Kriminalität in Niedersachsen,53 Neubacher,Frank. 2006. An den Grenzen des Strafrechts-Stalking, Graffiti, Weisungsverstöße. In Zeitschrift für die gesamte Strafrechtswissenschaft 118 855-877.

Redeker, Konrad. 2004. Wege zu besserer Gesetzgebung, Zeitschrift für Rechtspolitik,160-163.

Rössner, Dieter. 1996. Was kann Strafrecht im Rahmen der Sozialkontrolle und Kriminalprävention leisten? In Kriminalprävention und Strafjustiz, Hrsg. J. -M. Jehle,203 ff. Wiesbaden:Kriminologische Zentralstelle e. V.

Sander, Lisa Kathrin. 2007, Grenzen instrumenteller Vernunft im Strafrecht. Berlin:Peter Lang.

Schreiber, Verena. 2007. Lokale Präventionsgremien in Deutschland,Frankfurt/M. :Forum Humangeographie.

Schwind, Hans-Dieter, Berckhauer, Friedhelm und Steinhilper, Gernot. 1980. Präventive Kriminalpolitik. Heidelberg:Kriminalistik Verlag.

Steffen, Wiebke. 2005. Gremien kommunaler Kriminalprävention-Bestandsaufnahme und Perspektive. In Kommunale Kriminalprävention - Ausgewählte Beiträge des 9. Deutschen Präventionstages, Hrsg. Britta Bannenberg, Marc Coester,Erich Marks,155-168. Godesberg:Forum Verlag.

von Liszt, Franz. 1905. Lehrbuch des Deutschen Strafrechts, 14./15. Aufl. ,Berlin:Guttentag(jetzt:Walter de Gruyter).

Wernert, Manfred. 2017. Internetkriminalität. 3. Aufl. Stuttgart: Richard Boorberg Verlag.

被害人权利的实践转化：现状及新方法

斯特凡妮·格罗普　乌尔丽克·施塔尔曼－利布尔特 *

193 刑事诉讼的核心内容以及刑事追诉机关、刑事法院的任务是查清案件真相。只有在此基础上以法治的程序证明行为人的罪行与罪责，实体刑法以及国家关于恢复法和平、确保法安全的刑罚诉求才能实现（Goll 1998, S. 14 f.；Heger 2007, S. 244 f.）。不过，刑事诉讼必然以行为人为导向。因
194 为除了罪责的证明之外，只有所有有利于与不利于行为人的情况均考虑到了，处以与罪行及罪责相当的刑罚才是可能的（Fischer 2019, § 46 Rn. 37）。

在以行为人为导向的刑事诉讼当中，被害人的角色长期以来局限于作为证据的功能。近30年来，随着持续建构被害人权利，这种情况已经发生了改变（Hermann 2010, S. 236 f.，详细概述了截至2010年德国《刑法》与《刑事诉讼法》关于被害人保护的发展过程）。最近，立法机关通过《关于加强刑事诉讼中被害人权利的法案》，也即所谓的《第3个被害人权利改革法》

* 斯特凡妮·格罗普任职于德国弗伦斯堡地方法院检察院；乌尔丽克·施塔尔曼－利布尔特是德国石勒苏益格－荷尔斯泰因州被害人保护受托人，任职于石勒苏益格－荷尔斯泰因州司法、欧洲与消费者保护部。

(BGBl. I 2015,2525),[1]以及《关于刑事诉讼现代化的法案》(BGBl. I 2019,2121)进一步推进了这个过程。[2] 除了扩大关于被害人权利的告知义务外,《第3个被害人权利改革法》还在《刑事诉讼法》第406i条至第406k条中规定了新框架。另外一个核心的修改是关于社会心理之诉讼陪伴*(psychosozialen Prozessbegleitung)的规定(《刑事诉讼法》第406g条),它生效于2017年1月1日。《刑事诉讼现代化法》为加强被害人保护,针对性犯罪被害人(包括犯罪行为发生时的未成年及成年被害人)规定了侦查程序(审前程序)中的法官询问必须录音录像的制度(《刑事诉讼法》第58a条)。此外,法案还将附加诉讼人请求特别指定律师担任法律辅佐人的权利扩展到了借由《第50个刑法修正案》(BGBl. I 2016,2460)新增的强奸罪(《刑事诉讼法》第397a条)这一侵害方式上。

作为过去30年无可争议的[3]改革之结果,应当牢记,如今被害人不再作为客体局限于消极的证人这一角色,而是在我们的刑事诉讼中拥有大量知情权、受保护权以及参与权的主体(参见Barton 2009,S. 753 f.)。改革趋势远未达到终点,[4]尽管关于迄今为止的改革进程对刑事诉讼的影响,只 195
有很少的实证研究。[5]

---

[1] 本法旨在落实欧洲议会和理事会于2012年10月25日颁布的《欧盟被害人保护条例》(2012/29/EU)及欧洲理事会《保护儿童免于性剥削和性虐待公约》(《兰萨罗特公约》)第31a条。参见BT-Drucks. 18/4621 vom 15. 04. 2015,S. 1 f.。

[2] 在提交本文草稿时(截至2020年6月)未能考虑后来的《关于进一步推进刑事诉讼法的法案》(BGBl. 2021I,S. 2099)。

* psychosozialen Prozessbegleitung的译法参见《德国刑事诉讼法附德国法院组织法选译》,连孟琦译,台北,元照出版公司2016年版,第372页。——译者注

[3] 一段时间以来,人们对进一步强化被害人权利的要求和改革趋势备感忧虑。参见Deckers 2015,S. I。实际上,在2009年7月29日《关于强化刑事诉讼中被害人和证人的权利的法案》(《第2个被害人权利改革法》)(BGBl. I S. 2280)颁布之际,就已经有这种忧虑了。参见Schroth 2009,S. 2916(2918 f.);Barton 2009,S. 753(753 f.)。

[4] 在强化刑事诉讼中被害人利益的改革中,发挥领跑作用的不仅仅是被害人保护团体,而且也包括欧盟。关于联合国、欧洲理事会、欧盟对于现行被害人保护立法的影响,参见Haverkamp 2015,S. 53(53)。

[5] Haverkamp 2015,S. 53(56),要求——也考虑到持续的改革努力——应当有一个可循证的(可验证)被害人保护立法。

被害人权利对于刑事追诉机关和刑事法院的影响在很大程度上没有被澄清。然而,在这方面仍须承认,在过去 30 年中被害人权利的强化导致了刑事追诉机关和刑事法院在考虑犯罪行为被害人的利益方面更加用心了。

例如,与被害人相关的主题已经纳入检察官和法官的培训和进修的科目之中,占据了一席之地。在警察的教学计划中,犯罪行为被害人的利益也被赋予很高的比重。此外,对于特定的犯罪领域,即性犯罪、侵害生命的犯罪或者侵害老年人的犯罪,警察机关、检察机关都设立了特别管辖的部门。通过同类案件集中化处理,推动了更高程度的专业化。此外,针对这些犯罪案件,各个机关(警察、检察院、法院、法医、少年福利局、被害人援助机构等等)之间的合作,已经达到了明显较高的水平。通过这种方式,才能更好地保障遵守和执行被害人权利。

然而,被害人保护协会一直抱怨法律规定的被害人权利执行不力。[1]对于这一批评,下文将结合一些被害人权利的例子进行深入探讨。同时,也将介绍实践当中执行这些权利遇到的挑战,并指出如何使这些权利更有效地落地。在考察告知义务以及一些诸如知情权、受保护权、参与权之后,将阐明如何在实践中强化被害人权利以及在结语中指出在追求有效保障被害人方面可能存在的危险与机遇。

196

一、被害人的概念[2]

刑事诉讼法中规定的知情权、受保护权以及参与权与证人的受害人属性紧密相连。此外,随着《第 3 个被害人权利改革法》出台,《刑事诉讼法》第

[1] 比如,被害人援助组织“白环”(Weisse Ring)所提出的刑事政策要求(截至 2018 年 9 月),第 5~6 页。可访问 www. weisser-Ring. de/experten/recht/strafrecht,最后访问日期:2020 年 2 月 15 日。

[2] 对此参见现行《刑事诉讼法》第 373b 条。自 2021 年 7 月 1 日起,根据 2021 年 6 月 25 日颁布的《推进刑事诉讼法法案》,《刑事诉讼法》第 373b 条有了新版本。该法在提交本文草稿时(截至 2020 年 6 月)未能予以考虑。

48 条补充了第 3 款。[1] 据此，诉讼当中要在尽可能早的时间节点对于是否有被害人需要特别保护作出说明，以此使被害人能够行使刑事诉讼法规定的受保护权。[2] 借助于《刑事诉讼法》第 161a 条第 1 款第 2 句、第 163 条第 3 款之规定，《刑事诉讼法》第 48 条第 3 款的规定也适用于侦查程序（审前程序）。所以，刑事追诉机关以及后来的事实审法院，必须在审理程序开始之前，处理"证人是否是犯罪行为的被害人""是否应赋予他知情权、受保护权以及参与权"等问题。（Schmitt in：Meyer-Goßner und Schmitt，StPO，62. A. 2019，§ 48 Rn. 11）。尽管被害人非常重要，但是在法律当中却找不到一个明确定义。立法者放弃了给出定义，指出"被害人概念将通过司法实践来充分地、全面地予以界定"（BT-Drucks. 18/6906，S. 22）。

文献和实践对此举正确地进行了批评，[3] 指出在程序作出生效的裁判之前，确定被害人的身份将与具有宪法位阶的无罪推定原则产生冲突。无 197
罪推定要求，被告人或被指控人在刑事诉讼生效裁判作出之前都假定是无罪的。只有事实审法院的生效裁判作出以后，行为人的罪行与罪责以及证人的被害人属性才能确定。因此，就具体的行为人来说，被害人属性与罪行认定及罪责认定如同一体两面。（Neuhaus 2017，S. 55[57 f.]；Kichling 2002，S. 57[57]；Pollähne 2016，S. 671[675]；Kett-Straub 2017，S. 341[344]；Haverkamp 2015，S. 53[53]）

在诉讼生效裁判作出之前就确认被害人属性，可能只具有暂时意义。这应当通过对被害人概念作出法律界定来澄清。同时，只有这样，无罪推定

[1] 自 2021 年 7 月 1 日起，被根据 2021 年 6 月 16 日颁布的《打击针对儿童的性暴力法案》修改了的《刑事诉讼法》第 48a 条所替代。

[2] 《刑事诉讼法》第 48 条第 3 款的规定（现行 2021 年 6 月 16 日版本的《刑事诉讼法》第 48a 条，《联邦法律公报》2021 年第 1 部分，第 1810 页）充其量是宣示性的。诉诸被害人的特殊保护需求绝不是新鲜事。在《刑事诉讼法》第 48 条第 3 款生效之前，在《刑事诉讼程序与罚金程序准则》中就有大量的规定追求被害人特殊保护需求的目的，比如询问儿童和青少年的规定（第 19 条）、询问作为证人的被害人的规定（第 19a 条），以及关于保护评价的规定（第 130a 条）。

[3] 比如德国法官协会对于 2014 年 12 月 15 日《第 3 个被害人权利改革法》草案的表态，可访问 www. drb. de 搜索关键词 Opferrechte（被害人权利），最后访问日期：2020 年 2 月 15 日。

与被害人推定之间的紧张关系也才能得到更好的考虑(Haverkamp ZRP 2015,S. 53[53])。因此,立法者还是被要求能够在这个方向上积极作为。[1]

鉴于上述情况,在此应当强调,凡在下文中提到在诉讼终结作出生效裁判之前的被害人,均指其法益可能因犯罪案件而受到损害的人。

二、在刑事诉讼之中及之外告知被害人相关权利

《刑事诉讼法》规定的知情权、受保护权与参与权以被害人提出相关请求为前提。仅当被害人也知道其相关权利时,才可能提出这样的请求。所以,2015 年 12 月 21 日《第 3 个被害人权利改革法》扩展以及重构了刑事诉
198 讼法中的告知义务就获得了特别重要的意义。根据法律规定,所有的告知义务均来自《刑事诉讼法》第 406i 条至第 406l 条的规定。第 406i 条至第 406l 条对指引与告知义务所作的新的体系化,得到了压倒性的赞同(参见 Haverkamp 2015,S. 55)。

《刑事诉讼法》第 406i 条规定了要在刑事诉讼中告知被害人的权利。据此,必须告知被害人,他可以要求提供关于诉讼状态的相关信息(《刑事诉讼法》第 406d 条)。[2] 此外,《刑事诉讼法》第 406i 条还包括了报案以及提请刑事追诉的知情权(第 1 项)、提起附加诉讼的权利(第 2a 项)及要求在附加诉讼中提供口译与笔译的权利(第 2b 项)、提起附带民事诉讼的权利(第 3 项)、按照《司法补偿及赔偿法》请求赔偿的权利(第 4 项)、犯罪人与被害人

[1] 立法者在《第 3 个被害人权利改革法》的立法程序中没有采纳对"被害人"下定义的要求。在法律事务和消费者保护委员会的决议建议和报告中,对于 2015 年 12 月 2 日的《第 3 个被害人权利改革法》草案只是简单地指出:"谁是刑事诉讼法意义上的被害人,无须在法律上下定义。这个概念通过司法实践已经充分、全面地作了界定。特别是对于《刑事诉讼法》草案第 48 条第 3 款及被害人保护准则已经考虑了的情形,'谁是被害人'的问题根本不是问题。"BT-Drucks. 18/6906,S. 22(现行 2021 年 6 月 25 日版本的《刑事诉讼法》第 373b 条,BGBl. 2021 I,S. 2099)。

[2] 《刑事诉讼法》第 406d 条规定的信息包括了关于侦查程序、审理程序和刑事执行程序的状态。负有义务的不仅包括检察机关,还包括法院。参见 Schmitt in:Meyer-Goßner und Schmitt 2019,§ 406d Rn. 3。

冲突调处(TOA)*的权利(第5项)。此外,被害人如果需要特别保护,则应当告知其《刑事诉讼法》第68a条第1款、第247条、第247a条的相关保护规定,[1]以及根据《法院组织法》第171b条和第172条第1a项不予公开的权利(《刑事诉讼法》第406i条第2款)。对于未成年人来说,还应当告知其《刑事诉讼法》第58a条、第255a条、第241a条[2]的相关权利(《刑事诉讼法》第406i条第3款)。

此外,《刑事诉讼法》第406j条还规定了被害人被告知其在刑事诉讼之外的权利。比如,告知其通过民事诉讼的途径请求赔偿的权利(第1项)、按照《暴力受害保护法》请求对被告作出命令的权利(第2项)、按照《犯罪被害人损害赔偿法》的相关请求权(第3项)、获得非法定的补偿的机会(比如向困难基金会或被害人援助基金会申请,第4项)、向被害人援助机构咨询(第5a项)、通过被害人援助机构提供或介绍庇护住所或介绍治疗服务以获得支持和帮助(第5b项、第5c项)等。 199

根据《刑事诉讼法》第406i条和第406j条提供的任何信息都应该包含相关说明,即被害人可以联系哪个机关才能实现相关权利,以及如有可能说明谁可以提供服务(《刑事诉讼法》第406k条第1款)。仅当个别案件中明显不存在特定的权利时或者被害人并没有提供可以送达的地址时(《刑事诉讼法》第406k条第2款),才可以不予告知被害人相关权利。对于告知义务的落实,法律仅仅规定,对被害人要尽可能早地,通常是以书面方式并以其可理解的语言告知他所享有的权利。

(一)实践中告知义务的落实

实践中,警察在履行告知义务方面发挥着核心作用,因为犯罪行为的被

* 参见德国《刑事诉讼法》第155a条。——译者注

[1] 《刑事诉讼法》第68a条规定了基于人身保护限制发问权的情形。《刑事诉讼法》第247条、第247a条的保护规定与审理程序相关。根据第247条的条件,被告人可以在询问共同被告人和证人时离庭。根据第247a条的条件,也可以命令对证人以视频的形式询问。目前,关于实践应用保护规定的情况还缺乏可靠的分析。但是,可以肯定适用保护规定的案件数很少。

[2] 《刑事诉讼法》第241a条规定了询问未成年证人只能由法院的审判长执行。《刑事诉讼法》第58a条、第255a条提到了法官询问证人录音录像。

害人通常会先去警察局。那里是受理报案和对被害人开展第一次证人询问的地方。作为初步接触的一部分，警方要告知被害人在刑事诉讼之中及之外所享有的权利。最主要的告知方式是递交犯罪行为被害人要填写的表格，并进行解释（所谓的被害人信息表）。在《第3个被害人权利改革法》生效之后，全国范围内的被害人信息表做了调整，[1]语言上也做了相应处理，并被翻译成20种语言。通过交付与解释要填写的表格，法律关于尽可能早地、书面地落实告知义务的要求原则上就实现了。

然而，被害人保护协会抱怨道，尽管存在法定的告知义务，但在具体知情方面总有瑕疵，比如被害人直到诉讼结束时才知道他有权提起附加诉讼
200 的权利。被害人援助组织“白环”（Weisser Ring）指出，在被害人因未予告知其权利而未提出主张的情形，诉讼程序应当有机会恢复到早先的状态（可参见被害人援助组织“白环”于2019年11月提出刑事政策方面的倡导，载www.weisser-ring.de/experten/recht/strafrecht，最后访问日期：2020年2月15日）。这种倡导特别针对被害人错失作为附加诉讼人（Nebenkläger）参加诉讼的权利。[2]

联邦宪法法院于2007年审理了一个这样的案件。提起诉愿人（申诉人）在一个刑事诉讼当中没有被告知作为附加诉讼人参加已经提起的公诉的权利。在生效判决宣告被告无罪约5个月后，诉愿提起人才知道这个判决以及他的附加诉讼权。接下来，他提出请求将诉讼恢复到先前状态，在请求中他还要求准许附加诉讼以及启动上诉审，但是却被管辖的施特拉尔松地方法院驳回。就此提出的抗告，又被罗斯托克地方高等法院驳回。针对以损害了法定听审权（rechtliches Gehör）为由提出的宪法诉愿，联邦宪法法院

---

[1] 被害人信息表上包括了刑事诉讼法规定的大多数的知情权、受保护权和参与权。只有个别的（在提起公诉之后才可能出现的）被害人受保护权没有纳入其中，比如提示在审理程序中不予公开的可能性。

[2] 原则上附加诉讼人加入诉讼在任何诉讼阶段都是可以的，甚至包括法律救济程序。直到程序完全结束，判决发生既判力，附加诉讼人的加入才失去可能性（Schmitt in：Meyer-Goßner und Schmitt 2019，§ 395 Rn. 12）。

以明显无法胜诉(mangels Erfolgsaussichten)为由没有接受并作出判决(联邦宪法法院 2007 年 10 月 9 日的裁定,2 BvR 1671/07)。此外,在说理当中,联邦宪法法院第二庭第一合议庭(1. Kammer des 2. Senats)作了下面的解释:"针对诉愿,必须承认,如果违反《刑事诉讼法》第 406h 条第 1 款规定的告知义务,伴随着恢复到先前状态的规制,那么,《被害人权利改革法》设定的目标将得以全面实现。从法律政策的角度说,立法者的不作为诚然令人遗憾,但不构成违宪。"对于我们的刑事诉讼体系当中是否已经引入了恢复到先前状态的规则,这个问题尚没有定论。[1] 实际上,这样的恢复先前状态的权 201
利与附加诉讼的原则是相冲突的(详细分析参见 Wenske 2008,S. 435)。《刑事诉讼法》第 398 条第 1 款规定,附加诉讼人的参加,并不会阻碍诉讼进程。这意味着,附加诉讼人能够在其所处的任何阶段加入诉讼。但他不能要求重复已结束的诉讼措施。附加诉讼人在许可受理之后不一定要参加诉讼。法院的主要审理活动也可以在他不参加的情况下进行(Schmitt in:Meyer-Goßner und Schmitt 2019, § 398 Rn. 1 ff.)。这些规定奠基于刑事诉讼的基本原则之上。被害人不是刑事诉讼必不可少的参与人。刑事追诉请求权人只是国家,而非被害人。只需考察一下这些原则,被害人援助组织"白环"的倡导——在错失"期限"的情形下支持恢复到先前状态——就应予以反对(Wenske 2008,S. 436 ff.)。

尽管如此,被害人保护社团的说法也要认可,即被害人应被全面告知权利,因为,否则的话,《刑事诉讼法》中规定的被害人权利就落空了。就优化被害人权利来说,首先必须找出阻碍有效实施告知义务的原因所在。应当指出,目前并没有可靠的统计分析,来说明是否以及如何将权利告知被害人,以及被害人利用了哪些知情权、受保护权及参与权,或者被害人为什么

---

[1] 格劳(Grau)在克瑙尔(Knauer)等人编纂的《慕尼黑刑事诉讼法评注》中对此也没有表明观点, § 406i Rn. 4;魏纳(Weiner)在格拉夫(Graf)编纂的《贝克刑事诉讼法在线评注》中同样如此, § 406i Rn. 10。被害人因违法地未予告知其权利,而错过了以附加诉讼人申请加入,对于这种情形,他们也对诉讼恢复到先前状态的可能性表达了同情的理解。

放弃了他们可能的权利。

因此,在此只能对难以有效落实告知义务和阻碍被害人主张法定权利的原因给出一个大致解释。在此情况下,首先要提到被害人的具体情形。通过递交多达6页的被害人信息表以及对相关问题作出解释,被害人就知悉了大量信息。经验表明,被害人所接触的信息越完整,越会不堪其负。但是,也要注意那些特殊情形,如被害人在报案时,以及在首次作为证人接受询问时。尤其是对于严重性犯罪的被害人或者严重暴力犯罪的被害人来说,他们与警察首次接触通常在情绪上会很紧张,这使他们获知可能的知情权、受保护权、参与权,以及在后续程序中提出请求以落实这些权利也变得困难。

202 其他的原因可以在刑事追诉机关那里找到,也可以在刑事法院那里找到。出于多种因素,落实告知义务,对于警察来说是一个很大的挑战。因为,警察要在第一次接触时就必须告知被害人在刑事诉讼之中和之外的相关权利。一方面,要求他们详细掌握被害人权利的相关知识。但是法律状况绝不简单。因为犯罪行为的被害人能够享有什么权利,有时取决于对犯罪的指控。对于严重性犯罪的被害人,应考虑绝大多数的知情权、受保护权和参与权,但是对受到(较轻的)伤害的被害人却不必如此。

另一方面,警察必须知道有哪些地方上的援助与支持手段,谁具体能提供相应的服务。警察除了在审前程序中的核心任务——查明犯罪事实——外,要随时提供这些服务肯定非常之困难。

类似的情形原则上也发生在检察机关身上,在诉讼过程中,就其所管辖的案件,检察机关有义务审查:是否以及在多大程度上被害人要被告知其在刑事诉讼之中与之外的权利,是否已经作出了相应的指引与告知(检察机关的义务来自《刑事诉讼程序与罚金程序准则》第174a条所设定的义务)。必要的但迄今为止未予提供的告知则要尽快补充。这项义务同样适用于刑事法院。然而,刑事法院是否以及在多大程度上尽到了告知义务,由于缺乏实证研究尚不能作出说明。

(二)优化落实告知义务的建议

这些困难导致了落实法定告知义务的不足,正是基于这些困难,有必要提出如下举措,以帮助在实践中更好地遵守告知义务。

1. 将保护被害人作为共同的任务

有效落实告知义务的基础前提是,警察、检察机关、法院将尊重被害人权利作为共同的任务。这意味着,在每一个诉讼阶段,负责"管辖"的机关都 203
应当审查犯罪行为的被害人是否被告知了他可能享有的权利。因为,案件事实在侦查程序及刑事诉讼过程中的法律定性可能发生变化,被害人需要的特殊保护也只能在诉讼过程中才能逐渐明晰。

2. 进修和培训

对于警察、检察机关和法院来说,为了确保法律规定的告知义务持续地贯彻实施,定期培训和进修是必不可少的。这种培训和进修必须涵盖被害人在刑事诉讼之中以及之外的权利。

3. 公共工作和定期联系

另外一个组成部分是被害人援助组织的必要公共工作,包括:其工作人员与刑事追诉机关和法院进行定期联系。通过这种方式可以更进一步向被害人提供帮助服务,向被害人讲清楚获得服务的条件,尽可能指出被害人可能遇到的问题。

4. 提供知悉权利的协助

对于犯罪行为的被害人来说,为获得并行使其可能享有的权利,如果被害人愿意,在警察阶段就受理其相应的请求,是非常有意义的。为此,石勒苏益格-荷尔斯泰因州设计了一份"申请"表格,并已输入了警察系统。在这份包含被害人基本权利的表格上,被害人可以勾选想主张的权利。但是要避免未经认真审视就作勾选,因为如果在下一步诉讼中,其中个别权利被否定了,会引起被害人的愤怒与失望。

被害人填妥并签字的表格应当附在案卷当中,以便检察院在收到案卷后马上就能发现,并在之后的诉讼进程中考虑被害人所提出的请求。在弗伦斯堡地方法院的管辖区域内,这些表格主要由办理性犯罪的警队使用,但也适用于其他严重犯罪(谋杀未遂、严重抢劫等)的被害人。

204 5. 创建一个"被害人友好型"的网站

此外,创建一个"被害人友好型"的网站[1]是另外一个有用的信息渠道。该网站提供关于诉讼流程、证人义务、刑事诉讼法中规定的被害人权利、关于具体协助与援助的指引、填写申请的表格(例如根据《犯罪被害人损害赔偿法》提出请求)等以供下载。通过这种方式,犯罪行为的被害人可以详细、完整、匿名地知悉相关情况。此外,这样的网站也有助于刑事追诉机关和刑事法院在日常工作中查找被害人援助备选机构(Orientierung in der Opferhilfeinfrastruktur)。

6. 为犯罪行为被害人设立专门咨询中心

在有效落实告知义务方面,另外一个非常有用的组成部分是为被害人设立一个专门的咨询中心。其前提是,这样一个咨询中心面向犯罪行为的
205 所有被害人。[2] 对于所有服务对象,咨询中心应提供一个导航功能。[3] 除了回答相关程序问题,其具体职责还包括介绍被害人援助机构及在填写申请表格时提供帮助,从而为犯罪行为的被害人按需提供必要的支持。

如果警察和检察机关能够在被害人提出相关程序问题或寻找合适的被害人援助机构时,将他们指引到咨询中心,那么设立这样一个被害人咨询中

[1] 在石勒苏益格-荷尔斯泰因州就有这样的探索。在该州司法部的领导下,通过相关主管部门(社会、青少年、内政、平权及司法)的通力合作建立了一个网站,犯罪行为涉及的人员其亲属可以完整地、以通俗易懂的语言获知其权利。

[2] 一些联邦州任命了越来越多的被害人委员会或设立了统一咨询中心(zentrale Anlaufstellen)。这些探索应该置于2016年12月19日柏林布赖特沙伊德广场恐怖袭击的被害人与幸存者的联邦委员会于2017年12月提交的终结报告的背景下看待。在上述终结报告中,提出了为恐怖袭击的被害人设立统一咨询中心的具体建议。可访问 www. bmjv. de,搜索关键词:Abschlussbericht(终结报告)、Breitscheidplatz(布赖特沙伊德广场);最后访问日期:2020年2月15日。

[3] 北莱茵-威斯特法伦州选择了这条道路,并于2017年12月任命了一个被害人保护委员会,作为犯罪行为和暴力行为被害人及其近亲属的统一咨询中心。仅在2018年就受理了550件咨询,这证明了咨询中心确有需求。关于其他情况,参见 www. justiz. nrw. de/jm/schwerpunkte/opferschutzbeauftragte/index. php,最后访问日期:2020年2月15日。

心，也能够一定程度上减轻刑事追诉机关的负担。在涉及大量被害人的重大侵害案件中，这样的减负效应是非常明显的，因为此时，无论是警察还是检察机关都可能无法及时以适当方式告知和支持被害人。

7. 评估

最后但同样重要的是，应当指出，告知义务的落实效果应当予以评估。为了得出落实情况的具体结论，以及必要时提出优化建议，可靠的实证分析是必要的。

8. 侦查机关的任务概要及重要性

在结论上，可以确认，只有通过所有参与机关的多项措施的合作，才能有效落实被害人权利。一方面，犯罪行为被害人的需求在很多方面都有所不同。另一方面，大量被害人的权利只有在诉讼进程中才能发挥作用，因此，除了警察，检察机关和刑事法院也都必须关注被害人可能主张的权利。对于被害人来说，哪些权利比较重要，哪些帮助和支持选项是必要的取决于各种因素。除了犯罪行为的严重程度，被害人的人格及其生活状况也是非常重要的因素。为了尽可能多地顾及被害人，以多种途径提供必要的信息显然是重要的。只有这样——在需要的范围内——才能将尽可能多的被害人引入地方上现有的被害人援助系统。

对于警察和检察机关来说，落实被害人权利是一项额外的、艰巨的任务。虽然告知义务并不新鲜，[1]但是，这些义务在《第3个被害人权利改革 206
法》中不仅有所扩展，而且还得到了更有力的强调。只有全面了解既有的被害人权利以及对被害人尽可能提供帮助与保护支持，才能保障有效地落实告知义务。显然，这项任务不仅耗时，而且考虑到必要的人力投入，成本也非常之高。[2] 这是一项能够得到回报的努力。被害人作为刑事诉讼中的

---

[1] 在《第3个被害人权利改革法》生效之前，旧版《刑事诉讼法》第406d条规定了大量的告权义务。

[2] 在《强化刑事诉讼中被害人权利法案》草案中，只作了如下表述："对于各州来说，因为额外的告知义务和引入向附加诉讼权利人提供翻译检察机关不起诉决定的义务，肯定带来了某些无法量化的额外支出。"

证人通常是非常重要的，也往往是唯一的证据。认真地、专业地与犯罪行为被害人交往，可以使被害人保持或恢复必要的稳定，从而可以参与后续的刑事诉讼以及在刑事诉讼中履行其证人的义务。所以，谨慎对待被害人有利于全面查清案件，绝对符合检察机关的利益。当证人对侦查机关抱以信任，相信事实可以公正地、周到地向被害人澄清时，这有助于查清真相。

同时，这种以被害人为导向的思路也对检察机关提出了挑战：因为检察机关在刑事诉讼中扮演着客观的角色。它必须查清被指控人入罪和出罪的情况，也要维护被指控人的权利。与此同时，在落实被害人权利方面，检察机关也发挥着核心作用。然而，在维护被害人利益的意义上，指引有效落实被害人权利不得使检察机关陷入角色冲突当中。检察院在审前程序中一直负有特别的客观义务。对于被指控人也必须清楚地表明，在考虑被害人利益方面，无罪推定仍是整个诉讼的重要组成部分，在告知被害人权利时不得
207 同时产生偏见。这种平衡的做法——一方面保持在诉讼中的客观义务，另一方面有效落实被害人权利——对检察机关来说是一个重大挑战，它带来了被害人权利的扩展。

三、个别的受保护权和参与权

（一）社会心理之诉讼陪伴

根据《刑事诉讼法》第 406i 条，被害人要被告知社会心理之诉讼陪伴的可能性。社会心理之诉讼陪伴指在审理程序之前、之中以及之后对需要保护的被害人给予特殊帮助。与这个要求相关的目标是，减轻被害人在刑事诉讼中的负担与恐惧，并避免其二次受害。尽管自 2009 年以来《刑事诉讼法》第 406h 条第 1 款第 5 项（旧文本）就规定了告知被害人可以提供社会心理之诉讼陪伴服务，[1] 但是到《第 3 次被害人权利改革法》才纳入了全面的

[1] 关于现行联邦法相关规定的发生史以及实践的发展，参见 Stahlmann-Liebelt und Gropp 2016, S. 439(442 f.)；关于社会心理之诉讼陪伴现行规定的内容与范围，参见 Herrmann in: Els 2016, S. 51 ff。

规定。[1]

具体而言:社会心理之诉讼陪伴的核心规定是《刑事诉讼法》第406g条。根据该条第1款,原则上每个被害人都有权获得社会心理之诉讼陪伴的帮助。如果法院指派了社会心理诉讼陪伴人,那么这种帮助的服务是免费的。谁有权要求指派社会心理诉讼陪伴人,《刑事诉讼法》第406g条第3款、第397a条第1款作了规定: 208

首先是在严重的性犯罪或暴力犯罪中受侵害的未成年人(《刑事诉讼法》第397条第1款第4项和第5项)。立法者认为在这些情况下通常需要特别保护。

对于严重性犯罪或暴力犯罪的成年被害人(《刑事诉讼法》第397a条第1款第1~3项),法律赋予法院对请求指派社会心理诉讼陪伴人以自由裁量权。在这些情况下,如果存在特殊的保护需求(《刑事诉讼法》第48条第3款),法院将指派一个社会心理诉讼陪伴人。

社会心理之诉讼陪伴的内容和范围及社会心理诉讼陪伴人的资格要求,[2]规定于《刑事诉讼法》第406a条第2款的指引性规定中,由《刑事诉讼中的社会心理陪伴法》引入(PsychPbG, BGBl. I S. 2525, 2529)。在内容上,要强调的是,现在法律规定了咨询与陪伴相分离的原则,以及陪伴人在诉讼中保持中立。这清楚地表明,在社会心理之诉讼陪伴过程中,不得就涉嫌的犯罪事实进行讨论,也不得对涉嫌案件作出处理,以免影响被陪伴的人员或妨碍证人作证。无视这些原则可能导致取消社会心理诉讼陪伴人员的资质。

---

[1] 社会心理之诉讼陪伴的规定得到了相当大的反响。关于社会心理之诉讼陪伴的明确规定,一些人表示欢迎,并强调立法者通过引入社会心理之诉讼陪伴履行了对被害人的保护与照顾职责。参见 Ferber 2016, S. 279(282); Kett-Straub 2017, S. 341(346) und Wenske 2017, S. 457(465 f.);另外一些人在文献中将社会心理之诉讼陪伴视为灾难性的歧途,参见 Neuhaus 2017, S. 55(55 f.); Strate 2016, S. 7;持批评意见的还有 Deckers 2015, S. 1,在立法过程中就已经提出了批评意见。

[2] 担任社会心理诉讼陪伴人需要高水平的资格,该资格必须经过一个严格的认证程序。从专业角度看,除了相关的社会教育学、心理学等高校学习经历,还要求完成认证社会心理诉讼陪伴人所要求的培训和进修课程。

这些借由《第 3 个被害人权利改革法》引入的关于社会心理之诉讼陪伴的规定，相比旧的规定，有了明显的改善，因为，除了规定社会心理诉讼陪伴人的资质条件外，首次明确了关于帮助服务的范围及界限的严格标准（Wenske 2017, S. 457 f.；在此意义上对社会心理之诉讼陪伴持批评意见的，如 Neuhaus StV 2017, S. 63）。遵守这些法律规定，对于刑事诉讼目的的实现来说——即遵守法治原则查清真相并恢复法和平——是绝对必要的。

此外，根据法律规定实施的社会心理之诉讼陪伴可以减轻检察机关的
209 负担，同样也可以减轻刑事法院的负担。原则上，不管是检察机关还是刑事法院都必须以尽可能有分寸的方式对待那些特别需要保护的被害人。这项任务现在由社会心理诉讼陪伴人承担了，这意味着检察机关和刑事法院在诉讼中可以致力于其核心任务——查清案件事实。当然，检察机关要始终牢记不得损害被害人陈述的公正性，也要应对可能的指责，即因社会心理诉讼陪伴人的参与而损害证言的可靠性。

几十年来，在石勒苏益格-荷尔斯泰因州，社会心理之诉讼陪伴一直在实践中，最初以证人辅佐计划的名义实施（Stahlmann-Liebelt und Gropp 2016, S. 439 f.）。为了能够说明使用这些服务的规模以及必要时采取优化措施，石勒苏益格-荷尔斯泰因州司法部每年都会公布相关案件数量。

据此，2017 年，在石勒苏益格-荷尔斯泰因州的四个地方法院管辖区，总共 75 个案件指派了社会心理诉讼陪伴人。其中，基尔地方法院辖区有 25 件，伊策霍地方法院辖区有 34 件，弗伦斯堡地方法院辖区有 10 件，吕贝克地方法院辖区有 6 件。

2018 年，在石勒苏益格-荷尔斯泰因州有 87 件指派社会心理诉讼陪伴人，即伊策霍地方法院辖区 2 件，[1] 吕贝克地方法院辖区 14 件，弗伦斯堡地方法院辖区 35 件，基尔地方法院辖区 36 件。大多数案件（80 件案件）都与

[1] 伊策霍地区法院辖区的案件数量明显减少，可能是因为负责伊策霍地区的两名社会心理诉讼陪伴人已经搬走，不再在石勒苏益格-荷尔斯泰因州活动。过渡期间，在石勒苏益格-荷尔斯泰因州工作的其他社会心理诉讼陪伴人接管了该地区积压的社会心理之诉讼陪伴工作。

性犯罪有关。在其他犯罪指控(抢劫、谋杀未遂)中,只有很少一部分提供了社会心理诉讼陪伴人。

这些案例数字表明,在各个地方法院辖区内所提供的社会心理之诉讼陪伴极其不同——当然也考虑了各州的不同规模。在基尔和吕贝克几乎同样大的地方法院辖区,案件数量差异就很大。然而,规模小得多的弗伦斯堡地方法院辖区的案件数量却接近基尔地方法院辖区的案件数量。

对于所有地方法院辖区来说都一样,社会心理之诉讼陪伴通常用于严 210
重的性犯罪,但不见于其他的严重暴力犯罪案件。出于这个原因,可以想象,实践并没有真正认同自2017年1月1日起也可在其他犯罪案件(如抢劫、严重伤害、谋杀未遂等)中指派社会心理诉讼陪伴人的可能性。

实践中,案件数字的差异使各地方法院辖区有理由探究不同使用结果的原因,以便采取进一步的优化措施。归根结底,社会心理之诉讼陪伴的效果关键取决于诉讼参与人的接受程度,该接受度又特别受辅佐人是否专业、是否适格的影响(Wenske 2017,S. 465 f.)。

在此,要额外指出石勒苏益格-荷尔斯泰因州的特殊性:该州也向家暴案件提供社会心理之诉讼陪伴的服务。因为在这些案件中,作为诉讼标的的罪行指控通常达不到法律所规定的诱因罪行条件(《刑事诉讼法》第397a条第1款),所以,并不存在关于指派社会心理诉讼陪伴人的请求权。尽管如此,石勒苏益格-荷尔斯泰因州历年来的经验表明,在家暴案件中被害人所受的压力恰恰特别地高。考虑到这一点,为家庭暴力案件提供社会心理诉讼陪伴人一直是由石勒苏益格-荷尔斯泰因州司法部资助的一项自选服务。这样,在2018年的家庭暴力诉讼中,该州共免费提供了56次社会心理之诉讼陪伴。这证明了在家庭暴力案件中也有陪伴和支持的需求。立法者是否将社会心理之诉讼陪伴也扩展到这类案件,尚待后续的发展。[1]

[1] 主张也应向家暴案件提供社会心理之诉讼陪伴服务的学者,如 Wenske 2017, S. 457 (466)。

(二)对询问证人录音录像

根据《刑事诉讼法》第 406i 条第 3 款,如果有适用之可能,在后续诉讼中应当在合适的场合向未成年被害人及其法定代理人指出《刑事诉讼法》第
211 58a 条和第 255a 条第 2 款所规定的保护性规定。《刑事诉讼法》第 58a 条提供了对法官询问证人进行录音录像的可能性。[1] 借由《刑事诉讼法》第 161a 条第 1 款第 2 句和第 163 条第 3 款第 1 句,在检察机关和警察询问时也有录音录像的可能性。从《刑事诉讼法》第 58a 条的文本表述看,并不存在关于询问证人均要录音录像的全面规定。[2] 法律规定的一般情形是,只有询问未成年证人,询问作为严重犯罪行为被害人的未成年人,以及询问在审理程序中无法莅庭的证人时,才规定了录音录像。在这些情形中,根据《刑事诉讼法》第 58a 条第 1 款,应当采取录音录像。

第 58a 条的规定之所以引入《刑事诉讼法》,最初要归功于被害人保护的理念。对于需要保护的证人,立法者想要省去多次询问的麻烦。然而,这样的录音录像也服务于证据保全的目的,因此有利于"查清案件事实"(Altenhain 2015,p. 270 f.)。例如,立法者强调了初次陈述特殊的证据意义,也指出了必须防止证据灭失(BT-Drucks. 13/7165,S. 6)。

实践当中,截至 2019 年年底才在个案中使用询问证人录音录像。

1. 询问证人录音录像的实践做法

关于过去实践中是否适用了询问证人录音录像并没有有说服力的结论(Volbert 2017,p. 248,250;Altenhain 2015,p. 271 f.)。在石勒苏益格-荷尔斯泰因州,对警察的审讯进行录音录像主要发生在性犯罪的案件中,这是合乎标准的。在这些案件中,被害人的陈述具有特殊重要性,因为通常并无其

[1] 第 58a 条的规定是根据 1998 年 4 月 30 日《证人保护法》第 1 条第 1 款插入《刑事诉讼法》的(BGBl. I S. 820)。又借由 2019 年 12 月 13 日生效的《刑事诉讼现代化法》(BGBl. I S. 2121,BT-Drucksache 19/14747)重新表述,并成为一项强制性规定("必须"规定)。

[2] 对询问证人强制性录音录像表示反对的理由,有人认为"此举侵犯了被询问人一般人格权以及破坏了直接原则"。关于观点综述以及对旧的法律规定作出令人信服的批判,参见 Altenhain 2015,S. 273 f。

他证据。所以，对于这些案件的询问，警察常常要采取录音录像，并根据陈述制作实录笔录。[1] 相对于传统的询问笔录，实录笔录更加忠实、真实再 212
现相关人员的问与答，语言不连贯的现象强化了询问的直接性效果(Volbert 2017，S. 250)。通过这种方式，发问的暗示性部分也变得明显，能够在判断陈述的证明力的时候予以考虑，在后续诉讼进程中，询问及理解上的瑕疵也要予以澄清。

相比之下，根据旧法(“应当”的规定)，在法官询问证人时录音录像——在可见的范围内——不管在全国范围内还是在石勒苏益格-荷尔斯泰因州，直到2016年都只有非常克制地适用。[2]

克制适用的原因还没有充分阐明，只有就此作出的尝试。菲格特认为，克制适用的原因可能在于缺少技术条件、缺少敏感性(没有主动适用的意识)以及专业知识不足(Fegert et al. 2016，S. 329)。毛斯巴赫挑战性地指出，法官询问录音录像的适用，还部分缺乏司法政策方面必要的敏感性。他推测另一个原因是法官对于保存自己询问过程持一定的抵制态度。根据阿尔滕海恩的解释，关于过去的实践，克制适用的理由是明显较高的费用支出。询问证人的录音录像和完成实录笔录非常耗时。实际上，后续人们也根本不看录音录像，因为看录音录像远比看笔录花费时间更多。结果，录音录像的花费，相比传统的询问明显高得多，但相比而言收益却要少得多(参见 Altenhain 2015，S. 272 f.)。

尽管如此，在全国范围内还是产生了一些区域性的模板，它们频繁适用对法官询问的录音录像，结果十分成功或者预计会成功。这里要提到的是
慕尼黑模式。在慕尼黑，每年会有100到200个录音录像的询问(处理虐待 213
儿童案件独立委员会 2019，S. 7；德国儿童帮助协会2018年9月7日在柏林

[1] 石勒苏益格-荷尔斯泰因州警察局自20世纪90年代中叶以来一直在实践这种方法。在一个全面的培训课程中(多年来检察官也一直参加)，州警察学校对特别警队的办案人员讲授了这种询问的方法。2018年，全州共进行了991次视频询问，主要针对性犯罪案件。

[2] 处理儿童性虐待独立委员会2019年，第26页；Fegert et al. ZKJ 2016，327 f.；Mosbacher：“反对沉默”，载《法兰克福汇报》(2018年10月30日)。

举行的“切合儿童的司法——儿童权利之行使”专业论坛会议文件，第 25 页）。

此外，除了所谓的布伦瑞克模式（对此参见 Volbert 2017，S. 249），还需提到在不来梅州的探索。2017 年 4 月，那里投入启用了一个视频录制系统，以便能够强化法官询问录音录像的可能性，从而保全证据和保护涉案被害人。

自 2016 年 1 月起，在弗伦斯堡地方法院辖区，严重刑事犯罪的儿童、青少年和成年被害人，可以根据一个由检察院和法院制定的手册，通过视频技术接受询问（该手册将在新法生效时作出调整，接下来可向弗伦斯堡检察院索要）。该手册规定了具体方式，包括检察机关的必要申请、侦查法官（Ermittlungsgericht）作出裁定的模板以及对于诉讼参与人行使权利的处理建议。

随着《刑事诉讼现代化法》的出台，《刑事诉讼法》第 58a 条、第 255a 条关于法官询问录音录像的规定也相应作了修改。

首先值得欢迎的是，该法律的适用范围在《刑事诉讼法》第 58a 条第 1 款第 3 句中扩展到了性犯罪发生时的成年被害人身上，因为，其所受压力与儿童及青少年被害人没有区别。修改后的第 58a 条第 1 款第 3 句规定，法官询问的录音录像需要经过证人的同意。法律对此的澄清同样值得欢迎。原则上，所有性犯罪的被害人都只能在他们同意的情况下才能被录音录像，因为对极端敏感的过程录制一个陈述，该视频还有可能向第三人（也包括被指控人）播放，所以涉及对个人人格权的侵犯。录音录像作为替代的询问而引入审理程序中（在审理过程中播放），除了其他法定条件，只能在询问之后不违反证人主张（前后证言不矛盾）的情况下才可以。

立法者认为实行对法官询问录音录像恪守了保护证人利益的相关准则，通过这种方式，证人的利益得到了更好保护。

基于此前与法官询问被害人录音录像有关的经验，对此提供了一种处理方式，即一方面尽可能地减少被害人的压力，另一方面又不会限制侦查的效率,并与新法相兼容。

据此,建议在侦查程序(Ermittlungsverfahren)开始时首先由警察(尽可能通过视频的方式)询问可能受到伤害的证人。在法律修改后,立法者明确对这种手段持开放态度(BT-Drucksache 19/14747,Seite 25,5. Absatz)。在立法说明中作出如下解释:除了对法官询问的录音录像,也可能存在检察机关和警察的询问。在警察侦查结束后以及经由对侦查结果的暂时评估,若可以预见存在充分的犯罪嫌疑,有可能提起公诉时,检察机关应当申请对法官的询问录音录像。通过法官询问的录音录像以替代在审理程序中对证人的直接询问,证人就免去了在审理过程中的陈述,特别是作出对于自己身心不利的陈述,由此,立法者的意图就实现了。在审理程序中的补充询问一直是有可能的,但是根据经验,罕有适用或者完全不必适用。

对于这一安排,还存在不同意见:

通常警察的侦查从对报案人的首次详细询问开始。在诉讼过程中,为了能够作出适当的终结性处理,警察经常隔几天就要了解其他情况,对此必须再次询问被害人。此外,在首次询问中问到了一些情况,从犯罪学角度看又可能成为其他侦查案件的线索(痕迹保全、搜查)。这是警察最基本的工作,通常不能由侦查法官*来承担。

此外,在羁押案件中,一直要等到为法官询问录音录像所做的耗时准备实施完毕之后,才能再次羁押是不成立的。

性犯罪的侦查程序有很大一部分,出于各种原因都无疾而终,最后终止了程序(如过了追诉期限,证据不足)。因此,在诉讼一开始就启动耗时费力、成本高昂的法官询问通常理由不充分。当被害人——经常在深思熟虑之后——踏上了报案之路,而警察以后续将启动法官询问为由予以搪塞,显

* 参见德国《刑事诉讼法》第162条,指法院调查行为。原则上检察院负责侦查程序,但如果其认为法院调查行为有必要时可以申请法院调查。一般法院调查有两类:一类是法律特别规定的、纯粹的职务上的协助,例如在派遣卧底侦查员时需要法院的同意;另一类是命令强制措施,如命令搜查令。参见《德国刑事诉讼法典》,宗玉琨译注,知识产权出版社2013年版,第162页。——译者注

然对被害人来说也不够友好。按照经验，被害人报案的意愿也将丧失殆尽。

215 所以，通常在保护被害人利益方面，也要避免过早地启动法官询问录音录像。如果在完成了所有侦查手段之后，对起诉的前景作出判断，并在有起诉可能的情况下安排一个替代性的法官询问，能更好地保护被害人的利益。因为按照以往的经验，如果这么做的话，审理程序中负担很重的面对面询问就不必进行了或者实际上缩短了，反过来又会维护被害人值得保护的利益。在理想情况下，检察机关的相应申请中，也会阐述具体个案的诸多事由。

也可能出现这样的情况：侦查程序中法官询问之后，对于存在充分犯罪嫌疑的评估发生了变化，以及必须终止程序。对于证人来说，在这一诉讼进程中所受到的压力要少得多，即便经过审理程序对被告人作了无罪宣告。

按照此前的经验，侦查程序中替代性的法官询问录音录像有下列好处：

· 避免了被害人与被指控人的碰面。

· 无须等待时间的定时询问。

· 不那么紧张的询问氛围以及由此而可能导致的“形式多样的”陈述。

· 提起公诉后更短的诉讼时间而带来更少的压力。

· 更好地保全证据。

· 使诉讼参与人形成询问证人的直接印象，存在更高的认罪可能性。

· 免除证人在审理程序中备受煎熬的等待时间。

在法律修改以后，当法院适用了《刑事诉讼法》第255a条第2款之后，法官询问录音录像的好处才能完全发挥出来。在审理程序中播放录音录像仍然取决于法官的裁量。在此，不同于联邦司法与消费者权益保护部在法案草案之前发布的指导文件，立法者没有考虑关于“必须的规定”的修改。此外，根据修改后的第255a条第2款，前提是一方面证人对于询问录音录像表示同意，另一方面在审理程序中播放录音录像不得与侦查程序中的询问
216 直接产生矛盾（双重的同意方案）。假设产生了矛盾，那么也能按照一般诉讼规则对录音录像进行检视，在此情形下，证人要在审理程序中接受面对面听询。

接下来的条件是,被害人曾经是《刑事诉讼法》第255a条第2款所示的严重性犯罪或暴力犯罪的受害者,被告人及他的辩护人有机会参与要播放录像的法官询问(证人)。

由于缺乏统计数据,没有根据此前的法律状况对多少案件作了法官询问录音录像的可靠数字。其好处已经阐明了。鉴于人们经常抱怨,有时性犯罪案件诉讼期限会拖上几年,《刑事诉讼法》第58a条、第255a条的规定保存证言,为被害人开启了一个机会,如果有必要,可以结束刑事诉讼并开始接受这个事件,这一点特别重要。法官询问录音录像以及在审理程序中替代性地播放录音录像,不仅在未成年被害人案件中考虑了儿童福祉(《伊斯坦布尔公约》第26条),[1]而且根据修改后的法律,现在也服务于减轻成年被害人的压力。

2. 实施《刑事诉讼法》第58a条、第255a条新规定的要求

除了少数已经执行了法官询问证人录音录像的法院和检察院,大多数侦查法院和检察机关都面临着巨大挑战。

(1)进修和培训

侦查法官通常没有受过如何询问性犯罪或虐待犯罪中的儿童和青少年的专门培训。在石勒苏益格-荷尔斯泰因州,警察培训课程的理念(见上文)在2016年根据法官询问录音录像的规定进行了调整,并通过石勒苏益格地方高等法院为全州的调查法官提供进一步培训。此外,一个证言心理师开始对检察官和法官就性犯罪的实体刑法和“询问儿童与青少年”的主题进行
了培训。发问技巧的培训特别重要,因为法官的发问能力对于诉讼进程会 *217*
产生重大影响,并影响询问与陈述的质量。福尔伯特指出:“所以,不能任由在法律语境下与儿童面谈的人来决定是否他具有适当的发问技巧。”(Volbert 2017,S. 255;持同样观点的,Fegert et al. 2016,S. 329)2020年6月,将再一次举办相应的培训课程;同时还计划让专家对录音录像的询问给出反馈

[1] 参见2017年7月17日关于落实欧洲理事会2011年5月11日《预防和打击针对妇女的暴力和家庭暴力公约》的法案(BGBl. I,1026.)。

意见。

(2)技术装备

弗伦斯堡地方法院的技术装备情况,适配了石勒苏益格-荷尔斯泰因州警察局多年的经验。当务之急是,培训和进修——如警察培训理念中规定的——中也要包含技术的使用,并确保司法机关的人员能掌握和维护该技术。

(3)专业化与适当考虑工作负荷

除了培训和进修以及适当的技术装备,侦查法官的专业化对于履行这项职责也很重要。就此而言,在年度业务分配计划当中,要向侦查法官指派这项工作。与此同时,必须正视法官询问录音录像耗时的增加,并在部门工作量中适当考虑这些活动。就时间投入来看,在性虐待案件中对法官询问进行录音录像,与其他侦查法官的活动是无法比较的(要多得多)。

法官询问录音录像所花费的时间明显攀升,也影响到参与询问的律师、打字员及检察机关,他们通常要阅读或处理两份非常详细的实录笔录。

(三)附加诉讼人的权利

根据《刑事诉讼法》第406i条第1款第2项,被害人也要被告知其作为附加诉讼人参与公诉的权利。附加诉讼这一法律制度(《刑事诉讼法》第395
218 条以下)经由1986年通过的《被害人保护法》(《改善被害人在刑事诉讼中地位的第一法案》,1986年12月18日,BGBl. I, S. 2496)作了基础性的改革。在此之前,附加诉讼与自诉密切相关,并侧重于轻罪,通过改革,附加诉讼已经成为刑事诉讼中保护被害人最重要的工具,它首先针对那些严重犯罪中的被害人(Barton 2009, S. 753)。

立法者的目的是通过刑事诉讼保护被害人不要遭受原本可避免的压力,并阻止二次受害,基于此,立法者赋予了附加诉讼人全面的权利。附加诉讼人虽然自己没有起诉权,只能加入已经提起的公诉,但是他并不依赖于检察机关的诉讼安排。这就意味着,附加诉讼人可以根据自己的想法对诉讼进程施加影响。这样，附加诉讼人就有了获得正式的出庭通知及在审理程序中在场的权利。在审理程序中，附加诉讼人因担心法官和鉴定人偏袒，有权要求拒绝其履职，有权对审判长的命令提出异议，以及享有发问权、申请证据权、陈述权。他还有与检察机关一样的接受听询权（《刑事诉讼法》第397条第1款）。原则上，附加诉讼人有权请求法律救济（《刑事诉讼法》第395条第4款，第401条第1款第1句），当然他不能为以下目的对判决提出异议，即要求对犯罪行为科处其他法律后果，或者要求就其无资格作为附加诉讼人参与公诉的违法行为而对被告人判处有罪（《刑事诉讼法》第400条第1款）。总的来说，附加诉讼人不局限于消极证人的角色，而在刑事诉讼中有自己的主体地位（Barton 2009，S. 753）。附加诉讼这个法律制度，自它引入刑事诉讼法以来就充满争议。批评意见并没有随着附加诉讼人权利的扩张而变少。人们看到了这样一种危险：我们的刑事诉讼正朝着当事人主义诉讼程序发展（Barton 2018，S. 1，Baumhöfener 2014，S. 135 f.；Barton 2013，S. 60；Schroth 2009，S. 2919）。此外，人们还担心，附加诉讼人的证人功能因为其权利（如在场权、阅卷权）的行使而受到妨碍，以至于使查清真相变得困难（Schroth 2009，S. 2918 f.）。

迄今为止，还没有研究清楚附加诉讼权对于刑事诉讼的影响。当然，可以确认并且毫无争议的是，附加诉讼这个法律制度肯定对刑事诉讼产生了影响。比如如下两点：

第一，依据现行法，任何被害人均可以参与针对《刑事诉讼法》第395条所示的犯罪行为所提起的公诉，在《刑事诉讼法》第397a条的条件下，可以使用律师的辅佐。在所谓的大规模诉讼案件中，像德国极右翼恐怖地下党（NSU）的审判以及“爱的大游行”踩踏事故*审判，这些规定将导致产生数量极大的附加诉讼人和附加诉讼代理人。后果不仅是组织上的困难（如缺乏场所）以及高昂的成本，而且还带来了一旦诉讼迟延将使有效的刑事追诉 219

* 2010年7月24日，德国西部鲁尔区杜伊斯堡市举行“爱的大游行”电子音乐狂欢节时发生踩踏事件。当地警方说，踩踏事件造成21人死亡，342人受伤。——译者注

变得困难的危险(参见 Barton 2009,S. 758)。导致此类诉讼延迟的原因是:反复提出偏袒的异议以及申请调取证据或者过度行使发问权以及根据《刑事诉讼法》第 257 条发表陈述的权利(Kett-Straub 2017,S. 345;Berger 2019,S. 251)。

基于这一背景,旨在提升效率及面向实践地配置一般刑事程序及少年法院程序的专家委员会,在其 2015 年 10 月提交的结论报告[1]中建议,按照下面的思路完善补充附带诉讼权利,使审判长有权裁量是否可以组成一个附加诉讼群体,并为他们在审理程序中的代表指派一个群体辅佐人。

这个建议被立法者采纳了。《刑事诉讼现代化法》(BGBl. I 2019,2121)已经对《刑事诉讼法》第 397a 条补充了共同的附加诉讼代理人的可能性,从而简化程序,同时又不会很大程度妨碍维护附加诉讼人的利益。根据《刑事诉讼法》第 397b 条的规定,在多名附加诉讼人存在共同利益的情形下,法院可以为他们指派同一个辅佐人。该规定在立法程序中引起了不同反响。[2]该规定是否在实际上有助于提升刑事诉讼的效率,同时又充分顾及被害人的利益,还有待观察(对专家委员会相应建议提出强烈批评的,Gräfin von Galen 2016,S. 45)。

220 第二,附加诉讼人权利的其他后果还特别表现在"言词 VS 言词"的刑事诉讼当中。在此值得一提的是附加诉讼人的阅卷权,具体依据《刑事诉讼法》第 406e 条第 1 款;根据严格的条件,该权利可能被否定。在"言词 VS 言词"的刑事诉讼当中,《刑事诉讼法》第 406e 条第 2 款具有重要意义。按照该规定,当危及了侦查目的(也包括其他案件的侦查目的)时,阅卷权就被否定了。至于具体标准是什么,地方高等法院的判决则有所不同。

[1] 旨在提升效率及面向实践地配置一般刑事程序及少年法院程序的专家委员会的结论报告,可访问 www. bmjv. de. 搜索关键词:刑事诉讼法改革的结论报告,最后访问日期:2019 年 8 月 15 日。

[2] 被害人援助组织"白环"在对立法程序的表态中持否定态度,其指出:"在几个附加诉讼人具有相似利益的情形,对任命或指派法律辅佐人予以限制,立法者将部分废除自 1998 年以来就有的最严重犯罪被害人享有的一项权利。"可访问 www. weisser-ring. de/experten/recht/strafrecht,最后访问日期:2020 年 2 月 15 日。

汉堡地方高等法院在一个“言词 VS 言词”的案件中笼统地认为构成了对侦查目的的危殆，从而拒绝了附加诉讼人在法官询问证人之前提出的阅卷申请。[1] 从结论上说，这将意味着，在强奸、性强制及性虐待等特殊刑事诉讼中（有时这些案件除了被害人的陈述之外没有其他的证据），如果附加诉讼人的代理人在审理程序前原则上没有查阅刑事卷宗的权利，将导致被害人可能在刑事诉讼中也不会得到妥当的代理。

当法律辅佐人保证不会将卷宗转递给被害人，或者信赖联邦普通法院对于事实审的证据评价提出的严格要求，其他法院在“言词 VS 言词”的案件当中给予了不受限制的阅卷权。据此，伪造陈述的抽象危险，不是否定阅卷权的正当理由，因为，这样就以不被允许的方式掏空了附加诉讼人的权利。也就是说，要根据个案的具体情况来认定，被害人的阅卷是否真正危及侦查目的。[2]

类似的问题也出现在附加诉讼人在审理程序中的在场权上（《刑事诉讼法》第 397 条第 1 款第 1 句）。就在场权来说，当附加诉讼人作为证人被询问时，作为《刑事诉讼法》第 58 条第 1 款的例外，他也有权在场（Schmitt in: Meyer-Goßner und Schmitt 2019, § 397 Rn. 2）。为了避免出现妨碍证人作 221
证的风险，实践中附加诉讼人在其作为证人被询问前，基于其代理人的建议通常放弃在场权。

上述与附加诉讼人的权利有关的难题（如阅卷权、在场权），根源于附加诉讼人在刑事诉讼中的双重角色。他一方面是“附加起诉的一方”，另一方面又是刑事诉讼中的证人。这意味着，附加诉讼人通常在审理程序中必须履行其证人陈述的义务。法院必须审查该陈述的可信度。如果附加诉讼人

[1] 汉堡地方高等法院 2014 年 10 月 24 日的裁判，1 Ws 110/14；Beschluss vom 24. 11. 2014，1 Ws 120/14；2015 年 7 月 22 日的裁判，1 Ws 88/15；相反的裁判，石勒苏益格地方高等法院 2014 年 9 月 3 日的裁判，1 Ws 376/14（213/14）。

[2] 莱比锡地方法院 2015 年 8 月 12 日的裁判，1 Qs 195/15；柏林地方高等法院 2015 年 10 月 2 日的裁判，4 Ws 83/15-141 AR 417/15；不伦瑞克地方高等法院 2015 年 12 月 3 日的裁判，1 Ws 309/15；柏林地方高等法院 2018 年 11 月 21 日的裁判，Ws 278/18。

可以充分地阅卷或者在审理程序中其作为证人被询问前在场，审查陈述的可信度以及查清真相就变得困难（Barton 2013，S. 60）。

对附加诉讼权的阐述充分表明，附加诉讼这一法律制度绝对会对刑事诉讼产生重大影响。如被害人保护协会所要求的[1]进一步扩大附加诉讼人的权利，肯定是不可取的。一方面，有一些核心要求，诸如将附加诉讼列为必要的诉讼参与人或者附加诉讼人在终止程序以及达成《刑事诉讼法》第257c条意义上的和解协商时接受听询与参与，与刑事诉讼的基本原则相矛盾。只有国家才能推动对被指控人的刑事诉讼，在审理程序中确定其罪行与罪责。被害人及附加诉讼人不是我们刑事诉讼中的一方当事人。所以，在刑事诉讼中无须在可能的被害人与潜在的犯罪人之间创造"平等武装"（Kett-Straub 2017，S. 345）。另一方面，在特定的案件当中，存在诉讼延迟的危险及给犯罪行为的被害人带来异常压力的冲突。基于这个背景，也包括从被害人保护的视角来看，不建议扩张附加诉讼人的权利。

222 ## 四、重视被害人利益的其他方法

近年来，司法实践在努力有效落实现有的被害人权利的同时，也注意到了富有前景的探索，即在现行法的基础上，在对需要特殊保护的被害人可能不利的诉讼中，寻找如何缩短诉讼期限、更好地对待需要特殊保护的被害人的处理方式。

（一）进修的义务[2]

警察和检察机关有义务定期参与针对办理特殊案件人员举办的进修，但对于法院来说却没有这样的义务（有例外）。此前主要以法官的独立性为

---

[1] 在这方面，被害人援助组织"白环"还提到了刑事政策的要求（截至2019年11月），可访问www.weisser-ring.de，最后访问日期：2020年2月15日。

[2] 2021年6月16日生效的《打击针对儿童的性犯罪法案》（BGBl. I S. 1810）导致《法院组织法》第23b条和《少年法院法》第37条的相应修改（修改于2022年1月1日生效），在提交本文章稿时（2020年6月）未能予以考虑。

由来拒绝赋予这样的义务。在家事法院领域,目前正在——正确地——讨论改变这样的态度(Fegert et al. 2016, S. 329; Graf-van Kesteren 2015, S. 22)。比如,引入进修义务问题就在汉堡进行了讨论。[1] 只有少数几个联邦州在其关于州的法官立法中规定了这样的进修义务(比如北莱茵-威斯特法伦州的《法官及检察官法》[LRiStaG]第 13 条)。这么做的出发点是,对于严重性犯罪或者暴力犯罪刑事诉讼中的未成年被害人,法官对该种诉讼的特殊性欠缺专业知识是一个非常大的不利因素。基于此,在配置少年保护法院的人员时,要考虑规定一个入职条件,即须具有特定进修的证书。[2] 进修应当包括询问技巧,特别是如何询问儿童及青少年(另外,也包括在家 223 事法院诉讼中的询问),评估儿童心理发展状态的能力及关于"创伤学"主题的相关知识(处理儿童性虐待案件的独立委员会,2019 年,第 21 页以下;Fegert 2016, S. 330; Graf-van Kesteren 2015, S. 22)。理由是,相关的知识既不会在学校阶段也未在见习期被讲授(Mosbacher 2018)。

(二)专业化

青少年保护诉讼通常持续的时间很长,甚至要几年。[3] 只有当被指控人处于审前羁押状态时,审理程序才在羁押开始后 6 个月内启动。长时间的诉讼期限对于被害人来说是一个巨大的负担(处理儿童性虐待案件的独立委员会,2019,第 15 页以下;欧盟基本权利代表处[FRA],2015 年,第 5 页)。

[1] 2019 年 7 月底,汉堡前司法参议员 Till Steffen 赞成法律明确法官的进修义务。计划中的举措由儿童保护调查委员会在年初提出的一项建议促成。该委员会建议加强对法官在家庭法方面的进修;参见 www. ndr. de/nachrichten/ hamburg/Fortbildungspflicht - fuer - Hamburgs - Richter -, richter1150. html,最后访问日期:2020 年 2 月 15 日。

[2] 联邦政府 2011 年 6 月 22 日的《加强性虐待受害者权利的法案》草案(StORMG)中已经包含了这种义务,BT-Drs. 17/6261。具体而言,第 3 条第 2 款规定对《少年法庭法》(JGG)第 37 条进行修正,对少年法官和少年检察官的培训和进修提出约束性要求。然而,由于州司法行政部门的抵制,这些修正草案在立法推进过程中失败了(现行的是根据 2021 年 6 月 16 日《打击针对儿童的性暴力法案》修正的《少年法院法》第 37 条,自 2022 年 1 月 1 日起生效,BGBl. I S. 1810)。

[3] 2016 年至 2018 年,对弗伦斯堡地方法院从起诉到判决的诉讼时间所开展的一项未公布的调查得出以下数据:3~6 个月:18 起诉讼;6~12 个月:12 起诉讼;12 个月以上:13 起诉讼;2 年以上:1 起诉讼。

对于儿童和青少年来说这恰恰意味着，他们不能了结这个事件，通常也无法开始治疗。此外，也要担心证言质量方面的损失。因此，《刑事诉讼程序与罚金程序准则》第 221 条第 1 款规定，应当快速处理程序。关于提速的要求也可以在《欧洲理事会保护儿童免于性剥夺、性虐待公约》(《兰萨罗特公约》)第 30 条第 2 款中规定——德国于 2015 年批准了该公约(2015 年 1 月 21 日第 49 项刑法修改法案——执行欧洲性犯罪刑法的指令，BGBl. I，S. 10)，以及在《伊斯坦布尔公约》第 49 条中找到。

224 如果证人——特别是儿童和青少年——作为性犯罪的被害人以及通过侦查有望查清充分的犯罪嫌疑时，按照修改后《刑事诉讼法》第 58a 条、第 255a 条，现在侦查法院*有义务落实法官询问录音录像的规定，从而也提供了一个减轻负担的手段。但是，负责审理案件的法院必须做好准备：能够利用与播放录音录像，以作为面对面询问被害人的替代。

此外，性犯罪的刑事诉讼期限过长，可以通过在业务分派范围内推动管辖法院的专门化来应对，而无须修改法律(处理儿童性虐待案件的独立委员会，2019 年，第 18 页以下，附进一步说明)。对于需要特殊保护的被害人来说，根据《法院组织法》第 24 条第 1 款第 3 页连同第 74 条第 1 款第 2 句，及《少年法院法》第 41 条第 1 款第 4 项，设立专业化的性犯罪(少年)刑事法庭将强化起诉到一审地方法院的刑事指控。目前相应的公诉经常要起诉到区法院，理由是在那儿审理的期限能更短。当然，人们也注意到，针对区法院的判决，经常会提起上诉的法律救济。这导致在地方法院又要开始一轮事实审，如有必要还会再询问证人，从而使诉讼期限大幅延长(LFSH 2019，S. 38)。

(三)综合中心(Kompetenzzentren)

关于进修必要性和专业化探索的思考，也集中体现在所谓的综合中心

---

* 所谓侦查法院或侦查法官，指受检察官申请，对须由法官作出的强制措施作出决定的区法院。参见德国《刑事诉讼法》第 162 条。——译者注

的理念中。包括了在不利于儿童和青少年的侦查程序中如何更好地协调与合作的路径思考。主要基于以下想法：

通常情况下，被害人要经历不同阶段的诉讼：医生检查、警察询问以及法官可能的进一步询问，有时专家还要进行鉴定，此外涉及未成年人时要与青少年福利局会谈。这些侦查措施非常耗时费力。设立综合中心，让不同专业在地点毗邻的地方开展工作，可以通过商量合作来缩短诉讼期限，同时也能减轻负担。

以斯堪的纳维亚地区的 Barnahus（儿童之家）为榜样，2018 年 10 月在莱比锡大学医院的儿科针对未成年人作为性虐待被害人开设了公认的第一个综合中心以及护理中心。在该机构中，警察、医生、儿童福利署、检察机关、 225
侦查法院在一个屋檐下工作。“儿童之家”项目的目的是，尽可能减少儿童所受的压力以及被询问的次数。被害人保护措施和照顾措施应当更好地协调。在那里工作的医生和法律人士都要进行特殊培训（Kiess FAS vom 07. 10. 2018）。若儿童在一个很短时间内接受必要的调查，不必赶赴不同的地方，也省去了在不同措施之间所耗费的大量时间（Fegert et al. 2016，S. 324）。在一个根据儿童特点设置的询问室里，儿童由负责的侦查法官发问，通过技术手段也可以确保其他参与人在其他空间参与进来。

除了提供相应的空间，还规定了建立一个保护儿童协调中心以及对参与人的培训和资质要求。

这个模型通过一个标准化的、符合儿童特点的工作方式，努力优化获取证据与保全证据之间的协调机制。这些措施首要的目标是满足未成年被害人的需求，如有必要，家事法院也要参与进来。按照莱比锡的样板落实这样的模式，只有在特别考虑区域性状况[1]以及现有经济支持的条件下才能成功。因为从被害人保护的角度看，侦查措施在时间和空间上优化协调与协同绝对是有价值的，所以，建议不要忽视莱比锡模式的基础理念，以及在存

[1] 在城市和有特殊焦点问题及较多案件数量的大城市，该模式显然比在平原地区更容易实施。

在相关条件的地方也要利用好这个模式。

（四）改善对家暴的刑事追诉——汉堡地方高等法院2018年3月8日的判决

2018年2月1日《伊斯坦布尔公约》在德国生效，该公约即欧洲委员会《关于防止与打击针对妇女暴力及家庭暴力公约》。石勒苏益格-荷尔斯泰因州作为第一个联邦州于2018年开始实施该公约（司法部部长Dr. Sütterlin-Waack在石勒苏益格-荷尔斯泰因州妇女咨询协会的致辞，2019年，第6页）。

226 目前的焦点在于如何提高针对家暴进行刑事追诉的效率。在这个领域内，刑事追诉通常因作为被害人的妇女在侦查过程中或在审理程序中撤回陈述或行使拒绝作证权，以及缺乏其他证据而归于失败。

在这种情形下，若只有警察的询问笔录，那么，在审理程序中可能无法应用上述询问笔录以至于无法将被害人的陈述从审前程序引入到审理程序中，之前负责询问的公职人员也不得被询问，医生开具的诊断证明也不能使用。

《伊斯坦布尔公约》第55条要求各缔约国确保“……即便被害人撤回其陈述或报案，侦查或追诉上述犯罪行为不完全依赖于被害人的报告或报案，诉讼仍然可以进行下去”。

在这种情形下，为了在犯罪行为具有充分的线索时能够继续推进刑事诉讼，要做所有能做的证据保全，即便作为被害人的证人出于某种原因拒绝继续参与诉讼。汉堡地方高等法院在一个新判决中回顾了一项侦查措施并敦促其适用：侦查法官及时询问被害人。如果被害人自己不想（再）作证了，则开启了法官作为证人在审理程序中被询问的可能性。但是，这一措施在司法实践中极少适用（Rabe 2018，S. 147 f. 150）。法院令人印象深刻地指出：“特别在以家暴为对象的侦查程序中，原则上不得放弃侦查法官的证据保全职责，这也是《伊斯坦布尔公约》第49条第2款所要求的。”（汉堡地方高等法院于2018年3月8日作出的判决,1 Ws 114/17,1 Ws 115/17,S.7)但是相关人员的人身情况,特别是可能遭受的危险情况也要予以考虑。

汉堡地方高等法院进一步指出:“在这类案件中,驳回检察机关申请由侦查法院进行证据保全的诉求不予考虑。因为只有侦查法官——作为顺畅运转的刑事司法的保证人和受托人——才能弄来确保有效刑事追诉所必要的替代证据。”(参见上引,边码61)

由此,法院强调了这样的立场:家暴不是私人事务,通过行为人与被害人之间的关系,它对全社会都产生了影响,社会期待法治国家对暴力行为作 227
出明确的国家反应(Rabe 2018,S.151)。

(五)与伤残的被害人打交道

德国于2009年2月24日批准了联合国的《残疾人权利公约》(BGBl. 2008 II,S.1419)。所以,就有义务提供让相关残疾人获得进入法律体系的机会。从多个角度看,这种进入必须符合低门槛、语言平易、提供陪伴的服务等条件。

很高比例的残疾妇女和女孩都遭受过身体暴力或者性暴力,就残疾的儿童和青少年来说,他们遭受身体暴力或者性暴力的比率通常是同龄的非残疾人的3~4倍(参见Zinsmeister et al. 2017,S.46以及其他证据)。2013年,德国联邦家庭、老人、妇女与青少年部对德国残障妇女的生活状况和所受的压力做了一项研究(相关信息与资料可访问https://www.suse-hilft,最近一次访问2020年2月15日),得出了类似的结论。相比之下,对于虐待、伤害或性侵的残疾被害人来说,刑事侦查程序并不会对他们不利。问题是,当残疾妇女和儿童成为犯罪行为的被害人时,他们是否以及如何能够获知自己的权利,以及现有的法律状况是否足以保护他们。在《法院组织法》中有关于听力与语言残疾的人的相关规定(《法院组织法》第186条)。该规定适用于整个法院的程序,也适用于检察机关的侦查程序和刑事执行程序。

联邦妇女咨询中心和妇女紧急呼救中心联合会的“Suse”(“确切的和自

己决定的”的缩写)法律项目经过一番研究之后,在 2018 年认定了刑事诉讼中的障碍,这些障碍对于残疾的被害人来说是不易逾越的难关。[1] 通常最大的难题是,获知被害人权利的相关信息,即便他们生活在疗养院中,也会
228 遇到同样的问题。语言及其他沟通障碍影响很大。司法所使用的书写、表达、概念,对于非残疾人来说经常都很难理解,对于残障人士必然也是难题。

在诉讼过程中,并不会区分残疾人属于哪种类型的残疾,以及对于这种残疾应当考虑提供何种支持。

基于残疾,残疾被害人的作证能力从一开始就受到质疑,如果没有相关人的支持很难展开询问,在鉴定评估的过程中,也缺乏沟通方面的帮助。要注意《刑事诉讼程序与罚金程序准则》第 19a 条、第 21 条的规定,据此,在与残疾被害人打交道时应特别细心。

为设立“儿童之家”积累的相关思考也被运用到残疾被害人这个群体:及时、协调顺畅、专业地进行询问以及保存证言,有助于使诉讼不会以不利于残疾人的方式推进。“在对残疾被害人的作证能力或其证词的可信度作出推断(质疑)之前,用尽所有无障碍的询问方式,这既符合刑事司法的刑事追诉利益,也符合证人在正当程序上的利益”(Zinsmeister et al. 2017, S. 46)。

一直以来备受抱怨的诉讼期限过长的问题对残障人士以及诉讼产生了特别不利的影响。此外,很多地方还有技术上的或建筑上的门槛。并非所有地方都有助听器,也欠缺不那么刺激人的等候室和语言媒介服务。

所以,期待提供的服务包括:

·与残疾被害人打交道的警察和司法人员应通过培训进一步专业化,特别在询问方面。

·快速处理案件。

·在所有严重犯罪案件的侦查程序中扩大运用视频询问技术,特别是

[1] 参见 2018 年 1 月 28 日在柏林市举行的“法律中的问题与解决方案——为残疾妇女和女孩”专业研讨会会议材料,该研讨会是联邦妇女咨询中心和妇女紧急呼救中心联合会的“Suse”项目之一。可访问 www. frauen-gegen-gewalt. de,最后访问日期:2020 年 2 月 15 日。

移动视频技术。

· 将录音录像引入审理程序设定为法定义务。

· 只要有条件，尽可能在诉讼开始时就提供社会心理之诉讼陪伴的支持。

此外，如果这些机构有专门为残疾人提供服务的联系人，且这些人具备 229
相应资质，能够向残疾人提供咨询与陪伴，那么，对于相关残疾人来说，就能非常容易诉诸刑事追诉以及对接上司法机关。

五、结语

现行《刑事诉讼法》规定了大量被害人权利，促成了一个对被害人友好的刑事司法。特别是大量知情权和受保护权为犯罪行为的被害人减轻了因刑事诉讼带来的负担。[1] 挑战在于如何落实这些告知义务以及在实践中保障知情权和受保护权，这一点已经通过几个挑选出的被害人权利阐述彰显出来。只有当所有层面，特别是警察、检察机关、法院，将建设对被害人友好的刑事司法作为共同的任务时，才能应对这个挑战。其中，检察机关占据了特别核心的角色。在侦查程序中，它要审查是否以及在多大程度上可以通过警察告知被害人其可能享有知情权、受保护权、参与权。告权如有遗漏，应尽快弥补。在进一步的诉讼中，检察机关通过向法院提示、申请促进保障被害人的受保护权（比如，执行法官询问录音录像，在被指控人不在场时询问证人等）。在结论上，这意味着，检察机关在整个刑事诉讼中要关注所有可能的被害人权利，且必须履行监督功能（Kontrollfunktion），同时又不得放弃其在刑事诉讼中的客观角色，这一点非常重要。

对于被害人权利的进一步发展，评估必不可少。只有通过全面研究，才能获得关于落实状况的可靠分析以及判断个别被害人权利在实践中的效用。同时，也可能因此而揭示出发展偏差的情况以及如有可能阐明下一步

[1] 所以国家要履行其照顾义务，使证人在被询问过程中遭受的压力尽可能地少。参见 Kett-Straub 2017，S. 345。

的行动要求。[1]

230 涉及被害人的参与权,实证研究也很有必要。对于附加诉讼权引述的案例已经清楚地表明,附加诉讼对刑事诉讼具有重大影响,该影响并不总是与被害人友好型的刑事司法保持一致。借由附加诉讼,刑事诉讼可能接纳了一个完全矛盾的特征。由此产生的冲突与诉讼延迟对被害人来说,是一个巨大负担。此外,刑事诉讼并不总能满足被害人的期待与希望。这些问题对于被害人非常重要,但对查明被指控的犯罪事实来说,有时却只有较弱的意义。[2] 此外,被害人通过作为附加诉讼人参与诉讼不会成为审理程序的核心角色。基于原则上的考量,我们的刑事诉讼必须以行为人为导向。这意味着,涉嫌犯罪的行为人必须是刑事诉讼的焦点,法院要决定行为人是否负有罪责,并处以与其罪行及罪责相当的刑罚。出于这些原因,对于要求再次扩大附加诉讼权以及要求刑事诉讼更加以被害人为导向的主张,都必须采取非常克制的态度。[3]

231 迄今为止,立法者还没有注意到这样的节制之道。随着《刑事诉讼现代化法》的出台,联邦司法和消费者保护部推进了此前的实践做法,即扩张了被害人的权利。[4] 因此,在过去 30 年中被(正确地)抱怨的瑕疵一再以连

[1] 目前,石勒苏益格-荷尔斯泰因州警察局和该州的检察机关正在对性犯罪的刑事诉讼程序进行简单评估。从 2019 年 1 月 1 日到 2019 年 12 月 31 日,所有关于性犯罪的诉讼都将被检查是否符合商定的和反复更新的处理标准。该结果以匿名形式报告给州刑事犯罪调查局(LKA)。办案人员也会收到反馈。在年底,根据对审查结果的评估,确定是否需要进行优化。在前六个月内,135 个案件得到了审查。在第一次临时评估中,得出的结论是需要对询问证人录音录像和警方履行告权义务进行优化。

[2] 克特-施特劳布明确指出了这一点(Kett-Straub 2017, S. 345),他正确地提醒要重新理顺关于刑事诉讼的看法,特别是关于刑事诉讼能够和应该提供什么。许多受害者的期望无法通过刑事诉讼得到满足,因为刑事诉讼是为了确定案件的真实事实,查明罪行和罪责。例如,在右翼恐怖地下党的审判(NSU-Prozess)中,被害人的近亲属期望刑事诉讼程序在一定程度上承担接管议会调查委员会的任务,同时揭示当局的错误。如克特-施特劳布所说,这种期望是刑事诉讼程序无法实现的。

[3] 支持被害人友好型,同时又不以被害人为导向的刑事司法。参见 Kett-Straub 2017, S. 345。

[4] 前联邦司法部部长卡特琳娜·巴尔利就 2019 年 5 月 16 日内阁决定“刑事诉讼现代化”(BT-Drucks. 19/10388)的发言指出:“为了有效进行刑事追诉,我们希望除了增加司法人手也想改进刑事诉讼法。将来,法院审理应当能够快速推进及快速审结……同时,我们也强化了犯罪行为被害人维护其利益的权利。”

续强化被害人权利的改革作出反射性地(reflexartig)回应。结果是,产生了难以一目了然的像拼接地毯一样的被害人权利,司法实践在执行这些权利时存在瑕疵,以及由于不断有新的、泛滥的改革,让刑事追诉机关和司法机关产生一定(可以理解的)疲惫之感。这个结论,应当让立法者警觉起来。

我们赞成弄清楚现实状况,并对进一步的立法安排保持妥当的克制,在此应当强调,这不应被理解为为减少被害人保护提供辩护。[1] 迄今为止的经验表明:那些没有(可能有)生命力的被害人权利,都不符合被害人友好型刑事司法的目标。所以,这才是当下的行动要求:讨论和探索必须聚焦于如何能够有效地落实法律上既有的被害人权利。其中的关键不是(不断)出台强化被害人权利的新法律,而首先是所有诉讼参与人先行在实践中持续夯实既有被害人权利的意愿与努力。

参考文献:

Agentur der Europäischen Union für Grundrechte-FRA(Herausgeber), „KindgerechteJustiz-Sichtweisen und Erfahrungen von Kindern und Fachkräften“,Zusammenfassung,2015.

Altenhain,Karsten. „Dokumentationspflicht im Ermittlungsverfahren? Warum eigentlich nicht?“,Zeitschrift für Internationale Strafrechtsdogmatik 2015, S. 269.

Barton,Stephan. „Die Reform der Nebenklage:Opferschutz als Herausforderung für das Strafverfahren“,Juristische Arbeitsblätter 2009,S. 753.

---

[1] 德国法官协会在其对于 2008 年 3 月 1 日关于加强被害人及证人权利的法律草案的声明中所要求的,结论与这里一样。具体引述如下:“……然而值得赞同的是,鉴于法律规定的快速翻新,立法者将限于只修改和调整那些《刑事诉讼法》和《法院组织法》不得不改的规定。实践必须适应法律的修改,立法的目标也应当达成。此外,已经作出的法律修改,其效果经常要隔相当的时间才能进行评价。如果不给予评估充分的时间,那么将会导致延续或深化错误的发展。”可在德国法官协会网上访问:www.drb.de → Positionen →Stellungnahmen → 关键词:加强被害人权利法案,最后访问日期:2020 年 2 月 15 日。

Barton, Stephan. „Die Geister, die sie riefen“ – „Nebenklage heute“, Strafverteidiger 2018, S. 1.

Barton, Stephan. „Opferschutz und Verteidigung: Die Ambivalenz der Opferzuwendung des Strafrechts“, in: Strafverteidigervereinigungen (Hrsg.), 36. Strafverteidigertag 2013, S. 49.

Baumhöfener, Jesko. „Aktenkenntnis des Nebenklägers – Gefährdung des Untersuchungs-zwecks bei der Konstellation Aussage-gegen-Aussage“, Neue Zeitschrift für Strafrecht 2014, S. 135.

Berger, Benedikt. „Gruppenvertretung der Nebenklage“, Neue Zeitschrift für Strafrecht 2019, S. 251.

Deckers, Rüdiger. „Jenseits der Opferschutzrichtlinie“, Strafverteidiger 2015, S. 1.

Deutsches Kindeshilfswerk (Herausgeber). Veranstaltungsdokumentation Fachtagung „Kindgerechte Justiz-Zugang zum Recht für Kinder“, 7. September 2018, Berlin.

Fegert, Jörg/Andresen, Sabine/Salgo, Ludwig/Walper, Sabine. „Hilfeangebote und strafrechtliche Fallbearbeitung sexueller Gewalt gegen Kinder – vom Kind her denken und organisieren“, Zeitschrift für Kindschaftsrecht und Jugendhilfe 2016, S. 324.

Ferber, Sabine. „Stärkung der Opferrechte im Strafverfahren – Das 3. Opferrechtsreformgesetz“, Neue Juristische Wochenschrift 2016, S. 279.

Fischer, Thomas. Kommentar zum StGB, 66. Auflage, München 2019.

von Galen, Gräfin, Margarete. „Mehr Stillstand als Reform – Bericht der Expertenkommission zur StPO – Reform“, Zeitschrift für Rechtspolitik 2016, S. 42.

Graf, Jürgen-Peter (Herausgeber). Beck'scher Online-Kommentar StPO, 34. Edition, Stand: 01. 07. 2019.

Graf-van Kesteren, Annemarie. „Kindgerechte Justiz-wie der Zugang zum Recht für Kinder und Jugendliche verbessert werden kann", Deutsches Institut für Menschenrechte (Herausgeber), Policy Paper Nummer 34, Dezember 2015.

Goll, Ulrich. „Opferschutz im Strafverfahren", Zeitschrift für Rechtspolitik 1998, S. 14.

Haverkamp, Rita. „Im Labyrinth des Opferschutzes-Zum Entwurf eines Dritten Opferrechtsreformgesetzes", Zeitschrift für Rechtspolitik 2015, S. 53.

Heger, Martin. „Die Rolle des Opfers im Strafverfahren", Juristische Arbeitsblätter 2007, S. 244.

Hermann, Joachim. „Die Entwicklung des Opferschutzes im deutschen Strafrecht und Strafprozessrecht-Eine unendliche Geschichte", Zeitschrift für Internationale Strafrechtsdogmatik 2010, S. 236.

Herrmann, Anne. „Die Grundsätze der psychosozialen Prozessbegleitung nach dem PsychPbG", in: Jutta Elz (Hrsg.), „Psychosoziale Prozessbegleitung-Gesetzlicher Anspruch, inhaltliche Anforderungen, praktische Ansätze", Wiesbaden 2016, S. 51.

Kett-Straub, Gabriele. „Wieviel Opferschutz verträgt das Strafverfahren?", Zeitschrift für Internationale Strafrechtsdogmatik 2017, S. 341.

Kichling, Michael. „Opferschutz und der Strafanspruch des Staates-ein Widerspruch?", Neue Zeitschrift für Strafrecht 2002, S. 57.

Kies, Wieland. „Gegen Misshandlung gibt es keine Impfung", Frankfurter Allgemeinen Sonntagszeitung, 17. Oktober 2018.

Knauer, Christoph/Kudlich, Hans/Schneider, Hartmut (Herausgeber). Münchner Kommentar zur StPO, Band 3/1, 1. Auflage, München 2019.

Landesverband Frauenberatung Schleswig-Holstein e. V. -LFSH (Herausgeber). Dokumentation „Gemeinsam große Schritte gehen-Kick-Off zur Istanbul–Konvention in Schleswig–Holstein“, Februar 2019, Kiel.

Meyer–Goßner, Lutz/Schmitt, Bertram. Kommentar zur Strafprozessordnung, 62. Auflage, 2019.

Mosbacher, Andreas. „Gegen das Schweigen“, Frankfurter Allgemeine Zeitung, 30. Oktober 2018.

Neuhaus, Ralf. „Die psychosoziale Prozessbegleitung nach dem 3. ORRG: Ein verhängnisvoller Irrweg“, Strafverteidiger 2017, S. 55.

Pollähne, Helmut. „Eine Kritik der Viktimisierung von Kriminalpolitik und Strafjustiz“, Strafverteidiger 2016, S. 671.

Rabe, Heike. „Die Istanbul–Konvention–innerstaatliche Anwendung unter besonderer Berücksichtigung der Entscheidung des OLG Hamburg vom 08. März 2018 (Strafverfolgung häusliche Gewalt)“, Streit 2018, S. 147.

Schmitt in: Meyer–Goßner und Schmitt 2019, § 48 Rn. 11.

Schroth, Klaus. „2. Opferrechtsreformgesetz–Das Strafverfahren auf dem Weg zum Parteiprozess?“, Neue Juristische Wochenschrift 2009, S. 2916.

Stahlmann–Liebelt, Ulrike/Gropp, Stephanie. „Psychosoziale Prozessbegleitung–von Pionieren in Schleswig–Holstein zum Bundesgesetz“, Schleswig–Holsteinische Anzeigen 2016, S. 439.

Strate, Gerhard. „Gedankenloser geht's nicht“, Neue Juristische Wochenschrift/NJW–aktuell 37/2016, S. 7 Unabhängige Kommission zur Aufarbeitung sexuellen Kindesmissbrauchs. „Empfehlungen zur Verbesserung der Situation von sexueller Gewalt in Kindheit und Jugend betroffener Menschen in Ermittlungs–und Strafverfahren, Geschichten erzählen“, Bilanzbericht 2019, Band I.

Volbert, Renate. „Belastungen für minderjährige Zeuginnen und Zeugen in Strafverfahren: Viele Reformen und keine Veränderungen?“, in: Fastie, Friesa (Herausgeberin): „Opferschutz im Strafverfahren“, 3., vollständig überarbeitete Auflage, Verlag Babara Budrich, 2017, S. 248.

Wenske, Marc. „Der Psychosoziale Prozessbegleiter(§ 406g StPO) - ein Prozessgehilfe sui generis(§ 406g StPO)“, Juristische Rundschau 2017, S. 457.

Wenske, Marc. „Weiterer Ausbau der Verletztenrechte? - Über zweifelhafte verfassungsgerichtliche Begehrlichkeiten“, Neue Zeitschrift für Strafrecht 2008, S. 434.

Zinsmeister, Julia/ Oberlies, Dagmar/ Beck, Heike. „Die Situation verletzter Zeuginnen und Zeugen mit Behinderung“, in: Fastie, Friesa(Herausgeberin). „Opferschutz im Strafverfahren“. 3. vollständig überarbeitete Auflage, Verlag Babara Budrich, 2017, S. 46.

被害人保护：刑事诉讼的一个错误来源？

约翰·施文*

一

235 “没人考虑被害人”，这种常见的抱怨奠基于对我国刑事诉讼现实的错误认知之上。立法者不应承受这样的谴责。可能的行为人**在不同诉讼阶段总被赋予其固有的诉讼角色，与之相反，可能的被害人（Opfer），除了附加诉讼和自诉的规定之外，在预计会发生对被指控人不利的诉讼结果的情况下总是被称作“被侵害人”（der Verletzte）。

过去不久，《刑事诉讼法》第406d条及以下数条为那些人——应当被称为犯罪行为被害人——先是废除、后来又确立的新的诉讼权利，以及《刑法》第13章扩张可罚性、加大对行为人的打击力度***，这些改变似乎并没有让人安心。如果被指控实施性犯罪而受到非难的人，过多地被认定无罪而宣告

* 约翰·施文是德国施文与克鲁泽（Schwenn & Kruse）律师事务所律师。

** 本文经常使用“der mögliche Täter”（可能的行为人）、“das vermeintliche Opfer”（可能的被害人）之类的表述，“可能的”仅指没有最终确定的状态。本文有时根据上下文译为“所谓的”。——译者注

*** 德国刑法第13章为“针对性自主权的犯罪行为”。此处指刑法典新增了性犯罪的条款。——译者注

释放,那么就得做好准备:这一结论将被公然评论为“打了被害人的脸”——对于受他人侵犯的性犯罪的被害人来说,仿佛释放原本无罪的人也是不可接受的事情。

二

被害人保护与辩护人的义务相协调,并不属于常见的经验原则。如果犯罪行为的被害人在案件提起公诉后有时会将检察机关视作自己的实际律师,而渐渐忽略了检察官与法官角色的接近性,那么辩护人的行为只能让他 236
的委托人失望了。

也许,辩护与属于证人的犯罪行为被害人的利益不一致,原本不是规范上的正常情况*:如果被指控人最终决定认罪或者辩护人提出了无疑能够证明罪行的情况,那么,希望得到可接受刑期的辩护人,将为被害人经历诉讼之痛清除负担——从尽早停止在审理程序中作为证人接受询问,避免遇到使人出丑或折磨人的问题,到在所谓的行为人和被害人冲突调处(TOA)框架下收到相应给付。在试图以此方式达成有利于被指控人的减轻处罚过程中,辩护人与附加诉讼人之间甚至达成了一个临时联盟。

在一个被告人上诉的性虐待儿童的案件判决中,汉堡地方法院在部分宣告被告无罪之后对被告处以 2 年的总和刑罚,并中止执行交付考验(缓刑)。对于这个宣判,除了存在不那么严重的情形,最为关键的是行为人与被害人冲突调处(和解)。为此,这个在犯罪时已经七十五岁,没有任何前科,而且由于据称因轻微的认知障碍导致其抵御冲动的能力受到损害的被告,用尽了自己全部积蓄,将这笔钱付给了由父母担任代理人的孩子。

在上告中,检察机关发现判决说理中忽略了说明附加诉讼人自己对行为人与被害人冲突调处的看法。这个所谓的瑕疵让人担心,“在审理程序中执行行为人与被害人冲突调处时,被害人才 13 岁,可能没有同意能力”。按

* 指辩护与被害人利益原本也可以相互兼容。——译者注

照诉愿提请人(检察机关)的看法,事实审法官本应让作为附加诉讼人的儿童也参与行为人与被害人冲突调处所要求的沟通程序中来,对她要么作为证人进行询问,要么以其他许可的方式让她与诉讼材料(Verfahrensstoff)对质。

这些要求在事实审法官询问一个未受精神创伤的儿童时是有效的,然而按照她母亲的证词,她不能很好地应对被提交审判的犯罪事实,而且也早已忘却了。在参审法院的审理程序中,被告人已经同意引入警察询问这个女孩的录音录像,由此这个女孩就不必再次被询问了。

237 在联邦普通法院第三刑事审判庭的一个附带意见中,检察机关的立场找到了一个显而易见的支撑。按照 2017 年 8 月 24 日的这个判决(-3 StR 233/17-),未成年附加诉讼权利人的父母作为其法定代理人参与行为人与被害人冲突调处,不得替代未成年人本人的参与。然而,是否被害人的沉默可以被解释为拒绝,被声明不服的判决中被害人保持沉默是不是一个法律错误,仍是一个个案问题[也参见 BGHSt 48,134(144 f.);vgl. Schädler 2005,366 ff.]。

地方高等法院推翻了前审的判决[汉堡汉萨同盟地方高等法院 2018 年 5 月 18 日的判决(-6 Rev 26/17-)],且没有回应“被告人面对事实审法官只是笼统地承认了自己的罪行而对其他的保持沉默,是否负有相应刑事责任”。刑事审判庭回避的不是被告人的基本权利地位问题,而涉及附加诉讼人父母的地位问题,是否他们的教育权要让位于检察机关的申请,即申请执行一个检察机关认为适当的刑罚幅度而不考虑对儿童被害人的后果。在未来,只有当附加诉讼人的父母坚持自己的立场时,这个法律问题才能成为答辩的对象。

三

也考虑到根据《刑事诉讼法》第 349 条第 2 款*通过不附理由的裁定予

* 第 2 款规定:“上告法院依提出理由的检察院申请而裁决,如果上告法院一致认为上告显无理由,亦可以裁定作裁决。”——译者注

以驳回的实践做法，当从判决理由中可以发现法律错误，因此以事实错误（不服事实判决之上告）为由提请救济时，因为法律错误而判处无罪之人的危险是可以忽略不计的*。如果有罪判决基于程序错误而作出，上述说法，特别是对诉愿提请人提高了的说理义务（提出第三审上诉时，对不服判决予以阐明说理的义务）的要求，是否也能适用，显然值得商榷。毕竟，事实审法官和参与人可以从上告审法院的判决中得出，何种缺陷足以危及判决的效力。

为了评估避免基于错误事实作出有罪判决的风险，很难指望从阅读上告审撤销的生效判决中获得相应的知识。除了《刑法》第186条（恶意中伤）的真实性证明和判例所确立的少数例外，**刑事诉讼以要旨申诉（Tenorbeschwer）***原则****为特征的法律救济，给不了被宣告无罪的人任何证明自己无罪的手段。保护无罪的人免于刑罚应当就是终点所在［参见 BVerfGE 57, 250（274）］。因此，被告人不能要求一直进行法庭调查，直至能证明他是无罪的，也不能通过妥当的申请来强迫法院审查“当初的审理程序是否可以避免”。所谓“幅度很大的”（überschießendc）裁量认定，决定权在事实审法官手中（Krack 2002，S. 23 ff.）。所以，通过分析过去五年所有可获取的刑事判决，来“评估”刑事司法的处断，这种尝试肯定要归于失败。 238

---

* 即这样的法律错误不致使无罪之人被判处有罪。——译者注

** 参见关于所谓“不信任申诉”的新判例，有时与根据《刑事诉讼法》第154条第2款作出的不起诉决定相关联的机会丧失，可援引新判例，通过继续进行法庭调查（评估证据）对已经作出的谴责也包括未予作出的提出疑问：BGHSt 44，153（160）；BGHR StPO § 154 Abs. 2，Teileinstellung 1，其他的证据，bei Schmandt 2010，446，447 f.，此外，关于在《刑法》第186条［恶意中伤］的指控中，通过公布所提出的或散布的事实的可证实性而提出申诉的案例，以及在《刑法》第193条［维护正当利益］指控中，说明有利于赔偿被害人：BGHSt 11，273（274 ff.）；参见因判决说理侵犯基本权利的案例：BVerfGE 28，151（161）。此为正文中的夹注，为便于阅读，移为脚注。——译者注

*** 所谓要旨申诉是指，能够申诉的限于判决书中必须含有直接不利于被判决人员的认定，并直接妨害了其权利和受保护的利益；仅仅在判决说理中以某种方式对被判决之人作了有罪的表述还不够。——译者注

**** 参见 BGHSt 7，153（154）；根据《刑事诉讼法》第154条第2款作出部分不起诉的案例：BGHSt 10，88（93）；替代因罹于追诉期限，而以缺乏证据为由作出的无罪宣告：BGHSt 13，74（77）；根据旧版《刑法》第51条第1款作出的无罪宣告，未予先行澄清是否存在符合构成要件的犯罪行为：BGHSt 16，374（378 ff.）。此为正文中的夹注，为便于阅读，移为脚注。——译者注

仅在再审法院基于《刑事诉讼法》第 359 条第 5 项无罪宣告的判决或裁定中,情况才有所不同。如果在审理程序重新开启之后或者在根据《刑事诉讼法》第 371 条(不经重新审理而宣告无罪)进行判定说理时,没有新的事实证据逼迫着必须对初审法官和检察机关的处理进行批判,那么,被不正确地置于长达数年的刑事执行,并在数年后被宣告无罪的被告人的命运,有时会促使再审法院给出明确的说法,在口头说理中作为精神补偿的一部分而说给被判刑人听[LG Osnabrück,Urt. v. 29. 01. 1996-15 Js 11659/95 20 Kls(Ⅲ 30/95)-;参见 dazu LG Oldenburg,Urt. v. 14. 12. 2005-6 KLs 2/04-]。所以,奥登堡地方法院刑事审判庭的审判长在撤销初审判决、宣告被害人无罪时(LG Oldenburg,Urt. v. 14. 12. 2005-6 KLs 2/04-)以下面的话作为开头:“我们不能理解奥斯布吕克的同事。”吕内堡地方法院刑事审判庭的审判长在对汉诺威地方法院一个错误判决作出撤销的口头说理中表示:“根本就不应提起公诉。”

不同于“司法的认识错误”(Justizirrtum)这种明显很委婉的说法,“错误的判决”(Fehlurteile)不是不可避免的厄运,而有其可以避免的原因。卡尔·彼得斯为他的三卷本著作选择了“刑事诉讼程序中的错误来源”这个标
239 题,绝非偶然,该著作是针对刑事诉讼中的再审开展的一项实证研究(Fehlerquellen im Strafprozeß,1970,1972,1974)。在其作为辩护人的工作中,卡尔·彼得斯主要处理上告和再审案件,他的观点也扎根于其对借由再审程序平反此前被判刑的人的观察,这些再审程序是附判决理由而结束的。

如果指控依赖于可能的被害人的证词,那么,错误判决的可能性就会增加。所以,如果被告人否认罪行或者对指控保持沉默,以及缺乏其他独立的证据,那么,就属于这种情形。因为指控充其量只有据称在犯罪后不久录制的“可能的”被害人的陈述支撑,而该陈述是被害人对第三人说的所谓的受害或者被作为犯罪痕迹出示,但不一定支持是他人所为的伤害。在这样的条件下,统领刑事诉讼的查明义务与被害人保护就处于直接的对立之中。

如果被害人作为附加诉讼人参加公诉,或者根据《刑事诉讼法》第 406h

条第 2 款有附加诉讼权的人通过律师的辅佐行使了在场权(莅庭权)和发问权,那么,作为因公诉的罪行而受侵害的角色而出现的人,由于他对于不利于被告人的诉讼结果具有利益,所以,他的证词证明力就要被受到影响。这一冲突的后果在根据《刑法》第 13 章作出的指控中清晰可见,该章的构成要件目的是保护性自主决定权。在可能的被害人存在需要治疗的精神痛苦时,发生错误判决的危险升高了,这种错误危险要么是犯罪后果搞错了,要么是指向错误的指控。就指控而言,暴露了刑事诉讼能否确保按照"无罪责无刑罚"(的罪刑法定原则)作出裁判[BVerfGE 57,250(275);80,367(378)]。在这种存在错误危险的指控中,因为对"谁是行为人,谁是被害人"的过早回答以及检察机关和事实审法院没有与报案的被害人保持足够的距离,查清真相变得困难了。

(一)

在施塔德地方法院辖区,一个女警务专员(Polizeikommissarin)(尚在试用期)在记录一位因声称被强奸的妇女而到警局报案时采取了如下的开头:"2008 年 11 月 10 日,星期一,10 点 55 分,被害人……出现了。"

如果人们在此类报案记录中都不想承认警察存在明显偏见的倾向,那 *240*
么,这个过程就反映了与可能的被害人对质所显现出来的冲突特点。虽然无罪推定并不要求刑事追诉机关直到可能的裁决成为生效判决之后才考虑报案人的被害人角色,然而,以一种能够强化自动暗示的可能结果或者巩固完全错误的嫌疑的方式来对待报案人,可能也不是警察的职责。

诉讼材料越触发情绪反应,法律专业人士以公开公正的方式分析案情看起来就越困难,不管是对诉讼参与人来说,还是对依职权或专业地处理案件的人来说,都是如此。对被指控人施加的不利导致人们害怕,通过明显公开公正的诉讼安排也能对被害人"二次加害"。没人想成为"令人恐惧的法律人士"。顺应时代精神的机会主义者已被这样的法律人士所取代,他不想被人背后议论说不为被害人打算,以及因此不认为存在司法可能的被害人。

（二）

如果检察机关采纳警察对所谓被侵害人的被害人角色的认定，那么，即使不考虑将来的证据灭失，他也得做好出罪调查的准备。

在指控行为人与被害人有过联系的犯罪行为时，经常并没有及时扣押通信工具。执行由法院基于《刑事诉讼法》第 103 条（对犯罪嫌疑人之外的人进行搜查）做出的搜索令，要在采取措施之前宣告。

如果可能的被害人非常明显地表现出精神病态，则没有必要提供独立精神病专家的鉴定意见；要认定这种异常是报案的罪行引起的创伤后应激障碍（ICD-10 F 43.1），只需提交其医生和治疗师的治疗证明就足够了。

诉讼各当事方有权通过询问专家证人来获得自己欠缺的精神病学知识，这一点得到了不正确引用联邦普通法院的判决的各家评注的支持，如 Meyer-Goßner-StPO/Schmitt 2019，§ 244 Rdn 73；KK-StPO/Krehl 2019，§ 244 Rn. 46；Löwe-Rosenberg-StPO/ Becker 2013，§ 244 Rdn 71 und Fn 372；相反的意见参见 BeckOK-StPO/Bachler 2019，§ 244 Rdn 97*。关键是没有任何刑事审判庭这么宣判过（参见 BGH bei Spiegel DAR 1983，205；Pfeiffer NStZ 1982，189；bei Pfeiffer/Miebach NStZ 1984，211；NStZ 1998，366，367 = NJW 1998，2753，2754；NStZ 2000，437；BGH，Urt. v. 06. 06. 2002-1 StR 14/
241 02-u. v. 05. 05. 2004-2 StR 492/03-）。令人吃惊的是，通过这种途径**，被指控人被剥夺了对行使听审权的诉讼基本权利以及对查清事实的源头（Erkenntnisquelle）施加影响的机会，这些源头本来能向检察机关——在公诉的情形，向法院——传递精神病学的经验知识［vgl. BGHSt 44，26（31 f.）］。如果事实审法官充分确信，并在审理程序中对查明可能的被害人的精神状态及其所致的原因，满足于询问被害人的治疗人员，那么也就剥夺了被告除与专家证人对质之外明显有道理的（BGHR StPO § 74，Ablehnungsgrund

* 作者提到的均为德国主流的刑事诉讼评注，作者也提供了各本评注具体条文的具体边码（针对《刑事诉讼法》第 244 条）。——译者注

** 即让专家证人提供精神病学的相关证词。——译者注

7)、申请拒绝专家证人履职(因为担心偏袒要求专家证人回避一再)的权利，该权利用来阻止来自附加诉讼人"阵营"中的人作为事实上的专家对判决施加无法反抗辩的影响。相关被传唤的治疗师一再成功地诱导法院陷入了循环论证的假设之中：即证人证言的可信度可以主要通过创伤后应激障碍的诊断来证明。一些事实审法官直到今天还没有意识到，在判断可信度时，传唤有关的心理创伤学专业人员的做法还缺乏学术上的认可(见 BGH, Urt. v. 27. 10. 2010-5 StR 319/10-u. v. 25. 01. 2011-5 StR 418/10-)。

(三)

在奥登堡地方法院的一个案件中(该案后来经由再审程序以裁定宣告无罪)，审理期间，在法院大楼前坐在其男朋友的汽车内的附加诉讼人，想传唤治疗师作为证人对下述问题作证：是否她在治疗期间也吐露过被除被告人之外的其他人性侵过？这么做仅仅为了在附加诉讼人缺席的情况下让治疗师出来作证，从而免除其作为治疗师的沉默义务(拒绝作证)。少年法庭的审判长走到汽车旁，在其法定代理人(她的母亲)、她的男朋友和女治疗师在场的情况下让治疗师对附加诉讼人作了耐心劝说。随后附加诉讼人免除了女治疗师全部的沉默义务，甚至改变了她在这件事上表达过的意图，甚至在随后的审理程序中自己进一步作证。法院没有令她失望，相信了她说的每一句话，并对被告人判了刑(LG Oldenburg, Urt. v. 19. 05. 2005-6 KLs 16/04-)。

在石勒苏益格-荷尔斯泰因州，审判长与当地总检察长负责的一个证人陪伴项目走得很近，甚至提高到了一个类似于观护这种标准(Betreuungsstandard)的层次上。为了打消可能的被害人对于审理程序的害怕，陪伴人应当不仅仅组织其参观法庭，而且也要创造与主审的法官"建立必要联系"的机会。[1] 242

对于理性的被告人，即"标准角色"来说，他是否可以从审判长短暂接触

[1] www. schleswig-holstein. de/MJGI/DE/Justiz/DasIstIhrRecht/Zeugen/PDF/Zeugenbegleitprogramm Sexueller-Missbrauch. html.

可能的被害人而有理由得出“法官偏袒”的担心，联邦普通法院既没有在后来的再审中作过无罪宣告的结案，迄今为止，也没有必须处理其他诉愿提请人的上告，因为很显然没有被告人行使过其申请拒绝法官履职的权利。对于一个程序上告（Verfahrensrüge，不服程序判决之上告），刑事审判庭不能不附自己的理由而以明显无根据为由予以驳回。

对于法院来说，上述的案件情况增加了对法院的诱惑力，即通过判决协商（Urteilsabsprache）回避同时关照可能的行为人与可能的被害人所产生的冲突，从法院的角度看，因为一旦开启审理程序，反正有与之相连的判刑预测，所以，这么做必定有利于被告人。面对到底是“经过多次不认罪之后，宣告给他在没有任何执行宽缓的情况下处以数年徒刑，随后还要执行行为监督*（Führungsaufsicht），从而毁掉他的精神健康、职业基础和社会关系”，还是愿意优先选择“依托卷宗编造认罪以换取缓刑”，不少无罪的人都会决定选择撒谎。上引奥斯布吕克地方法院的错误判决的被害人（被告人），在针对其中一个犯罪指控采取的、使其出罪的勘验结果出来之后，曾被给予这样的建议，不去管证明有罪的失败，而是利用这个机会，更仔细地审查其他的指控有无错误［见 BGHSt 44，153（160）］。在奥登堡地方法院给他平反的无罪宣告之后，被无罪宣告的人确信，他本应当接受这样的提议。

四

自从《刑事诉讼法》在第 405g 条规定了社会心理之诉讼陪伴以来，没有法官会觉得自己也被要求承担这一职能。

（一）

然而，另一方面，新制度的形式引起了人们的疑虑。要质疑的是，社会心理之诉讼陪伴能否满足《刑事诉讼中的社会心理陪伴法》第 2 条第 1 款第

---

* 行为监督是一种保安处分，在执行刑罚完毕之后，对有再犯危险的人，由专门的考验帮助人对其行为状态进行监督。参见德国《刑法》第 68 条及以下。——译者注

2 句赋予它的任务,即当可能的被侵害人同时也应当是证人时,通过“介绍相 243
关信息……减少被侵害人的压力,避免其二次受害”。

从法律当中只能得出,介绍的“信息”不应包括哪些内容。社会心理诉讼陪伴人必须避免提供法律咨询和试图澄清案情。根据《刑事诉讼中的社会心理陪伴法》第 3 条第 1 款,其资格条件是“专业的、个人的(persönlich)、跨学科的”。一方面,关于资质中的专业部分的证明,根据第 2 条的规定,要求具有社会教育学领域的大学毕业证书、社会工作经验,有同一领域实践经验的心理学知识,以及州认证的社会心理之诉讼陪伴的培训和进修;另一方面,关于跨学科的资质条件则要求有涉及某个目标群体的医学、心理学、被害人学、犯罪学、法学的基础知识。这些条件让人担心,当以这种方式获得的半拉子知识作为“信息”向被陪伴人介绍时,被陪伴人与其说被安抚,不如说更害怕了。

如果附加诉讼的代理人或者《刑事诉讼法》第 406f 条规定的被害人之辅佐人能够履行其职责,那么,他们就应该向被代理人或其委托人介绍,“任何作为被害人向警察报案的人,都不必对询问有什么担心”。还要进一步说明,只有在检察机关提起公诉或者申请处罚令,法院作出开启审理程序的裁定或者决定发出处罚令后,才会开始审理活动。上述每一个都必须认为有可能判处刑罚。

如果法院在审理活动开始之前发布了羁押令或者维持了羁押令,那么,鉴于该决定的分量,不能期待在犯罪嫌疑状况没有实质变化的情况下,判决评议(合议)时会得出另外的结果。对于自由心证原则的任何可能的担心(该原则要求应当保护无罪的人免受刑罚处罚),都可以通过被害人的律师辅佐来消除:只要事实审法官坚持审理程序的总体理念,只能信赖既有的经验法则,尊重思维规律,从没有漏洞的评价中得出站得住脚的结论,且不会陷入自我怀疑,能够相信自己的想法,除非证据评价违反了“在定罪的情形下要满足的理性论证以及以事实为基础的证据调查的相关要求”(BGH, Beschl. v. 13. 09. 2011-5 StR 308/1-)。

（二）

林迪安警告，不要将心理的或社会的咨询与社会心理之诉讼陪伴相混
244 淆（2018，6，11），但与他的警告相反，在一些地方以"狂浪"*（Wildwasser e.V.）名义运营的公益协会的工作人员显然更受偏爱。他们希望部分的求助用于支持实际或可能受到性虐待和性暴力的女孩和妇女，并按照"女权主义政党的理念基础"这一自我认知来安排自己的咨询活动。在这个背景下，如何能够成功？《刑事诉讼中的社会心理陪伴法》第2条第2款规定的中立性及社会心理之诉讼陪伴与咨询相分离的要求，从中是看不出来的。此类协会的工作导向仅依其自己的设定。**

五

不能排除在引入社会心理之诉讼陪伴之后，会有更多的改革，而这些改革带来的问题比解决的问题更多。也许立法机构也会抽出时间来解决另一个有利于查清真相和减轻法院及诉讼各方负担的问题——规范事实审法官对审理活动的如实记录（siehe dazu Schmitt 2019，1，10）。这也是一项关乎可能的受害人利益的改革，它将免去每个发问者因做笔记而某种程度上负担过重的问题。确信法律救济审法院看到的是证言的真正内容而不是其所谓的结论[vgl. BVerfGE 57，250（274）]，必定会让任何想防止错误判决的人安心。

参考文献：

Graf, *J.-P.* (2019). Beck'scher Onlinekommentar StPO mit RiStBV und MiStra (33. Edit.). Stand: 01. 04. 2019. München: C. H. Beck.

---

* 亦有译为"野水"的。其官网为 https://www.wildwasser.de/。在各州设有分支机构，如柏林，参见 http://www.wildwasser-berlin.de/。相关的网站还有 http://www.wildwasser-kreis-gg.de/. 主要为遭受性虐待的儿童、青少年和成年人提供建议和帮助。——译者注

** 原文为一个不完整的句子。——译者注

Hannich, R. (2019). Karlsruher Kommentar zur Strafprozessordnung mit GVG, EGGVG und EMRK(8. Aufl.). München: C. H. Beck.

Krack, R. (2002). Rehabilitierung des Beschuldigten im Strafverfahren. Tübingen: Mohr Siebeck.

Löwe, E.; *Rosenberg, W.* (2013). Die Strafprozeßordnung und das Gerichtsverfassungsgesetz Kommentar Bd. 6/2: § § 213–295(26. Aufl.). Berlin: de Gruyter.

Lyndian, H. (2018). Opferzeuge und psychosoziale Prozessbegleitung. StrafverteidigerForum, 1, 6–11.

Meyer-Goßner, L.; *Schmitt, B.* (2019). Strafprozessordnung mit GVG und Nebengesetzen Kommentar(62. Aufl.). München: C. H. Beck.

Peters, K. (Bd. 1: Einführung und Dokumentation 1970; Bd. 2: Systematische Untersuchungen und Folgerungen 1972; Bd. 3: Wiederaufnahmerecht 1974). Fehlerquellen im Strafprozeß. Karlsruhe: Müller.

Pfeiffer, G. (1982). Aus der(vom BGH nicht veröffentlichten) Rechtsprechung des Bundesgerichtshofs in Strafsachen zum Verfahrensrecht–1980 § § 1bis 473 StPO–. Neue Zeitschrift für Strafrecht, 2, 188–191.

Pfeiffer, G.; *Miebach, K.* (1984). Aus der (vom BGH nicht veröffentlichten) Rechtsprechung des Bundesgerichtshofs in Strafsachen zum Verfahrensrecht–Juli bis Dezember 1983–.

Neue Zeitschrift für Strafrecht, 4, 209–213.

Schädler, W. (2005). Nicht ohne das Opfer? Der Täter–Opfer–Ausgleich und die Rechtsprechung des BGH. Neue Zeitschrift für Strafrecht, 25, 366–370.

Schmandt, S. (2010). Höchstrichterliche Anforderungen an besondere Beweiskonstellationen–Aussage gegen Aussage, Aussagen von Mitbeschuldigten oder des „Kronzeugen“. StrafverteidigerForum, 15, 446–451.

Schmitt, B. (2019). Die Dokumentation der Hauptverhandlung. Ein Diskussionsbeitrag. Neue Zeitschrift für Strafrecht,39,1-10.

Wolter,*J.* (2016). Systematischer Kommentar zur Strafprozessordnung: SK-StPO,Band I: § § 1-93 StPO(5. Aufl.). Köln:Carl Heymanns.

今日之检察：任务、组织和规划

弗尔克·比特曼[*]

一、环境 247

（一）人员—结构

赫尔穆特·马克沃特做错事了，这位前《焦点周报》的老板，作为名誉议长（Alterspraesident），在巴伐利亚州议会开幕式上批评公务员们（用我自己的话来说）——特别是本州的公务员，太官僚主义、僵化、善于质疑、习惯阻拦（FAS，09.01.2019，S.8）。他首先让州公务员协会主席无名火起，最后主席采取了行之有效的方法：视而不见。马克沃特选择了错误的攻击方向，之所以错误不是缘于公务员们以及公务员协会的感受，而是确实错了。除此之外，他还犯了同样的错误，即错误地指责法治国已经变异为法律人的国家（Juristenstaat），这种人格化的表述，遮蔽了深层次的审视，导致具有超个人意义的事实问题被忽视了。

（二）现状和发展

毫无疑问，一个国家、一个政府，如果没有行动着的个人，没有公务员

---

* 弗尔克·比特曼是已离职的原主任检察官，现在是菲耶特（Verte）律师事务所律师，曾在德绍—罗斯劳市工作，目前在科隆。

248 (在功能意义上,在形式上不是绝对的),是不可能存在的。然而,对于每一个个人来说,无论他的想法多么好、多么正确,试图在一个并不适合的场景中践行这些理念,从一开始就注定要失败。与之相关的不可避免的冲突不会动摇既有现状(尽管确有其必要),而是让创新停滞,让创新者成为捣乱者,甚至靠边站,对创新者来说,如果不想被白白消耗或者绝望地病急乱投医,最好的情形是辞职。

这些想法很危险,我清醒地知道这一点。然而,作为问题的不是这些想法自身,而是没有正确对待这些想法。任何一个观察了它们的结构,任何一个不把它们作为给定的、不可动摇之物的人,都会质疑现状,质疑那些曾经被认为经受了检验的事物。千里之堤,溃于蚁穴。谁拿小的位移不当回事,最终根基也会动摇。他可能是一个激进人士或者非常无知,以至于没有注意到他把劲都用在了细枝末节上,这种看法并不是无稽之谈。无论是左翼还是右翼,几乎都喜欢指称"体制问题",同样不出意外的是,他们都遭遇中间派的强烈反对,这是正确的。

然而,认真分析的话,这正是问题所在:中间派拒绝审视沿袭下来的东西,拒绝这样的想法:有些东西要么一直不对劲、要么以后不对劲,其发展与预期不同,或另有其他的错误发展。他们的这种拒绝也许会与新的现实产生矛盾,以至于"整个方向"都不再正确。谁利用"淘汰辩论"* 的方法撇开基础性的批评,谁就搞错了,指出问题的源起通常不是要表达革命的志愿。不如说,所讲的只是指出现实的不对劲罢了——目标是消除这些不对劲,以此取得渐进的发展,即不是一种敌对,而是一起渐进发展,最终结果是加强了既有的领导层。

不是任何这一类的指出都涉及一个实际存在的问题,指出也可能基于便利、利己主义或对重要性和情况的误判。此外,也不是任何愿望都能实现——所谓"奶与蜜之地"(Schraraffenland)既非现实亦非值得期待的选择。

* 讨论虚假的观点,脱离内容,一味羞辱辩论对手,使其放弃争论而获得辩论胜利。——译者注

有时就得接受,有时得保持缄默,二者无疑必要且妥当。然而,每一个所指也可能阐明真正的问题。严重的不满情绪并不总是源于煽动,不管这种煽动是以数千年来的类似方式,还是近来在数字媒体时代,这种煽动以前所未有的速度传播。

尽管非常有必要反对此类的煽动、假消息以及对人的羞辱,但如果将一个并非一时的不满,一个超越其诱因、脱离诱因而持续存在的,并发展成舆 249
论的不满,作为与中间派、民主派、法治国的支持者毫无关系的赘瘤,那就既片面又无知了。揭示和批评只有抓住了实际问题、难题或者不能自圆其说的情形或关系时,才可能发展成为潮流。忽略它、否定它,由此创造了一个空间、一个真空,然后让别有用心的人充斥其间,为其邪恶目的而滥用正当的不满。

那些从中间派审视源头(用拉丁语来说即“根”)的人,还不是一个危险的激进人士。相反,只有感知到哪怕很小的错误发展,才可能尽早地反向调控以及补救,而不会很快质疑整体,只有这样,才可能继续发展,适应变化了的情况,同时维护完全以既有状况为基础的理念与价值——这些理念和价值本身值得继续维护。为革命性理念留出空间,为那些不仅仅是从根本上质疑内部结构的人,而且为那些特别不喜欢既有状况的人留出空间,从而使他们不对他人行使(不民主的)权力,使他们能够“按自己的调子跳舞”。为这些人留出位置,也恰好创造了这样一类人,他们坚持既有状况的任何细微之处,不择手段为之辩护,有时只用荒谬、扭曲的论证来保护它,无所畏惧(因为没有注意)滑入可笑的行列,或者,恰恰为了为追求提供保护而一再诉诸那些扭曲民主和自由的理念,比如为了找出使用柴油的“罪人”,而扫描所有机动车车牌。

抨击欧盟碎片化的人,就真的是一个民族主义的反欧分子吗?将过度管制,以及作为过度管制的后果,即过分的官僚化(具有计划之外的反自由、反民主的僵化效果)视为不可接受的人,就是一种无政府主义者的言论吗?认为以金钱周济穷人(为此还得被迫公开哪怕最细微的生活情况及进展)是错误的,就是厌世者(敌视人类的人)吗？在现行法律框架下,谴责程式化的、僵化的、善于质疑的以及习惯阻拦的人,就是与国家作对的吗？不！一个意识到其基础何在的欧盟才会赢回其保障和平的功能以及眼见为实地援助每个个人的功能——搭建架构而不是横加管束。是谁将这个也许是独一无二的成功事业变成一个侮辱人的话？是那些允许欧盟侵入它原本没被创设的空间的人,还是那些想与其他国家和平相处,希望保存其区域特性或者
250 自行决定其发展的人？从自由和平等的理念出发,谁会支持一个侵入越来越多社会领域的,同时因为其行政法要倾听、考虑以及尽可能顾及众多利益而不可避免地反应迟缓的国家？谁会支持这样一个国家,它以日益增加的不信任对待它的公民,并对他们的不知感恩而惊讶？面对经常是堵得水泄不通而非流动的道路交通及铁路交通、联邦国防军荒废不用的武器、缺乏充足教育的破败学校、必须应对不可计数的加班的警察,以及针对50年以来早就知道、眼下人所共见但是用民主手段难以解决的环境问题,谁会满意？那些不满足悠游岁月、不想置身事外,不想被打上烙印,而是想洞悉社会内部的人,不更是人本主义者吗？难道不迫切需要反思法律是为人们的日常生活及其交往提供便利这种理念吗？将法律人与“不行(禁止)”画等号,这难道就是结论吗？

二、检察机关

然而,以上这些状况与检察机关有什么关系？答案是多方面的。

(一)刑法

社会、政治和行政法的问题只能(一直)追溯到其源头才能获得解决。但是可以想象,刑法并不适合这么做。国家干预会导致两极分化,刑法不会使人团结起来,也不会使人和解,刑法不是形塑的手段,它只能间接地发挥作用:预防不希望发生的,继而以引导行为的方式阐明刑事责任;对于逾越预先确定的界限的,予以压制。由于法律后果非常粗疏的,该作用必然是不

特定的。刑法既非特殊教育，亦非以其他手段和法律后果成为行政法的延展。刑法的合法性仅仅在于其保障自由的功能。它将不同的基本权利拥有者的自由范围界分清楚。它是针对侵害发出的禁止符号。刑法是保障和平、维护自由必不可少的工具，然而也仅限于此。 251

对于那些认为上述推导过于理论化的人来说——从我的立场来说，过于天真——可以引述本国最高司法权威，即联邦宪法法院作为王冠证人*，然而也只是表面上：若缺少自然法的限制，那么就没有约束民主国家立法者的固有法益。到底哪些法益（也）应该借助刑法来保护，由立法者的裁量来决定。他们有权评估怎样才符合宪法上的比例原则［BVerfG, Beschl. v. 26. 02. 2008-2 BvR 392/07-, Rdn 34 ff., BVerfGE 120, 224（Inzest）；auch BVerfG, Beschl. v. 21. 09. 2016-2 BvL 1/15-, BVerfGE 143, 38］（就可追溯产地标签而言，只提出批评欠缺明确性）。据此，“功利主义刑法大行其道”也是合乎基本法的！所谓王冠证人的地位只是表面上的，因为合宪性绝不等同于富有意义的或者完全的授权委托：宪法只是设定了框架，然而没有规定如何形塑才是自由的。即使不正确的也可能是合宪的。

1. 越界（Übertreibung）

正义之极乃不义之极（*Summum ius, summa iniuria*），这句拉丁谚语是关于程度与折中一般要求的法律特指：直到越界将最好、最恰如其分、最和谐的一面转向其对立面，在此之前只涉及“度”的问题。就像任何药品一旦过量就变成有毒的一样，每个法律规范都有自己的历史，在其核心都有特殊的、典型的合法意义，然而一旦越界就会产生反向效果。这同样适用于刑法的规定——不过，这里说的是关于牛肉或奶酪的产地溯源［同样根据《食品及日用品法（LMBFG）》来判断］。所以，只消看一下《违反秩序法》就可以看到它的野蛮生长：许许多多的构成要件，在《保险企业监管法》（VAG）当中至少有 83 个（《保险企业监管法》第 332 条），在《银行法》（KWG）中甚至更

* 王冠证人（Kronzeugen）又称污点证人，此外的用法并非其通用语义，而是一种类似于专家证人的意思。——译者注

多(仅仅《银行法》第 56 条第 4 项以下就有 70 个子项),在食品法中也无本质区别(尽管《食品及日用品法》第 60 条相对于其他法典只包含了 40 个构成要件,已经算是适中了)。显然,它们面向的不是普罗大众,而是专业人士,这些人至少懂行。就这些专业人士是否也能够遵守这些规定这个问题,存在一个显著的符号,这个符号不是叹号而是问号。这个话题还需要进一步区分:遵守所有的规定是否确有必要? 对此的回答,到底取决于对清单列表的打钩还是维护其保护目的? 如果数千琐碎的东西都必须得注意,那么
252 保护目的难道不会消失不见吗? 形式的检查不会很快蜕变成为缺少聚焦的例行公事吗? 并且,更糟糕的是,遇到紧迫的现实危险,应对能力不会退化为徒唤奈何吗? 虽然清单上的所有项目都打了钩,但是,“波美拉尼亚已是一片废墟”[*]:无人为之负责! 遗憾的是,这不是卡桑德拉的预言[**],在阿富汗这已经成为血淋淋的现实。

2. 财务问题(Fiskalisierung)

尽管科层主义的控制效果有所强化,但是与之相对,直接的经济因素所起的指引作用影响更大:遵守全部的内部规定,持续地追诉所有犯罪(至少那些处在司法部部长特殊关注犯罪,尤其是近郊小农场、女权或者环境、动物保护这些主题),但是可以利用的只有现有的人手和既有资源。既然已经承认了人手与资源的配置不足,然而又不中断增设入罪规范越来越多的趋势,而且也不对此进行反思,这显然是不行的。最理想的情况莫过于整个安排无须花费任何费用,或者充其量只耗费最必要的费用。为了做到这一点,产生了新的控制手段,这些手段从企业管理借鉴而来,但是并不适合公共服务,因为这里具有完全不同的框架条件。比如,检察院不能控制其工作的“输入”(Input)。如果它能控制其“客户”,那么它就成了多余的。[***] 它若能

---

* 出自一首童谣,涉及德国三十年战争。此处指表面上该做的都做了,但不幸的后果却还是发生了。——译者注

** 卡桑德拉是希腊神话中的特洛伊公主,能预卜吉凶,但谁也不信她的预言。——译者注

*** 此外指检察机关不能自行控制受理案件的多与寡,如果它能控制案件的不发生,却不加阻止,就成了犯罪的共犯。——译者注

控制客户们，而又放弃控制，它就成为共犯。

当然，确定一个机构的工作重心要依据经验，依据最好的实践来确定，不会是个人的某个癖好。原则上，只要能够保障灵活性以及考虑到每个特殊性，没有人会真的反对比较以及监督。问题是：财政部部长并不了解具体的需求。他只对可以“测量和评估”的东西感兴趣。司法部部长必须向他提供结论性意见。对于具体的工作情况，财政部部长完全不感兴趣，因为财政部部长根本听不进去。财政部部长必须依赖统计数字、总体评价以及对比分析。因为这些决定了他的日常工作，所以，媒体化了的观察越来越独立，这种趋势也与日俱增。各州的总检察长以及地方的检察首长变成了数据的供应商：工作程序成了单行道。

对于履职的影响是：准确执行检察机关特殊的职责不再居于中心，反倒成了为那些参数服务——其中，有很多是人力资源需求系统、状态参数、人力需求的计算以及适应艰苦的州或区域特点的调整：真是严谨的管理！关于对职责的了解成了附带的：今天可以是博物馆的馆长，明天可以是核电站的头儿，后天也许就成了检察院的检察长。方法都是一样的。还有关于艺 253
术、科技或者法律的相关资格条件吗？都退化为与系统相分离的附属品了。

在这个从现实中抽象出来的理想构造中，任何触发认真侦查的犯罪行为都是一个事故：在对提取出来的参数进行普遍化的观察中，这个罪行完全没有规定！* 当然要承认，这样的糟糕事件实际上是存在的：净耗费超过 6 个月及以上的侦查，都没有包括在已有的人员需求计算之中。然而，必须超过 6 个月，只有到那时，才会开始考虑这些。人员方面：如果没有空职编制，从哪儿可以弄到？到下一次预算审议之前，这个案子可能都已经结束了——不再有额外的需求了！《刑事诉讼程序与罚金程序准则》第 25 条以下规定了关于并案处理（Sammelverfahren）。我作为年轻的检察官关于联署（签名）首先“学”到的，是如何避免并案处理：“立即结案，否则所有来自整个

* 此外是指抽离于现实的一般参数不关心具体的案件。——译者注

联邦的其他人都会将他们的案子压向你。”有了检察机关案件中央登记处(ZStV)以后,情况有所改变,然而并未发生根本转变:直到今天有时仍让人吃惊,为了不接外面的案件,也即不将所要求的并案处理压到自己身上,如何在论证上发散联想。目前,好在由州总检察长卓有成效创制的“三人委员会”(Dreiergremium),以确定犯罪系列或连环犯罪的地域连接点,阻止了最严重的弊端。

尽管如此:管理的理想形态是一个犯罪事实只有一个犯罪行为、一个犯罪分子,比如说,晚上一个失业的醉酒人从毗邻村镇的小酒馆经由乡村道路骑自行车回家,不存在证明困难,也没有防卫型的人格:两次判 4 个月,三次的话就没有缓刑。数字是没错,但内在结构却存在问题(Die Statistik stimmt-die Statik nicht)。

3. 国家 VS 公民或者相反

尽管如此,国家创设犯罪行为——不,虽并非有意为之,但仍然持续这么做:一方面是详细地规定花样繁多的国家转移支付的条件,这些条件很容易导致入罪;另一方面国家负有披露信息、使民众了解法律规定的义务。谁能做到“我不来就山,而是山来就我”*,当然令人羡慕。那些因搜罗信息而不堪其负的人,直接写下了官方想听到的话:撒谎就是方法。很显然,这很不好:不可原谅,然而又可以预见。难道能制定这样的法律、这样的规定——它们违背直觉,使生活变得艰难,以至于人们无法理解它们的意义,人们并非出于认知、出于兴趣去遵守它们(甚至有时干脆什么都忘了),这些
254 法律和规定一通过就准备挥舞起刑法与罚金刑的大棒?怀疑即是方法。怀疑和谎话的冲突造成了国家与社会的分裂,驱使它们在精神层面上彼此对立:缺乏同一、缺乏整合是必然的结果,在刑事司法面前,以严重的、正式的对峙达到高潮,后果是:越来越多的诉讼!

很多报案针对的是行政违法(Verwaltungsunrecht)。当然,谁以根本不

---

* Wer nicht unter das Füllhorn passt, macht es eben passend. 指不主动改变自己,而是让外界变化适应自己。——译者注

存在的儿童为名支取儿童福利金，就是在实施诈骗。那么，这同样适用于那些迟迟不表示终止接受教育的人吗？[*] 雇用黑工损害了合法经营的企业。那么，为替代生病的工人而雇佣别人却没有逐日申报也是违法的吗？诸如此类的问题，对于检察机关来说简直太常见了。《刑事诉讼程序与罚金程序准则》第90、93条规定，如果行政机关提出报案，或者其对诉讼结果有明显的利益，检察机关有义务听取行政机关的意见。这是可以理解的，也是正确的，但是如果行政机关奉命报告任何违规行为，以及负责人员对违法与刑事可罚的区分不了解时，那么，就可能变成对检察机关的滋扰。刑法作为最后手段的功能，这种认识将很难引起认同，“不过它确实有……”则会成为典型的反应。双重的对峙：行政机关VS公民和行政机关VS检察机关，意味着检察机关要成为避免惩罚不值得惩罚的行为的主宰。

（二）检察机关的义务

检察机关典型的任务门类包括，致人死亡的重罪、性犯罪、带有政治背景的犯罪行为、新闻犯罪、有组织犯罪、麻醉品犯罪、环境犯罪、经济犯罪、针对警察和司法工作人员的报案、个别的五花八门的特殊案件以及占大多数的青少年犯罪及普通犯罪案件（普通犯罪案件包括了应由区检察院承办的案件或转出的案件）。

1. 结构

人员方面：不考虑像新联邦州趋向老龄化的年龄结构以及西部的联邦州因为无法弥补的老龄化导致的后继乏人现象，检察机关的人手已经可丁可卯了。在侦查人员的支持方面，如海关及税务机关在其各自领域具有专业能力，但是已经不堪其负。一些涉税犯罪行为甚至快要临近超过追诉期限才启动追究。在警察方面，有所不同，主要体现为配置不足。在质量方面，没有突出取得鉴证的必要支持。重组、调动、加班、科层主义引起的痛苦，这儿多一点，那儿少一点：那些有可靠人手的人无疑是幸运的。工作依 255

* 指骗取助学金。——译者注。

据方面：在行政法、欧盟法以及刑法中，同一字词表达不同的内容，大量特殊的、难以理解的法律、例外、转引及特殊概念。基础设施方面，也并不统一。设备方面：到处都配备了电子数据处理装置，有疑问的是，到底有多好、多新？如果工作处理更多让位于个人能动性，除了短期的入门培训，既无时间也无金钱用于培训，那么，即便最好的技术又能有什么用呢？访问法学数据库绝对应予保障，然而谁有时间一直（或者借助传统的文献）使自己熟知一切或跟上最新发展？心态方面：五六年前，德国法官协会所做的问卷调查披露了一个让人惊掉下巴的比值，特别是承办经济犯罪案件的检察官，他们觉得自己不如辩护律师！这绝对令人震惊！不必尖叫。也许还有补救措施，纵使稍有延迟，如果补救，更应侧重数量而非质量。与此同时，还有个别正面的反例（如网络犯罪）。

2. 履职

数字必须搞准。* 每个人都知道这一点，特别是单位负责人。检察官最迟在获得第一份工作证书时就被灌输形成这种认识。如何做到呢？尽可能在可靠的法律知识的基础上，从一开始就着眼案件的本质，以及确立一种必要时鉴证介入支持的导向。如果质量问题在警察那儿，那就减少个案中的必要沟通。如果对推进诉讼的严谨性缺乏信任，那么，检察机关就必须掌控局势：既要有这个权力，还要有这个人手。

检察机关本身也被束缚住了手脚，对于警察，检察机关并不享有人事权。虽然它可以针对案件发出侦查指令，但只能在各自对警察产生影响力的范围内得到贯彻执行。警察可以自主决定就哪个犯罪领域投入多少人手。就日常领域采取行动发出工作要求，警察并不需要与检察机关达成一致。在警察自身作出的行动命令与检察机关的要求之间可能存在冲突。

一直以来，相比而言，警察更多地出现在公众视野中。似乎任何人都对他们有所不满。要么该在场不在场，要么是大规模行动，这两者都等同于失

---

* 从上下文来看，此处的数字指办理案件。——译者注

灵。对于无解的问题,“政治”(不特指部委、议会、政党)的反应则是装模作样。针对报案的破案率可以借助不同的手段来提升,但是并非均以现实为 256
前提。侦查要求对应着警察之“必须为”。重点在于必须协同而为,但检察机关对此无法予以保证。

令人惊讶的是,尽管如此,但迄今为止还是取得某些突出成就,比如,不管在警察局还是在司法机关,都笼罩着一种值得肯定的职业道德,原本应当表现出的沮丧并没有反映在怠于履职上。那些停滞不前的诉讼程序,普通公众自然看不到——但案件的当事人(报案人,特别是失望的害人)则洞悉这一切;肆无忌惮的人也明白这一切:他们备受鼓舞。不管是当事人还是肆无忌惮的人,两方面的情况都吞噬着法治意识,使法治意识面临被逐渐侵蚀的危险。对法治国家的信赖被削弱了:对典型的西方法律体系的怀疑,激起了对更迅捷、更统一的规制机制的渴望,然而这对每个个人来说都是危险的(不仅仅涉及他们的权利保障)!

数字会说话,为了结案,以(依情况不同有所调整)反复办理某些案件为特征的部门必须配足人手。如果不能保障,所有人(包括上级机关)都看得到的未结案件会积压到一个量级,而且,案件总量再次减少的机会变得渺茫。由于附随的负面影响,耗费也相应攀升,如重复办理、额外邮费,以及询问事实、变化的情况等。或许400个普通案件勉强能处理好,但是肯定达不到妥善的程度;实际上从超过150个未结案件开始,就不可避免地带来案件质量上的牺牲。

机关领导首要的任务是稳定未检部门、普通犯罪检察部门以及区检察部门。在有这些机构的地方,最好也能让有预期的、有资格的、有兴趣的区检察人员参与处理检察官的任务:如邻里之间的暴力案件、小的环境案件(乱扔“汽车残骸”、往自然环境中扔垃圾),甚至一些经济犯罪案件(非法用工,以前还包括基于上级委托的著作权案件)。这种灵活性无疑久经考验,但是却并非现实。诚然州检察长确实批准了申请的许可。这样的申请的条件是,区检察人员要有空闲的人手。人手一旦空闲马上就会引起人事管理部门的注意。他们对空闲人手远比欠缺人力反应要快得太多了，并且将欠缺人手确定地视为无关紧要。但是，如果在需要的时候不能指望增加人手，谁愿意冒减少人手的风险？

据此，案件量大的部门提出的公开需求很少能从“下面”得到满足。最终只会优先向给特殊部门转移人手。受鉴定影响很大的环保案件或者需要大量侦查的有组织犯罪案件、经济犯罪案件是否有积压，对统计来说影响很
257 大，因此，很难搞清楚有多少需求未被满足。这种情况广泛存在，基本上在单个机关的层面上是不可避免的，至少根据我个人30余年的经验观察来看，就是如此。

3. 确立重点

部分缓解是可能的。但只有充分配置足够的人手，才能在临时缺勤的情况下应付未结的普通案件数量的上升。分配给部门足够的人手，也才能平衡部门内部临时的案件积压。遇到不属于特殊部门受理的重大案件，在不能得到充分支持的情况下，有一种变通的补救办法：暂时放在一边（zeitweise Freistellung）。但是“人们”并不愿意提出这样的请求，因为没人想被称为失败者。此外，很少能够评估出，一个复杂案件到终结要持续多长时间。优先考虑的是根据需求成立一个承办此类任务的专门部门。然而这么做也不是没有副作用。这种分配案件的方式容易引发冲突，唤起人们从“案件积压”到“隔离案件”的联想。

特殊部门是每个管理者的噩梦。因为相关案件很难被评估、衡量和比较，数量不稳定。检察机关不能禁止3次谋杀之后不再出现新的谋杀——它反正还是会发生。当然不能向罪犯发出以下信号：现在又有了处理他们的空间。尽管像荷兰那样按不同阶段确定工作重心以分配案件可能是有益和适当的。

4. 各种办法

（1）人力手段

案件量在莫名其妙的静态与令人惊讶的攀升之间交替出现，要求较为

灵活的人力投入。当然，通常的波动可以以现有人员构成得到弥补。然而，对于大量棘手且工作强度很大的案件来说，前述的办法显然无济于事。对于人事管理部门来说，只剩下将案件转而分派给尚未“获得终身任职的”的公职人员——如果他们已经待命，且其灵活性不因其家庭或健康原因而受影响。

(2)备用队伍

另外一种预防性的制度路径是在州总检察院层面建立一种备用队伍。258
构成备用人手的是年轻、有资格、适应区域灵活性的人，在出现特殊需求时，他们可以投入地方检察机关。诚然，并非所有的愿望都能及时得到满足，出差、住宿会带来额外的费用。尽管如此，这种方法在解决人手需求高峰方面是成功的。此外，在完全不同的地区工作的经验，对他们的职业生涯也非常有帮助。

(3)集中管辖

跨区划(behördenübergreifend)的特别管辖业已证明是有用的。在所有地方检察机关之间分配案件，避免了资源闲置、名声受损及两级培训。成本与收益之比也随之改善：如果只一次处理某件事情，也必须为这一次处理而熟知它。之后，这些知识就会闲置及退化。但那些经常处理特殊事务的人，可以在大量经验的基础上，只需要提升可能需要的特殊能力。与专业的辩护律师相比，不会再有技不如人的感觉，具备这种特殊知识的检察官享有跨行业、跨区域的声望，工作满意度高于平均水平。无论组建后备队伍还是设立跨区划的集中管辖，都不在地方检察机关的权力范围之内。必须要有州总检察院的参与，多数情况下甚至还要部委的参与，至少在司法的集中管辖方面。

(4)与警察的合作

与警察的合作是各个检察机关自己的事，对此不存在一个统一的管辖机构。它需要警察的合作意愿以及空间条件。如果相关措施(不仅要搞设施建设)十分昂贵，就超出了能力负担范围。合作需要很大的善意，但一切都是值得的。

一个典型的例子是“WESP”,即检察院和警察的经济犯罪侦查组。在富有经验的检察机关的部门负责人的领导和负责之下,在专业处理层面组建去中心化的,也即无须额外行政管理支出的、共同协商的工作重心:现有人手聚焦于一个或几个工作强度大的大案上面。在处理完大案之后,相关工作人员转而办理未结的小型经济犯罪案件,特别是破产犯罪案件。标准化的工作流程和明确的任务分配保障了可以快速进行临时评估。事实证明,绝大多数案件处理都非常可靠。检察机关的参与有利于把只是轻微犯罪的
259 初始嫌疑过滤掉,并终止程序。中等严重程度的刑事诉讼经由听审和后续的处罚令而结束。在这两种情形中,警察的人力无须或只需很少使用,但无论如何都不是毫无作用的。最后留下来的是那些必须经过侦查以及(必要时)刑事强制措施的案件。整个侦查组都聚焦其上,直至再次投入到另外一个大案上面。实践当中,不存在上述纯粹形式的划分,而是各种任务按照面临的必要性混合在一起。这也是“WESP”的一个额外优势。尽管如此,为什么没有在全国范围内以及没有在其他领域(比如在环境犯罪、毒品犯罪、有组织犯罪领域)设立此类的小组,仅靠纯粹的刑事诉讼方面的论证是无法解释的。

也可以想象,将所有的警察的任务集中到一个机构,比如刑事警察局。但是,如果没有总检察院方面的对应,可以说此举剥夺了检察机关方面的行为空间。对任何机关都不能笼统视之或一言以蔽之。案件受理的先后,也包括具体的案件办理,以及确定工作重点等,由于缺少与当地的密切联系,有时也因心态方面的原因,事实上都由警察来决定。与习惯了办理大案相反,在小案或中等严重程度的案件多采取实用主义的必要方法。事实上,根本无法保障鉴证(法医)的必要介入以及避免不必要的耗费。

(三)阶段性结论

如同将相关管辖分派给具有各自的立场,拥有不同的目标、手段及优先

事项的机关一样,从外部对检察机关进行的扫视阻碍了在查清与承接所面临的客观妥切任务之后形成一个旨在解决问题的强力侦查体系(Ermittlungsstringenz)。与之相比,个人的具体义务违反就不那么重要了:当然这些义务违反也必须被查处以及在严格的劳动法、纪律处分法的范围内予以惩戒。但是,这不会导致效率的显著提升。因为警察及司法机关较高的职业道德,工作成效一直不错,不过提升的空间已经到了尽头。原因深种,表面的修修补补无济于事。现在所需要的是——从正面——叙明职责,以及——从反面——全面地予以无情批判。

(四)追缴财产(Vermögensabschöpfung,《刑法》第77b条,没收犯罪所得) 260

在这种筋疲力尽的境况之下,2017年7月1日,财产追缴的新法(BGBl. I,2017,872)重构了检察机关及整个司法的职责。到目前为止,这些职责的完成情况非常不同,至少不能以一个可靠的、跨区域可测的方式完成。其中有不少原因,而且并不在一个层面上。

1. 联邦层面

刑事财产追缴的重新调整是2013年第18个立法周期所达成的议会党团联盟协议的一部分。2015年,联邦司法与消费者保护部的一个工作组研究了相关主题的内容,整个工作充满激情且展现了典型的实践导向。他们走访了法院、检察院、警察局(不仅仅是联邦刑事警察局BKA),倾听了辩护人协会的意见,与其他部委合作,进行了政治性的商谈。工作开始一年后,联邦司法与消费者保护部就提出了一个约130页的内容全面的建议草案,里面涵盖了工作组卓有成效的工作成果。在审议听取意见时,它引起了广泛的讨论,从原则到个别方法以及细节,甚至技术性问题,都引发了批评。值得注意的是,批评不涉及"侮辱",而是提供了很多建议。因此,2016年秋季的政府草案(BT-Drs. 18/9525)与之前的建议草案有很大不同,并非原则性差异,而是在很多与实践相关的细节上做了修改。在尽可能贯彻临时保全而选择全面、绝对地追缴中,这股明显的趋势让位于努力地在现行刑事诉讼法的框架内系统引入新的规定。半年后,也即这项工作开始 2 年后,该法律草案在德国联邦议院法律事务和消费者保护委员会最终定型(BT-Drs. 18/11640),随后成为法律。与政府草案相比,它部分展现了技术上的变化,以及部分由于政治意愿而收紧了某些规定(如特别追缴的时效/《刑法》第 76b 条,以及《刑法施行法》第 316h 条确保适用于过去的过渡性规定)。在所有版本中,因此也包括现行法律当中,促进实践的努力清晰可见,并保留了下来。尽管如此,新规定还是给警察、检察机关和法院以及给辩护方都带来了一定障碍,目前这些障碍尚未得到令人满意的解决。其中,有些危险是
261 可以预见的,在此前的批评当中也提出了警告,然而后来却实现了。另外一些,无论是有关协会还是学术研究都没有预见到。

各联邦州早在此前就要求在法律发布与正式实施之间留出充分的时间准备。结果准备时间甚至还不到两个半月。联邦司法与消费者保护部认为自己面临着外部的时间压力:该法也是为了执行欧盟相关的指令(欧洲议会与理事会于 2014 年 4 月 3 日出台的第 2014/42/EU 号指令《关于扣押和没收发生在欧盟的犯罪的工具与所得的指令》,Abl. L 127,第 39 页和 L 138,第 114 页),需要将其转化纳入德国法中。因为 2016 年秋季就是最后期限,所以,从柏林方面看,到生效之前预留出更多的时间显然不可能。

2. 联邦州层面

联邦州最迟从 2016 年 3 月就已经知道他们将面临更强的需求,特别在司法辅助人员方面。2017 年预算草案中提供的应对措施充其量是部分的。而且是否能够发挥预期作用,也非常值得怀疑。司法辅助人员的培训为期 3 年,还将根据空缺职位情况作出调整。据此,额外的需求至少要 4 年的准备时间。由于没有深入了解内情,所以可能不那么恰当,然而还是会产生一些州面临持续被动的印象。值得一提的是,能够帮助司法辅助人员、检察官、法官完成内容上的准备,关键掌握在以下三类人手中:巴伐利亚司法辅助培训学校的讲师不知疲倦地向同事们(可能也有其他感兴趣的司法候补文官)

讲述新法的要点。在联邦层面上,主管的部委处长以及工作组的负责人精力充沛地穿梭于各机关之间,在会议期间以通俗易懂的方式阐明新法的基础知识。

一般情况就是这样。这些介绍虽然很有帮助,应当且必须感谢那些报告人,但仍不免杯水车薪。自 2017 年 7 月 1 日以来,实践当中提出了一系列问题。重要的或许是,利用新法生效前这段时间,培训一些多面手,能够作为新法所有相关内容的解答联系人而发挥作用,从而有组织地汇集相关经验。几天之内举办的任务各不相同的培训难以提供所需的深化知识。一些观点认为犯罪所得容易说清,也很容易评估,事实证明,这些看法是不现实的。

一些联邦州认识到,重构的追缴法在以前的框架下不能发挥预期作用, 262
需要对组织结构进行很多改变。由于缺乏充分的认知,其后果不易评估。策勒总检察院为各种动议所做的广泛行动充分表明,评估是可能的。策勒总检察院以令人印象深刻的速度制作了一份切合实践的操作手册,为整个德国提供了支持,这份指南由两个敬业且资深的主任检察官(Oberstaatsanwältinnen)起草,她们在其他联邦州也是备受欢迎的报告人。不过,在应对新法方面,确实各有差异。如果在追缴结果上没有大的不同,肯定也会让人吃惊。

3. 理想的应对措施

除了必须熟悉适用新法(即使在新法生效 4 年后也绝不能认为已经完成),还需要战略性思考。当然,这些规定只是一般表述,不考虑个人的情况而普遍适用。然而,鉴于此前人力资源的使用已经到了极限且扩充人手停滞不前,这些规定不能无差别地适用,即不考虑实际情况地适用。所以,要先行确定工作重点。以下两个方面可予考虑,第一,与其他任务的关系,第二,有意识地使用可用于追缴的手段和资源。为了达成符合专业要求的合作,需要在三个层面上进行协调:各部委、总检察院和地方检察院,每一个都要与各自对应的机关在“内部轨道上”协作,也即与检察机关平行设置的内政部、中级机关以及地方的职能部门协作。

部长级层面是关键的因素。那里存在的不切实际的想法渗透至下级各个层面。不仅考虑到人力供给，而且就法律上手段来说也是如此：不须质疑，亦非“包治百病”。总检察院要发挥协调统筹功能，与地方上的机关交换意见、达成共识，形成不止于愿景，而是可以实际落地的方案：这个框架仍需地方检察机关根据其各自情况恰当充实具体事务。

检察机关本身只能利用自己的资源有限地采取追缴财产的措施。对于
263 查清财产来说，检察机关通常需要与警察合作，如在收集所需信息时做好准备，在查控、沟通、实施和执行时进行评估。无论检察机关怎么完美、称职地发出指令，最终只有在警察能够实现时才有价值。所以，检察机关必须与和警察协调一致地开展行动。

4. 确定工作重点

并非所有理论上可行的东西在实际上均可行，因此，需要根据以下重点确定理想方案的可行程度：财产追缴是刑法的第三轨。法律没有规定优先次序，而是将狭义的追诉、保安处分和追缴放在一起。尽管如此，它还是包含了容许的和可能的优先处理原则，比如，采取干预（基本权）措施的不同条件，以及可处以保安处分之期限的不同时间维度。不同的处罚幅度作为大致的线索指明了立法者赋予不同的法益以多大的价值——不仅仅在可能刑罚的幅度方面，而且也涉及保安处分及追缴方面，尽管有所限制。

(1) 着力点：获得安全

泛泛地援引比例原则不会真正得到什么，但是，结合处罚幅度和三种不同刑法应对方式，清晰地指出了工作方向：尽管刑法以压制来配置刑罚，但也追求安全方面。对于任何的优先排序，都必须回答：如何能够运用好现有资源，以达最佳的安全效果？不存在数学般精确的答案，总是要考虑不同的情形。比如人民的安全感、媒体的反应。但这两个方面都不应成为日常抉择的最高行动准则。各级新闻发言人都应适应，并做好准备，避免被具体情形中情绪化的公众所吓倒，而无奈地（至少在表面上）迎合他们。

对于追缴财产来说，重点考虑现有人力资源及安全考虑，意味着两个方面：

——凡是能理解掌握其意义并以简明的方式处理的，都要着手去做。 264
这特别适用于没收犯罪的原始收益。这样不会给人力资源造成重大负担，同时又向犯罪分子表明，此类普通犯罪不值得去实施（得不偿失）。

——如果保全及追回需要重大耗费，则情况就有所不同。这可能取决于不同的情形，比如，犯罪所得灭失；其价值需要认定；以及作为后续赔偿被害人的条件，价值的替代保全是否有可能并不确定，因为不知道（潜在）关系人的财产在什么地方（不仅在涉外案件中）。有鉴于此，可以很快地判断高额的耗费只能保全很小的收益。所以，针对此类案例，如用尽所有法律规定的手段去追缴，就构成对稀缺资源的错误配置。

此外，首先要弄清可以做什么和应当做什么。在侦查程序中，要努力尽早决定是否根据《刑事诉讼法》第 421 条第 3 款连同第 1 款予以免于追缴。这需要利用警察的经验以及检察机关鉴定人员的经验。诚然，对于后来采取追缴措施来说，存在紧迫的理由应当采取保全措施，也就是说，财产不再是原物时，要查扣财产。但是，如果不可能这么做或者不能以合理的耗费来达成，那么，就存在法律认可的事实基础，可以根据情况有权不仅不采取临时的保全措施，而且完全免予追缴财产。

当然，不能轻率地就这么做，也不能出于个人是否方便。相反，这两个业务领域所有三个层面的整合向主管部委提供了良好的保障。决定采取或者免除追缴财产的措施，不必在一上手就作出。比如，询问德国联邦金融服务监管局（Eine BaFin-Abfrage），以及对前期程序进行审查，对于现有人才资源来说，只造成了很小的负担。经过最先的处理步骤，如果发现产生了明显的耗费，那么就需要权衡犯罪嫌疑的比重。耗费并非一直也并非在机关处理的每一个阶段都能证明是有道理的。聚焦在严重犯罪案件上（除了耗费不大的轻微刑事案件），是适当的，而且也绝对必要。然而，显然也要分步
实施、逐步推进。在涉嫌恐怖主义犯罪、团伙犯罪（不仅仅是部族犯罪）、贩 265

卖毒品以及牟利性的经济犯罪当中,保障安全方面的考虑,要求最大限度用尽法律规定的追缴手段。

与之相对的是那些因贫困而产生的犯罪,特别是与不作为犯罪相结合的案件。未缴税(逃税)、未缴纳社保、未采取环保措施,所有这些怠于作为的行为,为按价值采取追缴以节省费用提供了法律依据。当未支付的税款“堆积”在外国户头上,黑劳工雇主4个月后在相关机关不知情时带着净收入溜之大吉,环境恶化转化为更高的利润率,那么,按价值采取追缴无疑是适当的。反之,如果责任更小一些,长期为活着而挣扎的“困难户”,为求省钱而获得了什么东西,那么此时再予以追缴就不再适当了。作出没收的决定事实上也会因无法执行而落空。无论如何,按照业务要求作出决定追缴将来可能的彩票获利或者遗产所得(对该遗产可以且能够根据《刑事诉讼法》第459g条第5款第2句执行没收令),都不能为在其他案件中未采取有效的(财产)查处措施提供借口。

(2)实用主义

此外,对犯罪所得认定及评估到一分一毫,即便有必要,也完全不可行。像毒品案件就典型地采取估算方法。贩毒者的供述或者证人证言(绝非毫无疑问)构成了估算的依据,再辅之以经验知识。根据《刑法》第73d条第2款赋予的估算权,对初始犯罪所得大多可以确定一个量级,如有必要可以在保全时给予一个折扣。当假定被指控的毒品小贩或其他的(也包括经济犯罪)犯罪分子将犯罪所得转移出去了,导致事实上无法从他们那儿没收犯罪所得的全部价值,那么,估算就是够了。

当行为人的收益(以实物或价值的形成)转移给第三人时,才能针对第三人进行财产追缴。收益的来源必须经过司法证明。如果第三人在其中还有合法的财产或者合法的收入来源,那么,不必核查清楚每一笔现金存款都来自毒品交易、投资诈骗等等犯罪行为。经常是这样的,如果要核查清楚,运用估算法只可能得到有限的结果。所以,尽管没收的做法是可取的,但“一头扎进”看起来没有希望的案件中却是不当(不切实际)的。因此,聪明人捞到的要比法律预期其应得到的更多。只能以不采取可能有效的其他侦查措施(也是为了追缴财产)作为“代价”,来降低其副作用。这里需要的是实用主义,而非达到“百分之一百五”。

过去法律在制定时并没有真正考虑实践,现在更是如此。遗憾的是,从《刑事诉讼法》第 421 条*的文义看,没有明确说如果符合第 421 条第 1 款规定的三个标准时能够免予追缴。尽管如此,该条规定应当这么来理解。联邦普通法院在系列判决中[1]非常明确地认定,部分免除作为减少(Minus),包含在完全免除之中,因此是允许的。然而,自 2021 年 7 月 1 日生效的新法规定,如果相比其他法律后果,该措施无关紧要,且只带来不成比例的耗费,则不再允许没收犯罪所得或者其价值。如果在认罪认罚的轻微犯罪案件中否定这一点,那么,将令导致在侧重点上违反立法初衷。当然,《基本法》的禁止过度原则为所有刑法及刑事诉讼法的措施划定了界限。据此,只有当出于重大的安全考虑时,尝试那些预计无甚效果的追缴措施才被认为是适当的,也只有在此时,这些措施才会被启动。

(3)“追缴的哲学”

此外,还需要一套适当的追缴哲学,既反对怠于适用,也反对过度适用。对于第一方面(怠于适用)的例子,如联邦普通法院[2]根据以前的法律提出了在犯罪行为与现有财产之间存在获利关联性的完整链条,[3]以及坚持将已废止了的法律规定意义上的扣押依据作为根据修改后法律规定作出财产扣押的所谓条件,[4]并且还将不作出判决(Nicht-Entscheidung)与《刑法施

---

* 第 421 条规定了免予没收,在符合一定条件时,法院在得到检察机关之同意可免予没收,其中第 1 款有三种情形,分别是犯罪所得价值低微;相比要处以的刑罚或保安处分,没收无足轻重;若实施没收花费巨大或对犯罪行为决定的其他法律后果将不成比例地严苛。——译者注

[1] BGH, Beschl. v. 02. 08. 2018-1 StR 311/18-, Rdn 3, NStZ 2018, 742; s. a. BGH, Beschl. v. 10. 10. 2018-5 StR 488/18-, Rdn 3; BGH, Urt. v. 24. 10. 2018-5 StR 229/18-, Rdn 8; BGH, Beschl. v. 08. 11. 2018-1 StR 511/18-, Rdn 4.

[2] BGH, Urt. v. 03. 12. 2013-1 StR 53/13-, Rdn 36, wistra 2014, 219.

[3] so OLG Celle, Beschl. v. 02. 03. 2018-1 Ws 19/18-, wistra 2018, 232.

[4] so OLG Schleswig, Beschl. v. 25. 10. 2018-2 Ws 271/18(85/18)-, SchlHA 2019, 37.

267 行法》第316h条第2句意义上的判决等同了起来。* 对于第二方面过度适用新法的例子,不但在判决[1]当中、也在司法机关一度作出的声明可以找到,他们表示先要"冻结一切",毕竟临时保全措施的条件只要单纯存在犯罪嫌疑就够了(对此,BeckOK-StGB/Heuchemer 2020关于《刑法》第73条的评注边码77以下,列举了一些值得商榷的保全决定的例子)。有时,强调经济因素的司法组织,会延续一种关注经济因素的程序安排,而看不出来对于相关当事人合法利益的考虑,尽管只是临时性的保安措施。比如,认定10个连带债务人中的每一个人都要对(假定的)所得或收益的全部价值予以保全(担保)(so LG Berlin, Beschl. v. 16. 12. 2020-514 Qs 29/20, NZWiSt 2021, 286),从中让人释读出的,与其说是对所有相关情形的妥当衡量,不如说是眼中只盯着钱。如果认为只有限定在法律推定为无罪的被告人之间协商一致这个条件上才能消除上述弊端,那么,每个人都要对因与潜在他人罪行的联系而承担责任,从而与禁止强迫自证己罪的原则陷于不可调和的冲突之中。有时候,司法机关采取干预措施并不难,但是在对保全财产予以解除时会很难。对于受太多外来影响的司法机关来说,这带来了专业上与精神上的过重负担。这儿高度谨慎,那儿无差别地采取干预措施,这一切都说明,实现基本上统一地、切合目标地适用财产追缴法,还有很长的路要走。

一方面,要考虑修改了的法律框架。司法机关不得沿用传统的判例来

---

* BGH, Beschl. v. 22. 08. 2017-3 StR 116/17-, Rdn 8; BGH, Beschl. v. 21. 08. 2018-3 StR 145/18-, Rdn 4 f., NStZ-RR 2018, 382; zutr. a. A. KG Berlin, Beschl. v. 01. 12. 2017-(5) 161 Ss 148/17 (69/17)-, BeckRS 2017, 145637, bzw. BGH, Urt. v. 29. 03. 2018-4 StR 568/17-, Rdn 25 und Leitsatz, BGHSt 63, 114; BGH, Beschl. v. 16. 05. 2018-1 StR 633/17-, Rdn 4, NStZ-RR 2018, 285. 针对HansOLG Hamburg作出的裁定(Beschl. v. 12. 07. 2018-5 Rev 4/18-, wistra 2018, 485),该裁定就在"遗忘的"没收裁决中许可一个独立程序时不同意援引禁止变差原则,而联邦普通法院却未表明态度(Beschl. v. 10. 01. 2019-5 StR 387/18),仅在强调不必考虑禁止变差原则这一点上,不同意前述地方高等法院的裁定。财产追缴新法的规定不适用于新法生效前已经作出追缴或没收命令的案件。——译者注

[1] 相关判决诸如:将支付的工资视为压低最低工资的犯罪手段(OLG München, Beschl. v. 07. 06. 2018-2 Ws 115/18-NZWiSt 2019, 275, m. zust. Anm. Hütwohl);拒绝承认形式上不适格之人的护理服务作为可减税的费用(OLG Zweibrücken, Beschl. v. 12. 11. 2019-2 Ss 65/19-)。

背离立法者的意愿。就此须进行一个深入的专业讨论。另一方面,尽管更难把握,但敏锐地作出反应是必要的。是的,法律允许在单纯存在犯罪嫌疑时就采取临时保全措施,尽管如此,绝不允许根据任何轻微的、模糊的、未经核实的嫌疑就作出扣押或冻结财产的决定。当然法律也不会强迫人们这么做,也不会在是否实施犯罪仍然存疑的情况下去维持这些措施。任何没有 268
已知合法收入的人,被发现带着满满一袋钱都将被禁止再接触到这些钱,以便为下一步的没收作出保全。与之相反任何被指控因不明原因从刑事犯罪中获得大额财产的人,在未经审查以及获得确切查明的情况下,其经济行动自由不应被限制。这一点尤其适用于广告公司,它们可能仅仅因为检察机关的扣押(Pfändungen)就陷入生存危机。[1] 目前银行非常敏感,不想与可疑的客户有任何关系,根本不考虑由此也给它们自身带来损失。诸如此类的后果,是无法通过刑事追诉措施赔偿法(StrEG)来获得补偿的。

所以,现行财产追缴法之始祖,原巴登-符腾堡州刑事犯罪调查局长约翰·波的尔斯基,将其作为检察实践之遵循说法仍然有效:"通常情况下,临时的保全措施只有在存在紧迫事由以便在后来判决中作出追缴时才能采取。"

(4)跨机关的集中管辖

因此,司法实践不仅需要具备专业资格和经验,而且还需要必要的"敏锐的直觉",即应这么来操作,在客观需要时进行干预,但是事实不清、存疑时,应保持克制。如果各州能够对集中管辖达成协议,联邦对此将表示欢迎。[2] 为此,联邦本身可能在《刑事诉讼法》和《法院组织法》中创设更好的条件,然而也有赖于各州的参与。

事实上,确有很重要的、支持集中管辖的理由。面对辩护人的专业化,司法也需要具备专业知识来对抗。鉴于法律的复杂性,特别是经常面对特殊领域的知识,不能期待每个检察官或区检察人员掌握关于追缴的全部"工

---

[1] Hagenkötter, NJW 2019, Editorial Heft 19.

[2] BT-Drs. 18/9525, S. 85; Korte 2018, 1, 12.

具箱”，他们必须武装起来，才能应对一般案件。除了常规知识，还需要掌握特殊的专业知识，再加上充分的经验。所以，对于需要具备有关追缴法特殊知识的案件，最好是扩大法院（也许是经济审判庭）的管辖权，一方面按照毒品犯罪或团伙犯罪与追缴措施的竞合程度来划分，另一方面根据这些案件与原本经济犯罪的竞合程度来划分。与之类似，也要为区法院设置特殊部
269 门。如果集中管辖是跨区，甚至跨州（至少是州地方法院）的话，那么，这么做就能保障有充分的案件量，也会因此历练积累充分的专业知识。

侦查阶段需要组建专业化的工作中心，配置足够的警察和检察官。就此而言，针对超出常规的追缴案件也需要（根据不同情况）跨区域的协作。当然任何集中管辖都会引起意料之外的副作用。划分管辖范围绝不简单，对特殊知识的需求也不会立马显现。据此，可能无法完全避免重复工作。是否整个案件集中管辖或者只涉及追缴的部分才集中，也必须作出决断。这些附带的成本不能低估。但是，如果想高效地、适当地进行专业化地追缴财产，就必须容忍这些问题。

以适当的方式追缴犯罪所得或其替代价值的可能性肯定是存在的，创设这些手段也并不复杂。这是否能变为现实，只取决于国家的意愿，特别是各部委层面的意愿，以及司法机关（检察院）和警察之间紧密合作的准备。反之，墨守成规，一心维护自己的影响力而加以操控，以及对各种方案与必要条件进行灵活尝试缺乏准备等这些问题都是障碍，对此，即使再好的法律，仅靠其自身，也是无法克服这些障碍的。

三、思考无禁区

只要我思绪倒回，就总会抱怨司法的状况。然而，目前情况却正在发生变化：“一切照旧”不再是唯一的主流口号，对“下一步怎么办”的考虑至少是对它的补充。迄今为止，利益的多样性以及目标的差异性阻碍了信马由缰的分析。由联邦发起“法治国家的公约”，被各州抱怀疑的眼光，认为自己支

付不起,而联邦补贴不过是沧海一粟。就“公约”而言,司法领域相关协会所能同意的仅限于量的层面,也即人员层面。社会利益的代表们则希望对于其福祉给予更大的关照——集中管辖、专业化。那些佯言确切了解什么是对的且必要的人,则要求简化程序。他们有一个共同点:把刑法作为一个选举的工具。只是在表现形式上有所差别而已。

刑法应该怎么做?刑法能做什么?它在社会中扮演什么角色?追求正 270
义是每个人的事——都委托给刑事司法系统一方面削弱了它解决日常冲突的能力,另一方面也使检察院和法院负担过重。毫无疑问,正义是我们的目标。但什么是正义?当然不是无差别的平等。《基本法》第 3 条第 1 款谈到了法律面前人人平等,因此强制要求国家平等对待平等的事物,而非将不平等的事物变得平等。让我们忍受多样性:它能带来活力!当然,只能在他人的平等权及其自主权划定的范围之内。刑事司法只应关注对社会冲突调节机制和上述范围之内的对生活多样性的侵害。针对性强、有效和快速,这就是对刑事司法的要求,并不需要它扮演保姆的角色。

第四编　欧洲化

欧洲刑事政策领域的大胆探索：也许是欧盟司法合作组织终结的序幕？

克劳斯·迈耶-卡布雷*

一、现状和展望

2018 年 12 月 5 日，德国和欧洲媒体广泛报道了对黑手党的严厉打击。 273
德国、意大利、荷兰、比利时和卢森堡的侦查人员采取大规模突击行动打击了意大利黑手党犯罪集团“恩德兰赫塔”。仅德国就投入了 240 名联邦刑事警察局的官员和 200 名联邦警察，其中包括德国联邦警察第九国境守备队(GSG 9)的反恐特种部队；此外，还有数百名州警察当局的官员。这一天行动的主要成果是，共缴获了 4000 公斤可卡因和 140 颗摇头丸(XTC Pillen)，逮捕了 50 多人。欧洲司法当局欧盟司法合作组织**(Eurojust)成功协调了这一代号为“波利诺”(Pollino)的国际行动。

然而，就在这一天——只能被视为一种无意的讽刺——欧盟的预算专 274
员(EU-Haushaltsgesetzgeber)宣布就 2019 年预算达成协议，其中削减了欧

* 克劳斯·迈耶-卡布雷任职于欧盟司法合作组织(Eurojust)。

** 亦有译为欧洲刑事司法组织、欧洲检察官组织。——译者注

盟司法合作组织的预算，顺便说一下，这是唯一一个被削减预算的欧盟机构。人们只能对欧盟理事会*和欧洲议会**表示感谢，因为它们没有支持欧盟委员会***提出的更进一步削减欧盟司法合作组织的预算的想法。

这只是一个“愚蠢的巧合”，还是背后有一个长期的刑事政策理念，即强调更强的或完全一致、集中化的刑事司法追诉？为了使跨境侦查程序能够更好、更有效地运转，这样做是否有意义？是否可取？哪些问题可以更好地解决？需要解决哪些法律和实践的困难？这种讨论是在哪种刑事政策语境下进行的？对欧盟司法合作组织有何影响？

为此，让我们看看欧盟刑事政策的发展。

二、坦佩雷欧洲刑事政策设定了标准

欧洲刑事政策是欧洲政治中较新的领域之一。直到 1999 年 10 月在芬兰坦佩雷(Tampere)作出欧洲理事会****决议，欧洲刑事政策才被视为真正起步。以前纯粹的政府间合作被置于真正的欧洲基础之上，即基于“相互信任继而相互承认”的原则。该原则也是欧盟司法合作组织诞生的基础。为了加强对严重有组织犯罪的打击，欧盟理事会决议(第 46 号)规定建立一个机构(欧盟司法合作组织)，将各个成员国根据其法律制度选派的检察官、法官或警察以同等权力聚集在一起工作。欧盟司法合作组织的任务是促进各国检察机关的妥当协调，并简化对有组织犯罪案件的刑事侦查，特别是围绕

---

* 欧盟理事会(Rat der Europäischen Union/ European Council)：是一个由来自欧盟成员国各国政府部长所组成的理事会，每一个国家在理事会中都有一名代表(理事)。在 2004 年罗马签订的《欧盟宪法》提出未来的欧盟理事会主席将通过选举方式产生，在里斯本条约签署后设立常任的主席，任期为两年半，可以连任一次。现任主席为夏尔·米歇尔。——译者注

** 欧洲议会(Europäisches Parlament/ European Parliament)：欧盟三大机构之一，为欧盟的参与立法、监督、预算和咨询机构。——译者注

*** 欧盟委员会(Europäische Kommission/European Commission)：是欧洲联盟的常设执行机构，也是欧盟唯一有权起草法令的机构。欧盟委员会是整个欧共体行政体系的发动机。现任主席为冯·德莱恩。——译者注

**** 欧洲理事会(Europäischen Rat/The European Council)，又称欧盟首脑会或欧盟峰会，由各欧盟国家元首、欧洲理事会主席与欧盟委员会主席所组成，是欧盟的最高政治机构。——译者注

处理司法协助申请予以简化。这一基础构想在今天仍然有效。早在 2001 年 2 月，Pro-Eurojust 就开始了它的活动，这是欧盟司法合作组织的前身。美国发生的“9 · 11”恐怖袭击事件导致欧盟于 2001 年 2 月加速通过了欧盟司法合作组织的第一个法律文件，以便这个新的欧盟机构能够于 2003 年 4 月在海牙开始活动。

正是根据在坦佩雷作出的欧洲理事会决议，欧盟司法合作组织作为各
个国家检察机关的服务组织，旨在促进跨境侦查，为协调行动作出贡献。通 275
过合作，人们能够协调侦查活动。然而，欧盟司法合作组织就像欧盟刑警组织[*]（Europol）一样，没有独立的侦查权，该权力仍然属于各国负责侦查的检察机关。因此，欧盟司法合作组织不是欧盟检察院[**]，就像欧盟刑警组织不是欧洲的 FBI 一样。每一个成员国在 Eurojust 都有自己的办事处（按照英语单词“桌子”称为工作台）。

它是如何工作的呢？下面借助德国办事处的例子来说明。

三、欧盟司法合作组织中的德国办事处

为了促进合作，每个成员国在欧盟司法合作组织都有自己的办事处，由本国的一名代表领导，办事处成员通常是检察官；他们都是本国的公务员。德国办事处注重委派尽可能多的联邦州的代表。目前的工作人员来自北莱茵-威斯特法伦州、巴伐利亚州、下萨克森州和汉堡市。这些成员由联邦司法和消费者保障部与各联邦州协商后任命和罢免。德国办事处的工作人员是德国司法系统的形象大使。

（一）与德国办事处联系

如果德国检察机关有国际案件需要帮助，他们会联系在欧盟司法合作组织中的德国办事处。通常情况下，如果通过新闻媒体了解到有相关案件

* 亦有译为欧盟警察署。——译者注

** europäische Staatsanwaltschaft 亦有译为欧盟检察署。——译者注

时,德国办事处也会主动与检察机关接触。进行联系不拘形式,打电话、发邮件或者传真均可。最重要的是,进行联系使用的是德语。在整个诉讼当中,德国检察官不必使用外语工作。这个工作的德语部分,是德国办事处的职责。为了能更好在德国办事处开展工作,拥有流利商谈的英语沟通能力绝对是一个先决条件。在欧盟司法合作组织,工作语言是英语。这便于快速、简单地搞清案件是否适合通过欧盟司法合作组织来处理,以及第一步应该怎么做。为了促成联系,也为了传输其他数据,有一条加密的数据线可供使用。

276 (二)哪些案件应通过欧盟司法合作组织来调控

对德国来说,有一个原则性的协议,即简单的双边案件应通过欧盟司法网络(EJN)*处理。而复杂的双边案件和所有涉及两个以上国家的案件应通过欧盟司法合作组织。经实践验证,这个协议对德国来说效果不错。然而,其他成员国的做法却截然不同。各界迫切需求以及通过欧洲司法网络达到目标的失败探索表明,让欧盟司法合作组织参与进来,无疑是有意义的。

(三)协调一致

德国办事处也与其他成员国的办事处联系,与其展开合作,其他国家的办事处再与本国相关的检察机关交涉。如果其原则上准备好了与德国当局合作,那么,可以在欧盟司法合作组织的总部,或者由海牙的欧盟司法合作组织安排在某个成员国开展面对面的协商。负责侦查的检察官共同在一个保密的空间交换侦查的结果,商量下一步如何共同行动。这些会议将同声传译。参加人员由各国办事处的代表陪同,因为涉及解决一些外交的障碍,

---

* EJN是各欧盟国于1998年以欧盟“共同措施”设立的内国联络单位之集合体,以简化欧盟国间的司法合作,特别是司法互助领域。与欧盟司法合作组织不同,EJN并不是真正有固定架构的欧洲组织,而只是一种以内国联络单位为窗口的网络系统,以进行信息交换和非正式的接触。参见[德]赫尔穆特·查致格:《国际刑法与欧洲刑法》,王士帆译,北京大学出版社2017年版,第174页。——译者注

文化差异肯定会引起问题，进而使合作发生问题。为了避免此类问题，德国办事处得向检察机关提供及时帮助。会议费用，包括差旅费和住宿费，由欧盟司法合作组织承担。这是一个不容低估的数额，特别是对那些比德国经济保障水平差的国家的司法体系来说更是如此。共同合作为组建联合的侦查团队(GEG)提供了可能，这一点非常重要。为此需要签订一个特别协议，因为它涉及要预先批准的司法协助。联合侦查团队亦由欧盟司法合作组织提供财务支持。如果有必要部署一个搜查行动，也可以在欧盟司法合作组织的协调中心来实施。所有的诉讼步骤，均由侦查的检察机关来决定是否采取以及执行哪些步骤。欧盟司法合作组织的德国办事处为本国的检察机关提供帮助，给出建议，展示新的手段，在各个方面居间介绍、组织和支持，但不作出决定。简而言之，德国办事处的座右铭可能是维罗纳·普特*的名 277
言，“在这儿您会得到帮助”。

(四)通过欧盟司法合作组织与第三国进行合作

由于国际范围内打击犯罪不能局限在本国或欧洲的边界，通过欧盟司法合作组织开展的合作除了在欧盟成员国之间，根据合作协议，美国、瑞士、挪威、黑山、乌克兰和北马其顿也已经在欧盟司法合作组织设联络检察官作为永久代表。阿尔巴尼亚和格鲁吉亚正在任命联络检察官。塞尔维亚将于2020年3月1日派出一名联络检察官。与这些国家的合作跟与欧盟成员国的合作相同。此外，全球有52个联络点，通过这些联络点可以在不交换个人数据的情况下沟通司法协助的问题。

(五)欧盟司法合作组织的管理——双重属性

各国办事处的工作得到欧盟司法合作组织的行政部门的支持。各国办事处由本国的公务员履行职责，与之不同，在欧盟司法合作组织行政部门中工作的是欧洲的公务员。在这里可以找到司法合作方面的专家，比如可以

* Verona Pooth，曾是超级名模，现在是德国演艺圈当红的女演员和电视节目主持人。曾因与音乐制作人迪特·伯伦(Dieter Bohlen)之间的婚姻闹剧登上了报纸头条。——译者注

找到恐怖主义案件或网络犯罪领域的专家。78% 的行政工作用于支持日常运营。本国的组成人员，即本国办事处的负责人，在欧盟司法合作组织组成了委员会（Kollegium），在那儿为欧洲司法合作组织作出重要决定。委员会还选举主席和两名副主席。他们是委员会的首席（primus/prima inter pares），对外界代表组织，自然具有影响力。行政部门由行政主管负责，行政主管在那里拥有很大的权力，它受委员会主席监督。这是欧盟司法合作组织的“混合”结构。各国办事处体现了会员制原则，而行政管理是纯欧洲式的。

2019 年，共有 313 人在欧盟司法合作组织工作。其中，91 人由成员国委派到其本国办事处，222 人在欧盟司法合作组织的行政部门工作，来支持各国办事处的工作。

278 （六）欧盟司法合作组织的系统运转得怎么样

创建一个新的组织、设立行政管理部门，成为本国的检察机关、法院或警察的工作伙伴，虽然花的时间比预期的长，但是现在已经成功落实到位了。欧盟司法合作组织的发展以及德国办事处的情况非常清楚地表明了这一点。

2019 年对于欧盟司法合作组织而言又是成绩显著的一年，因为在跨国案件中，本国检察机关从欧盟司法合作组织获得的支持比以往任何时候都多。来自成员国和其他国家的联络检察官的新收案件有 3892 件，其中来自联络检察官的 249 件，意味着欧盟司法合作组织的新案件总体增加了 17.33%。共召开了 430 次协调会议，相应地增加了近 20%。此外，欧盟司法合作组织还策划了 27 次协调行动的指挥，相应增加了 58%。2019 年，272 个联合侦查团队获得了欧盟司法合作组织的财务支持，增幅为 19.8%。（图 13-1 的统计数字展现了欧盟司法合作组织整体的案件增长）

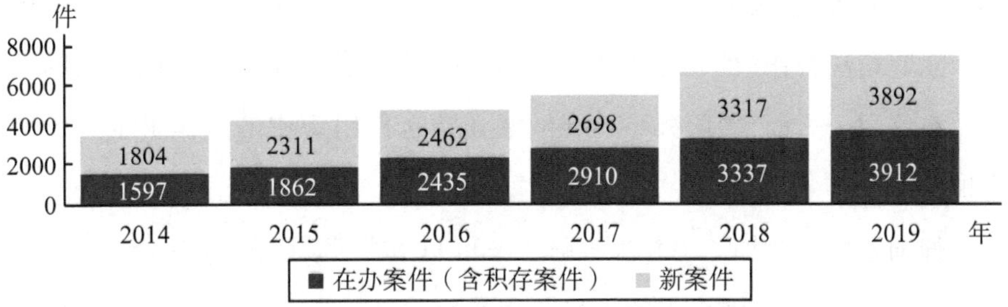

图 13-1 欧盟司法合作组织整体案件增长

资料来源:欧盟司法合作组织 2019 年年报。

德国办事处的发展也反映了欧盟司法合作组织的总体发展。就欧盟司法合作组织的总体案件数而言,2019 年,德国办事处贡献了单个成员国办事处案件量之最,由德国检察机关和法院向德国办事处提出求助申请共计 383 *279* 个新案件。这是一个新高,相较 2018 年上升了 43.98%。这同时也意味着,德国检察机关和法院提交给德国办事处的案件,即在作者本人负责德国办事处的 5 年中增长了约 550%(见图 13-2)。

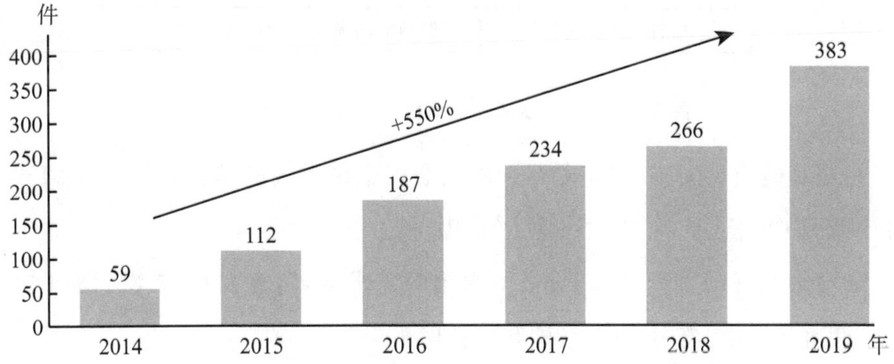

图 13-2 德国办事处受理案件的发展

其他成员国和第三国联络检察官提出了 562 件(增长了 19.67%)求助申请案件,加上德国检察机关和法院提出的 383 件新案件,德国办事处 2019 年共办理了 945 件新收案件(见图 13-3),由此,也成为欧盟司法合作组织中工作压力最大的办事处。德国办事处的案件远远超出其他国家的办事处,排在后面的有：意大利 724 件，法国 633 件，西班牙 618 件。

欧盟司法合作组织工作负担主要集中在召开协调会议与协调行动的需求。在这两个方面，德国办事处在欧盟司法合作组织中的工作量也处于领先地位。

德国办事处参加了 126 次协调会议和 11 次协调行动。尤其令人高兴的是，由德国主导的协调会议的次数上升了 54. 17%，总体而言，德国办事处在该领域的工作量增加了 22. 33%（见图 13–3）。

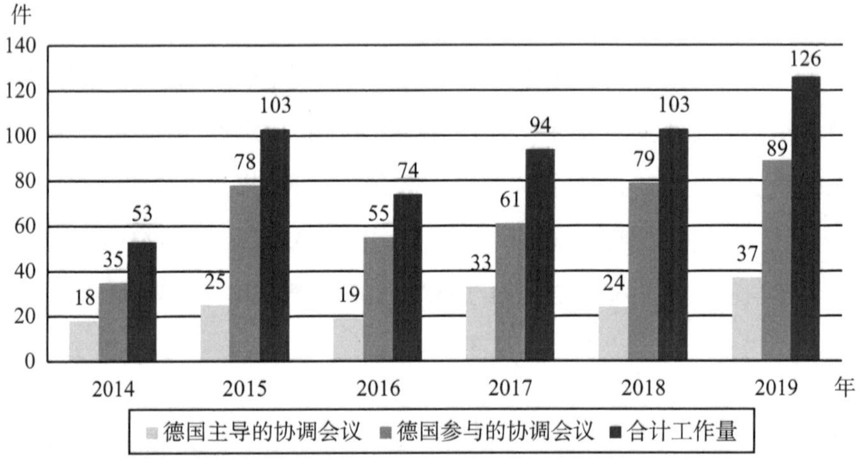

图 13–3　德国办事处组织协调会议的增长情况

与其他成员国相比，提出召开协调会议申请数量的排名如下：法国 139 次、德国 126 次、荷兰 120 次、意大利 106 次。

280 在协调行动方面，收到成员国提出的需求排名：意大利 12 次，德国 11 次，西班牙 8 次，英国 8 次，法国和罗马尼亚 7 次。

德国办事处的工作对于欧盟司法合作组织的成效来说属于最大的单一贡献。2019 年欧盟司法合作组织新收案件中，大约每 4 个案件都与德国有关（见图 13–4）；与之相比，每 5. 4 个案件与意大利有关；法国，每 6 个案件；西班牙，每 6. 3 个案件。此外，2019 年欧盟司法合作组织召开的协调会议和协调行为中，每 3. 4 次协调会议、每 2. 5 次协调行动与德国有关。

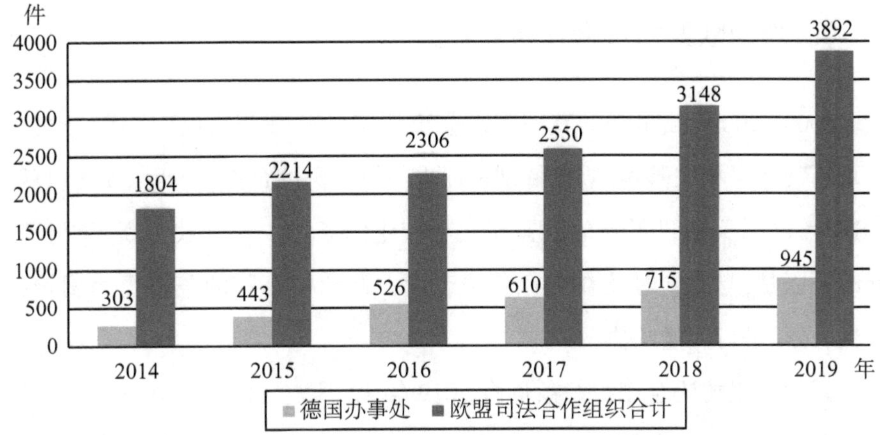

图 13-4 欧盟司法合作组织所有新收案件及德国办事处新收案件的情况

在过去五年中,德国办事处处理案件的工作量上升了 211%。在协调会议方面,工作量上升了 138%。

这种发展态势在 2020 年仍将持续。

(七)欧盟司法合作组织的开支情况

与其他欧盟机构相比,欧盟司法合作组织的预算相比较少。

尽管活动数量不断攀升,但是欧盟司法合作组织 2020 年的预算面临削减,它是安全领域唯一一个压缩预算的机构,不过这个动议因为欧盟议会的干预而被阻止了(见图 13-5)。

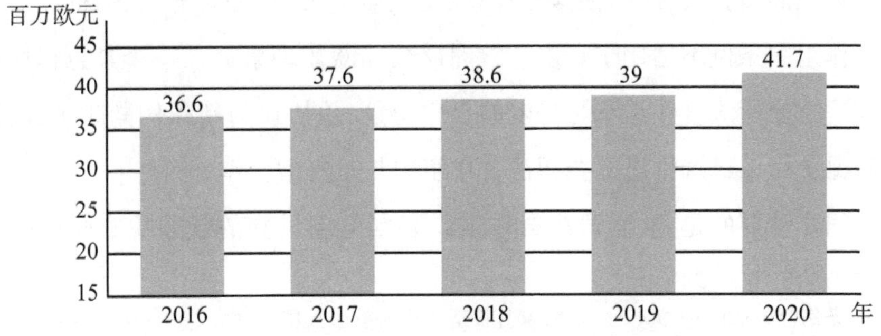

图 13-5 欧盟司法合作组织 2016~2020 年预算配额

资料来源:欧盟司法合作组织 2018 年年报。

282 ## 四、新的欧盟司法合作组织条例[*]

2008~2009年，最初的欧洲理事会决议定被一个新决议[**]取代，新决议又重新确认了相关基本理念，特别是促进与第三国的合作，经历了5年以后，2018年11月又通过了新的欧盟司法合作组织条例。谈判被中断了很长时间的原因是，与此同时还在进行着关于设立欧洲检察院的条例更为困难的谈判，必须进行大量的协调。

新的欧盟司法合作组织条例自2019年12月12日生效，它并没有从根本上改变坦佩雷欧洲理事会决议设立的久经考验的体系。因此，颁布新的条例不是一场革命，而是温和的更新。主要在欧盟司法合作组织成问题的领导结构(管理)方面作了一些改变。现在，欧盟司法合作组织也正式成为欧盟的一个机构，欧盟委员会更多地参与其决策之中。这是一个积极的变化，因为，欧盟委员会可以更多承担对欧盟司法合作组织的责任。委员会(Kollegium)将从繁重的管理职责中脱身，管理的职责现在由一个管委会(Verwaltungsrat)承担。委员会仍然负责重大问题的决策，并且是享有最终决策权的组织。新条例符合《里斯本条约》的相关规定。欧盟司法合作组织不再有与第三国签订合作协议的权力，比如在英国脱欧后就涉及英国的事务签订协议。今后这属于欧盟委员会的职权范围。就丹麦而言，也要寻找一条合作的新方式，因为根据丹麦对于《里斯本条约》的备忘录，新的欧盟司法合作组织条例不适用于丹麦。欧洲议会和欧盟理事会在一个紧急程序中批准了欧盟司法合作组织与丹麦的合作协议，该协议与新条例同时生效，因此确保了可以继续推进欧盟司法合作组织与丹麦的合作。

同样重要的是，欧盟司法合作组织必须与新设立的欧盟检察院就打击

---

* 条例(Verordnung)类似于法律，可直接适用于所有会员国。而指令(Richtlinie)需内国转化。——译者注

** 新决议于2008年12月16日作出，于2009年6月4日生效，题名为《加强欧盟司法合作组织、修改关于建立欧盟司法合作组织强化打击严重刑事犯罪的2002/187/JI号决议的理事会决议》。——译者注

保护欧洲经济利益方面的相关犯罪达成协议。因为不是所有的成员国都加入了欧盟检察院，而且必须遵循特定的门槛要求，所以，欧盟司法合作组织仍然对该领域的部分犯罪负有管辖之责。2019 年，在保护经济利益方面，由欧盟司法合作组织处理了 158 件新收案件（总共 3842 件）。就此而言，重要的是，整个系统运转正常，两个机构合作顺畅。总的来说，欧盟司法合作组 283
织还是一个更强、更有效率的组织。

五、下一步去往何方？

在过去的 15 年历史中，欧盟司法合作组织已经发展成为各国检察机关和法院的重要联系对象，以及卓有成效的“欧盟司法机构”。通过它，重大案件得以成功跨国协调，并在各有管辖权的成员国成功结案。从德国的视角来看，近年来就有德国之翼航空公司坠机事件[*]、巴拿马莫萨克·冯赛卡律师事务所离岸交易案件（更广为人知的名称是“巴拿马文件”）、柏林圣诞市场恐怖袭击案[**]，以及僵尸网络“雪崩”（Avalance）和“晕眩”（Vertigo）的网络犯罪。欧盟司法合作组织运行的成本相对较低，一部分预算又直接返还给各国的财政。

两种模式——协调 vs 集中

随着欧盟检察院的成立，刑事政策的考量参数又发生了变化。在关于欧盟检察院保护欧盟财政利益的漫长而又艰难的谈判当中，欧盟司法合作组织并不处于刑事政策的焦点，即使欧盟委员会主席容克在所谓“任务函”中委托司法专员尤洛娃：不但要加强刑法领域的司法协作，也要在 2016 年设

* 2015 年 3 月 24 日，德国汉莎航空公司旗下的德国之翼航空公司一架编号为 4U9525 的空中客车 A320 型客机在法国东南部的阿尔卑斯山脉南麓海拔约 2000 米积雪山区坠毁，机上载有 144 名乘客和 6 名机组人员，全部遇难。根据黑匣子的数据显示，飞行过程中，副驾驶员安德烈亚斯·卢比茨曾多次怂恿机长去上厕所，并在机长离开驾驶舱将驾驶工作交给自己后，趁机反锁驾驶舱，并启动了下降按钮。——译者注

** 2016 年 12 月 19 日晚，一辆货车突然冲进德国柏林市中心的布赖特沙伊德广场（Breitscheidplatz）圣诞市集，造成 12 人死亡，55 人受伤。——译者注

立欧盟检察院。由于欧盟委员会还承诺新设立的欧盟检察院不会花费什么费用，而是通过增效就可以创建，因此，欧盟反欺诈局[*]（OLAF）和欧盟司法合作组织都必须缩减职位（编制/Stelle）和预算。最初，欧盟委员会还考虑将大约20%的欧盟司法合作组织的职位转到欧盟检察院，尽管所谓的保护欧盟财政利益的案件只占欧盟司法合作组织案件数很小一部分比例（2018年，在3248件案件中只有68件），以及今后欧盟司法合作组织仍将负责少部分保护欧盟财政利益的案件。只有1.5个人力致力于保护欧盟财政利益的案件，且还不是全职。在烦琐的谈判和讨论过程中，上述情况被向欧盟委员会作了解释，最后只理性地缩减了职位，而且完全考虑到了欧盟检察院的发
284 展。现在欧盟司法合作组织拿出了16个职位。对于像欧盟司法合作组织这样的小机构来说，这也不是小数字，因为，对此没有内部的补充可能。

从刑事政策来看，很快就会有两种不同的模式，两个彼此对峙的发展选项：一个是会员制的、面向合作的欧盟司法合作组织，另一个是配备直接干预权的集中化的欧盟检察院。法国总统2017年在索邦大学的演讲中提议，欧盟检察院也应有权管辖有组织犯罪和恐怖主义犯罪，以及提交相应立法草案的权力；在此之后，欧盟委员会主席容克在2018年的议会咨文中提议将欧盟检察院的权限扩大到包括恐怖主义，并提交了相应的立法草案，旨在为此扫清道路。欧盟理事会的决议尚未作出，但必定会表示同意。欧盟委员会主席冯·德莱恩致新任司法专员迪迪埃·雷恩代尔的任务函中也明确了这种权限的扩展。

前欧盟委员会主席[**]的这些提议自然清楚地表明了欧盟委员会设想的发展方向。欧盟检察院将被逐步地赋予新的权力，即使对于欧盟检察院的体系是否能运转起来完全没有经验。这个项目是一个容易理解且备受欢迎的探索的一部分，即通过这些新项目激发欧盟的理念，将欧盟的多重价值展现到公民面前。具体到欧盟检察院，就是通过将检察侦查活动集中起来，允

* 亦有译为欧盟诈欺犯罪防制局。——译者注

** 指容克。——译者注

诺给予公民更多安全保障。然而,这并非没有危险,因为如果不能有效地兑现这一承诺,欧盟的声誉将遭受重大损害。因此可能会对鼓振欧盟理念起到相反作用。将欧盟检察院的权力扩展到反恐领域的提议,似乎并没有受到许多成员国的赞同,这是有充分理由的。在打击损害欧盟的诈骗犯罪方面,各国检察机关自身肯定存在不足,与之不同,说在反恐领域存在缺陷,因此必须通过检察侦查活动的欧洲化来消除,这种理由并不能让人信服。用外交辞令来说,对于欧盟检察院的工作没有现成经验,这个问题暂时还没有定论。此外,当下欧盟检察院的构造是否完全能应付打击恐怖主义,也还是一个问题。不幸的是,这些司法问题在 2019 年的欧洲竞选活动中几乎没有 *285*
发挥作用。像往常一样,安全问题被降格为警察问题,或者,尤其是在移民危机的背景下,被归结为防务安全问题。在警察的领域,正在推动和讨论将欧盟刑警组织转变为欧盟联邦调查局(FBI)的构想。

人们不由得产生这样的印象,欧盟委员会试图调整财务额度。在 2019 年的年度预算以及 2020 年的预算草案中,对欧盟司法合作组织设定了一种财务投入上的停滞,更确切地说是萎缩。欧盟委员会在 2018 年 5 月提出的未来几年财务预算方案也非常清楚,据此,未来 7 年(2021~2027 年),欧盟司法合作组织的财务预算规划是 2.5 亿欧元。乍一看似乎很多,但是仅比 2014~2020 年的财务预算规划(2.473 亿元)高 1%,这还没有刨除欧元区通胀率的影响。与过去 7 年实际拨付预算总额——即为欧盟司法合作组织运转之必要所提供的财务总额——相比,新的财务预算规划甚至还减少了 9%(见图 13-6)。

如果将欧盟司法合作组织与安全领域的其他欧盟机构作比较,很明显,这些方案背后并不存在一个普遍的削减要求,尤其是英国脱欧之后。欧盟刑警组织的多年财务额度将增加 43%,欧盟执法训练机构(CEPOL)增加 18%,欧洲自由、安全和司法领域大型 IT 系统运营管理机构(EULISA)增加 198%,欧盟庇护支持办公室(EASO)增加 692%,欧盟边境和海岸警卫队

(Frontex)*增加1544%(见表13-1)。

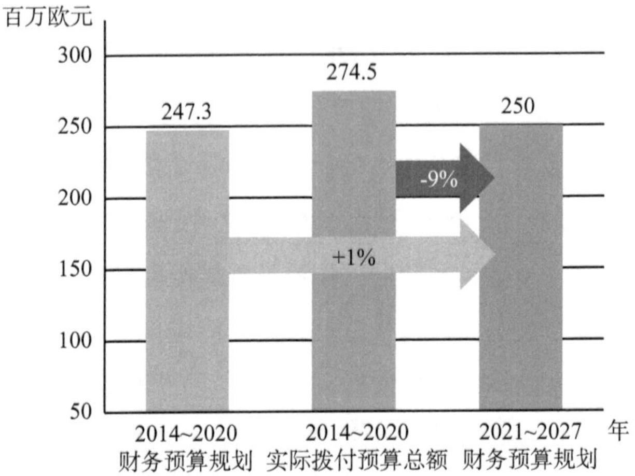

图13-6　欧盟司法合作组织财务额度:当前和今后一段时期

资料来源:Eurojust 2019年年报。

表13-1　各大安全机构的多年财务投入总额(引自欧盟司法合作组织2019)

欧盟安全机构	财务预算规划与拨付	2014~2020年合计/百万欧元	2021~2027年合计/百万欧元	多年度财政框架上限变化的百分比/%	2021~2027年财务预算规划相比2014~2020年实际拨付预算增长率/%
欧盟刑警组织	财务预算规划	656.1	937	43	
	实际拨付预算	813.1			15
	偏差	157			
欧盟执法训练机构	财务预算规划	62.1	73	18	
	实际拨付预算	63.3			15
	偏差	1.2			

* 也有译为欧盟边防局、欧盟边境管理局。——译者注

续表

欧盟安全机构	财务预算规划与拨付	2014~2020 年合计/百万欧元	2021~2027 年合计/百万欧元	多年度财政框架上限变化的百分比/%	2021~2027 年财务预算规划相比 2014~2020 年实际拨付预算增长率/%
欧洲自由、安全和司法领域大型IT 系统运营管理机构	财务预算规划	574.2	1713	198	
	实际拨付预算	1043.5			64
	偏差	469.3			
欧盟庇护支持办公室	财务预算规划	109.2	865	692	
	实际拨付预算	448.7			93
	偏差	339.5			
欧盟边境和海岸警卫队	财务预算规划	626.5	10300	1544	
	实际拨付预算	1668.3			517
	偏差	1041.8			
Eurojust	财务预算规划	247.3	250	1	
	实际拨付预算	274.5			-9
	偏差	27.2			

注:1. 2014~2020 年多年度财政框架的初步数据来自欧盟委员会关于下设机构的通报。不考虑中期审查引起的变化。

2. 与核定预算/EP 相关的数字是年度预算流程(包括预算修订)的实际结果,但 2020 年除外,其中使用了 2019 年的核定预算。

数字会说话,一清二楚。

简而言之:给欧盟司法合作组织的预算更少,欧盟司法合作组织需要干的活更多。如果这项多年财务额度提案被采纳,这可能意味着欧盟司法合作组织将大规模裁员。新的多年财务额度下的第一个年度预算将是 3300 万欧元。而当下预算为 4170 万欧元。2021 年,欧盟司法合作组织自认为需要 4500 万欧元。那么,这两年的预算缺口将在 90 万~1200 万欧元。

对于像欧盟司法合作组织这样的机构，这意味着什么呢？

欧盟司法合作组织的运营预算，也就是说，它的核心运营费，目前为1130万欧元。如果仅在此处采取削减，将涉及77%的运营预算。剩下的余额将不足以支持当前水平的协调会议(这是欧盟司法合作组织的三大核心工作方式之一)，更不用说建立联合侦查团队*(JIT)的资金了。因此，欧盟
286 司法合作组织的整个根基将处于危险之中。可能的选项是，可以/必须取消91个岗位，或者取消整个基础设施预算(不支付租金，不要IT)。当然，这些都不是选项，因为要么你有了一座建筑，但什么都做不了，或者你能做一些事情，但没有场所，也没有可以干活的工作人员。各个具体领域人员肯定会进行联合削减，但如果进行了削减，最终，欧盟司法合作组织显然会走上萎缩的道路。对各国检察院和法院的支持也将减少到(让人产生不了任何兴趣的?)最低程度。或许很快就需要在欧洲层面达成一项关于法治国家的协议，因为各国范围内的情况已经表明，司法领域中长期的"给得少、干得多"是行不通的。然而，无论是在各国层面还是在欧洲层面，司法都不能成为整体安全架构的短板。加强警察机构或边防机构无疑是正确的，但如果他们的侦查结果不能转化为司法程序，则同样没什么用处。通过出台欧盟司法合作组织的新条例，旨在创设新的法律架构，使欧盟司法合作组织更有动
288** 力、更有效率，但同时又剥夺其财务基础，这几乎是无稽之谈。保护欧盟的经济利益是重要且正确的，必须建立新的欧盟检察院，但这并不意味着打击跨国犯罪的很多其他领域就不那么重要了。是否以及何时会进一步移交权力完全值得商榷，而且鉴于设立欧盟检察院的谈判经验，这不会很快，也不会那么容易地启动。为此，我们不能过早地让唯一可以支持各国刑事追诉机关的欧盟司法机构慢慢萎缩。届时，欧洲安全架构仍将不完整，因此也很薄弱。政治决断尚未作出，但火车已经行驶在轨道上，不能停下。当然，预算立法者(欧盟理事会和欧盟议会)有权否决此类先行的规划。只要有两个

---

* Joint investigation teams(JIT)即上述共同侦查团队(GEG)的英文表述。——译者注。

** 边码287为本书表13-1。——译者注

具有不同职责的独立机构,就必须确保为这两个机构提供充足的资金。采取萎缩欧盟司法合作组织的方案,既不合理,客观上也无意义,也没有必要。目前似乎有改换思路的迹象。担任比利时财政部部长 12 年的新任司法专员雷恩代尔对欧盟司法合作组织的财务状况非常理解,并且思想非常开放。德国联邦司法部部长也明确表示有必要保障足够的资金,以及欧盟司法合作组织和欧盟检察院不能相互竞争。欧盟议会也多次明确表示对这种多年预算额度持相当大的保留态度。

当欧盟检察院在 2020 年年底或 2021 年年初开始启动工作后,人们就能开始积累经验,并在中长期观察的基础上,讨论两个机构在管理技术方面的协同效应。

刑事政策的核心问题是,当涉及跨国诉讼时,是否应当通过欧盟层面的刑事侦查集中化替代刑事合作,这是一个高度政治化的方向问题,因此,不能以财务技术问题来应对。欧盟司法合作组织不断攀升的案件数字表明存在刑事法律合作的巨大需求,而欧盟司法合作组织正努力满足这些需求。是否有必要在打击恐怖主义领域或其他犯罪领域,加强侦查的集中化,无论如何不是理所当然的。通过欧盟司法合作组织协调的合作肯定不能克服各个国家系统的缺陷,比如司法系统投入不足;同时也要求各国合作的意愿。 289
是否欧盟层面的集中化仅仅意味着,人们要将单个系统的问题欧洲化处理以及免除相关成员国的责任?然而,出于某种原因,在个别成员国不能有效打击的跨国刑事犯罪也会影响其他成员国。作为一个政治项目,人们能够理解,但是不能把安全问题当作轮盘赌的游戏。因此,欧盟司法合作组织必须继续时刻准备着满足各国检察机关的需求与要求。这不但符合欧洲的利益,也符合各成员国的利益。在我看来,欧洲在全欧洲刑事政策方面大胆地进行更多探索,是正确的,然而要在正确的地方、以正确的力度探索。因为,这个领域不是可以实验的领域。

欧盟逮捕令和服务于刑事追诉与执行的欧洲引渡法

乔治-弗里德里希·格林特格*

291 ## 一、以欧盟逮捕令为基础的引渡法之历史与发展

2001年9月11日纽约"9·11"恐怖袭击事件发生后,服务于欧洲范围内刑事追诉和执行判决的引渡程序经历了根本性的改革。在此之前,引渡基础可追溯到20世纪50年代的《欧洲引渡公约》。根据2002年6月13日关于欧盟逮捕令(Haftbefehl)和欧盟成员国之间移交程序的《理事会框架决议》,确立了另外一个法律基础。该框架决议引入了欧盟逮捕令作为侦缉工具和引渡请求,并极大地简化了引渡程序。对此前有效的引渡法原则作出了限制甚至废除。在引入欧盟逮捕令之前,引渡的必要条件是:犯罪嫌疑人的行为在请求国和被请求国均属于犯罪,应受刑事处罚,该行为还须属于特定类别的犯罪,即在发出逮捕令的国家可能判处至少3年有期徒刑的刑事制
292 裁,但是,在框架决议中,关于某些特定犯罪类别的要求被废除了。不再需要双边独立审查的犯罪类别,诸如故意杀人、严重身体伤害以及网络犯罪、

---

* 乔治-弗里德里希·格林特格任职于德国石勒苏益格总检察院。

贩卖毒品、腐败和诈骗。* 基本上，通过《框架决议》第 2 条第 2 款的规定，一个理性的法律体系所认可的严重和最严重的刑事犯罪，在被请求国不必再进行事后的法律审查。

然而，对刑事可罚性双边审查的相对放弃并不是欧盟逮捕令制度带来的唯一新奇改变。更具革命意义的是其放弃了国际法规定的不将本国国民引渡到其他国家进行刑事追诉的原则。虽然框架决议没有用文字明确，但《框架决议》第 5 条第 2 款规定，只有请求国承诺如有必要可将欧盟逮捕令侦缉的对象送回以执行监禁判决时，才能从其母国引渡，由此间接地表达出这层意思。

在引渡程序发展过程中，理事会关于欧盟逮捕令的框架决议带来了改进。《框架决议》第 9 条第 1 款规定，如果被侦缉的人的下落已经被知悉，签发逮捕令的司法机关可以直接转交给执行的司法机关。框架决议也有关于期限的严格规定。根据第 17 条第 1 款，欧盟逮捕令应视为紧急事项来处理，但该表述非常之空洞，通过第 17 条第 2 款和第 3 款明确具体期限填补了相关内容。在简化的引渡中，即被侦缉的人表示同意的引渡中，框架决议规定了要在 10 天内采取请求国要求意义上的行动。未予同意的，被侦缉的人被逮捕之日起 60 日内，要就逮捕令的执行作出决定。

即使所谓的期限使用的是“应当……期限”这样的表述，充其量也只是一个时间上的注意性规定，在剥夺人身自由的情形，还要符合必要的程序提速要求。

---

* 根据《理事会框架决议》第 2 条第 2 款，对于下列犯罪行为，如果在签发欧盟逮捕令的成员国中，按其本国法可判处至少为 3 年的徒刑或保安处分，按照框架决议基于欧盟逮捕令进行移交，则无须审查是否存在双边可罚性：参与犯罪团体、恐怖主义、贩卖人口、性剥削儿童以及儿童色情、非法交易毒品和精神药品、非法贩卖武器、弹药和爆炸物、腐败、诈骗（包括损害欧洲共同体经济利益的诈骗）、洗钱（洗白犯罪所得）、伪造货币（包括伪造欧元）、网络犯罪、环境犯罪（包括非法贩卖濒危动植物及树种）、帮助非法入境或滞留、种族主义和憎恨排外、非法贩卖文物（包括古董和艺术品）、诈骗勒索和勒索保护费、仿制和盗版、伪造和贩卖公文、伪造支付工具、非法贩卖荷尔蒙和生长激素、非法贩卖核材料和放射性物质、贩运被盗机动车、强奸、纵火、国际刑事法院管辖的犯罪、劫持飞机和船只、破坏活动。——译者注

关于欧盟逮捕令的框架决议,在《关于欧盟逮捕令的法案》(IRG)第78条及以下各条中得到了落实。在初始的困难之后——联邦宪法法院认为并确认了法案在保护本国公民免遭引渡方面存在缺陷(BVerfGE 113,273),据此,法案的第一版表述必须被修正——欧盟逮捕令的制度被证明是一个成
293 功的模式。根据欧盟委员会的通报,2016年签发了16,636份逮捕令,执行了5812份(https://e-justice.europa.eu)。2005年,签发的逮捕令仅为6894张,其中被执行的只有836份。

二、检察机关及欧洲法院[*](EuGH)2019年5月27日的判决

迄今为止,欧盟逮捕令在德国一直处于检察机关的工作领域。直到2019年,设于地方法院的检察机关都是负责签发逮捕令的司法机关。尽管执行欧盟逮捕令通常意味着最终可能剥夺被追究之人的自由,但欧盟逮捕令与其名字相反,不是一种“真正的逮捕令”,而是侦缉手段和引渡申请的结合。仅仅欧盟逮捕令本身还不足以使被侦缉的人受到逮捕(Inhaftierung)。为了能够剥夺其人身自由,还需要一个请求国本国的、使剥夺自由正当化的司法决定。就德国刑法的效力范围来说,该要求意味着欧盟逮捕令必须附有德国法院作出的本国逮捕令,由此才能满足《基本法》第104条的宪法性要求,即任何剥夺自由必须经由法官批准。欧盟逮捕令制度,绝对称得上是一个成功的模式,就德国方面签发的逮捕令来说,主角一直是检察机关,现在由于欧洲法院大审判庭作出的判决,这种做法几乎一夜之间就失去了根基。2019年5月27日,欧洲法院裁定,德国检察机关不是有权签发欧盟逮捕令的司法机关,其缺乏为此所必需的独立性。他们缺乏为此所需的自主权,即独立性(-C-508/18 u. a. -,ECJ NJW 2019,2145)。欧洲法院对爱尔

* 根据欧盟法律,位于卢森堡的欧洲法院为欧洲联盟的最高法院,掌理一般案件的法律审(针对普通法院 Tribunal général、General Court 审理的案件)上诉,以及特殊案件的初审;负有解释欧盟法律和确保其在各欧盟成员国间能被平等适用的任务。其与普通法院共同组成欧盟法院法系。——译者注

兰最高法院移送的案件作出裁决,爱尔兰最高法院质疑德国检察官签发欧盟逮捕令的权力。欧洲法院在与总检察长*(Generalanwalt)赞同的情况下表达了此类疑虑。有权签发欧盟逮捕令的,只有对于其活动享有绝对独立性的司法机关(Justizbehörde)。欧盟逮捕令作为侦缉申请和引渡申请,对被 294
追究人的基本权利予以重大干预。只有当能够确保除了法律考量之外,没有任何东西可以影响作出追诉该人的决定时,这样的干预才能正当化。对于像德国检察机关这样理论上受命于司法部部长的指令权的司法机关来说,就达不到这样的保障要求。就此而言,德国在诉讼中提出的反对意见就站不住脚(反驳无效),该反对意见指出,《法院组织法》第 146 条、第 147 条所谓的外部指令权(检察机关受命于司法部部长的指令)只是纸面上存在,并非现实司法实践。

欧洲法院作出裁决以后,各成员国对于哪些司法机关可被视为欧洲法院裁判意义上独立的司法机关作出声明,从而确保在欧盟内部基于欧盟逮捕令的引渡交涉不至陷于停滞。有意思的是,5 月 27 日的这个判决没有对德国司法机关推进引渡程序产生特别的困难。通过援引《刑事诉讼法》第 131 条**,德国相对快地找到了摆脱困境的出路。

该规定除了允许检察机关,还允许法院在有逮捕令(羁押令)或安置令的情况下通缉某人。因此,检察机关(刑事追诉机关)就可以向有关司法机关提出签发欧盟逮捕令的要求。只有在个别情况下,这样的要求才没有成

---

* 欧洲法院原设有 9 名总检察长,至 2015 年 10 月根据《里斯本条约》增加为 11 人。其任务是,在法庭辩论(口头审理)结束后,就欧洲法院规约要求他参与的范围内,公开、公正和独立地以论证充分的总结报告(Schlussantraegen)的形式对判决提出意见。因此,他的任务无法与检察官(Staatsanwalt)相提并论。相反,总检察长的功能更多在于替代在某些类型的诉讼中缺乏的审级。他的总结报告可以与假定的一审判决相比较,该一审的判决按理说应立即提交给假想的下一审级,在此则指欧洲法院的审判庭。为此,总检察长总结了欧洲法院以往在类似案件中的判例,并以此论证他对本案评议的看法。所以,总检察长不是任何一方的代表,但应独立和中立地提出他的意见。欧洲法院不受这些意见的约束,但实际上它在大约 3/4 的案件中遵从了总检察长的意见。对于 Generalanwalt,也有人译为总律师。——译者注

** 德国《刑事诉讼法》第 131 条为"为逮捕而通缉",指法官和检察机关都可以根据羁押令或安置令为逮捕(Festnahme)而发布通缉令。——译者注

功。大多数情况下,法院不拒绝检察机关提出的签发已准备好的欧盟逮捕令的要求。当然,也有法院认为,《刑事诉讼法》第 131 条不能视为签发欧盟逮捕令的充分授权依据。从论证理由上,这些法院指出,欧盟逮捕令不同于单纯的侦缉手段。即它不是为了侦缉和逮捕(羁押)的工具,而是对《基本法》第 2 条第 2 款第 2 句人身自由基本权重大干预的引渡申请。鉴于此,考虑到与基本权的关联,还需要另外的特别授权。

检察机关和侦查法官以及执行法院之间这个法律争议问题通过抗告请求法律救济提交到了地方高等法院,有趣的是,这种论证方式在地方高等法院那儿没有受到支持。截至目前,就《刑事诉讼法》第 131 条是否包含签发欧盟逮捕令授权基础的争议问题,所有受理案件的地方高等法院均持肯定
295 态度,并认为这么做的理由在于德国司法机关有义务以对欧洲法友好的方式解释现行诉讼法(如汉堡地方高等法院的判决 Beschluss vom 1. August 2019-2 Ws 96/19-,以及茨韦布吕肯地方高等法院的判决 Beschluss vom 11. Juli 2019-1 Ws 203/19-)。在有德国司法机关参与的欧洲引渡实践中,只有这么做才能避免引渡实践的崩溃。

就目前来看,检察机关申请签发的欧盟逮捕令转化为法院的逮捕令并没有造成任何值得一提的难题。人们倾向于说,欧洲法院裁决的后果,最初被担心是一个“超级核爆”,结果却是一个“茶杯里的风暴”。当然,在这件事上还不能说已经盖棺定论。与此相关,有一个方面还没有被阐明。受理检察院抗告[*]的法律救济法院(上诉审法院)也没有提出来:即法院根据《刑事诉讼法》第 131 条拒绝发出通缉令,检察机关是否可以通过抗告的方式对其声明不服。

无论如何,从该规定当中并不能当然地得出提请法律救济的权利,因为《刑事诉讼法》第 131 条赋予了相关机关(Straffungsbehörde)自己签发通缉令的权力。自己享有权力的人不需要就他人拒绝行使同样的权力再提出法

---

* 抗告(Beschwerde)只能针对法官的裁定和处分提出,抗告人除了检察院和被告,还包括每个所涉及的人,抗告对被异议人裁定予以事实和法律的双重审查。——译者注

律救济。至于欧盟逮捕令不仅是一种侦缉工具,同时也是一个引渡申请(对于该引渡申请,《刑事诉讼法》第131条并没有提供授权)的论证,也不是完全没有争议(在这个意义上,参见Trüg und Ulrich 2019,2811,2812)。无论如何,立法者被建议在《关于欧盟逮捕令的法案》或者《刑事诉讼法》中创设一个特定法的授权,以对欧洲法院的判决作出反应,从而明确将签发欧盟逮捕令的权力授予法院,以消除签发合法性上的所有疑虑。

然而,欧洲法院的裁判不仅带来了引渡法领域的直接变化,间接地,它也重新引发了一场讨论,并使其进入了公众的认知之中。近来该讨论某种程度已经隐于幕后。这里指的是关于司法行政机关针对德国检察机关的外部指令权的争议,这种权力规定于《法院组织法》之中。与此相关的立场众所周知,追随者也明确表示支持。司法领域的职业协会(如法官协会)主张废除指令权,而政治与行政部门则支持保留,两方面都言之凿凿。德国的律 296
师协会也赞成继续保留外部指令权,并认为这是一个本国的"成功模式",议会的立法者可以以此间接地经由司法部对检察机关的履行职责实施监督(http://anwaltverein.de)。

围绕外部指令权的争议激烈但无成效。两个立场都能找到很好的论证理由。支持指令权的人引述的理由是,检察机关不同于法院,是一个以行动为特征的司法机关(Justizakteure),因其侦查对基本权形成了重大干预,因此绝对有必要通过外部的矫正予以控制。反对指令权的一个论据是,欧洲法院2019年5月27日的裁判表明,关于依附性的司法机关的看法,在欧洲层面上并不一致。

当然,不能期待关于外部指令权的讨论再次成为热点。地方高等法院通过其对抗告的裁判明确,通过援引在欧洲法意义上解释的《刑事诉讼法》第131条,保障了在本国法律领域不必抛弃欧盟逮捕令这个手段,因为对于维持有效的刑事追诉来说,现在它是不可或缺的。

三、引渡和人权标准

然而,给德国司法(特别是检察机关)提出难题的不仅仅是欧洲法院 2019 年 5 月 27 日的裁判,同样重大的难题是,对于引渡的司法程序而言,在成功引渡后,提出申请的外国能否维护人权可能存疑。大多数涉及的是执行羁押是否尊重人权问题。《欧洲人权公约》第 3 条规定,任何人不得遭受刑讯,以及非人道的、有辱人格的刑罚和待遇。《欧盟人权宪章》第 4 条也采取了同样的表述。《欧洲人权宪章》的解释性说明仅指出,“第 4 条规定的权利与《欧洲人权公约》第 3 条所保障的权利相对应”。然而,如果《欧洲人权宪章》第 4 条与《欧洲人权公约》第 3 条相对应,其中规范的保障内容和范围
297 则由欧洲人权法院的判例决定。欧洲人权法院特别确定了“合乎公约”的羁押活动空间,如果被羁押人支配的个人活动空间低于 3 平方米,则构成对《欧洲人权公约》第 3 条的违反。

欧洲法院在 2016 年 4 月 5 日的一个判决中,援引了欧洲人权法院就《欧洲人权公约》第 3 条的判例(NJW 2016,1709),并考虑了《欧洲人权宪章》第 4 条作出判决:为了保护人权,被申请引渡的国家有义务与请求国联系要求提供保护被追诉人法律地位的信息,在获得该信息之前可以中止引渡的决定。

上述规定乍看之下较为明确,但在实践中却给负责执行外国签发的欧盟逮捕令的总检察院带来很大的问题,因为获取相关信息的义务经常引发连锁性问题,即内国司法机关将无法独立作出决定(因干预他国司法)。再如,被羁押人晚上可供个人支配的羁押空间不足 3 平方米,是否可以通过其他因素,比如白天在执行场所内自由活动来补偿?人们倾向于同意这种补偿的可能性,但是这既没有在欧盟法中提到,迄今为止也没有成为欧洲法院裁判的对象。无论如何,德国宪法法院已经提示汉堡的汉萨地方高等法院(HansOLG Hamburg,Beschluss v. 3. Januar 2017-Ausl 81/16-,juris)注意到,

地方高等法院认可以其他执行因素来补偿低于最低标准的羁押空间的裁判，违反了诉愿人所拥有的源自《基本法》第 101 条第 1 款第 2 句的法定法官之保障的权利，该权利相当于一项基本权利。宪法法院的法官认为，地方高等法院应当通过初步裁定程序（Vorabentscheidungsverfahren）将法律问题提交欧洲法院，但它却没有这么做（BVerfGE 147，364）。

根据这个判决，马上就会得到下面的结论。如果任何关于事实的理解变更（Sachverhaltsmodifikation）都必须获得欧洲法院（身在卢森堡的法官）的同意，那么，欧盟成员国之间的引渡申请将变得困难——即使不全面停止。因此，当务之急是，要给成员国的司法机关在解释欧洲法要求方面给予更大的自由空间。否则，通过共同的法律基础为欧盟这个领域提供法律空间的 *298*
项目就濒临失败。欧盟逮捕令的初衷是简化欧盟成员国之间引渡交涉。它绝不能成为在细节问题上迷失自我的法律程序的刹车片。

四、悬而未决的问题

这些等待欧洲法院澄清的问题还有另外的重要意义。其中一个问题是由引渡程序涉及的前加泰罗尼亚大区主席卡莱斯·普伊格德蒙特提出来的，但是可惜的是，最后欧洲法院并没有作出裁决。

众所周知，西班牙相关机关要求德国方面引渡被追诉人，理由之一是他以正犯的方式实施了（所谓的）西班牙法律规定的叛国罪。被追诉人被指控推动将加泰罗尼亚地区从西班牙暴力分裂出去。

就内容而言，西班牙刑法的构成要件类似于德国刑法。因此，被追诉人的引渡至少从依法引渡针对犯罪行为的双边可罚性的要求来看，似乎没有什么法律障碍。因为叛国罪不属于《框架决议》第 2 条的罪名目录，所以，必须审查双边的可罚性。然而，恰恰就是这个方面，即双边可罚性问题，成了石勒苏益格-荷尔斯泰因州地方高等法院和石勒苏益格-荷尔斯泰因州总检察院之间法律争议的对象。

在检察机关看来，西班牙相关机关提交的关于叛国的事实实际上不容置疑（石勒苏益格—荷尔斯泰因州总检察院 2018 年 6 月 1 日的新闻发布，www. schleswig-holstein. de/DE/Landesregierung/STA/Pressemitteilungen）。对于总检察院来说，这源自欧盟成员国之间的相互信任及相互承认的欧洲法原则。与之相反，地方高等法院认为自己有资格对事件作出自己的评
299 价——尤其是根据关于加泰罗尼亚地区发生的暴乱的媒体图片文档。最后，审判庭作出结论，骚乱没有达到可能造成加泰罗尼亚地区与西班牙其他地区分离的危险（OLG Schleswig NJW 2019，93）。

根据总检察院的观点，被请求国在多大程度上有权审查欧盟逮捕令依据的案件事实，是一个地方高等法院无权作出决定的问题。诚然可以找到这样的论据：遇到请求国的说明存疑的情形，如果被请求国有可能对引渡相关的事实进行实质审查，比如借助媒体报道，也可以进行这样的审查。但是，在回答此类法律问题方面，成员国的法院没有这样的权力。

此外，与双边可罚性的引渡法要求相关，在针对前加泰罗尼亚大区主席启动的诉讼中，还有另外一个问题。就总检察院来说，支持引渡的理由（被追诉人的可罚性）除了叛国罪之外，至少还可以考虑（严重的）破坏国家安宁罪（通过不作为）[*]。所以，一切都归结为这样一个问题，在严重程度上低于叛国罪的犯罪，是否能够支撑对被追诉人的引渡？地方高等法院原则上持肯定态度（OLG Stuttgart GA 1966，188；亦参见 Lagodny in Schomburg et al. 2012，§ 3 IRG Rdn 13）。但在文献中，这种观点遇到了反对（Kubiciel in Ambos et al. 2015，§ 3 IRG Rdn 26）。本文认为，作为引渡的部分条件，引渡依托的犯罪行为应当在被请求国具有与在请求国法律秩序中类似的重要性。

根据《关于欧盟逮捕令的法案》第 42 条，这个法律问题能够通过提交给联邦普通法院根据《欧盟运行条约》（AEUV）第 267 条以初步裁定程序来解

* 如德国《刑法》第 125 条及以下。——译者注

决，然而，地方高等法院却最终没这么做，原因是其认为没有满足破坏国家安宁罪的构成要件。

五、结论

最后，作为结论，可以说，以欧盟逮捕令为基础的引渡法已经成为检察机关打击犯罪领域不可或缺的组成部分。国家和国际层面上的法律发 300
展——由法院判决所引发——揭示了很多迫切需要解决的法律问题。如果找不到解决方案，那么，作为迄今为止在国际分工基础上打击犯罪的有效工具的欧盟逮捕令，将面临失去实质效能的危险，此情形下受到影响的，首当其冲的就是检察机关。

参考文献：

Ambos, K. , König, S. und P. Rackow, Hrsg. 2015. Rechtshilferecht in Strafsachen. Baden-Baden：Nomos.

Schomburg, W. , Lagodny, O. , Gleß, S. und Th. Hackner, Hrsg. 2012. Internationale Rechtshilfe in Strafsachen. München：C. H. Beck.

Trüg, G. und A. Ulrich. 2019. Auf der Suche nach der verlorenen Kompetenz – Der Erlass Europäischer Haftbefehle. Neue Juristische Wochenschrift 2019：2811–2815.

欧盟检察院*

拉尔夫·里格尔**

301 议题(Thesen)

议题1:“审判持续了两年零六个月,有77个审判日,询问了50名证人。主审法官说,由于该案的国际关联性,有必要配备15名译员翻译为10种欧洲语言。德国和意大利的侦查人员组成了一个联合侦查组……”虽然侦缉人员赞扬了与意大利人的合作,但这个案件暴露了当局在面对国际犯罪集团时的弱点。“我们需要一个在所有国家都有权采取侦查措施的欧盟检察官”,一位侦缉人员说,“司法协助的请求有时会被完全忽视”(Märkische Allgemeine online,2019年1月14日)。

议题2:在2014年一次关于设立欧盟检察院可能性的谈话中,一位负责
302 检察院人力资源配备的人强调,欢迎设立欧盟检察院,因为它将接管许多案件,德国的检察官将有更多的时间来处理自己的案件。

议题3:在欧盟的谈判中,人们强调欧盟检察院将使用现代工作技术,并发挥榜样作用。这些都是对卢森堡新机构的巨大期望。为了审查它是否能满足这些期望,应当进一步研究其发展、构造和工作方式。

---

* “Der EuroPäische Staatsanwalt”直译为欧盟检察官,为便于理解译为欧盟检察院。——译者注

** 拉尔夫·里格尔任职于德国联邦司法与消费者保护部。

一、通向欧盟检察院之路

2017 年 7 月 8 日，欧盟 20 个成员国就设立欧盟检察院（以下简称 EuStA）达成政治协议。2017 年 10 月 12 日，欧盟理事会通过了《关于建立欧盟检察院强化合作实施的 2017/1939 号欧盟条例》（以下简称《欧盟检察院条例》），并于 2017 年 11 月 31 日发表在官方公报上。该条例于 2017 年 11 月 20 日生效。欧盟检察院将于欧盟委员会确定的日期开始工作，该日期不早于 2020 年 11 月 20 日（《欧盟检察院条例》第 120 条第 2 款）。

（一）欧盟委员会动议缘由

一个正常运作的欧盟的前提是，它有足够的资金，并以有针对性和合法的方式使用其掌握的手段。但人们抱怨，欧盟在收入和支出方面都有不足之处。根据委员会的说法，2015 年欧盟所受年度损害约为 5 亿欧元（参见 Esser StV 2014，494，494；Schramm JZ 2014，749，749；Zeder StraFo 2014，239）。欧盟反欺诈局（OLAF）在 2013 年通报说，在大量的案件中，能够确认实施了损害欧盟的犯罪行为，各国刑事追诉机构也对此知悉，但是，只有很少一部分提起了公诉或采取了相当的措施（例如，西班牙 39 %，荷兰 46 %，罗马尼亚 46 %，比利时 48 %，欧盟反欺诈局 2013 年报告，第 23 页）。一个没有自己的起诉权限的追诉诈骗的机构，就是一只没有牙齿的老虎。因此， 303
2013 年，欧盟委员会根据《欧盟运行条约》（AEUV）第 86 条，提议设立一个欧盟检察院，专门追诉损害欧盟财政利益的刑事犯罪。其目的是对冲（Gegengewicht）缺乏起诉意愿、缺乏人力资源和耗时费力的跨境侦查。

有人提出批评，认为委员会这么做所依据的数据基础几乎没有经验证据（Brodowski StV 2017，684，694；Esser StV 2014，494）。也有人质疑其是否遵守了《欧盟运行条约》第 5 条第 3 款规定的辅助性原则，因为各成员国可以自己承担刑事追诉之责。然而，必须要反驳的是，欧盟反欺诈局所发现的犯罪行为与成功起诉的犯罪行为之间的差距如此之大，以至于纯粹依靠各成员国采取行动是不够的。

(二)《欧盟检察院条例》的谈判过程和补充性的各国立法

在理事会关于委员会提案的谈判过程中,未能达成一致意见。《欧盟运行条约》第 86 条第 1 款第 2 句规定,对于这种情形,可以强化合作。因此,谈判又重新启动,并由理事会的 20 个国家最终通过。马耳他和荷兰后来也通过了。只有丹麦、英国、爱尔兰、波兰、瑞典和匈牙利决定暂时不引入欧盟检察院。

根据《欧盟运行条约》第 288 条第 1 款,欧盟检察院条例包含了直接适用的法律,不需要各国再转化落实。然而,该条例需要各成员国补充立法,因为欧盟检察院不是自我生成即可运转、仅仅基于自己的法律基础就可运行的机制。各参与国当下正在准备本国的立法(德国的相关考虑,参见 Herrnfeld eucrim 2018,117 ff;关于法国的参见 Dubarry 和 Wachenheim eucrim 2018,121,关于西班牙的参见 Alvarez eucrim 2018,124)。

2019 年 10 月 7 日,德国联邦司法和消费者保护部提交了关于实施欧盟检察院条例和修订其他规定的法律草案。该法案的核心内容是关于《法院
304 组织法》(GVG)第 142b 条[*]的修改建议,拟规定在某些情况下,检察官的职权将同时由德国委派的欧盟检察官来行使。

(三)一个统一的诉讼法?

跨境采取侦查措施通常要根据执行措施的所在国家的法律。这意味着在一个案件中可能适用多个诉讼法,在某些地方允许采取某些措施,但在其他地方则不允许,而且在评价证据时必须适用不同的标准。这恰恰会对欧盟检察院的国际工作产生负面影响。此外,它使辩护更加困难,因为被告必须始终适应新的法律依据(联邦律师公会第 13/2015 号和德国律师协会第 19/2015 号的联合声明)。在考虑设立欧盟检察院时,就曾提出了一个统一

[*] 已经转化为现行德国《法院组织法》第 142b 条,对于相关检察院和欧盟检察院依据《欧盟检察院条例》第 25 条第 6 款提出确定管辖权申请,由联邦总检察院决定。——译者注

的刑事诉讼法模式，该模式应适用于欧盟检察院所有可采用的措施［参见 Ligeti/Simonato NJECL 4(2013)18 ff.］。

《欧盟运行条约》第 86 条只为欧盟检察院的侦查程序提供了建立新程序法的法律基础，而没有涉及随后的法院程序(Magnus HRRS 2018，143，153)。因此，统一诉讼法的优势将被其规则与起诉后的规则不一定兼容的劣势所抵消。此外，相关讨论表明，各国刑事诉讼法是审慎权衡保护利益与刑事追诉利益的结果，但这在所有成员国中并不一致。一个快速发展的拼凑系统不能弥补这一点(Satzger § 10 Rn. 23)。采取逐步推进的策略，使融贯的国家法律体系更加紧密地联系在一起，似乎更有意义。这包括 2009 年 10 月 16 日《斯德哥尔摩方案》为刑事诉讼法设计的一个路线图中规定的措施(Ratsdokument 17024/09；另参见《欧盟检察院条例》第 85 条中的考量理由)，这些措施将转化在各成员国的法律体系当中，并使该路线图更为完善(例如参见欧洲刑事律师协会的建议，《2020 议程：关于某些诉讼权利最低标准的新路线图》，NJECL 2018，184ff.)。

二、组织 305

根据《欧盟运行条约》第 3 条第 1 款和第 2 款、第 8 条第 1 款，欧盟检察院是欧盟的独立机构，具有自己的法人资格。它由设在卢森堡的核心层和各成员国的分散层*组成。核心层承担组织责任，对侦查行使监督之责，并在个别案件中作出重要决定。实际调查的主要工作量在分散的层面；仅在特殊情况下，才能将之转移到核心层面(《欧盟检察院条例》第 28 条第 4 款)。

(一)在布鲁塞尔的核心层

在核心层面，该机构由欧盟总检察长领导(《欧盟检察院条例》第 11 条、第 14 条)。总检察长由罗马尼亚人劳拉·科维希担任，人选由欧盟理事会

* 亦有译为中央机构和外派机构。——译者注

和欧盟议会达成一致意见后确定。如果理事会与议会对人选不能达成一致时,《欧盟检察院条例》没有规定冲突解决机制。

每一个成员国要派出一名欧盟检察官(《欧盟检察院条例》第 12 条、第 16 条)。他们充当核心与分散层级的纽带。他们定期监督检查其母国的欧盟检察官代表(Delegierten Europäischen Staatsanwälte)[*]的工作。

由总检察长和欧盟检察官组成的委员会(Kollegium)负责确定战略方针和欧盟检察院工作中的一般问题(《欧盟检察院条例》第 9 条)。常设业务厅(der Ständigen Kammern)负责对个别侦查活动的监督与协调,常设业务厅由三个欧盟检察官组成,其中通常有总检察长或其副职(《欧盟检察院条例》第 10 条)。此外,在分散的层面上,也有一个行政主管,负责行政管理工作(《欧盟检察院条例》第 18~20 条)。

就一般任务和组织责任方面,欧盟检察院的核心层结构类似于欧盟司法合作组织(Eurojust)。总检察长、委员会、每个成员国各一个欧盟检察官以及行政部门就构成了基本要素。很明显,这是一个由各成员国支持的组织,各国的刑事追诉权移交给它行使。

就刑事追诉而言,欧盟检察院接近于《法院组织法》第 145 条中众所周
306 知的监督模式,即行使移转与暂停的可能性。[**] 欧盟检察官对各成员国分散的以欧盟检察官之名义(欧盟检察官代表)的履职行使监督权。常设厅[***](Die Ständige Kammer)监督和指导欧盟检察官的工作。如果欧盟检察官了解在各国层面上适用的法律以及实际可用的侦查手段,然而他并不属于常设厅的成员,而只参加常设厅的会议、提出建议并行使有限的表决权(《欧盟检察院条例》第 10 条第 9 款),这一举措是否在实践中行得通,还有待商榷。

---

[*] 另有译为"欧洲检察官代表",以区别于欧盟检察官。欧盟检察官与成员国委派的欧盟检察官(欧盟检察官代表)不是一个概念,前者与欧洲总检察长共同组成欧盟检察院委员会,隶属于核心层,欧盟检察官代表则在各成员国以欧盟检察官的名义开展工作。——译者注

[**] 即通常所说的移转权与介入权。——译者注

[***] 根据《欧盟检察院条例》第 10 条第 1 款,欧盟检察院设数个常设厅,或由欧洲总检察长领导或其副职领导,也可以是某个被任命为厅长的欧盟检察官领导。除了厅长,常设厅还有两个成员。常设厅的数量及其组成、责任分配,按照欧盟检察院的功能需求和业务条例确定。——译者注

此外,也正是通过这种方式来消除不信任,不信任建立在此前各国追诉率不充分的基础之上,由此产生了设立欧盟检察院的动议。

从德国的视角来看,虽然欧盟检察院就其一般活动向欧洲议会、欧洲理事会和欧盟委员会负责(《欧盟检察院条例》第 6 条第 2 款),但这些机构对其没有指令权,这是非同寻常的。德国《法院组织法》第 147 条规定了这种从政治层面发出指令的权力,并得到了“联邦政府和州政府就检察机关的追诉活动向议会负责,因此必须享有个案的指令权”的论点的支持(参见 Martens DRiZ 2014,48 f.)。在 2019 年 5 月 27 日的判决中(C-508/18、C-509/18 und C-82/19 PPU),欧洲法院认为,德国检察院因为受指令拘束,所以不得签发欧盟逮捕令。“在相互承认的基础上进行合作”正是基于这样一个事实,即只有司法机关才能决定,而不是像传统刑事司法协助当中部长们也有决定的权力。欧盟检察院有可能成为德国法发展的一个模板。

(二)成员国中的分散结构

在分散的层面上,欧盟检察官代表(《欧盟检察院条例》第 13 条、第 17 条)被部署在各个成员国。他们其实是各国的检察官,其部分工作是为欧盟检察院而工作,就此而言,要执行《欧盟检察院条例》,并接受欧盟检察院的专业监督。似乎他们戴了两顶帽子(双帽模式)。在德国,11 名分散的欧盟检察官代表分布在州总检察院层面所设的 5 个中心。

划分分散的欧盟检察官代表的工作范围,在理论上是可能的,但在实践中却总是被规避。如果在内国负责监督的州总检察长设定了优先于欧盟检察官的事项,则个人的人力付出不能翻倍(分身乏术)。并且,如果欧盟检察官代表从书记处(《欧盟检察院条例》考量理由第 113 项),以及从已经不堪重负的警察那儿得不到所需的人力资源支持,那么侦查就无法推进(Magnus HRRS2018,143,144)。欧盟检察院的混合结构主要依赖于内国相关机构的刑事追诉,这种结构是否能达成目的,在实践中还有待观察(持批评态度的,Gleß/Wahl in Schomburg/Lagodny,Einführung zur EuStA Rdnr. 46)。 307

议题2中表达了希望额外增加人力资源的愿望,然而却没有什么说服力。在核心层面上,主要履行组织性的和一般性的职责,这些任务是在设立欧盟检察院之后才产生的。半数的欧盟检察官代表的职位将补充到位,但是,书记处和警察却无法增加。

三、管辖

欧盟检察院的事务管辖、时间效力、属地管辖及属人管辖规定在《欧盟检察院条例》之中。其中不涉及专属管辖(考量理由第13项)。在特定案件中,欧盟检察院可以将刑事追诉移交给内国有关机关,这些机关必须在法定性原则之下接手刑事追诉。欧盟检察院的侦查优先于内国有关机关(《欧盟检察院条例》第25条第1款第2句)。在地域管辖上,要区分两个问题:一方面是欧盟检察院的管辖必须满足什么地域条件;另一方面,要在哪一个成员国进行侦查。

(一)损害欧盟的犯罪行为

欧洲议会和欧洲理事会2017年7月5号作出的关于打击损害欧盟财
308 政利益的诈骗行为的2017/1371号指令,规定了打击诈骗和其他损害欧盟财政利益违法行为的犯罪构成要件的定义和相关刑罚。为了转化欧盟指令,德国提出了加强保护欧盟财政利益的法律草案(BT-Drs. 19/7886)。欧盟检察院的事务管辖,根据《欧盟检察院条例》第22条第1款,首先包括追诉这一类犯罪。

此外,还有与此类犯罪不可分离的那些犯罪行为(《欧盟检察院条例》第3条,考量理由第54项)。不可分离的标准应采取自主的解释,以《申根施行条约》第54条和《欧盟基本权利宪章》第50条的判例为指南(Brodowski StV 2017,684,687;Gleß/Wahl in Schomburg/Lagodny,Einführung zur EuStA Rdnr. 6)。另外,如果犯罪团伙的目的是实施此类犯罪行为,那么,参与犯罪团伙也在其管辖范围之内(Art. 22 Abs. 2 EuStA-VO)。

是否引述打击损害欧盟财政利益诈骗犯罪的指令,就算充分阐明了事务管辖的权限,还存在疑问。因为该指令并没有规定刑事规范,而是责成成员国制定统一的刑事规范。在实践中,这可能导致不同的内国实体刑法,从而导致《欧盟检察院条例》的适用范围不明确(Schramm JZ 2014,749,753)。人们还可以质疑如此广泛的管辖权是否符合欧盟行动的辅助性要求(Ambos § 13,Rdnr. 26)。在实践中,欧盟检察院必须注意制定清晰的规则,由此可以预见到谁将启动侦查程序。

地域管辖与位于某个成员国的犯罪行为地相联结(《欧盟检察院条例》第 23 条)。行为实施地或结果发生地,均属于行为地(Brodowski StV 2017,684,686)。在另外的地点实施了犯罪行为,如果该人是某成员国的公民或者欧盟的公务员,可能从属人的角度被追诉。行为人包括自然人和法人。时间上的限制是,犯罪行为必须发生于 2017 年 12 月 20 日《欧盟检察院条例》生效之后(《欧盟检察院条例》第 120 条第 2 款)。

《欧盟检察院条例》第 24 条第 1 款至第 5 款包含了通报、登记、核查的义务,以此确保欧盟检察院能够了解所有可能由其管辖的案件。欧盟检察院如果获知了某个犯罪行为,他要审查是否由其管辖并履行管辖之责。但是对少数严重犯罪,欧盟检察院无权管辖:损害低于 10 万欧元的增值税诈骗案件,因其重心在各国范围之内,所以由各国的刑事追诉机关自行管辖(《欧盟检察院条例》第 22 条第 1 款,第 25 条第 2 款、第 3 款)。是否存在这样的 309
例外情形,由各国当局最后决定,他们在成员国检察机关存在管辖权争议时,也负责作出决定(《欧盟检察院条例》第 25 条第 6 款)。在德国,通常由联邦总检察院(《法院组织法》第 143 条第 3 款)或者联邦普通法院(BGH,《刑事诉讼法》第 13a 条、第 14 条)作出决定。即使没有排除管辖的事由,对于低于 10 万欧元的损害,欧盟检察院也有权裁量是否由自己来侦查(《欧盟检察院条例》第 27 条第 8 款)。

欧盟检察院可以自己启动侦查程序(《欧盟检察院条例》第 26 条),也可以将内国启动的侦查收归自己侦查(《欧盟检察院条例》第 25 条)。

(二)扩大到恐怖主义?

2018年9月,欧盟委员会在给欧洲议会、欧洲理事会的一份通报中提议,将欧盟检察院的管辖权限扩大到跨境恐怖主义的犯罪活动[COM(2018) 641 final]。它论证了恐怖主义犯罪对公共安全的特殊威胁,指出了追诉跨境犯罪存在的漏洞:不同国家的平行侦查没有得到充分的协调,信息交换也不全面。各国的检察机关有时只限于追诉那些行为地在自己管辖范围内的犯罪行为。证据移交也不彻底,原因是,交出去以后担心不能够充分保护信息源。大多数成员国并不支持这一推进倡议(参见在 BR-Drs. 444/18 中联邦参议院的声明)。法国参议院也对将欧盟检察院的管辖权限扩大到恐怖主义犯罪持保留意见,但呼吁将网络犯罪纳入欧盟检察院的任务目录。(Entschließung vom 21. Juni 2019, www. senat. fr/leg/tas18-117. pdf)

反对扩大管辖权限的第一个理由是,欧盟检察院的工作还没什么经验。在如此敏感的领域,当前移送此类管辖职责存在风险。追诉恐怖主义犯罪行为是一个特殊问题,在各成员国通常由特别有经验、训练有素的检察机关来处理。因此,将该任务与完全不同的侦查损害欧盟财政利益的犯罪挂起
310 钩来,完全没有说服力。德国对此有很好的经验,将大部分追诉恐怖主义犯罪活动的任务交由联邦总检察院来行使,并为创设多个打击经济犯罪的中心机构提供了可能。

欧盟委员会的提议否定了近年来跨境刑事司法合作取得的进展。借由成立并强化欧洲刑警组织(Europol)和欧盟司法合作组织(Eurojust),推动了行动协调和信息交换。借助《欧盟侦查令指令》或《联合侦查组规定》等手段,建立了相互支持的均衡体系,实现了快速和谨慎的均衡合作。在相互承认领域仍有拒绝的理由,这使得合作更加复杂,但这并不是刑事追诉的缺陷,而是个人利益与刑事追诉利益权衡的结果,这些利益不应随意处置。欧盟委员会必须承认,在个别情况下,可能存在狭隘的思想,忽视了自己地区以外的安全利益。以上看法不仅适用于恐怖主义犯罪,也适用于一般犯罪。

这里重要的是，要考虑一种更好的工具来避免积极的和消极的管辖权冲突（都来争抢管辖或推脱管辖），除了协商确定之外，它还包含法律上直接确定管辖权的可能。就此而言，欧盟检察院行使集中管辖权可能没有必要。

这也反驳了一开始提出的第一个话题：将每一个跨境案件的侦查移交欧盟检察院不是最佳的解决方案。近几十年来，各国检察机关和法院在这一领域的工作成效与日俱增。这个发展过程需要提供进一步的法律和实际措施来推动，特别是由于欧盟检察院还必须在不同程度上利用好与外国打交道时所用的传统司法互助手段。

（三）地域管辖

如果欧盟检察院决定自行侦查，则必须确定哪个成员国在分散的层面上在“当地”负责，以便集中开展侦查并排除人为选择法院（forum shopping）。对于涉及多个成员国的犯罪事实，犯罪的重点是确定管辖的决定性 *311*
标准（《欧盟检察院条例》第 26 条第 4 款）。使用的标准是被追诉犯罪行为的主要实施地、被指控人的惯常居所、其国籍或主要损害发生地。最后仍不能确定的话，由常设业务厅决定地域管辖权。

在欧盟检察院之外，解决积极或消极的跨境管辖权冲突也是一项挑战。理事会 2009 年 11 月 30 日《关于预防和解决刑事诉讼中的管辖权冲突的第 2009/948/JHA 号框架决议》（以下简称《框架决议》）只规定了有可能包括欧盟司法合作组织的磋商程序（Konsultationsverfahren）。

《框架决议》没有规定确定管辖权的固定标准。《欧盟检察院条例》超越了这一点，但仅限于在实践中并不主要的要素。为避免届时案件再移转出去，比被指控人的惯常住所更重要的是他的实际住所。比损害发生地更重要的，是实施犯罪行为的地点和绝大部分证据所在地。即使要改善跨境合作，自己独立进行侦查通常比让国外的侦查人员参与更有效率。

《框架决议》和《欧盟检察院条例》均未对共同的审理法院做出规定。正是因为地域管辖决定了适用的程序法和实体刑法，所以管辖权的确定不仅对侦查很重要,对被指控人的诉讼权利也很重要。就以后还要受到受理起诉的法院之审查的决定而言,当局之间的磋商不适宜为作出该决定需要的确信提供依据,因为截至作出决定的时点,关键的措施已经执行完了并确定了调子(Gleß/Wahl in Schomburg/Lagodny,Einführung zur EuStA Rdnr. 12;不同意见参见 Magnus HRRS 2018,143,151)。不但在欧盟检察院的范围内,而且在其他的跨境管辖权冲突当中,制定一个积极主动的规定或许更为可取。

312 ## 四、侦查、起诉和法院的程序

(一)启动侦查

如果在欧盟检察院和内国检察机关之间有共同的管辖权(参见《欧盟检察院条例》第 25 条及考量理由第 13 项),为避免在起诉中出现漏洞或不必要的重复工作,所涉及的检察机关应当相互通报情况。《欧盟检察院条例》第 24 条第 1 款包含了内国检察机关向欧盟检察院通报所有案件情况的义务。该义务类似于德国检察机关向联邦总检察院所作的情况报告,其依据是《法院组织法》第 142a 条第 1 款第 2 句。此外,《欧盟检察院条例》第 24 条连同考量理由第 51 项,规定了欧盟有关机构和成员国向欧盟检察院通报有关案件事实的义务。该义务类似于《税法通则》(AO)第 11 条在发现可能存在税务犯罪及《补贴法》第 6 条在发现可能存在补贴诈骗犯罪时所规定的通报义务(参见《关于欧盟检察院条例施行法草案》,第 20 页以下)。这提醒我们,在考虑扩展欧盟检察院的管辖范围时,必须深入思考,对于并无刑事追诉义务的单位来说,对它们赋予的报案义务到底应该有多宽泛。

基于掌握的信息,欧盟检察院可以启动自己的程序(《欧盟检察条例》第 26 条),或者行使移转权(Evokationsrecht)从内国检察机关接手(《欧盟检察院条例》第 27 条)。此时,内国刑事追诉机关不必再继续侦查(参见《欧盟检察院条例》第 25 条第 1 款)。到底由欧盟检察院启动侦查还是在内国检察

机关侦查后作出接管的决定，属于欧盟检察官代表的职权。随后，他根据内国法继续领导开展侦查活动，根据内国法有权管辖的侦查机构也参与其中。

根据《欧盟检察院条例》第 10 条，常设业务厅对侦查活动进行监督。借由这个制度，来最终抵消此前实践中存在的薄弱环节，即对于损害欧盟利益的犯罪行为，单纯由内国执行的诉讼数量太少。

（二）适用的法律 313

《欧盟检察院条例》第 30 条规定，原则按照在成员国采取侦查措施的内国法律作出侦查措施（参见下文关于跨境侦查措施的内容）。根据《欧盟检察院条例》第 5 条，也要适用法定性原则、查清所有不利证据和有利证据原则、速审原则、比例原则等要求。这并没有创设一个统一的欧盟检察院刑事诉讼法，当然，所有成员国有义务在本国提供关于侦查措施的规范。在德国，这些措施包括在《刑事诉讼法》第 94～100i 条。适用一个久经考验、为大多参与人均知悉的法律体系的好处，与不能确保所收集的证据在其他国家利用的劣势形成了对比。《斯德哥尔摩纲领》中所提出的指令确定了最低标准的辩护权，参见《欧盟检察院条例》第 41 条第 2 款。* 当然，这些指令并没有在所有成员国得到完全转化。转化上的不足，如有可能，必须通过直接适用指令内容来消除。

对欧盟检察官代表采取的措施进行司法审查（gerichtliche Kontrolle），依据各内国法律，对此，《欧盟检察院条例》第 42 条第 1 款作了规定。该条第 2 款还规定，只有在特殊情况下，某些问题才会被提交给欧洲法院。正因为欧盟检察院不是一个内国机构，而是一个欧盟组织，所以，只能期待由欧洲法院对它行使监督权（参见 Böse JZ 2017，82，85ff.；Magnus HRRS 2018，143，154；Zeder StraFO 2014，239，248）。当然，必须考虑到，内国法院最终要根据

* 该款规定，任何犯罪嫌疑人或被告人在欧盟检察院的刑事诉讼中，至少拥有在欧盟法中，包括在内国转化的关于犯罪嫌疑人和被告人刑事诉讼权利的指令中所规定的诉讼权利，比如要求口译和笔译的权利、要求被告知或了解关于阅卷的权利、获得法律辅佐及在逮捕时与第三方沟通或通知第三方的权利、沉默权和无罪推定、申请诉讼费援助（减免）的权利。——译者注

内国法对起诉书进行裁决,以及附带对证据利用进行裁决。在正在进行的侦查程序中,如果欧洲法院有另外的裁判管辖,可能导致裁决矛盾。

(三)案件管理系统

《欧盟检察院条例》第44~46条规定了要引入电子化的案件管理系统,以支持案件办理。在德国,检察机关已经在使用特殊软件,德国北部使用
314 MESTA,在南部则使用web. sta。根据条例的内容,案件办理系统应当只是一个呈现卷宗内容的工作工具。但是,对软件提出的要求清单已经远远超出了这个目标设定。鉴于欧盟委员会对这个软件提出了全面的设计要求,不能认为欧盟检察院接收部署该软件时,就已经可以使用了。

除了原本的案件办理,该软件还应创设一个安全的工作环境,保障欧盟检察官代表与位于卢森堡的欧盟检察官之间的安全通信(《欧盟检察院条例》第46条第3款)。它应当与所有参与侦查的单位建立接口,以避免传输中断。也应当可以访问欧盟和成员国的案件登记库及其他数据库。因为欧盟检察院可以将案件移送内国检察机关,因此,必须确保可以传输卷宗内容。因为也可能向成员国的法院起诉,所以,必须具备条件以符合所有成员国的刑事诉讼法的方式,准备好电子卷宗。

很明显,这样一个复杂的系统是很难创建及维持不出差错的。此外,也不可能布置现场的支持。如果出现应用上的难题和硬件问题,将导致工作延误。由于有这么多参与的成员国,其中有一些使用了多个内国软件方案开展工作,以及还有大量其他单位参与进来,所以,计划一个全面的、统一的软件,这个构想可能就太大了。

另外,根据《欧盟检察院条例》第45条第2款,案件卷宗管理(Führung der Verfahrensakten)适用成员国的法律,在德国主要是《刑事诉讼法》第32条(主要涉及电子卷宗)及以下以及各州的档案法。

(四)侦查终结及法院的程序

根据《欧盟检察院条例》第10条,常设业务厅决定起诉或者不起诉(终

止程序),因为欧盟检察官代表通过行使监督职能的欧盟检察官,向常设业务厅报送报告(Magnus HRRS 2018,143,146)。终止程序的条件来自《欧盟检察院条例》第 39 条,因此《刑事诉讼法》第 170 条第 2 款* 不再适用了。起诉向某个内国法院提出,该法院依据内国的诉讼法和实体刑法对是否负有罪责作出裁判。通常,这个法院就是欧盟检察官代表母国(成员国)的法院。但是,根据《欧盟检察院条例》第 26 条第 4 款,也可能出现偏差(例外)。对例外情形从严表述,旨在抵消起诉时任意选择法院的担心。 315

五、跨境合作

欧盟检察院追诉的很多犯罪行为,并不限于某一个国家。犯罪分子利用各个国家的不同法律情况,以此牟取不法利益。也可能转换犯罪所得,确保刑事追诉机关不会起获到。因此,在不同国家实施侦查是必要的。

在欧盟内部,各国刑事追诉机关之间的刑事司法合作基于相互承认的原则,该原则规定于《欧盟运行条约》第 82 条第 1 款第 1 句:在一个国家作出措施的令状及决定,原则上可以在其他国家执行,除非满足至少某一项逐一列举的拒绝理由(参见 näher Gleß/Wahl in Schomburg/ Lagodny, Einführung zur EuStA Rdnr. 21 ff.)。涉及第三国时,合作的基础是某个国际条约或被请求国的某个法律规定。

《欧盟检察院条例》遵循这一区分,在第 31～33 条规定了成员国之间的跨境合作,在第 105 条规定了与未参与的成员国的合作,在第 104 条规定了与第三国的合作。也遵循了传统上对于引渡、其他的司法协助和追缴财产的区分。

此外,《欧盟检察院条例》第 100～103 条补充规定了与欧盟的有关组织、机构和其他单位的合作。只有这些单位与参与的成员国才因条例而负有合

* 该款规定,检察机关在缺乏公诉充分理由的情况下,应当终止程序(不起诉),如行为不构成犯罪、缺少足够的犯罪嫌疑、存在程序障碍或缺少程序的前提条件(如过了追诉期限,不再有受审能力)。——译者注

作的义务。对于表示愿意合作,没有参与的成员国和第三国则必须发表特别的声明。

316 (一)参与的成员国之间的合作

与参与的成员国的合作(对此,特别参见 Bachmaier Winter, The European Public Prosecutor's Office, S. 117 ff.),可以划分为移交和其他的司法协助。

移交依据的是欧盟逮捕令,该文书根据欧盟检察官代表所在国的内国诉讼法签发(《欧盟检察院条例》第 33 条第 2 款)。《欧盟检察院条例》只规定了发出欧盟逮捕令,对于收到的欧盟逮捕令,由执行国根据内国的法律规定作出决定,因为,欧盟检察院并无对人的强制权力。《欧盟检察院条例》只涉及在侦查程序中的逮捕令,在审理程序中和执行程序中,相关权力并不在内国的法院和刑事执行机关手中。在德国,根据对《刑事诉讼法》第 131 条作出的符合欧盟法的解释,欧盟逮捕令只能由法院签发(Böhm, NZWiSt 2019, 325 ff.;不同意见 Oehmichen, StraFo 2019, 397 ff.)。该限制并不影响欧盟检察院,因为,它并不受外部指令权的拘束,所以,不排除根据《刑事诉讼法》第 131 条通过签发欧盟逮捕令启动侦缉的可能性。

迄今为止未予规范的是欧盟逮捕令在申根信息系统中的终止,因为,《关于联邦刑事犯罪调查局和联邦与州就刑事警察事务的合作法》(BKAG)第 27 条第 1 款第 1 句第 2 项提到了《刑事案件国际司法协助法》(IRG),就上述终止而言,司法协助法不应当适用。此外,不清楚的是,谁应当保证按照《关于欧盟逮捕令和在成员国之间移送案件的框架决议》(Rb EUHb)第 5 条或者可能的拘束性解释来维护基本权利。因为,欧盟检察院不能执行这种保证,而必须通过内国的相关机构。《就刑事法事务与外国往来的指令》(RiVASt)第 165 条和联邦政府与州政府于 2004 年 4 月 28 日达成的管辖协议第 7 条规定了检察机关的报告义务,也必须加以规范。如果欧盟检察院作为欧盟的机构而行动,就没有理由向内国的最高司法机关报告。然而,欧盟检察院要履行《关于欧盟逮捕令和在成员国之间移送案件的框架决议》规定的统计义务,应当推进报告义务所追求的经验交流,那么就必须告知相关情况。

相互承认的系统,在《欧盟侦查令指令》中也有充分的体现,但仍被《欧盟检察院条例》的起草者认为反应过于迟钝。另外,《欧盟检察院条例》第 8 条第 1 款包含的"欧盟检察院作为欧盟范围内统一的机构"的原则,还没有得到普遍的转化,导致来自其他成员国的欧盟检察官代表还必须被授予在 317
他国主权范围内的访问权限。所以,《欧盟检察院条例》第 31 条和第 32 条规定,负责侦查的欧盟检察官代表可以命令采取措施,负责提供支持的欧盟检察官代表根据其相应法律执行措施。命令采取措施原则上不需要正式的承认(Csonka et al. eucrim 2017,129)。只有在负责侦查的欧盟检察官代表活动的国家,采取强制措施需要法官的决定时,或者在两个参与国有此需要时,才应在第一个国家获得法院的决定,其他情况下,则在提供支持的欧盟检察官代表活动的国家取得法院的决定,依据是《欧盟检察院条例》第 31 条第 3 款。就是否存在执行措施的义务可能作出不同判断时,《欧盟检察院条例》第 31 条第 5 款和第 7 款规定了全面的咨询义务以及常设业务厅的最终决定权。针对措施的令状寻求法律保护,必须在受托的欧盟检察官代表活动所在国*提出。针对执行措施寻求法律保护,由提供支持的欧盟检察官代表活动所在国提供。

欧盟成员国之间的刑事司法合作,在警察层面上由欧盟刑警组织(Europol)提供支持,在司法层面上由欧盟司法合作组织(Eurojust)提供支持。侦查损害欧盟财政利益的犯罪行为,在行政法层面上由欧盟反欺诈局(OLAF)负责。《欧盟检察院条例》第 100~102 条包含了合作的规定。

欧盟司法合作组织将拥有一个更有协调力的功能,在除了欧盟检察院之外还有不同的内国机关参与的个案中具有重要意义。欧盟刑警组织可以

* 指签发令状所在国。——译者注

根据现有信息作出帮助性分析，以查明案件。欧盟反欺诈局基于《欧盟检察院条例》第 101 条的法律基础，与欧盟检察院交换信息。但就像在德国法中一样，与欧盟反欺诈局开展司法协助是不可能的，因为，它不是一个刑事追诉机构。欧盟反欺诈局的调查侧重于推进行政法上的额外评估或者再没收(Nacherhebung-oder Wiedereinziehungsmaßnahmen)，以行政法手段防止对欧盟预算的进一步损害(参见委员会关于修改欧盟反欺诈局调查条例的建议说明，EU-Aktuell vom 23. 05. 2018)。

318 (二)与没有参与的成员国合作

与非参与的成员国合作的基础是《欧盟检察院条例》第 105 条。该条第 1 款和第 2 款包含了一般的信息交换的规定，以及明确联络官员与设立联系点的可能性。第 3 款列举了可以适用的既有司法协助手段，特别是欧盟侦查令状指令(参见 ausführlich Franssen NJECL 2018,293ff.)。每个参与的成员国应将欧盟检察院作为内国司法机构予以通知，从而使它可以签发自己的侦查令状及提出申请。当然，考量理由第 110 项指出，非参与的成员国不受该条例的约束，因此，在一般的合作义务之外，他们不得被强迫接受被通知的机构(die notifizierten Stellen)(Franssen NJECL 2018,294)。

(三)与第三国的合作

与第三国的合作规定于《欧盟检察院条例》第 104 条。考量理由第 109 项对该规定作了补充。应当区分收到的申请(第 6 款)和发出的申请(第 4、5、7 款)。对于引渡，在第 7 款中只通过引述“欧盟检察官代表应当向其内国的有权机关请求发出引渡申请”作了规定(参见 ausführlich Franssen NJECL 2019,168ff.)。

在发出要求提供其他司法协助的申请中，要分清欧盟检察院到底可以依据自己的法律、欧盟法还是成员国的法律来申请司法协助。

根据《欧盟检察院条例》第 99 条第 3 款、第 104 条第 1 款，欧盟检察院可以与第三国签订工作协议，但这些协议只能涉及一般性问题，不能对个案当中交换情况、证据作出规定。在协议的基础上,交换身份数据是不被允许的。

根据《欧盟检察院条例》第 104 条第 3 款,欧盟在刑事司法合作领域签订的国际条约,对于欧盟检察院具有拘束力。比如与日本签订的司法协助协定。当然,《欧盟检察院条例》中的规定不能就承认欧盟检察院享有司法协助权一事对日本产生拘束力。

《欧盟检察院条例》第 104 条第 4 款试图将欧盟检察院作为一个机构纳 *319*
入参与的成员国缔结的多边和双边协议。为此,各成员国应当认可欧盟检察院是自己的一个司法机构,并发出相应的通知。* 第三国是否接受这个通知,还有待观察,因为,缔约国单方的声明并不能导致条约的实质变更(Franssen NJECL 2019,173,179)。目前还不清楚,在发出通知之后,欧盟检察院应当发挥什么功能。如果遵循《欧盟检察院条例》的指导原则,欧盟检察院必须独立、自主地开展行动。此外,纳入国际法的条约意味着,参与的成员国针对第三国作了承诺,它要对欧盟检察院的履职负责。因此,对于提出申请,以及怎样最终处理作出决定的主体,是国家而非某个机构。成员国必须给出这样的保证。其中外交部或司法部之间议定的业务渠道不仅仅由欧盟检察院遵守。在欧盟之外的合作被理解为外交的组成部分,这一事实支持以下做法,即在《欧盟检察院条例》第 104 条第 4 款的情形下,可以认为,欧盟检察官代表作为其内国机构的一部分而工作,所以,《刑事案件国际司法协助法》(IRG)第 74 条和《就刑事法事务与外国往来的指令》(RiVASt)的相关规定也可以适用。

《欧盟检察院条例》第 104 条第 5 款第 1 子款以类似的方式规定,欧盟检察院或欧盟检察官代表可以从国际条约的关系中获益或者从成员国国内法所规定的非条约的司法协助中获益。此时,它就像内国的检察机关那样活动,只是为欧盟的案件行事罢了。第三国并不负担提供司法

* 为了适用其他由成员国缔结的国际刑事司法协助协议,这些成员国也可以通知欧盟检察院作为一个负责机构(eine zuständige Behörde);此举也可以通过修改协议的方式实现。——译者注

协助的条约义务(参见 Gleß/Wahl in Schomburg/ Lagodny, Einführung zur EuStA Rdnr. 28)。

此外,根据《欧盟检察院条例》第 104 条第 5 款第 2 子款,欧盟检察院可以独立地请求司法协助。被请求国是否要作出回应,由其自主决定。《欧盟检察院条例》第 104 条第 6 款规定了办理收到的司法协助请求可用的手段,由欧盟检察官代表对此作出决定。从欧盟检察院在第 4 款和第 5 款的不同归类可以得出如下结论:必须遵守德国法的批准权限以及个别规定的办理方式。

320 六、欧盟检察院是新时代刑事追诉的模板?

本文开头介绍了关于欧盟检察院的三个话题。第一个话题是,德国的法官希望跨境合作迅捷、简化。无论如何,在成员国之间,有可能实现这个效果。当然,应当注意,在有了欧盟检察院这个制度以后,法律主权仍然保留在各成员国手中,在成员国决定的范围内,对法律主权的行使可以作出限制。这些限制与欧盟相关机构工作中充斥着的极大信任形成鲜明对比。相互的信任,以及对于他国诉讼活动承诺提供帮助,是改善合作的基本要素。第二个话题涉及将工作负担分摊给多个主体。鉴于各国检察官将其部分时间留给了为欧盟检察院工作,所以,(有了欧盟检察院之后)不必然带来各国检察人力资源供给的增长*,这个分摊负担的想法也很成问题。正面来看,刑事追诉机关的专业化能够发挥积极作用,专业化可带来效率的提升。第三个话题强调了新工作技术的使用,但目前至少还不能认为是一种优势,因为基本上还要归结于各国层面所采用的方法和措施。是否欧盟检察院能够在《欧盟检察院条例》允许的广阔空间中发展出自己的工作技术,还有待观察。

---

* 对应文章开头第二个话题,希望有了欧盟检察院以后,各国检察机关的负担可以适当被分摊。但作者认为这个想法不成立。——译者注

以上是本文目前可以得出的实际结论，它关乎《欧盟检察院条例》如何才能在各成员国中富有生机、落地生根。

参考文献：

Alvarez, Davis Vilas. The EPPO implementation-a Perspective from Spain. eucrim 2018 124-129.

Ambos, Kai. Internationales Strafrecht. 5. Auflage 2018.

Bachmaier Winter, Lorena. Cross-Border Investigations Under the EPPO Proceedings and the Quest for Balance. In: Bachmaier Winter, The European Public Prosecutor's Office 2018, 117-139.

Böhm, Klaus. Ohrfeige für Musterknaben. Deutsche Staatsanwaltschaft ist keine unabhängige Behörde. NZWiSt 2019, 325-332.

Böse, Martin. Die Europäische Staatsanwaltschaft „als" nationale Strafverfolgungsbehörde? JZ 2017, 82-87.

Brodowski, Dominik. Die Europäische Staatsanwaltschaft-eine Einführung. StV 2017, 684-692.

Czonka, Peter, Jusczcak, Adam und Sason, Elisa. The Establishment of the European Public Prosecutor's Office. eucrim 2017, 125-135.

Dubarry, Pauline und Wachenheim, Emmanuelle. La naissance d'un Parquet européen-les enjeux de sa mise en oeuvre en France. eucrim 2018, 121-123.

Esser, Robert. Die Europäische Staatsanwaltschaft: Eine Herausforderung für die Strafverteidigung. StV 2014, 494-504.

Franssen, Nicholas. The future judicial cooperation between the EPPO and non-participating member states. NJECL 2018, 291-299.

Franssen, Nicholas. The future judicial cooperation between the EPPO and third countries. NJECL 2019,168-185.

Herrnfeld,Hans-Holger. The EPPO's Hybrid Structure an Legal Framework:Issues of Implementation-a Perspective from Germany. eucrim 2018, 117-120.

Ligeti/Simonato New Journal of European Criminal Law (NJECL) 4 (2013) 18 ff.

Magnus,Dorothea. Die endgültige EU-Verordnung zur Europäischen Staatsanwaltschaft-Der große Wurf? HRRS 2018,143-155.

Martens,Jürgen. Das externe Weisungsrecht-unabdingbar oder anachronistisch? DRiZ 2014,48-49.

Oehmichen,Anna. Das Kaninchen aus dem Hut-§ 131 StPO und die Zuständigkeit deutscher(Amts-)Gerichte für den Erlass des Europäischen Haftbefehls. StraFo 2019,397-403.

Satzger, Helmut. Internationales und Europäisches Strafrecht, 6. Auflage 2013.

Schramm,Edward. Auf dem Weg zur Europäischen Staatsanwaltschaft. JZ 2014,749-757.

Schomburg/Lagodny. Internationale Rechtshilfe in Strafsachen,6. Auflage 2020.

Zeder,Fritz. Der Vorschlag zur Errichtung einer Europäischen Staatsanwaltschaft:große-kleine-keine Lösung? StraFo 2014,239-248.

检察院与部级行政部门的关系：司法政治控制、个案指示和政治影响的恶劣现象

杨·亨里克·沙迪*

一、问题概述 323

检察机关在民主法治国中的作用以及它在国家三权结构中的归类，是一个既复杂又具有传统争议的话题。处于批判焦点的是司法行政部门的外部指令权（Weisungsrecht），外部指令权导致将检察机关归入行政权。检察院和部级行政部门之间的关系体现在：法院组织法规定的司法部部长的职
务监督与专业监督，以及由此产生的司法行政机关对作为其“下级的”检察 324
机关的控制权与知情权（Zugriffsmöglichkeiten）。

检察机关听从指令这一话题之所以如此引人关注，是因为不同的立场和要求以及每个所作的论证均触及了刑法、刑事诉讼法、国家组织和民主法治的基本原则，除了（宪法）方面，同时抛出了法律政策、社会政策的基本问题。取消或限制发布外部指令权将影响政府和议会现有的控制权和知情权（Informationsbefugnisse），从而对刑事追诉领域的法治国权力结构产生深远

* 杨·亨里克·沙迪任职于德国石勒苏益格-荷尔斯泰因州司法、欧洲与消费者保护部。

影响。

如今,专业文献中的观点内容十分丰富,从呼吁将检察机关作为独立司法机构的一部分(Cebulla und Kannenberg 2012,S. 28 f.;Prantl 2019[1]:"解绑德国司法!")到取消或至少限制发布指令权的原则(Carsten und Rautenberg 2012,S. 549 ff.;Eisele und Trentmann 2019;Beining 2015)再到主张维持现状(Röttle 2020;Strate 2015)。法律史、宪法和法院组织法、国家机构与欧洲法的视角,以及法律实践中反复出现的经验和部分引起轰动的案例都使讨论成果较为丰硕。

要全面分析和分类无数关于该问题的论文、法律草案、声明和社论,以及专家机构和协会的相关决议,即使只是概述,也需要一部专著而不是本文[1]来完成。考虑到人们希望对大量的法学和法政治学的文献进行总结,此事有人已经发了预告。[2] 因此,本文并不追求对现状及其讨论的替代方案进行全面介绍。相反,笔者想讨论一些核心问题,以阐明它们的论证思路,并将它们与笔者职业工作中的印象进行比较。[3]

325 二、检察机关在现行法律中的地位

以下,我们将粗略地回顾一下关于检察机关办案以及司法行政机关监督权和指令权的现有法律框架。

(一)国家组织

根据目前的(宪法)法律,检察机关隶属于行政权(vollziehenden Gewalt)(BVerfGE 103,142,Rn. 49-zit. nach Juris)。尽管从职能角度看,它

[1] 本文完成于2020年8月。

[2] 在这个意义上,乔治-弗里德里希·格林特格(Güntge)将关于发布外部指令权的争议描述为"既激烈又无成效",参见本书德文版第296页。

[3] 2004年至2011年,作者在石勒苏益格-荷尔斯泰因州的普通法院系统任职,自2007年起担任石勒苏益格地方法院的法官,然后于2012年——最初是作为临时借调的一部分——调到石勒苏益格-荷尔斯泰因州司法行政机关负责监督检察机关的部门。自2014年以来,作者一直担任该部门负责人。

执行的是司法任务,因此也被称为"适法机关"[Organ der Rechtspflege,见本文"二、(二)职能"],并且它在工作中受法定性原则(Legalitätsprinzip)的约束(《刑事诉讼法》第152条第2款),有义务保持客观性(《刑事诉讼法》第160条第2款),其组织以法院组织为蓝本(《法院组织法》第141~143条),但是检察权并不是正式的司法权(rechtsprechenden Gewalt)的一部分(对在这里所支持的立场具有启发意义,Beining 2015,S. 546 f. 附大量证明),司法权根据《法院组织法》第92条明确保留给法官。

与法官不同的是(见《基本法》第97条),检察官在作决定时并没有个人实质上的独立性,而是根据《法院组织法》第146条,必须遵循各自上级可能发出的官方指令——无论是一般性指令还是与个案程序有关的指令。因此,检察机关的结构是科层式的。《法院组织法》第147条规定的"监督和领导"的权利,根据该条第3项,被赋予作为"首长"的总检察长,因此有人称之为检察机关的专制结构。同时,根据《法院组织法》第147条第1项和第2项[1],检察机关要接受联邦司法部部长(联邦总检察长[2])或各州司法行政机关的"监督和领导"。这确立了司法行政机关所谓"对外"发布指令权, 326
在术语上与州总检察长根据《法院组织法》第147条第3项"对内"发布指令权有所区别。

然而,部级行政机关的职务监督和专业监督并不意味着他们拥有自行介入直接办理的权力(Devolution/移转)。检察权的行使完全归属于检察官(Franke in Löwe und Rosenberg 2010, § 146 GVG Rn. 17 und 23)。司法部部长不能独立实施侦查行为、提起公诉或提出法律救济;他只能发布相应的指令,无论是具体个案中的事实认定,还是一般性指令,例如,由联邦各州统一商定的《刑事诉讼程序与罚金程序准则》(RiStBV)或《关于通报刑事案件的

[1] 第2项(使用的是机构化的指称:州司法行政机关)与第1项(使用的人员意义上的指称:联邦的部长)在编辑上的不同并不导致任何事实差异。在对外关系上,每一个机关整体上(司法部/当局、参议院监督管理司法的部门等)被授权由居于顶端的部长或参议员代表。

[2] 包括联邦检察官和其他被委托在联邦总检察院履行检察职责的官员,Franke in:Löwe und Rosenberg 2010, § 147 Rn. 4.。

命令》(MiStra)。

(二)职能

由于与法院共同承担着司法供给(Justizgewährung)的任务(参见 BVerfG, Beschl. v. 31. August 2007-2 BvR 1681/07),检察院在执行刑事追诉任务时,在职能上不是行政机关,而是适法机关(Schmitt in Meyer-Goßner und Schmitt 2020, Vor §141 GVG Rn. 7 m. w. N.),其设立于法院内,却不是法院,目的是参与和促进司法程序(参见 BVerwG, Urt. v. 28 February 2019-7 C 23. 17; VerfGH Berlin, Beschl. v. 20 May 2020, VerfGH 154/19),[1] 从而形成行政权和司法权之间的一架桥梁(Roxin 1997, S. 114)。关于检察机关现今模式的发展历史,可参见 Carsten und Rautenberg 2012, S. 100 ff.; Roxin 1997, S. 110-113 und Kern 1954, S. 86 ff. 富有启发的阐述。

327 ## 三、法政策学的讨论

1877 年的《帝国司法法》出台,标志着刑事诉讼和刑事法院系统以及如今的检察机关在整个帝国范围内的建立(Carsten und Rautenberg 2012, S. 100 ff.; Roxin 1997, S. 112 f.; Kern 1954, S. 86 ff.),自其出台以来便存在要求废除或至少限制部长的发布指令权,乃至要求以法院为蓝本的检察机关的事实独立性以及如有必要时的组织独立性的呼吁。论证基础是:检察院作为适法机关的角色来自法定性原则的法律与制定法对检察院的约束,以及公民对独立和公正的刑事司法的必要信任——这种信任已被政治性影响的“恶劣现象”所损害(大量论证和文献资料,参见 Carsten und Rautenberg 2012, S. 503-535)。

[1] 一方面,联邦普通行政法院(a. a. O., Rn. 16-zit. n. Juris)强调了与行政部门的“组织分离”[柏林州的宪法法院(同上)持同样观点]。另一方面,联邦普通行政法院和柏林州的宪法法院明确革除侦查活动的任务[柏林州的宪法法院认为,“对行政管理概念的狭义理解,不包括刑事侦查卷宗”;另见联邦普通行政法院(同上,边码 16:“在刑事侦查程序的框架内,因此是司法机关的一部分”)]。

(一)最近的尝试和进展[1]

直到最近,废除或限制发布外部指令权的法政策的尝试仍没有成功的政治前景。例如,2013 年 11 月在萨克森州举行的第 84 届司法部部长会议上,试图在联邦—州—工作组的框架内审查“在个案中发布外部指令权是否仍有必要以及在多大程度上合乎时代的要求”,便是一次失败的尝试。大多数的州司法部部长不仅反对废除发布外部指令权,也拒绝对制定法状况进行开放式审查。

各州司法行政机关认为没有必要对这一主题进行进一步讨论,这是 2015 年春季各州司法国务秘书(Justizstaatssekretäre)讨论德国法官协会提交的关于修改《法院组织法》和《刑事诉讼法》[2]法律草案所表达的意见,该法律草案由德国法官协会于 2014 年提出,2015 年修订后又重新提出(基于欧洲法院 2019 年 5 月 27 日对欧盟逮捕令作出的判决,在 2020 年春季又一次 328
进行了讨论,见本文“四、(四)接受欧洲法院关于欧盟逮捕令的判决”)。德国法官协会草案(DRB-Entwurf)建议,由有利于州司法行政机关的强制起诉程序替代外部指令权,该程序使州司法部部长可以继续对检察机关的不起诉决定(终止程序)承担政治责任。各州司法国务秘书的多数意见是:并没有进一步讨论的必要。

甚至于在 2015 年夏天,时任联邦总检察长朗格与联邦司法部之间就谁担任调查“netzpolitik. org”网站的责任人发生公开争执,[3]争执的焦点是司法部是否应对侦查过程施加影响[4],这些争论也没有促成任何实质

---

[1] 联邦司法和消费者保护部在 2021 年 1 月 11 日提出的法律草案,即《关于加强检察院的独立性和欧盟成员国的刑事合作的法律草案》,在本文手稿提交时(写作时间:2020 年 8 月),笔者未予考虑。

[2] 目前对 2015 年 9 月提出的《关于修改法院组织法第十章、刑事诉讼法第二编、联邦公务员法第五章的草案》又有了新编辑的版本,载 https://www.drb.de/positionen/verbandsthemen/amtsrecht-staatsanwaelte/。

[3] 总检察长 2015 年 8 月 10 日的新闻稿,2015 年 8 月 10 日从 www.generalbundesanwalt.de 检索。

[4] 参见《斯图加特报》2015 年 8 月 5 日网络版:《卡尔斯鲁厄的起义》,载 https://www.stuttgarter-zeitung.de/inhalt.juristen-greifen-justizminister-maas-anaufstand-in-karlsruhe.463cfe26-99b3-46cc-b934-850073056044.html。

性的新举措。

(二)德国联邦议院法律委员会2020年5月6日举行的听证会

2020年5月6日,在专家公开听证会后,德国联邦议院法律委员会审议了两项改革检察机关地位和发布外部指令权的法案。自由民主党(FDP-Fraktion)关于《加强检察院独立性的法律草案》(BT-Drs. 19/11095)建议废除司法部部长在个案中的外部指令权,司法行政部门的职务监督和一般指令权则予以保留。德国绿党(BÜNDNIS 90/DIE GRÜNEN)关于《对检察院地位进行法治化改革的决议动议》(BT-Drucksache 19/13516)指向了联邦政府的一个法律草案,要求该法律草案将外部的个案指令权限制在有明显
329 法律错误的决定以及滥用或不使用自由裁量权的情形,并明确透明行使指令权的程序法要求。[1]

专家的书面意见[2]清楚地概括了维持现状和废除个案中发布外部指令权之间的现有意见范围。讨论再次表明,废除或限制发布指令权的观点在政治上并未占大多数。法律委员会提议否决这两项法案,对此(仅)各自提议的党派投了反对票,德国选择党(AfD-Fraktion)投了弃权票(BT-Drs. 19/19581),这一否决提议在2020年5月28日联邦议院全体会议上以相同表决比例被采纳(Plenarprotokoll 19/163,S. 20329,B und C)。

四、欧洲的推动力和指导方针

跨国的、首先是欧洲的指导方针和蓝本被引用来废除或至少限制发布外部指令权,尤其是欧盟委员会2009年和2014年的相关建议、建立欧盟检察院的条例以及欧洲法院关于欧盟逮捕令的相关判例。

---

[1] 此外,在欧洲法院2019年5月27日决议的背景下,将确定法院签发欧洲逮捕令的管辖权,并审查总检察长作为政治官员的当前地位。

[2] 参见 https://www. bundestag. de/ausschuesse/a06_Recht/anhoerungen_archiv/stellungnahmen-693710。

(一)欧盟委员会

欧盟委员会议会大会(PACE)2009 年 9 月 30 日出台的第 1685/2009 号决议呼吁德国废除个案中发布外部指令权(Rautenberg 2016,S. 38)。欧盟委员会反腐败国家集团(GRECO)大会于 2014 年 10 月 10 日通过的评估报告,建议德国"(i)考虑废除司法部部长在个案中的发布外部指令权,如不废除这一权力,(ii)[1]则进一步采取一项适当措施,确保司法部部长的相关指令与透明度和公正性的充分保障联系起来,并且——就不起诉的指令而言——接受具体监督"(Greco Eval IV Rep[2014]1 E, Abschnitt VI. , Ziff. 252, vii)。 330

(二)欧盟检察院

建立欧盟检察院的条例(2017 年 10 月 12 日出台的《关于建立欧盟检察院强化合作实施的理事会条例》[EU]2017/1939, OJ L 283, 31. 10. 2017, S. 1-71)在第 6 条中确定了在欧盟检察院工作的检察官不受外部指令权约束。欧盟检察院对欧洲议会、欧盟理事会和欧盟委员会负责,但只对"一般职权活动"负责,不对个别侦查程序中的作为或不作为负责(BT-Drs. 19/17963, S. 18)。[2]

(三)欧洲法院

欧洲法院 2019 年 5 月 27 日作出的判决[3]为解决发布外部指令权问题进一步提供了动力,该判决在提到发布外部指令权时,否定了德国检察机关在《欧盟逮捕令框架决议》中独立的"司法机关"(Justizbehörde)地位[4],从

[1] Rautenberg 2016, S. 38,他只引用了 GRECO 建议的第一部分(i),并谈到了"欧洲检察机关的模式,该模式至少免除了个案发布指令权"。

[2] 参见本书第 15 篇文章。

[3] 欧洲法院(大法庭)2019 年 5 月 27 日的判决,C-508/18, C-82/19 PPU(OG und PI)= NJW 2019, 2145;参见本书第 14 篇文章。

[4] 见 Ambos 2019 年的评论,第 732(734)页,他指出判决书第 88 段的德文翻译有误("eine der Erfordernisse... offenbar nicht erfüllen"与"do not appear to meet one of the requirements"[eng.]或"ne paraissent pas répondre à l´une des exigences"[frz.])。

331 而再次将德国检察院受制于指令的问题推向关注的焦点。欧洲法院的结论是,发布外部指令权带来的风险是,行政权可以影响个案中欧盟逮捕令的发布。其中,联邦政府对此辩称,法定性原则保证了司法部部长的任何个人指示都将保持在权利和法律的范围内。然而,欧洲法院认为联邦政府提出的原则不适合全面保障检察机关免受行政权力的影响(NJW 2019,2145,Entscheidungsgründe 76 bis 88)。

(四)接受欧洲法院关于欧盟逮捕令的判决

也有人正确地指出,从欧洲法院的判决理由来看,并不意味着必须废除《法院组织法》中规定的向德国检察院发布外部指令权(Andoor in:Franzen und Andoor 2019,S. 154),该判决也没有导致任何法律实践上的必要性,因为从那时起,德国法院一直在根据《刑事诉讼法》第131条签发欧盟逮捕令,尽管在这个问题上如有相应澄清的规定(在IRG或《刑事诉讼法》中)会更好些(参见本书第14篇文章)。然而,一些人认为卢森堡的判决是德国法治需要消除的一个污点(Koppers 2020,S. 2;Böhm 2020,S. 14;Prantl 2019[2],S. 252:"一记耳光")。

鉴于欧洲法院的判决,各州司法国务秘书在巴伐利亚州和图林根州的平行倡议下,在2020年春季办公会议上,就各州司法行政机关对检察机关的个案发布指令权以及加强检察机关独立性而采取立法行动的必要性再次交流了意见。在图林根州,执政党还在其联盟协议中同意"在欧洲法院判决的背景下,发起一项联邦参议院倡议,以加强检察官相对于司法部部长的独立性"(见 https://www.dielinke-thueringen.de/start/koalitionsvertrag-2020/,最后访问时间:2020年7月28日)。然而,绝大多数司法国务秘书仍然认为没有必要采取行动。

332 (五)展望[1]

2019年5月27日的判决将不会成为欧洲法院必须处理德国检察院对

[1] 欧洲法院(大法庭)2020年12月8日的判决,C-584/19(= NJW 2021,1373),关于德国检察院发布的欧洲调查令,在提交稿件时还不能考虑(编辑状态:2020年8月)。

指令的从属性及其与欧洲法律蓝本的一致性的最后一项裁决。由于维也纳地方法院刑事审判庭就汉堡检察院发布的欧盟侦查令(Europäischen Ermittlungsanordnung)申请先行裁决(Vorabentscheidungsersuchen)(C-584/19,引自德国法官协会 2020 年 5 月第 5/20 号意见),欧洲法院目前正在审查:欧洲议会和理事会 2014 年 4 月 3 日出台的《关于欧洲刑事案件侦查令的第 2014/41/EU 号指令》中的"司法机关"和"检察官",是否应被解释为包括可能受指令拘束的成员国的检察院。如果欧洲法院在此适用与《欧盟逮捕令框架决议》类似的标准,[1]那么除了在国际司法互助领域有一个新的"职责范围"外,还将再次有契机对发布外部指令权进行审查。

五、对发布外部指令权的批评

在梳理众多的论文、立场观点和法律草案时,笔者的兴趣集中在摸清要求废除或限制发布外部指令权背后的关切。对当前法律状况的批评,其核心到底是什么?

无论这些论点是基于法治国、宪法、欧洲法、体系的还是其他司法理论的证成,一个中心论点都像一条红线一样贯穿始终——要求检察院的活动, 333
至少在个案的处理上,必须不受政治影响。这一假设具有广泛的共识,甚至现行法律的拥护者也不否认这一点。倘若现有模式的批评者和支持者均同意这个出发点,那么值得仔细研究一下关于必须避免政治影响检察工作的最初论点。

(一)恶劣现象

现行模式的支持者强调,个案中的指令极为罕见(Franke in Löwe und Rosenberg 2010, § 146 GVG Rn. 4)。这与笔者作为州司法行政机关负责专

[1] 总检察长曼努埃尔·坎波斯·桑切斯-博尔多纳在其 2020 年 7 月 16 日的意见中得出结论,欧洲法院关于检察院在欧洲逮捕令方面的独立性的判例不能适用于欧洲侦查令。一个成员国的检察院可能受制于行政部门的个别指示,这一事实并不足以能够系统地拒绝执行其命令的欧洲侦查令。本文发表时,法院的裁决尚未作出。

业监督检察机关的部门负责人的经验相吻合。现行法律的批评者则反驳称,即使仅存在检察机关"通过政治影响滥用权力可能性"的表象,也会极大地损害公众对其工作的信任(Rautenberg 2016,S. 38 附大量证明)。仅仅是发布外部指令权的恶劣现象,尤其是在政治敏感的诉讼中,就有可能助长这种认知——政治方面可能对检察机关施加不当影响(Brocke in Knauer et al. 2018, § 146 GVG Rn. 27)。[1]

(二)客观、非政治性的检察机关模式

呼吁废除或限制发布外部指令权,旨在确保检察机关必须能不受政治影响地开展工作。一个受制于法定性原则和法律约束,客观地且仅仅按照
334 法律和制定法开展工作的检察机关,将(半明示、半暗示地)被作为模范。这与受"政治影响"的形象形成对比,后者与模范背道而驰。即不是客观的,而是追求自己的利益;不受法律和制定法的约束,而是遵循政治上的权宜之计;不是公正的,而是偏向自己的政治利益、事业或追随者。因此,"政治的"这一定语被用来指代非法律的影响因素。

如果政治被用作与客观性和守法性相反的术语,并且本身被定义为不实事求是,那么在民主法治国,这一结论必然引发人们的深思。这同样适用于必须在不受政治影响的情况下进行的刑事追诉模式。这种模式需要仔细研究,因为很少有其他法律领域像刑法那样承担着社会政策和法律政策的任务,而刑法——根据现代解释——是为"打击犯罪"服务的,其执行是刑事追诉机关的日常任务。能否存在一种客观的、仅仅以法律和制定法为导向的——在这个意义上——"非政治化"的刑事追诉?

六、政治和刑事追诉

(一)刑事立法

刑事追诉不受政治影响的假设与将刑法作为一般社会政策管理工具的

[1] 这一论点在检察院对政治敏感案件的侦查中被特别提及。根据不同的观点,在这种情况下,检察机关的所谓"独立性"被强调,或者要求司法部部长进行监督性干预(例如:netzpolitik. org案,见上文)。

现代解释形成鲜明对比。在“最后手段”(ultima ratio)这个关键词下,其与法治国的合宪性原则(比例原则)相对应,时至今日刑法仍作为法律体系“最锋利的剑”,其适用必须限于对严重违法行为的制裁,而单纯的违法或不道德的行为并不能为用刑法手段进行惩罚提供任何合法性(仅参见 Jahn und Brodowski 2016,S. 969-980 附大量证明)。

法律现实(Rechtswirklichkeit),此处主要指立法实践(Rechtssetzungspraxis),并不总是与上述要求相一致。几乎每种社会问题或政治丑闻都会导致要求更早或更晚(通常更早)收紧刑法(而且这种要求不少得到了满足)。不言而喻,社会和技术的变革给法律秩序带来了新的挑战,必须通过调整和扩大刑法以适应新的应受惩罚的行为形式来应对这些挑战。然而, 335
与此同时,许多法律政策家不再将刑法视为最后的手段,而是将其视为“打击”不良行为的最有效手段(和坚决手段的证明)。即使那些在结论上没有持负面评价的人也会承认,刑法和刑事追诉实践是社会政策决策过程的产物,在这个意义上,它们刚好是刑事政策(Kriminalpolitik)不可缺少的组成部分。

例如,关于性犯罪刑法(Sexualstrafrecht),无论人们觉得正确与否,都被用来不断地重新定义允许和不再允许的性接触之间的界限。(“不”就是“不”?只有“是”意味着“是”?)立法者认为,体育竞技的“纯洁性”“公平和机会平等”作为“体育伦理道德基本价值”,其可以且理应通过刑法手段加以维护;在打击体育运动中使用兴奋剂的“斗争”中,刑事和非刑事制裁制度明显地“并肩作战、相互补充”(BT-Drs. 18/4898, Entwurf eines Gesetzes zur Bekämpfung von Doping im Sport, S. 1)。诸如此类最近立法的例子不胜枚举,对此毫无疑问:刑事立法是刑事政策的一个组成部分。

(二)检察追诉实践

在刑事侦查中,检察院要遵守法定性原则。这使他们有义务在对犯罪行为有足够的事实依据时进行刑事侦查,并在必要时提起公诉(《刑事诉讼法》第 152 条第 2 款、第 160 条第 1 款、第 170 条第 1 款)。检察院在侦查中受法律约束,必须客观地、不考虑个人因素进行侦查,且在侦查中不仅要收集对犯罪嫌疑人不利证据,还要收集对其有利的证据(《刑事诉讼法》第 160 条第 2 款)。然而,对侦查情况起决定性作用的刑事诉讼法规范,在许多方面包含构成要件层面的评断空间(Beurteilungsspielräume)和/或赋予法律后果方面的裁量空间。

1. 刑事处罚令程序*

举例来说,让我们考虑一下在有充分犯罪嫌疑的情况下,申请发布处罚令而不是提起公诉。《刑事诉讼法》第 407 条在这方面规定了一些限制性要
336 求(刑事法官或参审法院**的事务管辖权、轻罪、准许适用此法律后果的目录)。在法律后果方面,该条款被表述为强制性条款(《刑事诉讼法》第 407 条第 1 款第 2 句规定,"检察院应提出这一申请……"),但在构成要件方面,却给予了自由裁量的余地("……如果检察院根据侦查认为无法庭审理必要")。《刑事诉讼程序与罚金程序准则》第 175 条包含了一些联邦范围内司法行政部门之间协调一致的裁量指南(Ermessensleitlinien)。"基于特殊预防

---

* 处罚令程序系德国刑事诉讼程序中的一项特殊程序,规定在德国《刑事诉讼法》第 407 ~ 412 条。大多数的程序以处罚令程序结束,这在实践中已经是不可或缺的了。处罚令程序旨在快速并简便地处理较轻的犯罪。在这种简略的程序中,法院通常依照案卷情况进行书面裁决,不进行法庭审理,不公开审理,并且非职业法官不参与,甚至辩护人也无必要。法官不一定要同意检察院的申请,但是不能改变申请。被指控人如果不接受该程序,坚持进行法庭审理,那他可能获刑更重。处罚令程序建立在法官对事实或罪责有一定的认定之上,但与普通程序的区别是,这种认定建立在有限的书面基础上,不是《刑事诉讼法》第 261 条的法官的完全确信。但要有《刑事诉讼法》第 170 条第 1 款规定提起公诉的充分理由,也即足够的犯罪嫌疑。这种程序一方面是因不堪重负的国家刑罚审理权,另一方面是为了被指控人。对于轻微的刑事案件,这样节省费用,不浪费时间,在不引起轰动的情况下解决诉讼。参见《德国刑事诉讼法典》,宗玉琨译注,知识产权出版社 2013 年版,第 283 页。——译者注

** Schöffengerichte:规定在德国《法院组织法》第 4 章,我国台湾地区学者连孟琦译为"参审法院",宗玉琨音译为"舍芬庭",此处参照连孟琦的译法,译为参审法院。依照德国《法院组织法》,参审法院设在地方法院,负责处理刑事法官管辖之外的、属于地方法院管辖的中等严重程度的犯罪,是一般可能判处两年以上、四年以下的轻罪或者四年以上的重罪。参审法庭又可分为两种,一般的参审法庭由一名作为审判长的法官和两名陪审员组成,而较为复杂的案件则由两名法官和两名陪审员组成扩大的参审法庭。参见《德国刑事诉讼法典》,宗玉琨译注,知识产权出版社 2013 年版,第 15 页;《德国刑事诉讼法附德国法院组织法选译》,连孟琦译,台北,元照出版公司 2016 年版,第 482 页。——译者注

或一般预防的原因，法庭审理是否确有必要”(《刑事诉讼程序与罚金程序准则》第175条第3款第1句)，仍需留待部门负责人在个案中进行价值评估。

对于被告以及公众来说，提起公诉和申请签发处罚令之间的区别相当大，因为通过执行处罚令的方式可以基本上避免公开的(《法院组织法》第169条)法庭审理，从而减少公众对知情的兴趣，同时也顾及到了在这种较少污名化的判决形式中的被告人的利益。[1] 但是，法院不受检方的申请及其关于无法庭审理之必要的评价的约束，而是必须对此作出自己的判决(“如果对签发处罚令无疑虑”，《刑事诉讼法》第408条第3款第1句)。反之，法院不能反对检察院的决定从而自行通过签发处罚令来终止程序。如果检察院认为确有必要进行法庭审理，并因此决定提起公诉，那么法院则会受到这一选择的约束。

2. 裁量终止程序(基于起诉便宜主义的不起诉)

对于检察实践来说，更为重要的是检察机关的评断空间和自由裁量权，这是立法机构出于权宜性的原因通过终止或限制诉讼的规范而赋予检察机关的权力。从加萨引用的检察统计数据可以看出(详见本书表1-6)，在2018年度(地区法院和区法院的检察机关)联邦范围内，通过提起公诉或申请签发处罚令案件共办结962,527件，与之相对应的是根据便宜条款(附条 337
件终止或无条件终止，《刑事诉讼法》第153条及以下、第154条及以下，《少年法院法》第45条，《麻醉品法》第31a条)办结的案件共计1,390,009件。

抛开根据《刑事诉讼法》第170条第2款规定的程序终止(1,403,798件)和提起自诉(199,946件)，提起公诉/申请处罚令和裁量终止的比例是40∶60。根据《刑事诉讼法》第170条第2款终止程序，裁量终止是检察机关最常见的结案方式。检察机关对便宜条款的解释和应用使检察实践具有关键性影响：在什么条件下，应该对轻微违法行为(Bagatelldelikten)适用裁

[1] 参见Harden 2020，S. 30. 关于针对政治家的刑事诉讼的思想实验，根据该实验，一个典型的、非司法指令可以被指示，“对于执政党政治家的案件，通过提出申请处罚令来解决以便‘少激起尘埃’；相反在针对在野党政治家的类似案件中，则尽量将指控引入公众视野”。

量终止？应如何处理伤害公职人员、警察或救援人员的犯罪行为？对于以种族主义为动机的仇恨犯罪(Hasskriminalität)，应该如何处理？

就案件数量而言，《刑事诉讼法》第 153 条第 1 款和第 153a 条第 1 款的规定最为重要，它赋予检察院对构成要件方面的评断空间("认为犯罪人罪责轻微"，"不存在追诉的公共利益")和法律后果方面("可以……不追诉")的自由裁量权。根据《刑事诉讼法》第 153 条第 1 款第 1 句、第 153a 条第 1 款第 7 句的条件，检察机关在无需法院参与的情况下作出决定。而其必须获得法院同意的情况，与《刑事诉讼法》第 407 条第 1 款第 2 句规定的情形相似：法院自行决定是否同意终止。然而，检察机关可以自主决定是否为获得裁量终止的决定而与法院接触。通过指导方针、通报、指南、官方指示，州司法行政机关和总检察长或各自的主管部门都可以作出关于一般自由裁量的规定。不过，细化到个案中，法律应用始终是部门负责人的责任。

3. 法律政策的维度

法院或被告人不能强迫检察机关适用处罚令或裁量终止来办结案件。检察机关在个案中作出的不适用《刑事诉讼法》第 407 条及以下条款或《刑事诉讼法》第 153 条、第 153a 条(以及其他便宜条款)的决定，是不可诉的(指接受法院审查)。这种决定对被告以及公众或潜在的受害方都有很大的
338 影响。被告出于其利益考量，即便可能存在可罚之行为，也要避免(法庭)公开判决情形下的公开曝光或(在裁量终止情况下的)可能被记入犯罪记录。对于公众而言，公开的审判活动可以使其拥有了解刑事犯罪的背景的可能性。至于潜在的被害人，他们的利益也会受到影响，无论他们是想作为附加诉讼人(Nebenkläger)参与到诉讼中，还是他们可以不必(再次)在公开审理中出庭作证。此外，支持或反对裁量终止的决定总是涉及对国家追诉利益的权衡，这无疑具有法律政策维度。

4. 萨克森州实例

关于《刑事诉讼法》第 153 条及以下条款的适用，在频发的所有权和财

产犯罪案件中,萨克森州总检察长在 2019 年 2 月[1]对当地检察机关出具的一份通令(Rundverfügung)*指出,如果损失超过 10 欧元,即使是此前并未受过刑事处罚的被告人,也要肯定刑事追诉的公共利益。对于在公共领域实施的刑事犯罪,如果犯罪行为可能损害公众的安全感,例如犯罪行为给人造成不法行为在日常生活中已经习以为常的印象,以致公民对法治国的信任可能受到损害,则刑事追诉的公共利益一般会得到肯定。在 2018 年 4 月[2]的另一份通令中,萨克森州总检察长指出,对于针对公职人员、公务人员和救援人员在履职过程中所实施的罪行,"通常不予考虑"适用《刑事诉讼法》第 153、153a、154 条或《刑事诉讼法》第 376 条。

在 2019 年 5 月莱比锡大学的一次讨论活动中(文献参见 Hoven et al. 2019),萨克森州总检察长解释了其处理轻微违法行为指南的背景,大意是 339
他在发布上述第一份通令之前,因需要增加人手(Personalmehrbedarf)曾与萨克森州部长达成共识。通过更加一致地对某些轻微违法行为进行追诉,明确了即使是那种通常损失较小但却大量发生的违法行为,如商店行窃,根据立法者的意图,原则上也应该对初犯者进行刑事制裁(Hoven et al. 2019,S. 217-218)。

无论人们如何评价这种"零容忍"策略(批评性的意见,Kinzig bei Hoven et al.,S. 209-213),萨克森州的例子说明,便宜条款留下了广泛的调整空间。为了实现必要的细化,可以制定内部或外部的一般指令,以利于法律的统一适用。一名总检察长把他对有效打击犯罪的想法投射到检察机关处理案件的相应准则中,无疑是在推行法政策。提出这一点并不意味着任何责备。毕竟,总检察长的任务之一便是为统一的不起诉实践(Einstellungspraxis)

[1] 萨克森州总检察长 2019 年 2 月 13 日发布的关于统一刑事诉讼实践和判刑的禁制令,于 2019 年 3 月 1 日生效,但尚未公布。其内容在 2019 年 3 月 21 日萨克森州政府对德国左翼党(DIE LINKE)的一个问题印刷答复中被引用(Drs. -Nr. :6/16818)。

* 上级机关对于其所有下级机关发布的旨在全面、统一的通知和提示。——译者注

[2] 萨克森州总检察长 2018 年 4 月 20 日发布的关于统一处理针对公职人员、公务人员和救援人员的刑事犯罪的禁制令,内容尚未公布。其内容在 2018 年 6 月 1 日萨克森州政府对德国左翼党(DIE LINKE)的一个问题印刷答复中被引用(Drs. -Nr. :6/13327)。

制定准则。然而,这确实意味着,理应认识到法政策不是也不应该仅仅在部委一级推行。[1] 与此相反,那些强调便宜条款已被证明是"州司法部部长的刑事政策游乐场"[2]的人至少描绘了一幅不完整的画面,根据这幅画面,政策应该只由部长们提出。

(三)阶段性结论

无论是建立可能的一般准则,还是个案决定,不同的解决方案各有其支持者。法政策的概念和评价在这里发挥着至关重要的作用。对制造出一个客观的、仅以法律为导向来办案的检察机关模范形象,是存在疑虑的。刑事
340 追诉不仅包括在法律规范下的涵摄;更需要在许多方面——以及所有参与者的层面上,进行法政策评估和决定。

七、监督和领导的实践

向检察机关行使的发布外部指令权可能存在地区差异(关于州法及更低层次的实施规定,参见 Harden 2020,S. 10-16)。毋庸置疑的是,个案事实处理中的外部指令权的发布并不是(政治)恣意可为的,州司法行政机关和检察机关一样,也要受到法律的约束(Franke in Löwe und Rosenberg 2010,§ 146 GVG Rn. 18 附大量证明)。虽然没有联邦法规定的存档义务或统计数据,但外部指令在司法实践中极少发生确是事实(Franke loc. cit. ,Rn. 4)。然而,检察机关服从州司法行政机关的指令,形成了政府、检察机关和议会之间的角色分配,从而使发布外部指令权一再成为批评的焦点。下面将概述行使监督和领导的实际组织情况。

(一)检察院与司法行政部门之间的沟通

根据政府机关的科层结构,部级行政部门和检察机关之间的所有官方

---

[1] 正如在萨克森州的例子,就总检察长的禁制令向该州政府提出的一系列小问题(Drs. -Nr. 6/1734,6/13327 und 6/16818)所表明的那样,对总检察长的行为负有政治—议会责任的司法部部长并没有改变这一点。

[2] Carsten und Rautenberg 2012,S. 528.

沟通都采取司法行政部门的“通告”(Erlassen)和检察机关的“报告”(Berichten)形式。从字面上看,起草通告和接收报告是一个州的司法行政部门负责监督检察机关的日常业务的一部分。在州司法行政机关履行任务的框架内,每一项对检察机关具有外部效力的行动,都意味着是对检察机关具有约束力的指令——“通告”,当然,这不能等同于关于有关个案案件处理的指令。即使是纯粹的文件和案情的信息传递,也构成了通告。相反,检察机关的报告并不局限于正在进行侦查程序的报告,而且它们绝对不总是为监督 341
审查个案的处理情况服务。

(二)关于正在进行的侦查程序的报告

在日常司法活动中,州司法行政机关专业监督的最重要的结果便是报告制度。无论是对检察机关进行监督和领导,还是与之相伴相生的司法部部长对议会和公众的政治责任,都以对侦查过程的了解为前提。通过以《法院组织法》第 147 条第 2 项 * 为基础制定的关于刑事案件报告义务(BeStra)的行政法规(Verwaltungsanordnungen),各州司法行政机关都更详细地规定了检察机关应主动提交关于个案侦查报告的具体情形。主动提交报告(Initiativberichterstattung)是刑事案件报告义务(BeStra-Berichterstattung)的常规情况,而要求(请求提交报告)则是例外,通常是由议会的询问(小问题、向议员寄信、委员会的报告要求)或新闻机构的问询引发。

为了让人对数据有一个概念:以石勒苏益格-荷尔斯泰因州为例,即使是在这样一个相当小的联邦州,平均每年(2015~2019 年度)新作的报告约有 170 个。根据刑事案件报告义务规定,每个未结案件最迟必须在 6 个月后报告进展。估计每个报告期平均为两年,每案每年至少有两份报告,这大致[1]相当于每年至少要收到 700 份报告。这些报告通常让相关管理层(Hausleitung)了解情况,首先服务于让他们在后续问询中“有所准备”。这

* 该项规定,州司法行政机关针对相关州检察人员享有监督与领导的权力。——译者注

[1] 对刑事案件报告义务——报告的情况,没有纳入统计。

些均是必要的，因为部长和国务秘书对检察院的工作承担着专业和政治责任。他们之所以这样做，是因为在对检察院的监督和领导方面，发布外部指令权使他们有可能加以纠正，同时也对每个案件的事实处理负起责任。

342 (三)职务监督申诉

同样是监督与领导的结果，以及类似于像刑事案件的报告的日常是司法行政机关对职务监督申诉作出决定，这些申诉是针对检察机关的案件处理提出的。根据检察机关的科层结构，首先要求当局机关负责人作出决定，必要时，要求总检察长对负责人的无需补救的决定作出决定。在对总检察长的决定提出进一步申诉的情况下，如果总检察长不对申诉进行补救，则将案件连同档案提交给州司法行政机关。负责专业监督的部门根据卷宗审查案件的事实处理情况，决定是否对(进一步)申诉进行补救。作出补救性决定的可能性是以在个案中有权对案件事实处理发布(外部)指令为前提。通常情况下，职务监督申诉在专业部门处理，不提交给机关领导(向部长或国务秘书个人提出的申诉除外，这些申诉通常会提请他们注意)。

(四)向州议会请愿

联邦宪法和各州法律规定，公民有权向议会提出针对当局和公共行政管理机构的任何形式的请愿和申诉(见《基本法》第17条)。如果是针对检察院个案事实处理的请愿，请愿委员会(Petitionsausschuss)会从作为最高官方机构即司法部处获得意见。负责专业监督的部门则要求地方当局通过总检察长提交报告，在此基础上向请愿委员会提出意见。在这里，也即个案中的发布外部指令权，确立了司法部针对检察机关的行动向议会承担专业政治责任。

(五)监督和领导的其他情况

343 除了已经提到的监督和领导任务外，司法行政部门还有很多情况——无论是总体方面还是个案中——需要对检察机关的案件作出处理。实践中最常见的几组情况是：

·以一般、必要时可在各州和/或各部委之间进行协调的通告(一般指示)、法令、准则、命令或手册的形式对案件事实处理作出一般指示。

·在议会询问或州政府对议会及其委员会履行其他报告义务时,要求提供关于个案侦查过程的报告。

·在议会询问或媒体询问时,要求提供关于检察机关处理侦查案件的统计数据。

·在联邦(联邦参议院)或州的立法程序中,在州司法行政机关与联邦司法部之间交流经验和意见的框架内,或为准备法律政策协调(如司法部部长会议、部门领导会议),要求或给予机会发表观点(参与实践)。

(六)国际司法协助

在国际刑事法律关系问题上,州司法行政机关对检察机关监督和领导并不是对检察机关的"指令"。与外国在刑事司法互助事项上的往来属于《基本法》第32条意义上的"外交事务"(Schomburg und Hackner in:Schomburg et al. 2012, § 74 IRG Rn. 6),根据《刑事案件国际司法协助法》(IRG)第74条,属于联邦职责。根据《刑事案件国际司法协助法》第74条第2款,联邦政府已于2004年4月28日将其在"协商管辖"方面的权力(BAnz 2004,S. 11494)移交给各州政府,其中一些州政府已(进一步)将这些权力下放给作为司法部下属机构的总检察长。

就总检察长或其下属机构处理刑事案件中的国际司法协助事宜而言,他并非在行使自己的权力,而是——通过授权——完成联邦的任务。其下属机构在任何时候都有权自己办理这些事项,包括在个案中发布具有约束 *344*
力的指令。在这一点上,不存在诉诸《法院组织法》第146条、第147条第2项的空间。[1]

[1] 参见BGHZ 94,150,Rn. 13-zitiert nach Juris:"在这些情况下,司法部部长执行联邦政府的任务,即不从自己的职权范围内采取任何职务监督措施。"

八、对发布指令权的批评的评价

废除或限制司法行政部门发布外部指令权的核心动机是防止对个案的刑事追诉产生外在影响,或至少是与这种可能性有关的“恶劣现象”。

(一)民主上正当的刑事追诉

只要检察机关没有——以宪法修正案[1]的方式——正式划归司法权(rechtsprechenden Gewalt),司法行政机构的政治和专业责任,以及因此对检察机关行动的间接议会控制,作为现行法律的一个本质要素,在宪法法律下就是不可或缺的。[2] 只要对发布外部指令权的批评强调客观的、仅以法律和制定法为导向的刑事追诉模式,它就忽略了权力重叠,就像(法律政策和刑事政策)政治层面与刑事追诉一般交织在一起一样。在刑事诉讼法或刑事实体法的规定给予检察机关的评断空间或自由裁量权(或两者兼而有之)的情况下更是如此,尤其是在对刑事追诉实践有关键意义的便宜条款方面。刑事追诉中是否存在公共利益的问题不能仅仅通过严格遵守法律和制定法
345 来回答,而需要对刑事追诉利益进行评价性的衡量。对国家刑事追诉请求权的处置,与之相伴的结果中掺杂着法律政策评价和目标。这些都需要民主上的正当性。与政治上的指令相关,谁要求“解绑司法”[3],谁就必须回答,是否一个解绑的刑事追诉真的就是目标所在。

关于行使自由裁量权,以及必要时行使判断裁量的一般指令,以法律政策评价为前提条件,而因此不可避免地具有政治色彩。个案中的法律适用也是如此。对目前检察机关受制于指令的模式的常见批评,有一个相当大的短板,就是否定或至少隐藏了检察活动的政治性,从而假装政治只在部长

[1] 对此认为有必要的、对检察机关独立性的支持者,如 Carsten und Rautenberg 2012, S. 548 f.;不同观点:Altvater 2008, S. 463 ff.。

[2] 这样的制度变革不可能不对整个刑事诉讼程序产生影响,也不可能不对形成刑事诉讼程序的准则以及分配给检察院和法院的角色和任务产生影响,在此不便深入探讨,只是简单指明。

[3] Prantl 2019.

一级进行,即此处是检察院,彼处是政治。

(二)受权利与法律的约束

一个法治国家必须确保检察机关始终能够依据法律与制定法,不考虑个人,并根据统一的法律标准作出决定。关于裁量终止的决定或通过签发处罚令而不提起公诉的办案方式,不是政治多数人决策的行为,然而,它们也不全然是法律规范下的涵摄。尽管受到法律的严格约束,但相关法规为个案中的评价性的——因此也可能是非法律性的——考量留下了空间。对发布外部指令权的常见批评的另一个不足是,它将政治考量等同于不符合法律的考量,因此认为不符合法律的考量的危险只存在于司法机关和领导司法机关的部长一方。它——半明示、半暗示地——将严格客观的指令接受者(检察机关)和纯粹"政治"动机的发出指令者(政府部门)假定进行二分:这边是正义的代表,那边只有恶棍。[1]

司法部长可能使用其指令权保护其政治伙伴免受刑事追究,或损害其政治对手(真实的案例见 Carsten und Rautenberg 2012, S. 510 ff.)。然而,不 346
能理所当然地认为检察官就不存在这种动机。不容否认的是,在试图作出法律之外的考量方面,定期选举的政治性代理人(官员)可能比专业选拔的终身制公务员有更为明显的倾向。但是,后者也是人,也生活在社会以及政治的关系网中。

(三)司法政策的控制和法治国的目标冲突

由于政治层面的问题,检察机关的行动需要民主的正当性和监督。这导致一个基本困境:如何既保证民主监督,又能防止刑事追诉活动按照政治上的多数决定实施?那些想要废除或限制发布外部指令权的人必须回答这样一个问题:他们想如何保证议会对检察机关行动的问责,同时确保刑事追

[1] Pförtner 2008, S. 459:"那些在外围被称之为'神秘机构'的部委,终究不过是服务于各个部长之党派法律政策主张的大型竞选单位。"(指部委是为部长服务的,围绕部长之党派政策主张运行。——译者注)

诉无论何时都受到法律的约束。在现行法律中，司法行政部门在政治（议会）和专业（检察机关）之间充当纽带——有人称为缓冲区。议会不能直接干预检察机关。这样的干预[1]会使检察机关面临按照政治上的多数决定来处理问题的风险。虽然国会议员因其职务而成为全体公民的代表，但他们既没有（必然地）受过法律培训，也缺少公正的态度。那些想要委托他们直接控制检察机关的人必须保证有适当的机制，能够确保其受法律约束。

347 （四）透明度而非表象

支持废除发布外部指令权提出的论点，即认为它会产生一种“恶劣现象”，与政治影响刑事追诉的可能性并驾齐驱，但仔细观察后会发现这是一个矛盾的论点。政治本身既非善也非恶，它只是政治。因此，司法部部长作为政治选举产生的代表，可能对检察机关在个案处理中施加影响的表象不一定是“恶意”的；毕竟，部长的监督职能和议会责任是宪法确定的。司法部部长影响个案诉讼的权力与之密不可分。通过请愿书、议会调查委员会和职务监督申诉的方式要求部长承担责任的可能性（见本文七、监督和领导的实践），迄今为止没有削弱公众对检察机关工作的信心。

然而，在个案中发布指令权无疑提供了事实上的机会（以及带来）风险，即允许非法的动机介入案件的处理。然而，司法部部长并不是唯一这样做的人：即使是检察官，也不能从一开始就排除与案件事实以外的考量。与检察机关的部门负责人相比，部长不必将其与个案侦查程序有关的行动作为记录事项。由于《法院组织法》不包含任何关于行使监督和领导权力的程序性规定，因此普遍认为根据现行法（de lege lata），指令不需要特定的形式（Franke 2010, § 146 GVG Rn. 36; Mayer in Kissel und Mayer 2018, § 146 GVG Rn. 8），即不一定要以书面形式发布。[2] “恶劣”干预这一现象的出

[1] 在这个意义上：Franzen in Franzen und Andoor 2019，S. 154；2015 年 8 月 10 日新法官协会的新闻稿：“检察官不是独立的！”，可检索 https://www.neuerichter.de/fileadmin/user_upload/bundesvorstand/pdfs/BuVo-2015-08-10_PE_Staatsanwaelte_sind_nicht_unabhaengig.pdf；也参见 Carsten und Rautenberg 2012，S. 550。

[2] 关于相应的法律政策要求，更多文献参考 Harden 2020，S. 32。

现,主要是因为迄今为止指令及其理由一直被允许不公开。[1] 因此,外部指令允许不透明,就特别被指责为对恶劣现象的庇护。*

在正卷(Hauptakten)[3]中对外部指令权的书面形式、理由和记录进行说明这一经常提出的要求,没有任何有说服力的理由能对之反驳:那些合法利用其法定监督和领导职权的人没有什么可隐瞒的,必须向议会、公众,以及对诉讼参与人承担起说明、记录其干预的专业责任。(参见本书第 20 篇文章)。那么,相应的(联邦)法律规定虽然无法排除对检察机关行动的非正式影响,但是,在争议情形下,对于是否发出过指令,(如果发出了)指令了什么内容(关于 netzpolitik. org 案件,见本文三、法政策学的讨论),以及个案中对检察机关处理案件承担什么责任等问题的可能分歧也许就消除了。 348

参考文献:

Altvater, *G.* 2008. Die Emanzipation der Staatsanwaltschaft als Beitrag zur Unabhängigkeit der Justiz, Kritische Vierteljahresschrift für Gesetzgebung und Rechtswissenschaft, 462-467.

Ambos, *K.* 2019. Anmerkung zu EuGH, Urteil v. 27. 5. 2019, Juristenzeitung, 732-735.

Beining, S. 2015. Die Weisung an den Staatsanwalt, Zeitschrift für das Juristische Studium, 546-551.

Böhm, *K. M.* 2020. Schriftliche Stellungnahme zur Sachverständigenanhörung im Ausschuss für Recht und Verbraucherschutz des Deutschen Bundestages am 06. Mai 2020, Abruf unter: https://www. bundestag. de/auss-

[1] 关于个别司法行政部门的其他自愿承诺,见 Harden 2020, S. 10 ff.。在石勒苏益格-荷尔斯泰因州,根据《州司法法》第 73 条,个案的官方指令必须“以书面形式记录在案”,并在不影响调查目标的情况下尽快向州议会主席传达。

* 指指令权不透明为干预办案这种恶劣现象提供了可乘之机。——译者注

[3] Nachw. bei Harden 2020, S. 32, und Beining 2015, S. 550.

chuesse/a06_Recht/anhoerungen_archiv/stellungnahmen-693710(zuletzt aufgerufen am 28. Juli 2020).

Carsten, E. S., und E. C. Rautenberg. 2012. Die Geschichte der Staatsanwaltschaft in Deutschland bis zur Gegenwart. Ein Beitrag zur Beseitigung ihrer Weisungsabhängigkeit von der Regierung im Strafverfahren. 2. Aufl., Baden-Baden: Nomos Verlagsgesellschaft.

Cebulla, M., und Kannenberg, W. K. 2012. Selbstverwaltung der Judikative. Greifswald: Steinbecker Verlag.

Eisele, J. und C. Trentmann. 2019. Die Staatsanwaltschaft-„objektivste Behörde der Welt“?, Neue Juristische Wochenschrift, 2365-2368.

Franzen, R. und G. Andoor. 2019. Weisungsrecht gegenüber der Staatsanwaltschaft abschaffen?, Zeitschrift für Rechtspolitik, 154.

Harden, T. 2020. Schriftliche Stellungnahme vom 30. April 2020 zur Sachverständigenanhörung im Ausschuss für Justiz und Verbraucherschutz des Deutschen Bundestages am 6. Mai 2020, Abruf unter: https://www.bundestag.de/ausschuesse/a06_Recht/anhoerungen_archiv/stellungnahmen-693710(zuletzt aufgerufen am 28. Juli 2020).

Hoven, E., H. Strobl und J. Kinzig. 2019. „Null Toleranz-Bagatellen bestrafen?“, Kriminalpolitische Zeitschrift, 206-213.

Jahn, M., und Brodowski, D. 2016. Krise und Neuaufbau eines strafverfassungsrechtlichen Ultima Ratio-Prinzips, Juristenzeitung, 969-980.

Kern, E. 1954. Geschichte des Gerichtsverfassungsrechts. München und Berlin: C. H. Beck.

Knauer, C., Kudlich, H., und Schneider, H. 2018. Münchener Kommentar zur Strafprozessordnung, 1. Auflage, Band 3/2: GVG, EGGVG, EMRK, EGStPO, ZSHG, StrEG, JGG, G 10, AO.

Koppers, M. 2020. Schriftliche Stellungnahme zur Sitzung des Ausschusses für Recht und Verbraucherschutz des Deutschen Bundestages am 6. Mai 2020, Abruf unter: https://www. bundestag. de/ausschuesse/a06_Recht/anhoerungen_archiv/stellungnahmen-693710(zuletzt aufgerufen am 28. Juli 2020).

Löwe-Rosenberg. 2010. StPO, 26. Auflage. Berlin, New York: Walter de Gruyter.

Meyer-Goßner, L. und Schmitt, B. 2020. Strafprozessordnung mit GVG und Nebengesetzen, 63. Auflage. München: C. H. Beck.

Pförtner, K. 2008. Die deutsche Staatsanwaltschaft: Marionette der Politik? Unabhängigkeit muss sein!, Kritische Vierteljahresschrift für Gesetzgebung und Rechtsprechung, 455-461.

Prantl, H. 2019(1). Entfesselt die deutsche Justiz!, Süddeutsche Zeitung, Online-Ausgabe vom 31. Mai.

Prantl, H. 2019(2). Glanz und Elend der deutschen Staatsanwaltschaft, Deutsche Richterzeitung, 252.

Rautenberg, E. C. 2016. Deutscher Widerstand gegen weisungsunabhängige Staatsanwaltschaft, Zeitschrift für Rechtspolitik, 38-41.

Röttle, R. 2020. Schriftliche Stellungnahme zur Sitzung des Ausschusses für Recht und Verbraucherschutz des Deutschen Bundestages am 6. Mai 2020, Abruf unter: https://www. bundestag. de/ausschuesse/a06_Recht/anhoerungen_archiv/stellungnahmen-693710(zuletzt aufgerufen am 28. Juli 2020).

Roxin, C. 1997. Zur Rechtsstellung der Staatsanwaltschaft damals und heute, Deutsche Richterzeitung, 109-121.

Schomburg, W., Lagodny, O., Gleß, S., und Hackner, T. 2012. Internationale Rechtshilfe in Strafsachen, 5. Auflage. München: C. H. Beck.

Strate, G. 2015. Zurück zur Inquisition, ZEIT, Online-Ausgabe vom 6. August.

第五编　展　望

刑事诉讼中的电子卷宗：机会和风险

安迪·米特雷尔*

一、规范的初始情况 353

2017 年 7 月 5 日通过的《关于在司法机关引入电子卷宗和进一步促进电子法律文件交流的法律》于 2017 年 7 月 12 日颁布（BGBl. I 2017, S. 2208 ff.）。它最初是作为《关于在刑事事项中引入电子卷宗和进一步促进电子法律文件交流的草案》的联邦立法草案被引入立法程序（BT-Drucks. 18/9416）。随着该法案的出台，刑事诉讼中的电子卷宗处理（elektronische Aktenführung）的法律基础——在 2025 年 12 月 31 日之前是可选择的，自 2026 年 1 月 1 日起则是强制性的——已经建立和发展起来。

除受最初法律草案影响的刑事诉讼外，在议会协商过程中，其他所有诉讼法也规定了强制性的电子卷宗处理——电子卷宗处理在其他程序里早就是一个可选项了。

在整个刑事司法中引入全面且强制性的电子卷宗处理规定，将使刑事 354
诉讼发生持久变化。

---

* 安迪·米特雷尔任职于德国石勒苏益格-荷尔斯泰因州司法、欧洲与消费者保护部。

电子卷宗处理的法律基础仅在少有的几个条文中作了规定(《刑事诉讼法》第 32 条至第 32f 条);电子卷宗处理的细节设计很大程度上有意识地放弃了直接通过立法加以规定。刑事案件中电子卷宗处理的技术和组织设计细节(《刑事诉讼法》第 32 条第 2 款),机关和法院之间传输电子卷宗应遵守的标准(《刑事诉讼法》第 32 条第 3 款),创建和传输电子文件应遵守的标准(《刑事诉讼法》第 32b 条第 5 款)以及查阅电子卷宗时适用的标准(《刑事诉讼法》第 32f 条第 6 款)则留待联邦或各州的法律条例来规定。

二、软件的初始情况

德国检察机关中的 IT 景观(IT-Landschaft)划分为两个几乎同样大小的世界。根据各自的专业程序,9 个联邦州的检察机关使用 web. sta 网络(web. sta-Verbund)[1],其他 7 个联邦州的检察机关则使用 MESTA 网络(MESTA-Verbund)[2]。

这两个专业程序的共同点是,它们作为一个全面的软件解决方案*支持检察机关的所有工作流程,即处理检察机关待决的侦查程序、刑事诉讼和罚金程序的数据,以及处理登记在嫌疑人(Js)登记簿中的程序及“一般登记项”(AR 程序),实现了流程管理的自动化,使存储的数据转移到程序处理的其他领域——创建书面材料的文本系统(Textsysteme)——并自动将数据传输到联邦登记簿和《刑事诉讼法》第 483~485 条规定的指定地点,或者在相
355 反的情况下,从外部登记发起查询,特别是从联邦中央登记资料库、中央检察机关程序资料登记库和中央驾驶执照程序资料登记库生成查询结果,并

[1] web. sta 网络被巴登-符腾堡州、巴伐利亚州、不来梅州、下萨克森州、莱茵兰-普法尔茨州、萨尔州、萨克森州、萨克森-安哈特州和图林根州的检察机关作为专门的程序使用。

[2] 勃兰登堡州、柏林州、汉堡州、黑森州、梅克伦堡-前波莫瑞州、北莱茵-威斯特法伦州和石勒苏益格-荷尔斯泰因州的检察机关都在使用 MESTA 网络。

* 在 IT 行业,解决方案(Lösung)被理解为应用软件或软件和硬件的组合,用于特定的、具体的任务,从而为解决客户的具体问题服务。开发和/或分发此类应用程序的软件公司也被称为解决方案提供商,与系统软件制造商形成对比。——译者注

供每个案件使用。

此外，在筹备电子卷宗处理的过程中，近年来全国出现了三个协会，它们结合司法系统的具体要求，运作电子卷宗处理的软件映射（softwareseitige Abbildung）。[1]

1. 不来梅州、黑森州、下萨克森州、北莱茵-威斯特法伦州、萨尔州和萨克森-安哈特州的 e2 协会与其软件产品 e2 A（人体工程学电子卷宗）。

2. 巴伐利亚州、柏林州、勃兰登堡州、汉堡州、梅克伦堡-前波莫瑞州和莱茵兰-普法尔茨州的 eIP 协会以及用于电子卷宗处理的同名软件产品 eIP（人体工程学整合门户）。

3. 巴登-符腾堡州、萨克森州、石勒苏益格-荷尔斯泰因州和图林根州在 eAS 合作（电子卷宗服务）中联合起来，其使用的是 VIS-Justiz 产品。

这一初步情况已经显示了联邦刑事司法面临的挑战之一：通常而言，数据管理（Datenhaltung），包括案件登记资料库（Verfahrensregistratur）和书面材料的创建，到目前为止一直在专门的程序中进行，未来也将继续在各自的专业程序，即 web. sta 或 MESTA 中进行。而此前纸张式的卷宗处理将被上述三个软件系统之中的电子卷宗处理所取代。

然而，由于只有将人工操作限制在必要的最低限度时，才能实现数字化所希望的协同效应，因此所有的电子卷宗系统（E-Akten-Systeme）都提供了指定接口连接和整合专业程序。例如，一旦一个新的案件被录入专业程序相应的登记资料库，并记录了相关的参与者和程序数据，就必须在相应的电子卷宗系统中自动创建一个电子卷宗。理论上虽然可以手工创建相应的电子卷宗，但这与纸质卷宗处理相比没有任何优势，相反，会导致登记程序方 356
面增加大量额外工作。

因此，电子卷宗处理迫切需要在专业程序和电子卷宗系统之间进行连

[1] 关于现状，请参考联邦州司法信息技术委员会每年汇编的各州的报告，可在 https://justiz.de/BLK/laenderberichte/index.php 中查询。（软件映射指将内网映射到外网，使通过外网随时访问内网的服务器成为可能，也可以通过这种方式共享资源。——译者注）

接和整合。这是通过指定接口实现的,这些接口使程序能够被相互调用,必要的数据和参数能够被传输。但在某些情况下,各种系统的接口差异较大。鉴于所述的初始情况以及各州对各个专业程序和电子卷宗协会的分配,web. sta 和 MESTA 都必须与三个电子卷宗系统联结起来。

三、刑事司法部门面临的具体挑战:众多的沟通联系

刑事追诉领域电子卷宗处理的另一个现实挑战是众多的沟通联系。

司法程序中的个人沟通联系——特别是在当事人诉讼(Parteiverfahren)中——经常是双向的。一方当事人向法院提交诉状,法院将诉状转交给对方当事人,在诉讼程序结束时发布法院判决,并送达给各方当事人——但始终只存在两方,即法院和诉讼程序的一方当事人之间存在沟通[当然,个别“沟通案件”(Kommunikationsfälle)的处理往往同时进行,例如同时将判决送达给几个当事人]。对于(法院)卷宗处理来说,其结果是要归档的文件(只)在一个地方接收或创建——法院。原则上,这也适用于上诉程序中,尽管在某些案件群中,由于法院待判决存在的其他可能——如对判决部分(Teilentscheidung)单独声明不服或申诉程序(Beschwerdeverfahren)——必须考虑特殊问题。

相比之下,刑事领域的情况就不同了。侦查程序和刑事执行程序阶段:诚然,检察机关作为侦查程序的主宰,通常是处理卷宗的机构,然而,侦查程序的特点是有许多不同的,且往往平行的沟通关系,其中心是检察机关。到
357 目前为止,通常在“纸质世界”(Papier-Welt)中,案件卷宗由负责开展侦查的侦查人员、参与发布个案司法命令的法院或受理法律救济*(Rechtsbehelf)的法院继续流转。要纳入卷宗的书面材料也是多种多样的:如侦查人员记录

* 法律救济(Rechtsbehelf),指在刑事程序中,参与人针对刑事机关的诉讼行为或裁判,表示反对或提出异议,不一定需要遵循一定的形式。缇德曼教授的导论中的相关内容已经明确表示,法律救济方式包括一般和特别的救济方式,一般的法律救济方式包括抗告、上诉、上告,特别的法律救济方式包括再审。除此之外,还有一些其他的法律救济方式。参见《德国刑事诉讼法典》,宗玉琨译注,知识产权出版社 2013 年版,第 19 页。——译者注

的侦查机关调查活动的笔录(《刑事诉讼法》第 168b 条),提交的书面答辩和意见;有关法院发布命令和法律救济方式的决定[如有必要,必须送达,且送达回证(Zustellnachweis)要纳入卷宗];各方当事人及其诉讼代理人向检察院、发布命令的法院和侦查机关提交书面材料。总之,参与诉讼的人员、机构和法院之间的沟通联系很多,而且差别很大。有条理的卷宗处理相应地也会具有挑战性,因为在电子卷宗管理中——与纸质卷宗处理不同——会出现关键的卷宗"原件"问题。从技术角度看,文件的副本一旦制成,就无法与"原件"或其他副本区分开来,因此,与纸质的"原件"文件和可识别为副本的复制文件相比,电子文档存在着文件扩散的危险(Gefahr des Auseinanderlaufens),而决定性的、主要的原件却无法确定。这个问题亟待解决。

联邦政府《关于刑事诉讼中刑事追诉机关和法院之间传输电子文件标准的条例》(BR-Drucks. 633/19)选择了一个组织性的解决方案,即适用范围仅限于法院和检察院以及根据《税法通则》(Abgabenordnung)第 386 条第 2 款(StrafAktÜbV 第 1 条)进行侦查程序的金融机关,卷宗处理的有效转移将取决于结构数据(Strukturdatensatz)*的回馈或相应的卷宗处理转移通知(StrafAktÜbV 第 3 条第 2 款)。

根据该条例草案的立法理由,检察机关以外的侦查机关以及依据《税法通则》第 386 条第 2 款的规定,在诉讼程序中与检察机关相当的金融机关以外的侦查机关——包括公安机关在内的其他所有侦查机关,应当被排除在卷宗处理之外。这是基于这样的考量:司法卷宗只保存在司法机关内部,因此,侦查机关(包括警察)只处理卷宗副本,以及将在此过程中形成的《刑事

---

* 根据 ERVV(Verordnung über die technischen Rahmenbedingungen des elektronischen Rechtsverkehrs und über das besondere elektronische Behördenpostfach《关于电子法律交易的技术框架条件和特别电子政务信箱的条例》)第 2 条,结构数据记录要附在信息中,以方便司法系统的数据处理。这种结构化的数据可以自动转移到法院的软件中——反之也可以由律师事务所软件处理。可将结构数据理解为用以描述具体内容的文件说明书——诸如索赔声明。它以 XJustice 标准为基础,这是一个司法专用的 XML 模式,包含了参与程序的各方(公民、公司、律师)和法院之间交换结构化数据的基本规范。固定的数据字段包括例如法院名称和档案号;此外,还有一些专门的模块,例如刑事诉讼、扣款程序和登记册。——译者注

诉讼法》第 163 条第 2 款意义上的案卷材料作为文档进行传输，也即不属于《刑事卷宗传输条例》的适用范围。

358 四、电子卷宗处理的数据保护问题

《刑事诉讼法》第 498 条第 2 款规定了专业领域的数据保护要求，无论在电子卷宗软件的技术设计还是在电子卷宗的实际使用中都必须遵守，因为根据《刑事诉讼法》第 98c 条*的规定，禁止对个人数据与电子卷宗或电子卷宗副本进行机器比对，只要这种比对不是基于特定的、个别的卷宗。

《刑事诉讼法》第 98c 条原则上允许与现有数据进行机器比对。为了查明犯罪，或为了侦查被侦缉之人所在地，如果初步怀疑具有刑事犯罪，且该措施适合查明犯罪，可以将刑事程序中涉及个人的数据与为追诉、执行刑罚或防御危险而保存的其他数据，进行数据对比。不同于大数据撒网式搜寻嫌疑人（Rasterfahndung），初步嫌疑不必是法律明确列举的犯罪行为（Katalogtat），也不必与有重大影响的犯罪有关（参见 Menges in：Menges, Hauck und Tsambikakis 2018，§ 98c, Rn. 4）。

每份电子化保存的卷宗中一般都有可供机器比对的相应数据；从技术上讲，与存储在刑事追诉机关的所有卷宗进行比对是可行的、挑战不大的，而在跨机构之间，例如一个联邦州的所有检察机关存储资料实现共享，就可以在更大的范围内进行对比分析。

虽然从刑事追诉机关的角度来看，对个人数据进行不限于个别卷宗（跨卷宗）的检索（aktenübergreifende Suche）是值得追求的（参见 von Häfen in：Graf 2019，§ 498 Rn. 5, sowie DRB 2017），但立法机关已经把这种将个人数据相关的与电子卷宗或卷宗副本进行机器比对的做法定性为《刑事诉讼法》第 498 条第 2 款的行为而予以禁止。

---

* 自动化比对涉及公民的数据自我决定权及一般人格权，构成对公民相关权利的干预，原则上由法院作出。——译者注

一方面，联邦政府《关于在司法机关引入电子卷宗和进一步促进电子法律文件交流的法律》的立法理由（参见 BT-Drucks. 18/9416，S. 69 f.）已经指出，《刑事诉讼法》第 498 条第 2 款的规定是为了应对与电子卷宗处理有关的具体、实际的危险。原则上，技术上可以实现将各种或所有程序的卷宗合并、相互链接和进行检索，这比基于纸质卷宗处理要容易得多。《刑事诉讼 *359*
法》第 498 条第 2 款从根本上排除了对由若干随机的电子卷宗或卷宗副本链接的数据文件进行全文搜索的方式。

另一方面，如果在进行比对之前，已经以特定和个别化的方式选定了电子卷宗或卷宗副本，则仍然允许进行机器比对。根据该法案的立法理由，这种个性化可以借助档案管理（Vorgangsverwaltung）进行，即根据《刑事诉讼法》第 485 条在专门诉讼程序中保存的数据，根据《刑事诉讼法》第 483 条及以下条款保存的其他卷宗以及借助基于《刑事诉讼法》第 492 条管理的跨州检察机关案件登记资料库。此外，在个别情况下，处理案件的检察官或警察也可以根据其对案件其他事实的了解，对纳入比对范围的卷宗进行个别化处理。

《刑事诉讼法》第 498 条第 2 款只排除了对所有卷宗进行笼统的、不受限制的检索，但不排除与具体选定的、准“电子相关”卷宗进行有针对性的比对。

因此，要区分三类情况：

（1）在个案卷宗内检索。

（2）在经由个别化选定的现有卷宗中进行检索。

（3）在用户可访问的整个卷宗库中进行检索。

允许在个案卷宗（1）内进行不受限的（全文）搜索。如果立法者有充分的理由不对选择标准作更详细的确定或进一步的限制，例如在搜索中涵盖卷宗的数量，那么在经由个别化选定的卷宗（2）中进行不受限的搜索也是允许的。但是，需要根据具体的（事实）标准进行选择，并限制纳入搜索的卷宗数量；根据立法者的意愿，笼统的案件选择，即不根据事实标准和限制数量进行选择是不允许的(参见 BT-Drucks. 18/9416,S. 70)。

360 关于用户可访问整个卷宗库的全文搜索(3),有两种情况需要区分:根据《刑事诉讼法》第 498 条第 2 款,在整个卷宗库中搜索个人数据是不允许的。

然而,是否允许在非个别化的卷宗库中通过全文检索的方式对非个人数据进行比对,以及如果允许的话,在多大程度上允许进行这种比对仍旧存疑。就目前而言,这尚未成为法理学讨论的主题;根据文义,《刑事诉讼法》第 498 条第 2 款只排除了对个人数据的比对。

对于这种非个人数据的搜索,《刑事诉讼法》第 161、163 条的一般侦查条款(Ermittlungsgeneralklausel)从原则上提供了充分的授权依据。作为一般侦查条款,《刑事诉讼法》第 161 条第 1 款第 1 句授权检察院进行任何形式的调查,这也包括与侵犯基本权利有关的侦查行为,这些行为的干预强度较低(weniger intensiv),因此不属于特别授权干预(Eingriffsermächtigung)的范围(Sackreuther in:Graf 2019, § 161 Rn. 11)。

然而,在比对非个人数据的情况下,不存在就基本权关联性而言类似于由特别授权规制的干预措施;被比对的数据——即使是在不同的程序中收集的——已经存在于各刑事追诉机关。然而,如果一般侦查条款为收集(新的)个人数据提供了充分的法律授权(更多文献参见 Erb in:Menges, Hauck und Tsambikakis 2018, § 161 Rn. 5),那么一般侦查条款就更成了对非个人数据进行比对的充分依据,该比对与基本权利的关联性(Grundrechtsrelevanz)大大降低。

因此,由于有明确相反的法律规定(《刑事诉讼法》第 498 条第 2 款),在用户可访问的整个卷宗库中进行个人数据的搜索(3)是禁止的,但允许对非个人数据进行搜索。

在电子卷宗软件的设计中,必须遵守《刑事诉讼法》第 498 条第 2 款的具体领域要求。此种情况下,经 2019 年 11 月 20 日《关于在刑事诉讼中执行(欧盟)2016/680 号指令和根据(欧盟)2016/679 号条例调整数据保护规定的法案》(BGBl. I 2019,S. 1724)补充的《刑事诉讼法》第500条,今后必须予以注意。根据《刑事诉讼法》第500条第1款,《联邦数据保护法》(BDSG)第3部分应比照适用于各州公共机构在《刑事诉讼法》范围内处理个人数据的情况。根据《联邦数据保护法》第71条(通过技术设计和有利于数据保护的默认设置进行数据保护),在电子卷宗的软件转化中必须遵守通过技术设 *361*
计(隐私设计)和相应的促进数据保护的默认设置(默认隐私)提高数据保护的要求。

目前对电子卷宗软件的搜索功能的具体要求尚不能下定论。在任何情况下,都有必要通过技术设计和采取适当的组织性措施,来防止从非个别化的文件中对个人数据进行未经授权的全文搜索。

在《刑事诉讼法》之外的所有诉讼法中,对电子卷宗中的或来自电子卷宗的个人数据进行机器比对的特殊数据保护要求迄今为止尚未统一,对此可能需要采取立法行动进行规范。

五、结论

随着《关于在司法机关引入电子卷宗和进一步促进电子法律文件交流的法律》的出台,立法者使整个德国的司法机构走上了数字化的道路。企业和行政机关的相应经验表明,电子卷宗处理不仅是可能的,而且与纸质卷宗处理相比,还具有优势和优化的潜力;同时,越来越多的法院在电子卷宗处理方面的经验也说明了这一点。转换过程当然会带来挑战,但一旦成功,几乎没有人愿意再回到纸质卷宗处理模式。对于刑事法院和刑事追诉机关来说想必也是如此。刑事诉讼中电子卷宗处理的特定机遇、挑战和风险必须沿着这条道路进一步探索,因为迄今为止,刑事诉讼中电子卷宗处理的实际经验几乎不存在。因此,在规范上、组织上和软件上仍需进行调整。然而,有一件事是肯定的:数字化不会消失。

参考文献：

Graf, *J. -P.* , Hrsg. 2019. BeckOK StPO mit RiStBV und MiStra. 35. Edition, Stand:01. 10. 2019. München:C. H. BECK.

Menges, *E.* , *P. Hauck und M. Tsambikakis*, Hrsg. 2018. Löwe/Rosenberg. Die Strafprozeßordnung und das Gerichtsverfassungsgesetz. Band 3/1: § § 94-111a. Löwe-Rosenberg, Die Strafprozessordnung und das Gerichtsverfassungsgesetz. 27. Auflage. 2018. Berlin/ Boston:De Gruyter.

Deutscher Richterbund. 2017. Stellungnahme Nr. 3/17, abrufbar unter https://www. drb. de/ fileadmin/DRB/pdf/Stellungnahmen/2017/DRB_170109_Stn_Nr_3_E_Akte_im_Strafprozess. pdf(letzter Abruf am 14. Februar 2020).

技术进步引发的结构变革:司法工作领域的演变

拉尔夫·科布勒*

司法现代化,正如大约 15 年前在几乎所有联邦州所开展的利用网络化 363
计算机联通所有司法机关的运动一样,当时让很多在职人员感到不安。一部分法官和检察官希望继续在案卷中手写他们的处理决定(今天仍这么做,但可识别率却一直不高),另一部分则担心丢了工作。不过,还有一些人则已经意识到,数字时代已经来临,而且不会在任何生活领域面前停下脚步。部分当时的排斥,如今让位于一旦电脑罢工一小时就立马恼怒不已。

当然,仔细审视,如果不考虑成本管理系统和技术信息手段、通信手段,在司法领域的技术适用仅仅限于管理案件的基本数据,电脑只是非常方便的打字机,其所提供的"表格模板"像丛林一样让人应付不过来。司法现代化为自 19 世纪以来传承下来的业务流程提供了 IT 技术支持,仅此而已。然而,电子化的法律往来,特别是电子卷宗将深深地改变这一切。法院和检察
机关的业务流程将全面电子化,并在很大程度上实现无纸化。 364

这一变革将来对于工作场景及其工作人员可能产生什么影响?无论过去还是现在,从事工作的都是生物意义上的人类。

---

* 拉尔夫·科布勒任职于德国达姆施塔特地方法院。

一、总论

（一）考察代际差异

如果大家一致认为，在不远的未来司法工作仍由人类作出决定，那么就有必要看一下但愿是配置良好的人员年龄结构。战后重建的一代早已退休，而德国经济奇迹中的婴儿潮一代也许只能以末代型号的身份*体验电子卷宗运用到工作当中。

接下来的几代人不再那么执着于在时间和地点上清晰的结构化工作和职业生涯，事业和赚钱不再是个人议程的首要任务，就像许多人不再有拥有驾驶自己的汽车和建造自己的房子的愿望一样。以前，在家庭内部有明晰的任务分工，现在也让位于妇女平衡处理家庭与职业生活的合理愿望。此外，许多人非常清楚，令人满意的“平衡工作与生活”是非常重要的。生活质量正变得比生活标准更重要，在职业生涯中，自我实现只是其中的一部分。前几代人对工作和雇主的无条件奉献精神，在这一代人身上已不再明显，而这一代人也展现了更高的素质。这一代法官和检察官主要是伴着电脑长大的——许多人都是“数字原住民”。当然，这将使他们很容易认识到业务流程全面电子化的优势，也会使他们个人从中受益。

（二）工作场所中的个别潜在好处

如今纸质世界的卷宗——除了在案件卷宗中划分出重大案件和少量特别案卷——主要按编年整理：按照归入的先后对文档归档，通常也没有目
365 录。这意味着，决定者（办案人员）的任务是筛选卷宗内容，找出与结论相关的案件材料，其间没有任何实质性的支持。这是一款耗费宝贵时间资源的搜索游戏。

以下就是电子卷宗对懂电脑的人来说有用的地方。其文件名称中已经有了内容分类，这使得筛选成为可能。此外，搜索功能通过简单工具即可作

* 战后婴儿潮是特殊时代的产物，以后不会再有。——译者注

个别摘录，将支持决定者以此前不了解的方式有效地了解卷宗内容。在刑事案件中，电子卷宗最好由警察按事实或内容的结构去准备。

可能暂时还没有实现的是那些好用的附加功能，比如诉讼参与人之间日程直接同步、自动化的日程登记并附有时间变更的消息推送、现代数字支付手段（在黑森州已经施行）、常用语种的翻译软件、办公场所的视频沟通以及更多的数字便利。但是，需要特别指出的是，我们还没有云存储形式的卷宗，如果有这种卷宗，诉讼参与人可通过云平台一起工作，在民事案件中，理想的方式是由各当事人以关联（Relation）的形式（结构化的当事人说明）共同处理案件表格。*

从长远来看，语音识别以及语音控制将释放服务团队（Service-Team）的工作人员，使这些劳动力真正用于为决策者提供协助，这将减轻决策者的一些必要的但又不重要的职责负担。

（三）工作的灵活化

如果电子卷宗在家里可以通过早已广为人知的加密 VPN 远程访问技术获取，当然，也不仅仅在家里，甚至是任何地方，那么，法官和检察官的工作方式将比以前灵活很多：因为不再需要移动像小山一样的卷宗，可以自由挑选工作地点，而不会损失任何工作机会以及遭受无法获取资源的损失。与此同时也会增加时间上的灵活性：没有人再受制于司法办公大楼的开放时间，白天工作时间的安排也可以更加自由，因为晚上或周末的时间也能成为“完全”的工作时间。尤其是，较之以往，家庭与职业之间能更好地平衡，因 366
此未来灵活办公将更受欢迎。甚至可以畅想此前常见的女性法官和检察官非全职工作减少。鉴于人口发展的趋势，中期来看，司法工作中另外一半训练有素的人员（男性）将非常缺乏。非全职工作中的部分本应用于工作的时间耗费在了照顾孩子等事务上，现在这部分时间可以转到晚上。那些认为此举涉嫌加重职工压榨自我之危险的人，可以看一看上文提到的“平衡工作

* 指目前实现不了各诉讼参与人在云平台上协同编辑一个卷宗。——译者注

与生活”或者考虑通过职工代表与雇主之间精明的协议予以限制。

当然，工作地点和工作时间的灵活化也会导致普遍的长时间通勤的缓解，为迎合这一趋势，农村中基本上较为便宜的住宅和建筑将再次变得具有吸引力。

鉴于这种发展趋势，除 R 级[*]的工作人员外，考虑进一步变革工作时间模式无疑是有意义的，当然，也可以考虑纯粹以案件负荷为导向的弹性工作时间[**]，以及考虑终身工作账户模式，它允许数年间不必平均分配工作时间或者安息日不工作或者提前退休。在相反的方向上，也可以讨论“缓慢”地进入退休状态，在拿养老金后做兼职，以全面彰显灵活工作机制的优势，特别是鉴于整个职业生涯的延长，也可以个别考虑适合长者的负荷较小的工作。

（四）领导关系和社会联系

显然，对法官和检察官提出领导关系问题是非常有问题的，尤其是众所周知，法官是独立的，而检察官在合法性原则的观念下，在实践中也完全不受指令约束。另外很明显的是，与检察官相伴的单打独斗会伴随某种职业上的孤独感。由于使用电子卷宗，工作地点和时间灵活化了，在此影响下，这种孤独的趋势还会加剧，并产生不利的后果，其中不合群、自私自利的行
367 为还相对算轻的。

司法机关的领导岗位通常给予那些经过长期专业工作、事业经历非常成功的人士，但是，如何担任领导以及人力资源管理的知识，他们可能没有专门学过。虽然进修有所裨益，但成年人并不容易改变。那些在社会交往能力（Sozialkompetenz）方面存在缺陷的人，几乎不能对他人起到帮助和引领作用。

---

* 德国公务员的工资分为 A、B、C（W）、R 级，R 级分 1～10 级。根据德国联邦工资法和州工资法，法官、检察官的工资位列 R 级，从 R1 到 R10，依雇主（联邦或州）不同而不同，其中联邦的自 R2 开始，分三档，R2 和 R3 每月 4000 欧元，R5 至 R7 每月 4700 欧元，R8 及以上每月 5400 欧元。联邦宪法法院的法官工资标准依据《联邦宪法法院法官工资法》。——译者注

** 即不必打卡上下班，只要完成商定的工作任务就行了。——译者注

电子卷宗使不在工作场所办公的情形与日俱增,由此可能加剧这种问题。因为领导者通常是年长者,他们会遇到一些更年轻、资历更浅的人,作为“数字原住民”,这些年轻人在掌握电子卷宗技术方面明显优于年长的主管。其中隐藏着不可低估的冲突风险,对此,绝对应该通过对“年长者”进行特别的电子卷宗培训来冲抵可能的冲突。

任何人的幸福感均依赖于其周围人的评价与认可,所以,随着日益增多的不在工作场所办公的现象,应当充分考虑法院或检察院如何保持充分的社会联系。这个问题可以通过商定的工作会谈来克服,比如在特定日期或者经常举办一些社会活动,像一起远足、喝咖啡以及会餐,但是肯定很难成功地解决。在这个方面,人力资源部门、负责员工发展及培训的部门就有了一系列新任务,这些任务,像其解决途径一样,尚不能完全把握,更不用说得到解决了。

(五)健康问题

在纸质卷宗时代,司法工作的职业活动通常是办公室工作,除了紧张地阅读卷宗及看屏幕之外,交还及领取卷宗就成了最主要的运动方式,除非有人不时进行力量训练,以及将卷宗放在业务处的服务中心(Serviceeinheit)。鉴于我们伙食质量非常之好,缺乏运动带来了肥胖、心血管疾病和背部疼痛。所有这一切都不新鲜,近年来,官方的健康管理部门或多或少成功地解决了这些问题。

随着电子卷宗的引入,这个问题也许还会加剧:如果人们想这样安排工
作的一天,可能出现这样的画面,早上就在办公桌前落座,直到下班才会将 368
视线从(也许是两个)屏幕上移开,最多就是走到咖啡聊天室或者会议室活动一下。

如果以更贴近实践的视角来看,这种图景不可能出现。因为另外还要征求同事的意见,还要处理一些行政事务,或者想与服务中心的工作人员面谈。

当然,面对屏幕长时间的工作很快引起了人们对眼睛健康的担忧,这肯定不是无稽之谈。用人单位需要予以特殊的考虑:要配备最好质量的显示屏,支持采购屏幕专用眼镜,组织眼科医生定期来检查。另外也包括提供符合人体工学设计的办公家具,最大限度地进行私人订制,以及高质量的照明。就此而言,采购人员应当听从医生和专业顾问的建议。

此外,在工作场所必须大力提升保健的努力:在办公楼内提供理疗、按摩服务,设置瑜伽和放松设施,提供工作间歇运动和视力锻炼的条件,设置健康日和医生咨询时间,食堂提供健康餐饮,这些都是众所周知的办法,在未来还要继续发展及强化。

二、检察机关的特别展望

对于一个超过 25 年没有在检察院工作过的人以及 20 年未再从事对检察机关职务监督[*](Dienstaufsicht)工作的人来说,针对数字化时代检察机关的现状及展望发表看法,看起来多少有些狂妄,但是我被要求就此发表看法,我(一定程度上保持专业的克制)也准备好了接受这一挑战。

369 (一)关于现状

根据法律,检察机关是“侦查程序之主宰”。只有它才能最终决定哪些诉讼被终止(不起诉),按照什么规定被终止,哪些诉讼以起诉或申请处罚令的方式移送哪一个一审刑事法院。有人要是由此得出“检察官向作为侦查人员(谢天谢地,具有贬低之义的“辅助人员”的概念已经成了历史)的警员发出详细的指令详细说明侦查的过程和实施”的印象,很可能是看多了刑侦电视剧,在电视剧中,主任检察官[**](Oberstaatsanwalt)从一辆黑色豪华轿车里出来,在犯罪现场与从属于他的警员开展侦查工作。实践当中,侦查的案

---

[*] 职务监督是指有权机关为了确保检察机关符合规定地、不拖延地履行职务而得以采取的告诫、督促、警告等措施。——译者注

[**] 指在州总检察院履职的检察官或在一个地方法院检察院(Staatsanwaltschaften bei LG)担任部门领导/主任的检察官。——译者注

件要么在临近结束阶段才移送检察机关,要么向检察机关提出建议,请求使用某些侦查措施,而这又是侦查法官保留行使的职权。检察机关作出影响实质处理的决定和就侦查策略与警察协调一致的决定,只在少数专有的诉讼中才保留,在这些案件当中,往往涉及需要就限制费用支出达成一致。

这种实践图景将检察机关的活动——出于必要和资源的缘故——降格为具有很强的文牍(bürokratisch)特征的工作。检察机关也许是受纸质卷宗涌入影响最大的司法部门。依笔者所见,电子卷宗充其量只是试点适用,无论如何都还不是标准手段。

看一下虽然不起眼,在技术上也不是那么有说服力的例子:在我领导的地方法院,绝大多数的大刑事审判庭将收到的纸质案卷转换成 PDF 文件,并提供给诉讼参与各方,在庭审及办理案件中使用。对于审判庭来说,这种非常简单的卷宗数字化的好处,是使用其搜索功能,以及不必将厚重的卷宗运到法庭,也不必运到自己的办公桌上。此外,一些审判庭还使用了有用的结构化软件,将卷宗内容以承办人希望的方式数字化个别展现,而不用改变案卷中文档的实际次序。这仅仅是一种对于承办人特别化的卷宗内容展现方式而已。至少能做到这样。

(二)关于前景:非同寻常的效能 370

刚刚提到的在法院制作初级电子卷宗的例子清楚地表明,这种方法至少是有帮助的,也能够被接受,尽管缺少更有意义的解决方案。然而它还不能说明刑事诉讼中已经有了一套深思熟虑、贯彻到底的电子化的办案流程。侦查活动通常由警察启动,如果根据《刑事诉讼法》第 158 条向检察机关或区法院报案,案件处理同样一般要先交给警察。由于联邦和各州的警察已经有了相对较高的 IT 化程度,因此,在侦查中生成的文档确实能以电子方式创建、以电子方式存储。在很多案件中,完整的侦查卷宗在侦查结束后、移送检察机关之前才制作纸质卷宗。

这是刑事案件中富有意义的电子卷宗处理的开端,电子卷宗在警察那儿制作,盖上结案的印戳之后,再移送检察机关,在那儿进一步处理,在安全的技术条件下可以提供阅卷服务。检察机关作出最终处理后,在终止案件的情况下(不起诉时),卷宗必须进行归档;在申请处罚令或提起公诉的情况下,卷宗必须移送到法院。

以上只是对于可能很长链条的卷宗流转的简单描述,当然,要实现这种理想情境,还要对技术的标准化提出更高要求。或许,所有参与流程的单位使用同样的制作卷宗以及阅读的软件不是那么必要,当务之急是确定标准,使电子卷宗能够顺畅地移送到接收单位并在随后进一步处理。在联邦州内部是否要实际移送电子卷宗,或者只转交一个访问权限就够了,这是一个在处理过程中要回答的技术问题。

显然,在自2026年起所有司法案件均要制作电子卷宗的强制性法定义
371 务实施之前,制作跨部门共用的刑事案件电子卷宗,将是非常有意义的。获得完全不同的、前所未见的刑事案件办理效率也是可能的。难以逾越的卷宗堆积如山景象将会消失,只需稍加想象就可以知道,电子卷宗的功能将带来真正的提速,以及使刑事追诉机关及时作出反应。

人们必须要做的,就是在这条路上勇毅前行。

三、结论

当然,全面引入电子法律文件以及电子卷宗将改变法院和检察机关的工作流程,也将以前所未有的方式改变工作人员的个人工作。它将简化许多流程,消除烦人的卷宗查找工作,使工作场所和时间变得异常灵活。在屏幕面前工作时间过长,对于年轻工作人员来说并不那么抵触,而IT操作技能水平较低的年长者则更为担忧。

打造一个富有效率的司法,面临的机遇超过了可能的问题,如果在工作手段转换过程中,将法院和检察机关最重要的资源——人而非技术手段——置于中心,那么,这些问题看起来是可以应付的。

借由内部调查实现国家刑事追诉的私人化

拉尔夫·彼得·安德斯*

一、问题之提出 373

检察机关的创新过程与通过所谓的内部调查(internen Ermittlungen)实现“刑事追诉私人化”有什么关系呢?刑事追诉的私人化最初可能代表了国家追诉事实上的部分撤退,如有可能,包括所有导致的后果在内,特别是对公正原则的影响,都汇入了法定性原则、职权查明原则、职权原则**的新调整进程之中。考察(企业)内部调查,首先有必要在刑事追诉的上位概念框架下区分相关主题(见下文“二、概念说明”)。接下来,将要阐明,利用通过私人发起的企业内部调查获得的“访谈”,是否侵害了涉案人员的诉讼基本权利(见下文“三、谈话笔录的可用性”)。此外,联邦宪法法院最近对律师事务所扣押此类文件的合法性表明了态度,有待澄清的是,除了由此确认符合宪法精神的通说,对于企业友好的以及对律师友好的解释还有多大的空间?(见下文“四、律师事务所的扣押”)鉴于可能违反不得自证己罪的原则以及禁止扣押的要求,有必要研究联邦政府《加强经济诚信法草案》(Gesetz zur 374

* 拉尔夫·彼得·安德斯任职于德国汉堡地方检察院。

** 职权原则,亦译为职权主义,指刑事追诉只能由检察机关行使。——译者注

Stärkung der Integrität in der Wirtschaft,现已宣告失败)(见下文“五、立法的改革方案”)。最后本文以简短的概览结束(见下文“六、概览”)。

二、概念说明

首先要定义刑事追诉的私人化、内部调查和刑事合规(Criminal Compliance)这几个概念[见下文“二、(一)刑事追诉的私人化”至“二、(三)企业合规”],这几个概念之间的关系也需要厘清[见下文“二、(四)内部调查/刑事合规与国家追诉职责的关系”]。

(一)刑事追诉的私人化

刑事追诉私人化的表现形式非常多样化:在刑事追诉开启前的阶段,我们可以看到公民社会开展的犯罪预防的私人化,其形式从邻里监视到商业化的安保服务,不一而足(Walter 2003,128 ff.)。刑事追诉机关通过将具体侦查活动予以“外包”的措施(关于概念,参见 Donatsch und Blocher 2008,347,348ff.)——比如将委托运维镜像(数据库)或分析电脑数据或数据解密交给私人的 IT 服务商——也变得越来越重要(Donatsch und Blocher 2008,347,350;Beukelmann 2008,280)。此外,新闻界及国际调查研究合作机构的工作人员在平行司法(类似于司法、准司法)的运作中同样“询问”“证人”,[1]并要求——就此而言,考虑设置有关确保证言真实的刑罚规定很没有意义[2]——其作出代替宣誓的保证,[3]然而,事实表达与发表看法的界限可能就消失了。这些策略的成功毋庸置疑,因为它们摆脱了诸如听取另
375 一方意见、对质权(《欧洲人权公约》第 6 条第 3 款 d 项)、平等武装及刑事案件国际司法协助等原则的繁重枷锁。个别情况下,给付报酬反而会降低被

---

[1] 参见《对 Dieter Wedel 的新指控》,载 https://www.zeit.de/kultur/flm/2018-01/sexualdelikte-dieter-wedel-regisseur-ermitt-lungsverfahren-vergewaltigung。

[2] 参见《刑事诉讼法》第 156 条,该条规定,这种宣誓必须是在有权接受代替宣誓的机构面前“虚假”作出的。私人企业和(公法上)广播机构不包括在内。

[3] 参见《影子人》,载 https://www.zeit.de/2018/05/dieter-wedel-vorwuerfe-schauspielerinnen。

询问人提供资讯的意愿。[1] 在官方刑事诉讼程序当中涉案人员当然享有的权利,却为了置于更高目的的、所谓利于全社会的信息披露而被牺牲了。此外,所获得的结论是否符合真相,迄今为止是通过“安全系统”以及近乎封闭的奖励系统来进行监控,非常之不透明,几乎各家也极其不同。《明镜周刊》记者雷洛蒂乌斯(Relotius)的案件*表明了问题的紧迫性。[2] 私人刑事追诉最新的一块拼图是纪录片电影,比如关于迈克尔·杰克逊虐待指控的《离开梦幻岛》。[3] 在刑事追诉私人化的背景下,近年来提升被害人的法律地位的规定迅速扩张(Sarhan 2017,336,339),在刑法理论上将其解释为“恢复”或“法律冲突的再人格化”(参见 Anders 给出的例证,Anders 2012,374,396),还有(扩大的)犯罪人与被害人冲突调处(TOA)也获得了越来越重要的意义。最后,还应提及内部调查。

针对私人化过程产生的主观上评价为有效的说法(subjektive Geltungsbehauptunge)可能带来下列危险,它不仅质疑了(实质的)查清真相原则、法定性原则及职权原则(Anders 2017,82,83 ff.),而且将导致放弃被指控人的程序性保护权利。

(二)内部调查

德语“内部调查”从英美的“internal investigations”移植而来,指企业自己启动的、由其雇员开展的内部措施,旨在查清(其他)雇员可能的内部失职行为,特别是犯罪行为和行政违法行为。如果调查数据是为了转交给刑事追诉机关而收集的,或者——本没有这样的意图——后来客观上进入了刑

[1] 参见《撤销自认》,载《星报》1998 年 7 月 23 日。

* 克拉斯·雷洛蒂乌斯为德国《明镜周刊》记者。2018 年 12 月 19 日,《明镜周刊》公开表示,雷洛蒂乌斯承认自己“大规模伪造文章”,在《明镜周刊》的至少 14 篇报道中捏造事实、人物和引文,这一事件也被称为“明镜门”。《明镜周刊》将此事公之于众,随后开展了内部调查,重新审视工程流程和质量标准,重新制定了新闻报道的原则,并设立了内部调查部(Ombudsstelle)。——译者注

[2] 参见《新闻行业有一个糟糕的要求:使现实符合叙事》,载 https://www.zeit.de/2019/01/journalismus-reportagen-wirklichkeit-aufklaerung-claas-relotius。

[3] 参见《电视成为平行司法》,载 http://www.spiegel.de/kultur/tv/leaving-neverland-und-andere-anklage-dokus-fernsehen-als-gerichtssaal-a-1256181.html,最后访问日期 2021 年 9 月 13 日。

376 事追诉机关使用的范围,那么,内部调查至少是一种私人化的刑事追诉形式。在德国经济活动中,这种私人调查日益重要。私人调查要么由企业员工自己实施,主要是合规部门人员,要么由专门从事这一领域的外部律师实施。从表面上看,内部调查获得的调查结论使得把内部调查引入侦查程序的检察机关处于舒适境地,共同参与的背景和动力是"司法"资源的稀缺性(Sieg 2017,484,506;Taschke 2012,9)。

特别是,当从经济的视角看,企业因其雇员的犯罪行为而获利,就面临因此受严厉制裁的风险。除了国际上普遍接受的单位犯罪这一特殊问题,[1]根据德国法,还面临着根据新的法律(参见《刑法》第 73 条及以下几条)被没收追缴经济利益以及根据《违反秩序法》第 30 条被处以团体罚金(Verbandsgeldbuße)的风险。最后,企业还有可能被排除在公共采购程序之外(所谓的"黑名单"),特别是根据州法[2]及——到了 2021 年还有——联邦法(参见 WRegG* 第 2 条),[3]必须将与企业有关的违法情况载入公共采购和腐败登记档案(Baur et al. 2019,1025,1028)。内部调查作为所谓合规的后果(关于二者的联系,参见 Momsen 2011,508),最初指积极的、因此可以减轻制裁的(犯罪)事后行为(Rödiger 2012,S. 88 f.):在量刑时,企业的合规努力至少可以被考虑降低团体罚金(BGH NZWiSt 2018,379),但是,也可以反过来针对企业的漫不经心提高罚金的额度,只要不违反禁止重复评价原则(Baur und Holle 2018,14,18;Hugger und Pasewaldt 2018,388,389
377 f.)。在内部调查中,企业也可以针对雇员提出(可能的)损害赔偿请求(LG Hamburg NZWiSt 2012,26,27;LG Mannheim NZWiSt 2012,424,427)。除了向雇员发问,搜查工作场所、扫描硬盘及审查电子邮件通信,也属于内部调

[1] 关于宣告失败的团体制裁法草案,参见弗赖尔《团体刑罚之批判》(1998 年)第 5 部分"企业的可罚性"。

[2] 参见石勒苏益格-荷尔斯泰因州《设立保护公平竞争登记档案法》(GRFW),以及汉堡市和石勒苏益格-荷尔斯泰因州之间《关于运营保护公平竞争的共同登记档案》的行政协定。

* 《设立及运营保护为获取公共委托与许可之竞争的登记档案的法案》之简称。——译者注

[3] 计划按照 WRegG 第 10 条完成法律条例,从而使保护竞争的登记处于 2021 年开始运营。

查措施。因为内部调查的国际属性,即在私人领域可以不受刑事司法协助的繁复规定的约束,内部调查非常有效率(Sieg 2017,484,496;Wewerka 2012,S. 123)。对企业来说,好处是采取措施可以裁量及可以操控:企业是调查的"主宰",可以自己决定范围有多大以及通报的策略(Godenzi 2008,S. 40)。在初步的措施中,可以假设受害企业与雇员的利益是一致的。但是正是因为不排除企业与检察机关的合作,利益的对立很快就凸显出来(Rödiger 2012,S. 191 f.)。

(三)企业合规

内部调查与刑事合规紧密关联:他们都具有预防的目标设定,作为监控机制,通常作为合规管理系统(CMS)的一部分。就内部调查而言,它是压制性的,也就是说,在发现或知悉违规行为之后在企业内部开展,也被称作刑事合规调查。从结构上区分刑事合规和内部调查可能做不到,因为后者不仅仅是前者的对应物,而且两者在目的上是一致的,两者都部分地依托于同样的手段措施。(Potinecke und Block 2016,S. 23 ff.;auch Momsen 2011,508,509 ff.)

人们可以将刑事合规视为法律私人化发展过程的一种表现形式,视为国家职责向私人的让渡,在本文的情形中即让渡给企业(Rotsch 2015,§ 1 Rdn 68)。内部调查作为刑事合规的组成部分或者——用大型审计公司的术语来说——"鉴定服务"(forensic services,一译商业顾问)(参见 Godenzi 2008,S. 15 ff. 对于职责的概述),导致与刑法有关的查清事实从国家转给了私人,此举用(刑)法的去预算化(De-Etatisierung)(Theile 2013,378,382)的系统论概念很好理解。一方面,这反映了国家日益显现的无力履行有效刑事追诉义务;另一方面,也揭示了企业通过私人的内部措施应对面临的刑事 378
风险的固有利益。从监管理论的角度看,可以称为"被监管的自我监管":借由其合规方案,企业协力以"私人执法"实施刑法规范——仅当企业能自主设定程序的内容,而不必考虑国家的规范实质时,才称得上独立的、自主的

(Kölbel 2013,499,507 ff.)。也许这也是一种刑法规范的双重化,因为除了原本的触犯刑法,还有来自“坏”的合规或“不合规”(未合规)的惩罚(Kölbel 2013,499,530 f.)。

(四)内部调查/刑事合规与国家追诉职责的关系

刑事合规与国家追诉的诉求并不一致,从实体法的角度看,违反合规规定为刑事可罚性奠定了基础[如同《刑法》第 266 条*定义的照管财产义务;关于通过设立或者保持所谓的“秘密账户”(schwarzen Kassen)侵害财产照管义务,参见 BGHSt 52,323(335)-Siemens/Enel,即西门子/意大利国家电力公司案;看法有所保留的,参见 Michalke 2011,245,250]。因为法律赋予企业开展创设刑事可罚性的合规的义务(Rotsch 2015, § 1 Rdn 19 f.;关于执行法定义务的概览,参见 Michalke 2018,334 f. und Kölbel 013,499,509 m. w. N),或者这一义务通过其他机制强加给企业,使得问题变得尖锐起来:一个相信必须使用多层次的“守法策略”的法律体系,其自我定位是什么?(Michalke 2018,334)然而,对于认为实施现行法的国家固有职责私人化的大趋势是不合法的看法(Michalke 2018,334),有两方面的反驳理由:第一,从本质上讲,合规也符合企业的直接和间接利益,它特别有助于保护企业的财产不受犯罪雇员的侵害,也有助于保护公民(作为客户)不受源于企业或由企业实施的非法行为的侵害。对于合规措施,特别是内部调查,作类似于国家行为的解释显然是脱离现实的。虽然,西门子、曼恩、保时捷、戴姆勒、富乐斯多和大众等公司此前开展的重大行动表明,检察机关与内部调查官
379 可以紧密合作,相互交换侦查/调查成果,由此,对于检察机关来说,也可能确证初始的犯罪嫌疑人(Sieg 2017,484,495ff.)。第二,内部调查首先服务于企业维护自我利益,企业不会把刑事追诉公共利益绝对化或者作为优先事项,而是在冲突情形下优先处理企业自己的利益,特别会产生按照企业科层“向下”(Erb 2013,S. 181)“分摊”责任的危险(对此正确的分析,参见 Sar-

* 背信罪。——译者注

han 2017,336,338;关于公共利益与社会利益之间的紧张关系中,机关负有的监督合法性的义务,参见 Bachmann 2016,563,565 ff.)。这种矛盾揭示了从事调查行为的企业与刑事追诉机关合作的困境,从而危及查清实体真实(Baur 2018,1092,1096;Reuling und Schoop 2018,361 f.;Sarhan 2017,336,340)。此外,以下情形是在实定法之前就已存在的:刑法由公民以及企业借助私法(共同)建构而成,不是纯粹的基于利益的构造(关于前实定法的论证,参见 Köhler 1997,S. 22 ff.)。如果企业和代表企业的自然人也被理解为这样的共同构造,就没有理由反对要求他们采取特别措施来遵守刑法(然而,对于根据义务设立合规组织及其履职的详细规定,正确地表示反对的,参见 Baur/Holle2020,224,229)。增多的组织层级要求组织负责人付出更大的努力,以确保团体以及其雇员的行为合法。这种复杂企业内部分工细密的、很难发现的行为——人们完全不必过分地求诸所谓“易犯罪的团体倾向”的“组织体风险”(Rack 2015,277)——表明存在侵犯法益的更高危险,也成为引入团体刑罚的想法的正当依据。[1]

在这个背景下,关于“通过合规使本身是规范对象与制裁对象的企业进入了规范定义者的角色”的结论(Theile 2017,913,915;Michalke 2018,334,337),并没有触及问题的实质。所提出的反对意见,即认为合规将真正的国家立法权转移给了私人,存在宪法上的尴尬(参见 Michalke 2018,334,337,他援引了 Schünemann1987,S. 376 的观点),这种说法也没有触及根本,因为:一方面这种批评就明确性要求[罪刑法定]来说——就像空白罪状——只影响到所谓的动态引述*(Schünemann 1987,S. 376),而动态引述在借由 380
合规规定确定财产照管义务方面并不成问题;另一方面,这种批评还针对了民主原则,认为逾越了公法与私法之间的界限。后一方面的说法也一样没

[1] Henssler et al. 2018,1,8:“现代团体制裁法基于以下事实而正当,即团体可能发展出有缺陷的或易于犯罪的企业结构。”

* 动态引述(dynamische Verweisungen),指立法者在初始规范中考虑到了关联规范的未来发展,使初始规范可以引述关联规范的最新文本。——译者注

有说到点子上，因为与《刑法》第 266 条有关的义务在性质上是公法义务还是私法义务，无关紧要，重要的只是其保护财产的属性。[1] 从企业的视角来说，刑事合规首先是为了企业自身的经济利益而对刑事责任风险进行管控，这就意味着国家进行有效刑事追诉的任务可能沦为纯粹的偶然（Kölbel 2013，499，503 f.）。

三、谈话笔录的可用性

在这里，由企业雇员或由受委托的律师对涉案的雇员进行询问是有意义的。实践受很多方面的影响，看起来像承诺所谓的“大赦”，即除了在民法上放弃警告、解雇或损害赔偿（Jahn 2009，41，42），也将许诺免于刑事处罚（Momsen 2011，508，515）。除了“不说就走人”的策略，另外还有以“充满信赖的合作”的方式进行的询问（参见康斯坦茨关于企业集团制裁 DFG 项目的经验描述，Theile 2013，378，381 f.）。在为企业准备的参考文献中，就谈到了“友好与耐心”和“为了被询问人的利益及关照”（Tsambikakis 2016，S. 210 f.）。在这个领域，一方面是欺骗或者完全的刑事强制的压力，另一方面是提供表示和解的“拥抱课程”，在两者之间摇摆，其中有意义的是询问。

381 ### （一）劳动合同中依法存在的答复义务

通说认为，雇主对于雇员有询问权，作出答复是雇员在劳动合同上的附属义务：至少在雇员工作的核心范围中，即在其个人直接的劳动范围中，雇主的询问权受《民法典》第 666 条、第 675 条第 1 款之保护；该答复义务不受限制，也包括自证己罪［参见 BGH NJW 1990，510，511；同时引用了 BGHZ 41，318（322，323）作出的所谓“建筑师判决”；Herrmann/Zeidler 2017，1499，1501］。联邦劳动法院的判决提出了与提供劳动间接相关的限制，据此，保障询问权利不得以不允许的方式改变《解雇保护法》关于证明责任之规定，

［1］ 参见 Saliger 2011，902，911：“对于法律义务的背信可能性起决定作用的，不是来源，而是内容。”

即雇员没有义务对离职原因进行法庭外陈述(BAG NZA1996,637,638 f),但这些限制在本领域内不适用。因为雇员实施的犯罪行为对于雇主可能产生(法律)后果,所以,这里存在一个值得保护的询问正当利益。联邦宪法法院在一个破产人裁定原则*(Gemeinschuldnerbeschlusses)中也要求一个不受限制的答复义务,不予配合不只是会给沉默人带来不利后果[BVerfGE 56,37(48)]。这里就存在同样的情况:雇员就其个人工作范围来说,就是雇主最为重要的信息来源。

由此可以确定,在内部调查的询问中,只要不违法提出要求,雇员就有义务根据劳动合同作出答复,这并不与数据保护法相矛盾:获取、处理或利用与雇员个人有关的数据,不是根据《数据保护基本条例》(DSGVO),而是要根据《联邦数据保护法》(BDSG)第26条第1款第2句作出判断。据此,当涉案的雇员有相应的初始犯罪嫌疑,这些数据就允许用于查清犯罪行为,当然,初始嫌疑必须超越模糊的线索以及单纯的推测。所以,"随便"询问一个雇员是否实施了违法行为,是不允许的(Stück 2018,88,89)。

雇员对于询问提供的信息可能用于刑事诉讼当中。按照传统的证据禁止使用的教义学,不包括依附性的证据使用禁止,**因为不能满足证据禁止使用的最低条件:并不存在触犯实体刑法,《刑事诉讼法》第136条第1款第2句的告知规定无可争议地包括公民与国家之间的上下位关系,以及不能相应地 382
适用于不存在违反计划之外监管漏洞的私人行为[BGHSt 42,139(145 ff.);Godenzi 2008,S. 190]。因此,还有待研究的是,当证据使用只违反了基本法的上位原则时,自主性的证据使用禁止***是否应适用(Rogall 1979,1,4)。

---

* 破产人裁定原则(Grundsätze des Gemeinschuldnerbeschlusses)指德国联邦宪法法院就不得自证己罪作出的一个裁定。法院就不得自证己罪原则解释道,强迫作出一个自我归罪的陈述,是对《基本法》第2条第1款意义上的人格权的妨碍以及对行为自由的干预。如果一个人的陈述被用于针对他自己的工具,强迫自我指控同时影响他的尊严。——译者注

** 依附性的证据使用禁止,亦称为非自主性的证据使用禁止,即只有国家机关存在违法取证行为,才禁止该证据的使用。——译者注

*** 自主性的证据使用禁止指,证据禁止使用不以国家机关取证违法为前提条件,通常源于宪法所保障的基本权利,也称为宪法上的证据使用禁止。——译者注

(二)“破产人裁定原则”的转用?

在德国文献中,根据联邦宪法法院[1]作出的“破产人裁定”,就雇员做出的说明,认为适用证据使用禁止(参见 Rödiger 2012,S. 275 ff.)。明确的反对意见认为,劳动法上的答复义务是一种基于自愿缔结的合同、私人自主的事情,[2]对此意见,可以从三个方面予以反驳。

首先,破产人裁定原则绝不是以证据使用禁止来证明单纯落实国家利益,因为破产清算或破产程序的目的是保护和落实私人利益(Rödiger 2012, S. 277 f.)。然而,进一步的分析表明,破产清算或破产管理人行为的私人属性的说法是站不住脚的。以破产程序替代私人暴力和单个的强制执行,赋予了国家着力公平分配担保财产的义务(Laukemann 2010,S. 93)。因此,独立的破产管理人(关于破产管理人的独立性,参见 Graeber 2019, § 56 Rdn 25
383 ff.)也被给予了国家权力性质(hoheitliche)的诉讼权力[3]——比如将破产人强制解送[到法院/Vorführung]或拘留(参见《破产法》第 98 条第 2、3 款,第 99 条),即便该命令是由破产法院作出的。

其次,雇员的答复义务虽然涉及合同法上的附属义务,但无论如何,根据《民事诉讼法》第 888 条第 1 款的以强制为保障的可执行性也说明了法定的强制力(Rödiger 2012,S. 276)。从对批评的回应的角度,可以提出如下反对意见:根据《民事诉讼法》第 888 条第 3 款,由于涉及人格方面的属性,答复义务是不可强制执行的。经常遇到的说法是,《民事诉讼法》第 888 条第 3

---

[1] 参见 BVerfGE 56,37(48 ff.),基于当时有效的《破产清算法》(KO)第 100 条,对于破产人在破产清算程序中不得主张拒绝作证权,法院认为是允许的,但是同时裁判,《破产清算法》的规定应通过刑法上的证据使用禁止来作补充解释(随着 1999 年 1 月 1 日《破产法》正式生效、《破产清算法》废止,《破产清算法》第 100 条被纳入《破产法》第 97 条第 1 款第 2 句、第 3 句)。以《破产法》第 97 条第 1 款第 3 句为模板对使用禁止的可能扩张,在此被忽略。

[2] 参见 LG Hamburg NZWiSt 2012,26,28:“……相关人员自愿签署的合同义务,有可能自证其罪……”

[3] 关于破产管理人法律地位的法教义学理解及法律体系理解上的理论争议,如代理人理论、机构理论或职权理论,这些争议如今可能已经不重要了(参见 Karsten Schmidt 1993,2833,2834 f.)。司法实务采纳的是职权理论,参见 BGHZ 88,331(334);127,156。

款仅适用于要提供给付的债务人的主要义务，不适用于——如这里的——附属义务（Böhm 2009，1923，1925；Bittmann und Molkenbur 2009，373，375 in Fn. 27；Knauer und Buhlmann 2010，387，389），但是这种观点在民事诉讼法文献中得不到确证（Wewerka 2012，S. 240 in Fn. 287）。只要在民事诉讼法文献中对于"雇员的给付服务一直是不可替代（unvertretbare）的行为"* 有争议，该争议就不会影响雇员的答复义务，因为，披露雇员自己知道的情况无法通过第三方完成。另外，超出《民事诉讼法》第 888 条第 3 款的文义，如果强制执行所谓的请求权可能导致侵害债务人的一般人格权，则不得强制执行（BGH NJW 2008，2919，2920；Gruber 2016，§ 888 Rdn 22.）。与主要义务，即债务人给付劳务（《民事诉讼法》第 888 条第 3 款明确禁止了该义务）相比，答复的附属义务因为涉及自证己罪问题，表明与基本权利有更多、更强的联系。

最后，签订劳动合同的自愿性不包括放弃了免于自证己罪（Sidhu et al. 2011，881，883；Imme Roxin2012，116，120）。必要的规范考察，在自我答责（又称：自负其责）原则之外，还将相应的信赖保护原则纳入法律交往，它不允许仅仅因为个别的合同义务具有更强的自证己罪属性，就被从私人自主设定的合同拘束力中剔除出去（关于意思表示的客观—规范意义，参见 Armbrüster 2018，Vor § 116 Rdn 3）。

人们想在合规责任框架下从企业及其机构实施内部调查的法定义务中 *384*
推论出劳动法上的谈话具有国家-公共的渊源（so Jahn und Kirsch 2015，§ 33 Rdn 96），如果是这样，那么，一方面，这样的法定义务不会覆盖所有企业（关于法定的执行义务的概述，参见 Michalke 2018，334 f. 以及 Kölbel 2013，499，509 有更多文献），就此而言，在违反（刑法）规范的情况下，强制力主要

* 《民事诉讼法》第 888 条为不可替代的行为，第 1 款第 1 句规定，一项作为不能由第三人实施，即实施该行为完全依赖债务人的意思时，第一审受诉法院可以依申请判令对债务人处以强制罚款并且在强制罚款无法执行时处以强制拘留（Zwangshaft）。第 3 款规定，在基于雇佣合同判令给付劳务的情形，不适用本条规定。——译者注

借由施加制裁和责任的威吓(Kölbel 2013,499,509)才间接地确立。另一方面,这样一来,主角就变了:它涉及雇员在劳动关系的框架下作出说明的私法义务,而与企业合规的义务无关。本质上看,上述方法将企业及其机构免于秩序法与刑法追究的利益置于中心地位;[1]因此,对雇员权利的关切很快就变为了另外完全不同的努力方向,即为了减轻或免除企业受到制裁的风险——首要方针是摒弃刑法的外部规制,该规制只会扰乱以伦理为导向的企业自我规制(对此持批评意见的,参见 Anders 2018,374,401)。

辐射效应*的基础与不得自证己罪并不在同一层面上;它更多基于以下考虑:在刑事诉讼中,不得自证己罪原则的保护效力可能因其他诉讼的深入影响而失去作用,所以,辐射效应立足于法治国家的要求,将有特殊保护规定的程序与没有特殊性的程序区分开来(Heinrich Amadeus Wolff 1997,S. 129)。这种必要性应理解为法治国家在国家获取资讯(Informationszurechnung)方面禁止恣意。在论证上,要求说到的两种程序都必须是国家的程序。用海因里希·阿曼杜斯·沃尔夫的话说,“国家应当保持其赖以获得资讯的外观”(Heinrich Amadeus Wolff 1997,S. 239)。

下面归纳一些阶段性结论:(1)劳动法上的程序不适用不得自证己罪原则,而是原则上存在雇员的陈述义务。(2)因为在访谈中作出的陈述缺少国家的强制程序保障,而强制程序系辐射效应在其宪法基础上所必需,所以在后续的刑事诉讼中陈述禁止作为证据使用意义上的辐射效应没有适用余
385 地。第二步要追问,上面得出的结论是否有例外?(关于所谓提出假设,参见 Anders 2014,329,332 f.)可以从下面看到例外,在个别情形下,内部调查可能导致劳动法变成刑事诉讼法的工具。

[1] 参见 Jahn and Kirsch 2015, § 33 marginal no. 96,“最后,(受询问人)免于自证己罪的个人基本权利保护没有提供充分的线索提示”。

* 辐射效应,也有译为放射效力、放射作用、扩散效应或外溢效应,指宪法的基本权利对部门法适用的解释会产生重大影响。这种影响往往是一般性的(类似于价值补充、精神指引),而非具体的,从中能够推导出具体的要求。——译者注

（三）归属原则（Zurechnungsprinzip）*

有人强调合规的政策导向因素（Süße 2018，350，360），认为应当给予企业与刑事追诉机关合作的激励，例如，按照所谓《团体制裁法的科隆草案》[1]第18条第3款以及（已经宣告失败的）《团体制裁法草案》，雇员在内部调查中对询问作出的说明笔录，在刑事诉讼中是否可用应当由被指控人决定，但这样的思路是行不通的（参见Süße 2018，350，358，360；auch Buchert 2017，S. 211 ff.［利益衡量］；Bittmann et al. 2019，1，8 f.：绝对禁止使用被询问人在访谈中作出的说明；对破产人裁定原则的适用没有限制）。如同前述对内部调查的多重目的设定描述所揭示的，这种利益驱动的方式是非常不稳定的。刑法不应该因为创造"激励"的目的设定而不堪其负或异化。

如果获取信息的行为可以归属于国家（系国家行为），那么，私人获取的信息至少可被禁止在刑事诉讼中使用（Anders 2014，329，333 f.）。传统意义上的归属构造是考虑了私人可能实施的违法行为而运作的，［将其定义为应由国家机关实施。］（Jahn 2008，C 100 ff.）。但是，本文涉及的是私人的合法行为。与卡斯帕一样，我在国家参与的关键性标准中——该标准在宪法上以对干预概念的广义理解为前提——看到了包括归属合法行为的思路**，该思路在诉讼法教义学上逻辑贯通。所谓的广义理解也包括了国家行动意图之外的附属后果，并放弃了国家的目的要素（Kaspar 2013，206，216 ff.）。[2] 386
这种干预概念避免了基本权保护义务的论证缺陷，因为该论证凭直觉与私人的违法行为联系起来；也避免了第三人效力***的命题，第三人效力的说法

* 此处的归属是指私人调查可否视为国家的行为，可否在刑事诉讼中使用。——译者注

［1］"在内部调查过程中，证人在访谈时向团体代理人提供的说明，未经证人同意，不得在刑事诉讼中针对证人作为证据使用。"Henssler et al. 2018，1，4。

** 通过私人实施的合法行为所获取的信息有资格作为刑事诉讼中的证据使用。如果是违法行为，则禁止在刑事诉讼中使用。——译者注

［2］关于归属的方案也参见Stoffer 2016，S. 319 ff。

*** 基本权的第三人效力是指，基本权不只是适用于国家与公民之间的关系，也影响公民之间的法律关系。这种第三人效力是基本权效应通常发生于公民与国家之间的例外。——译者注

没有充分考虑国家应当被理解为一个行动者。其前提是存在一个“关键的国家参与”或者类似的“支持或帮助”，从思维逻辑上说，要先有国家的先行行为；不存在“溯及既往”的基本权干预即侵犯基本权利（Kaspar 2013，206，218 f.）。卡斯帕就此正确地支持不仅包括国家委托的情形，而且还包括检察机关对访谈的同意与施加影响，以及甚至知道私人事前拟定的获取证据的计划细节，而检察机关通过批准与等待移送（Passivität）而获得证据。当检察机关确认了初始的犯罪嫌疑时，私人获得的信息无论如何都应当适用，因为，这里所描述的是国家行动的变体，等同于调查职责的“外包”（Wastl 2011，57，58；Kaspar 2013，206，219），在这些情形中，可以逾越不遵循职权原则（即可以放弃职权原则）的限制。然而不得不承认，检察机关相关负责人对于内部调查的了解几乎无法证实，而该了解又必不可少，因为在了解相关情况后，检察机关本应马上决定是否存在初始的犯罪嫌疑，并且确保该决定记录在案，这样才符合法定性原则的要求。在我看来实践上无关紧要但仍然要归属于检察机关的“委托”开展内部调查的情形中，没有理由认为，存在一个与国家的、刑法上的查清犯罪事实要求相脱离的、雇主基于劳动法的询问利益*。在这种要归属的情形下，拒绝作证权与《刑事诉讼法》第 136 条第 1 款第 2 句规定的告知义务应当同时适用于雇主启动的询问，如果无视这些要求，将导致证据使用禁止。在其他情形下，也可能归属于国家行动，如检察机关对访谈予以同意和施加影响，以及了解了取证的私人计划，对于取证，检察机关表示同意与等待移送。在这些情形下，单纯的证据使用禁止的辐射效应一直适用于后续的刑事诉讼，同时还承认雇主有在劳动法上获取资讯的合法利益［也参见 Nienaber et al. 2020，223，229，在比较法上援引了
387 United States v. Connolly No. 16-CR-370（CM）号判决］。人们可能不会反对，雇主作为检察机关的“代理人”，手中有条件通过不予告知而阻止所获得的资讯在刑事诉讼中使用，但自己却得到了资讯，由此，需要设计一个激励

* 检察机关“委托”企业开展内部调查，属于国家行动，雇主在这方面的询问利益与国家行动结合为一体。——译者注

制度,以鼓励企业履行告知义务[1]。因为,仅从国家刑事追诉的初始委托中就应当得出这样的结论。

四、律师事务所的扣押

就律师事务所的扣押,联邦宪法法院在其作出的众达国际律所(Jones-Day)判决中首先确认了通说,通说认可《刑事诉讼法》第 97 条优先于第 160a 条适用(BVerfG NJW 2018,2385,2387 f.),此外,对扩张解释《刑事诉讼法》第 97 条第 1 款第 3 项予以反对(BVerfG NJW 2018,2385,2388 f.)。律师们对联邦宪法法院表达的担心提出抗议,所谓的担心是:如果不这样做,证据将可能被有目的地转移到律师的控制之下(安全屋);律师们认为,要是这样的话,律师将在没有经验证据支持的情况下被置于普遍怀疑(Kempf und Corsten 2019,59,61;Knauer 2019,164,166;Lilie-Hutz und Ihwas 2018,349,352;Momsen 2018,2362,2364;Pelz 2018,211,216),这种抗议可能太夸张了(也可以参见《加强经济诚信法草案的说明》,S. 139)。同样被高估的是假设"与检察机关合作的企业将因担心触犯《刑法》第 258 条*而受刑事处罚,不会预先筛选可用的数据,也不会剔除有罪的材料(Taschke 2012,89,92)"。联邦普通法院 2018 年 8 月 8 日作出的判决中提供了充分的直观示例,即个别案件中(Knauer 2019,164,166),刑事辩护人绝对会故意或者明知地对其持有的商业文件作出虚假陈述,而对这些文件并没有扣押(BGH NStZ 2019,100)。

联邦宪法法院没有从后来增加的第 160a 条**——其中增强了律师与委托人的信赖关系(BT-Drs. 17/2637, S. 6 f.)——的立法理由出发,得出:第 388
97 条第 1 款第 3 项自此以后将背离立法者在引入或扩张第 160a 条时就已

[1] 关于在《团体制裁法草案》中的相应表述,参见下述"五、立法的改革方案"。

* 阻挠刑罚执行罪。——译者注

** 对于有拒绝作证权、负有保守职业秘密义务的人,不得采取某些强制措施,也包括律师或法律顾问。——译者注经对其表达的限制性理解而作扩张性解释,也即不限于具体的被告人与律师之间,在与具体的被指控人关联性之外的律师也不得被扣押物品(Kempf und Corsten 2019, 59, 62; Pelz 2018, 211, 216),从而根据基本法将《刑事诉讼法》第97条(对有拒绝作证权的人禁止扣押)相对于第160a条所享有的毋庸置疑的特别法优先地位相对化(即取消其优先地位)。因为如果这么解释将意味着,把立法者的意愿引入了谬误,因为立法者本想维护第97条的优先地位[参见 BT-Drs. 16/5846, S. 25 f., 38 (dort: § 53b StPO-E); 参见 Entwurf des„ Gesetzes zur Stärkung der Integrität in der Wirtschaft“, Begründung 139],同时立法者也考虑到了第97条第1款第3项规范范围的扩大:“立法者的沉默不能直接评价为对司法之规范理解的同意,……然而,通过整体考察,可以从其举动中提炼出,他至少不反对当前的司法实践对于规范的适用,诸如联邦普通法院的判例所展现的规范理解”[联邦普通法院大刑事审判庭在 BGHSt 61, 221 (239) 中对证人拒绝作证后的告权要求和法官询问时所做陈述的可使用性作出了判决]。

同时,律师们也提出了这样的看法,为了应对可能发生的针对自然人和法人的不公正的差别处理(Pelz 2018,211,216 f.),受律所扣押影响的委托企业的数据信息自我决定基本权利,因为接近于不得自证己罪的原则,应当进一步强化(Momsen 2018,2362,2364),这个看法只关注了企业免于扣押的利益。然而,这里同样需要一个基于(法律)原则的解决方案。根据联邦宪法法院的判例,不得自证己罪原则基于人类尊严和罪责原则之上,所以,就排除了转移到法人身上的可能性(BVerfG NJW 1997,1841,1843;NJW 2007,2464,2471;另参见 Anders 2014,329,331 f.)。这一必然得出的结论不应通过数据信息自我决定权的手段而相对化。

五、立法的改革方案

2020年,联邦政府提出了《加强经济诚信法草案》,但是该草案后来失败了。该法案第 1 条包含了制裁与企业有关的犯罪行为(团体制裁法——VerSanG)。规制目标是创设一种独立的制裁类型(参见 VerSanG-E,立法理由第 56 项),作为混合的第三条道路主要发挥特殊预防作用(参见 VerSanG-E,立法理由第 50 项),就此而言具有真正的防卫危险的特征,然而另一方 389
面,在诉讼形式上(参见 VerSanG-E 第 24 条第 1 款)以类似于刑法的方式运行(对此严厉的批评,参见 Rostalski NJW 2020,2087 f.)。考虑到员工的诉讼权利,有人建议,在确定法律后果时,只有通过企业内部的调查对查清事实作出实质贡献的情况下、也只有这些遵守了正当程序原则(Grundsätze eines fairen Verfahrens)的调查才能考虑减轻团体制裁(参见 VerSanG-E 第 17 条第 1 款第 1 项和第 5 项)。一方面,减轻制裁的关键是,调查不是由企业的辩护律师或者实施团体行为成为制裁程序之基础的其他被指控人所执行的(参见 VerSanG-E 第 17 条第 1 款第 2 项;原则上支持分离原则,然而反对严格的禁止合作:Baur/Holle 2020,224,228 f.)。另一方面,在询问之前,应当"特别"给出提示,作出的陈述可能被用于指控被询问人的刑事程序(a 项),被询问人可以聘请律师辅佐或者请企业委员会的成员参与询问(b 项),对于某些一旦回答了可能将自己或《刑事诉讼法》第 52 条第 1 款所列的亲属置于被追究犯罪或行政违法的危险的问题,被询问人有权拒绝提供情况(c 项)。然而这充其量只是在利益驱动的"激励"方法之意义上,为在询问员工时遵守不得自证己罪原则提供激励,但没有明确在不遵守规定的情况下禁止在随后可能的刑事诉讼中使用员工陈述(Baur und Holle 2019,186,188);就内部调查中适用不得自证己罪原则,也许目前还没有一个明确的规定。(VerSanG-E,立法理由第 102 项)(Nienaber et al. 2020,223,227)

为了能够获得减轻的团体制裁,必须将企业内部调查的结果连同"重要文件"移送给刑事追诉机关(§ 17 Abs. 1 Nr. 4 VerSanG-E)。此外,由于被指控人和拒绝作证人之间缺乏"信赖关系",在法律当中——合乎联邦宪法法院的合宪性要求——并没有明确规定对内部调查律师开展内部调查之结果进行录音录像所提供的禁止扣押保护(参见 die insoweit klarstellenden

§ § 97 Abs. 1 Nr. 3,160a Abs. 5 StPO-E);然而,根据《团体制裁法草案》,企业在制裁程序中应当拥有被指控人的权利,因此,对于管理人员的询问进行录音录像受《刑事诉讼法》第 97 条第 1 款第 2 项*的约束(VerSanG-E,立法理由第 137 项以下)。

在《团体制裁法草案》中提出的企业内部调查人员与刑事追诉机关的合
390 作,原则上可以满足上述归属模式[参见上文"三、(三)归属原则"]的条件,因为,一方面,根据法律草案的指导原则,企业内部的调查应当支持国家的侦查工作,作出"有价值的贡献"(VerSanG-E,立法理由第 98 项),据此,与刑事追诉机关的合作是"不间断的和不受限制的"(§ 17 Abs. 1 Nr. 3 VerSanG-E),以及应当在全面合作的意义上进行。另一方面,按照激励制度,可以认为,决定与检察机关展开合作的企业,可能在早期阶段就会选择这么做[Baur/Holle 2020,224(231)]。然而,在合作的情况下,归属问题通常并不重要,因为如果按照《团体制裁法草案》第 17 条第 1 款第 5 项 c 合法地进行了告权,根本不会产生[证据]使用的问题。在缺少《团体制裁法草案》第 17 条意义上的企业合作的情况下,因为实施的内部调查与刑事追诉机关之间存在差距,便产生了可归属性的重大疑问。如果后来经由检察机关了解了相关情况,即便在没有告权的情况下,也可以被当作证据利用。

六、概览

以内部调查的方式出现的私人化趋势对检察机关产生了多方面的影响:首先提出的问题是,要对于其"移送"的证据/数据的完整性和证明力(Belastbarketi)进行更严格的审查。只要将侦查工作留给私人去做,就必须确保对涉案人员提供法律保护。没能成功通过的《团体制裁法草案》原本就以不充分的方式确立了必要的法律保护。在转化实施团体刑法的情形,由

* 如果相关物品属于被指控人拒绝作证权所涵盖的范围,则禁止对这些物品进行扣押。——译者注

于兹事体大,利益攸关,所以还需要提升内部调查之努力的重要意义;可以预见,原本就已存在的目标冲突将进一步加剧。针对在内部调查的框架内与员工进行的访谈,本文提出了一个归属方案。据此,就其直接的个人工作领域,员工原则上有义务向雇主提供有关说明。依法开展的访谈中,要审查私人行动是否能够按照国家参与或支持的概念归属到检察机关。有必要采取一种分层归属的原则,在替代性的内部调查中,要坚持沉默权,并履行相应的告权义务,另外,在存在初始犯罪嫌疑时,按照破产人裁定原则,要在证 391
据使用禁止意义上适用(单纯的)辐射效应(Ausstrahlungswirkung)。如果抛弃这样的归属方案,刑事诉讼的程序原则将面临受到侵蚀的危险。

参考文献:

Anders, *R. P.* (2012), Straftheoretische Anmerkungen zur Verletztenorientierung im Strafverfahren, Zeitschrift für die gesamte Strafrechtswissenschaft, 3, 374-410.

Anders, *R. P.* (2014), Internal Investigations-Arbeitsvertragliche Auskunftspflicht und der nemo-tenetur-Grundsatz, Zeitschrift für Wirtschafts-und Steuerstrafrecht, 9, 329-334.

Anders, *R. P.* (2017), Die „fruchtbare Spannung" zwischen gerichtlichem Instruktionsermessen und parteilicher Beweisvorführung (§ 245 StPO a. F.) als Ausweg aus der Krise der Sachverhaltsfeststellung im deutschen Strafprozess, Zeitschrift für die gesamte Strafrechtswissenschaft, 1, 82-107.

Anders, *R. P.* (2018), Legitimationsdefizite des deutschen Wirtschaftsstrafrechts, Zeitschrift für die gesamte Strafrechtswissenschaft, 2, 374-419.

Armbrüster, *C.* (2018), Münchener Kommentar zum BGB, Band 1 (8. Auflage), München: Beck.

Bachmann, *G.* (2016), Interne Ermittlungen-ohne Grenzen?, Zeitschrift für das gesamte Handelsrecht und Wirtschaftsrecht,5,563-577.

Baur,*A*. (2018),Neues zum strafprozessualen Schutz interner Ermittlungen?,Neue Zeitschrift für Gesellschaftsrecht,28,1092-1097.

Baur,*A*,*Holle*,*P. M.* (2018),Compliance-Defense bei der Bußgeldbemessung und ihre Einpassung in das gesellschaftsrechtliche Pflichtenprogramm,Neue Zeitschrift für Gesellschaftsrecht,1,14-19.

Baur,*A*,*Holle*,*P. M.* (2019),Entwurf eines Verbandssanktionengesetzes-Eine erste Einordnung,Zeitschrift für Rechtspolitik,7,186-189.

Baur,*A.*,*Holle*,*P. M.* (2020),Zwölf Thesen zur geplanten Neuaufstellung der Verbandssanktionierung,Kriminalpolitische Zeitschrift,4,224-233.

Baur,*A.*,*Holle*,*P. M.*,*Reiling*,*K.* (2019),Rechtsgebietsübergreifende Prävention von Unternehmenskriminalität,Juristenzeitung,21,1025-1035.

Beukelmann,*S.* (2008),Outsourcing bei Polizei und Strafjustiz,Neue Juristische Wochenschrift-Spezial,9,280.

Bittmann,*F.*,*Molkenbur*,*J.* (2009),Private Ermittlungen,arbeitsrechtliche Aussagepflicht und strafprozessuales Schweigerecht,Zeitschrift für Wirtschafts- und Steuerstrafrecht,10,373-379.

Bittmann,*F.*,*Brockhaus*,*M.*,*von Coelln*,*S.* (2019),Regelungsbedürftige Materien in einem zukünftigen „Gesetz über Interne Ermittlungen“,Neue Zeitschrift für Wirtschafts-,Steuer-und Unternehmensstrafrecht,1,1-10.

Böhm,*W.-T.* (2009),Strafrechtliche Verwertbarkeit der Auskünfte von Arbeitnehmern bei unternehmensinternen Untersuchungen-Ein Beitrag zur aktuellen Compliance-Debatte-,Zeitschrift für Wirtschafts-und Bankrecht,41,1923-1929.

Buchert,*C.* (2017),Die unternehmensinterne Befragung von Mitarbeitern im Zuge repressiver Compliance-Untersuchungen aus strafrechtlicher Sicht,Berlin:Duncker & Humblot.

Donatsch, A., *Blocher, F.* (2008), Outsourcing im Strafverfahren, Schweizerische Zeitschriftfür Strafrecht, 4, 347–363.

Erb, V. (2013), Die Beschlagnahme von Unterlagen bei Rechtsanwälten außerhalb einer Vertrauensbeziehung zum Beschuldigten. In Esser/Günther/Jäger/Mynolopoulos/Öztürk (Hrsg.), Festschrift für Hans – Heiner Kühne, 1171–1186.

Godenzi, G. (2008), Private Beweisbeschaffung im Strafprozess. Eine Studie zu strafprozessualen Beweisverboten im schweizerischen und deutschen Recht, Zürich: Schulthess.

Graeber G. (2019), Münchener Kommentar zur InsO, Band 1 (4. Auflage), München: Beck.

Gruber, U. (2016), Münchener Kommentar zur ZPO, Band 2 (5. Auflage), München: Beck.

Henssler, M., *Hoven, E.*, *Kubiciel, M.*, *Weigend, T.* (2018), Kölner Entwurf eines Verbandssanktionengesetzes, Neue Zeitschrift für Wirtschafts–, Steuer–und Unternehmensstrafrecht, 1, 1–10.

Herrmann, D., *Zeidler, F.* (2017), Arbeitnehmer und interne Untersuchungen–ein Balanceakt, Neue Zeitschrift für Arbeitsrecht, 23, 1499–1505.

Hugger, H., *Pasewaldt D.* (2018), Anmerkung zu BGH, Urt. v. 09. 05. 2017–1 StR 265/16–, Neue Zeitschrift für Wirtschafts–, Steuer–und Unternehmensstrafrecht, 9, 388–391.

Jahn, M. (2008), Verhandlungen des 67. Deutschen Juristentages Erfurt 2008, Band I: Gutachten/Teil C: Beweiserhebung und Beweisverwertungsverbote im Spannungsfeld zwischen den Garantien des Rechtsstaates und der effektiven Bekämpfung von Kriminalität und Terrorismus, München: Beck.

Jahn, M. (2009), Ermittlungen in Sachen Siemens/SEC, Strafverteidiger, 1, 41–46.

Jahn, M., *Kirsch, S.* (2015), Fragen der Criminal Compliance im Schnittfeld von materiellem Recht, Strafverfahrens-und Verfassungsrecht. In Rotsch (Hrsg.), Criminal Compliance. Handbuch, 1153-1204.

Kasiske, P. (2014), Mitarbeiterbefragungen im Rahmen interner Ermittlungen-Auskunftspflichten und Verwertbarkeit im Strafverfahren, Neue Zeitschrift für Wirtschafts-, Steuerund Unternehmensstrafrecht, 7, 242-268.

Kaspar, J. (2013), Strafprozessuale Verwertbarkeit nach rechtswidriger privater Beweisbeschaffung. Zugleich ein Beitrag zur Systematisierung der Beweisverbotslehre, Goltdammer's Archiv für Strafrecht, 4, 206-225.

Kempf, E., *Corsten, J.* (2019), Interne Ermittlungen und das Bundesverfassungsgericht: Die Beschränkung aufs Allernötigste, Strafverteidiger, 1, 59-64.

Knauer, C., *Buhlmann, E.* (2010), Unternehmensinterne (Vor-) Ermittlungen-was bleibt von nemo-tenetur und fair-trail?, Anwaltsblatt, 6, 387-393.

Knauer, C. (2019), Praxiskommentar zu BVerfG, Beschl. v. 27. 6. 2018-2 BvR 1405/17, 2 BvR 1780/17, Neue Zeitschrift für Strafrecht, 3, 164-168.

Köhler, M. (1997), Strafrecht. Allgemeiner Teil, Berlin, Heidelberg, New York, Barcelona, Budapest, Hongkong, London, Mailand, Paris, Santa Clara, Singapur, Tokio: Springer.

Kölbel, R. (2013), Criminal Compliance - ein Missverständnis des Strafrechts?, Zeitschrift für die gesamte Strafrechtswissenschaft, 3, 499-535.

Laukemann, B. (2010), Die Unabhängigkeit des Insolvenzverwalters. Eine rechtsvergleichende Untersuchung, Tübingen: Mohr Siebeck.

Lilie-Hutz, A., *Ihwas, S. R.* (2018), Ein Ausblick auf Internal Investigations nach den VW/Jones Day - Entscheidungen - zugleich Besprechung der BVerfG Entscheidungen 2 BvR 1405/17, 2 BvR 1780/17, 2 BvR 1287/17, 2 BvR 1583/17 2 BvR 1562/17, Neue Zeitschrift für Wirtschafts-, Steuer-und

Unternehmensstrafrecht, 9, 349–355.

Michalke, R. (2011), Untreue – neue Vermögensbetreuungspflichten durch Compliance–Regeln, Strafverteidiger, 4, 245–251.

Michalke, R. (2018), „Best Criminal Compliance“ im Unternehmen – eine „Falle“ für Beschuldigte und Betroffene im Straf – und Bußgeldverfahren?, Zeitschrift für Internationale Strafrechtsdogmatik, 9, 334–340.

Momsen, C. (2011), Internal Investigations zwischen arbeitsrechtlicher Mitwirkungspflicht und strafprozessualer Selbstbelastungsfreiheit, Zeitschrift für Internationale Strafrechtsdogmatik, 6, 508–516.

Momsen, C. (2018), Volkswagen, Jones Day und interne Ermittlungen. Zur Zukunft strafrechtlicher Vertretung von Unternehmen in Deutschland, Neue Juristische Wochenschrift, 33, 2362–2366.

Nienaber, L., *Schauenburg, T.*, *Wenglarczyk, F.* (2020), Ein Blick auf das geplante Verbandssanktionengesetz aus der anwaltlichen Praxis unter besonderer Berücksichtigung der Anforderungen an Interne Untersuchungen, Neue Zeitschrift für Wirtschafts–, Steuer–und Unternehmensstrafrecht, 6, 223–230.

Pelz, C. (2018), Die Beschlagnahmefähigkeit von Unterlagen aus Internal Investigations – zugleich eine Besprechung von BVerfG, Beschluss vom 27. 6. 2018, Az. 2 BvR 1405/17, 2 BvR 1780/17, Corporate Compliance Zeitschrift, 5, 211–218.

Potinecke, H. W., *Block, F.* (2016), Gesellschaftsrechtliche Rahmenbedingungen und Beratung der Unternehmensführung. In Knierim/Rübenstahl/Tsambikakis (Hrsg.), Internal investigations. Ermittlungen im Unternehmen (2. Auflage), 23–82.

Rack, M. (2015), Das Organisationsrisiko der „kriminogenen Verbandsattitüde“ –Teil 1, Compliance–Berater, 8, 277–282.

Reuling, H., *Schoop, C.* (2018), „Internal Investigations“ im Lichte des

Koalitionsvertrages 2018 – Notwendige Inhalte einer gesetzlichen Regelung, Zeitschrift für Internationale Strafrechtsdogmatik, 9, 361–367.

Rödiger, K. (2012), Strafverfolgung von Unternehmen, Internal Investigations und strafrechtliche Verwertbarkeit von „Mitarbeitergeständnissen“: Untersuchung am Beispiel der Siemens-Korruptionsaffäre, Frankfurt am Main: Lang.

Rogall, K. (1979), Gegenwärtiger Stand und Entwicklungstendenzen der Lehre von den strafprozessualen Beweisverboten, Zeitschrift für die gesamte Strafrechtswissenschaft, 1, 1–44.

Rostalski, F. (2020), Neben der Spur: Verbandssanktionengesetzgebung auf Abwegen, Neue juristische Wochenschrift, 29, 2087–2091.

Rotsch, T. (2015), Criminal Compliance-Begriff, Entwicklung und theoretische Grundlegung. In Rotsch (Hrsg.), Criminal Compliance. Handbuch, 31–82.

Roxin, I. (2012), Strafverteidiger, Probleme und Strategien der Compliance-begleitung in Unternehmen, Strafverteidiger, 2, 116–121.

Saliger, F. (2011), Auswirkungen des Untreue-Beschlusses des Bundesverfassungsgerichts vom 23. 6. 2010 auf die Schadensdogmatik, Zeitschrift für Internationale Strafrechtsdogmatik, 11, 902–918.

Sarhan, A. (2017), Wie viel Kooperation zwischen Unternehmen und der Strafjustiz bei der Aufklärung verbandsinterner Kriminalität verträgt der Strafprozess?, Zeitschrift für Wirtschafts-und Steuerstrafrecht, 9, 336–344.

Schmidt, K. (1993), Altlasten, Ordnungspflicht und Beseitigungskosten im Konkurs – Wege und Irrwege der verwaltungsgerichtlichen Praxis, Neue Juristische Wochenschrift, 44, 2833–2837.

Schünemann, B. (1987), Die Regeln der Technik im Strafrecht. In Küper/Puppe/Tenckhoff (Hrsg.), Festschrift für Karl Lackner, 367–398.

Schuhr, J. C. (2014), Münchener Kommentar zur StPO, Band 1 (1. Auflage),München:Beck.

Sidhu,*K.* ,von Saucken,A. ,Ruhmannseder,F. (2011),Der Unternehmensanwalt im Strafrecht und die Lösung von Interessenkonflikten,Neue Juristische Wochenschrift,13,881-883.

Sieg,*R.* (2017), Privatisierung der Strafverfolgung - Königsweg oder Irrweg?,Nowa Kodyfikacja Prawa Karnego,484-507.

Stoffer,*H.* (2016),Wie viel Privatisierung „verträgt" das strafprozessuale Ermittlungsverfahren? Eine Untersuchung zur Zulässigkeit privater Beweisbeschaffung und zur Verwertbarkeit auf diese Weise erlangter Beweismittel im Strafverfahren,Tübingen:Mohr Siebeck.

Stück,*V.* (2018), Überwachung und Kontrolle von Arbeitnehmern nach neuer Rechtsprechung-Empfehlungen für Arbeitgeber im Brennpunkt von Compliance, Datenschutz und Arbeitsrecht, Corporate Compliance Zeitschrift, 2, 88-93.

Süße,*S.* (2018), Gesetzliche Vorgaben für interne Untersuchungen. Ein Weg zur Beseitigung von Rechtsunsicherheiten bei der Kooperation in Wirtschaftsstrafverfahren?,Zeitschrift für Internationale Strafrechtsdogmatik,9, 350-360.

Taschke,*J.* (2012),Zur Entwicklung der Verfolgung von Wirtschaftsstrafsachen in der Bundesrepublik Deutschland-Bemerkungen aus der Praxis,Neue Zeitschrift für Wirtschafts-,Steuer-und Unternehmensstrafrecht,1,9-11.

Taschke,*J.* (2012),Zur Entwicklung der Verfolgung von Wirtschaftsstrafsachen in der Bundesrepublik Deutschland, Teil 3: Auf dem Weg zur Privatisierung der Strafverfolgung,Neue Zeitschrift für Wirtschafts-,Steuer-und Unternehmensstrafrecht,3,89-94.

Theile,*H.* (2013),Die Herausbildung normativer Orientierungsmuster für Internal Investigations - am Beispiel selbstbelastender Aussagen, Zeitschrift für

Internationale Strafrechtsdogmatik, 9-10, 378-384.

Theile, H. (2017), Compliance und Strafrecht, Juristische Schulung Heft Compliance, 913-916.

Tsambikakis, M. (2016), Ermittlungen und Beweissicherungen-Personenbefragungen. In Knierim/Rübenstahl/Tsambikakis (Hrsg.), Internal investigations. Ermittlungen im Unternehmen (2. Auflage), 205-232.

Von Freier, F. (1998), Kritik der Verbandsstrafe, Berlin: Duncker & Humblot.

Vuia, M. (2019), Münchener Kommentar zur InsO, Band 2 (4. Auflage), München: Beck.

Walter, M. (2003), Neue Präventionsbewegung und Probleme der Privatisierung, Neue Kriminalpolitik, 4, 128-133.

Wastl, U. (2011), Zwischenruf Privatisierung staatsanwaltschaftlicher Ermittlungen, Zeitschrift für Rechtspolitik, 2, 57-58.

Wess, N. (2014), Die Privatisierung der Strafverfolgung, Journal für Strafrecht, 1, 12-19.

Wewerka, F. (2012), Internal Investigations: Private Ermittlungen im Spannungsfeld von strafprozessualen Grundsätzen und Anforderungen eines globalisierten Wirtschaftsstrafverfahrens; eine Problemanalyse unter besonderer Berücksichtigung des Falles Siemens, Frankfurt am Main: Lang.

Wolff, H. A. (1997), Selbstbelastung und Verfahrenstrennung. Das Verbot des Zwangs zur aktiven Mitwirkung am eigenen Strafverfahren und seine Ausstrahlungswirkung auf die Mitwirkungspflichten des Verwaltungsrechts, Berlin: Duncker & Humblot.

检察工作之展望

基尔斯滕·格拉尔曼-舍雷尔*

一、前言 395

德国检察机关的发展与前景始终受到法律政策和整个社会状态这两大支柱的影响和塑造,近二十多年来,科学技术进步作为第三个支柱在检察工作进一步发展中发挥了重要作用。这三大支柱不仅影响着检察机关自身发展,而且对于检察机关的作用和影响还在扩大,还通过法律和行政法规(如《刑事诉讼程序与罚金程序准则》)构建了一个法律政策、整个社会状态和科学技术发展相互作用的诉讼进程。鉴于数字时代中,欧洲法律的影响持续增强,德国检察机关现在以及将来必须如何发展和立足?检察机关的工作环境必须进行哪些改变?如何扩大法律科技和人工智能在德国检察工作中的运用?如何在侦查程序和刑事诉讼程序中确保法治的标准?这些问题将在下面进行详细讨论。

* 基尔斯滕·格拉尔曼-舍雷尔系德国不来梅州总检察院检察长。

396 二、检察机关的创设和职能

(一)检察机关简介

不能脱离检察机关的历史发展来看待检察机关的发展前景。在德国的一些联邦州,刑事诉讼法的改革以及检察机关的发展,主要是受 1789 年法国大革命后纠问式诉讼制度(Inquisitionsprozess)的废除以及以控诉和言词审理为特征的参审制的兴起的影响(Carsten und Rautenberg 2012,S. 49 ff.; Rüping 1992,S. 147)。在十九世纪初,在德国联邦州仍然以秘密的、书面的纠问式诉讼制度为主导。自由资产阶级的代表要求废除纠问式诉讼制度,而使用控诉制度或者至少是具有控诉形式的制度,正如法国当时发展的那样(Carsten und Rautenberg 2012,S. 51)。政治和社会环境的共同作用最终促成了当时法学理论界的一种共识,那就是纠问式诉讼制度的改革迫在眉睫(Wohlers 1994,S. 56 f.)。然而最初德国政府对于诉讼制度改革和检察机关的引入没有太大兴趣(Carsten und Rautenberg 2012,S. 54)。渐渐地在部分德国联邦州,检察机关最终通过立法引入了进来,但在刑事诉讼法中它们的案件管辖完全不同(Carsten und Rautenberg,2012,S. 54;Wohlers 1994,S. 70 ff.;Pfieger 2009,S. 16 ff.)。

普鲁士时期的发展对于检察机关职能产生了深远的影响,这种影响一直持续到当前对检察机关任务和角色的讨论。在国王的推动下,司法部部长穆勒和立法部部长萨维尼两位司法部门负责人提出了设立检察机关的建议。普鲁士的两位部长乌登和萨维尼在 1846 年 3 月 23 日的著名备忘录中,提出了对检察机关的职能的考虑,即"检察官作为法律守护人(Wächter des Gesetzes),从刑事诉讼程序的伊始应当致力于确保法律得到普遍遵守(überall dem Gesetzes ein Genüge geschehe)。在此基础之上,检察官获得了
397 这样的地位,在对被告进行控诉的过程中也有义务保护被告"(Otto 1899,S. 40)。

（二）检察机关的职能

检察机关的职能不能直接从法律规定中找到。《法院组织法》包含了一些零星的组织法上的规定（第 141 条及以下几条），而《刑事诉讼法》的不同条款对检察机关在侦查程序、中间程序和审判程序中的任务，以及主要审理程序和执行活动中的任务作了规定。经由州法律，将部分适法任务（Rechtspflegeaufgaben）和司法行政事务交由检察机关承担。在违反秩序处罚程序（Ordnungswidrigkeitenverfahren）中，检察机关只具有很次要的地位。很大程度上，赋予检察机关的职能任务是多样的，在本文的框架下，只能简要概述。

1. 刑事追诉和刑事执行

刑事追诉和刑事执行是检察机关工作的核心领域，作为独立的刑事追诉机关，检察机关在诉讼的各个阶段都受到严格的法律约束。就像法院一样，检察机关负有客观性的义务，并且必须致力于追求真相和公正的决定。检察机关作为刑事司法的一个独立机关，是一个司法机构（Justizbehörde），要在刑事司法系统内与法院一起且同等位阶地保障司法供给（BVerfGE 9, 228；BGHSt 24, 171；BVerfG NJW 2013, 1058, 1067）。检察官属于司法机关（Organe der Rechtspflege），而不是政府的代表（BVerfGE 32, 216），因此有时会将政治责任抛诸脑后。

根据现行刑事诉讼法，检察机关在侦查过程中负有领导之责，基于这一领导权，除了在强制起诉程序中可能由地方高等法院的刑事委员会命令起诉的理论可能外（《刑事诉讼法》第 175 条），检察机关对是否遵守法定性原则（《刑事诉讼法》第 152 条第 2 款），以及全面查清犯罪事实和程序合法*（Justizförmigkeit）承担唯一责任。然而，在侦查程序的法律实践中，警察发挥决定性作用，特别是在轻罪领域和中等犯罪领域。检察机关的领导权经常限于最后作出终结程序的决定。然而，当在实体法和程序法方面出现疑 *398*

* 在法律的和宪法的范围内以及在遵守程序路径的情况下实施实体法。——译者注

难复杂的问题以及媒体和政治力量多方关注侦查程序时,检察机关通常积极地履行其对警察的领导职责。在个案侦查程序中,检察机关能够多大程度上履行这一领导职责,也取决于当前所拥有的人力资源。近年来的人员削减,虽然对州政府预算重组作出了贡献,但对巩固或强化侦查程序中的检警关系却没有任何贡献。

检察机关针对是否存在充足理由以提起公诉,或者是否根据《刑事诉讼法》第 170 条第 2 款或有关起诉便宜原则的各个条款(《刑事诉讼法》第 153 条及以下)终止侦查程序作出决定之后,检察机关的领导权也宣告结束。

在中间程序、审判程序和法律救济程序中,守护人的功能(Wächterfunktion,监督功能)是最重要的(BVerfG NJW 2013,1058,1067)。检察机关针对诉讼中所有诉讼参与人和法院负有"一直在线"的、不受限制的客观性义务,并且严格受法律之拘束,此外,还应监督其他参与诉讼的人遵守法律。

这也适用于检察机关根据《刑事诉讼法》第 36 条和第 449 条及其以下条款作为执行机关履行职责的情况。

2. 违反秩序行为的追究

在违反秩序处罚程序中,法律赋予检察机关的职责是很有限的,而且很可能也很有必要在未来持续这种状况。在刑事侦查程序中,检察机关经常从违反秩序的角度来审视生活事实(《违反秩序法》第 40、41 条)。一旦出现与违反秩序行为相关联的刑事犯罪,检察机关就可以接管诉讼程序(《违反秩序法》第 42、63 条)。行政机关受检察机关对某一行为是否作为刑事犯罪而追诉的决定之拘束。在罚款程序中,只有在对罚款通知提出异议之后,检察机关才接管作为刑事追诉机关的职责(《违反秩序法》第 69 条)。除《违反秩序法》另有规定外,诉讼程序应按照《刑事诉讼法》的规定进行(《违法秩反法》第 71 条)。

3. 其他职责

检察机关还有其他许多职能,这里只能进行概述。

399 根据各州的赦免程序,检察机关的负责人获得了部分全面赦免的权力。

在大多数情况下,总检察长被赋予对根据《刑事赔偿法》(Strafentschädigungsgesetz)提出的索赔决定给予的权力,在某些情况下,处理市政损害赔偿的事务也被纳入检察职责范围。

根据法律规定,州总检察院有权处理针对律师、税务顾问、会计师和专利代理人的职业惩戒诉讼。根据《联邦公证人条例》(BNotO)第 96 条,公证案件的处理可以通过法令委托给州总检察院。

三、检察机关的法律地位

关于检察机关的法律地位,必须区分检察机关在组织、职能法和刑事诉讼法方面的地位,以及检察机关在科层体制内的角色,尽管这里有重叠之处。

(一)检察机关的组织地位

检察机关在组织法上的地位是通过并入科层体制之中得以体现的。检察官必须遵守其上级的指示(《法院组织法》第 146 条)。在检察机关的实践中区分内部指令权和外部指令权,这种指令很少公开,也很少采取书面的形式(Carsten und Rautenberg 2012, S. 447 ff. 附大量证明)。州总检察院或总检察长发出的内部指令通常在卷宗中有书面记录,但司法部部长对总检察长的指令情况却几乎没有记载。在实践中,那些精妙的施加影响的形式(例如希望、要求、机关负责人的召见)占有不可低估的比重,特别是在媒体报道和可能的政治意义的案件中(Maier 2003, S. 397 f.; Krebs 2002, S. 353)。在这种情况下,一再听到的议会应当承担责任的论证是站不住脚的,因为司法 *400* 部部长在其业务范围内始终要对议会和政府负责。《刑事诉讼法》规定的检察机关权限依法总是归结为总检察长个人而非司法部部长。司法行政机关试图施加影响掏空了检察机关法律守护人的角色,可以想象,由此将导致其他诉讼参与人对检察机关公正性产生普遍的不信任(Carsten und Rautenberg 2012, S. 467 ff. 列举了逾越外部指令权的例证)。因此,这些从政治责任的角度针对检察机关负责人或者个别人试图施加的影响,必须始终以书面形式记录在主卷中,而不是记录在对于辩护人来说没有访问查阅权限的报告材料中或者副卷(Handakten)中。任何发出指示的人都必须就其行为承担针对诉讼参与人的专业责任和个人责任,并对议会和政府承担政治责任,在面临公众批评时,不得将责任推给其他人。

(二)检察机关在职能法上的(Funktionsrechtlich)地位

在职能方面,检察机关与法院都属于独立的机构,检察机关在其职务活动中独立于法院(《法院组织法》第 150 条)。作为承担责任的侦查程序的负责人,检察机关通常可以独自决定是否以及根据何种规定停止诉讼程序,以及基于何种事实提起公诉或者适用保安程序(Sicherungsverfahren)。因此,是否通过起诉书或是申请颁布刑事处罚令,又或者通过保安程序申请书或独立没收程序申请书将生活事实(犯罪事实)提交给法院审理和裁决,取决于检察机关的决定。检察机关在案件办理过程中有一个过滤程序,这个程序会受到刑法管理社会过程中各种因素的影响,其中个体的先前理解(Vorverständnis,前见)和内部命令一样,对个别案件办理具有指导作用。在提出指控之后,检察机关的职能地位发生了变化,诉讼程序的主导权转移到了法院。如前所述,现在检察机关主要承担法律守护人的角色。因为在审理过程中检察机关塑造程序的手段是有限的。只有到了执行程序,检察机关
401 关才会重新获得强有力的地位。除个别情况下适用法官保留原则外,检察机关负责执行法院的判决。

(三)检察机关在刑事诉讼法上的地位

提起公诉后,检察机关的工作重点就在守护人角色上。检察机关的责任就是在整个诉讼过程中确保法律的遵守(参见《刑事诉讼程序与罚金程序准则》第 127 条及以下),并在必要时向法院提出申请,确保这一任务的实现,同时,自觉抵制对于不符合法律规定的事项提出无理要求。立法机关赋予了检察机关从侦查程序到执行程序的一个主动作为的角色。检察机关的任务是协力确保诉讼进程和诉讼结果的合法性。检察机关通过履行其客观

性的法定职责(《刑事诉讼法》第160条第2款),成为法治和合法诉讼程序的保障者。作为控诉的代表,检察机关必须确保刑事司法的有效性(BVerfG NStZ 2013,295,297)。检察机关一旦脱离其法律的规定性,其行动不是仅仅取决于法律,而是以社会、政治或媒体主流为导向,那么这不仅是违法的,而且危害整个法治。

四、检察机关的科层结构

检察人员必须服从上级的工作指令(《法院组织法》第146条)。在文献材料中,检察科层体制内部的指令权比外部指令权面临更少的批评(Dünnebier 1958,S. 417;Krey und Pföhler 1985,S. 147;Odersky 1989,S. 356;Carsten und Rautenberg 2012,S. 458 ff.;Schairer 1998,S. 739,741,750)。关于部级行政机构是否以及在多大程度上可以通过《法院组织法》第146、147条对个案程序进行干预,总检察长起到决定性作用,检察机关的行动是否不受政治影响,是否按照法律要求的、只以法律与法(正义)为导向,也取决于他。在一个纯粹专业的对话中,没有人会反对将对于所有诉讼参与人公开 402
透明的交换法律意见记录在卷宗中。那些什么都不需隐瞒的人,可以满足透明原则和记录原则的要求,对外也能为其表达的观点和行动承担本就一直存在的政治责任,由此也会避免误解。

五、数字时代下的检察机关

近30年来,数字化在各行各业都取得了飞速的发展,在司法领域也没有停止发展的脚步。自世纪之交以来,它已成为司法系统不可或缺的一部分。以前,在检察机关,书写提出查询此前未办结的侦查程序的申请,几天后一页记载着以前对被告人侦查程序的案卷号的纸会摆在面前,然而这样的时代一去不复返了。现有的信息登记簿正在扩大,同时引入了新的登记簿,并为专业应用程序中的数据管理创设了新的法律依据。自引入检察制度的

170年以来，检察机关除了在纳粹时期的中断（Carsten und Rautenberg 2012, S. 167 ff.）以外，其基本结构几乎没有变化，随着最迟于2026年1月1日在刑事诉讼中引入电子卷宗的改革措施以及共同专业程序计划（简称“gefa”计划）的实施，检察机关正面临新的挑战，这些挑战将使检察机关的日常工作发生显著的变化。虽然《法院组织法》中的法律框架保持不变，但检察机关的内部结构受到政治、社会、科学和技术变革的影响，这就需要大量新的法律规定跟进（例如《刑事诉讼法》第32条及以下，第483条及以下，第492条及以下，第496条及以下）。

（一）数据管理和登记簿

随着数字化程度的提高和犯罪结构的变化，除了联邦中央登记处（BZR）和以前的交通中央登记处（现在称为FAER，也就是驾驶资格登记处），对于新数据收集中心的需求显著增加。鉴于联邦宪法法院的人口普查判决（BVerfGE 65,1 ff.），有必要为个人数据的储存、更改及使用提供法律
403 上的依据，立法者在过去的20年里创造了这些数据——虽然不是以特别快的速度，但是这项工作大大提升了检察机关工作效率。现在与过去是不同的，过去要手写从联邦中央登记处查询信息的请求，并且通过制式表格来执行命令，然后经过一段时间再由联邦中央登记处打印并发送过来，而到数字化启动时，则是按照要求打包成所谓的“数据包”，并且将后续传输的从登记处获得的信息做成一个卷宗。随着专业应用程序MESTA和web. sta的引入，检察官和书记处的前台人员可以在受理案件后立即通过工作计算机从联邦中央登记处和交通中央登记处请求查询信息，然后将这些信息存储在相应的侦查程序中，以备其他授权用户随时访问。

（二）专业应用程序

随着2000年8月2日《刑事程序修正案》（BGBl. I S. 1253）的出台，立法机关在法律上规范了刑事诉讼中的数据处理，从而为检察机关此前没有法律依据的人名数据中心奠定了法律基础。根据《刑事诉讼法》第483条及

以下条款，检察机关可以使用不同的专业应用程序（例如 ACUSTA，ARGUS，ASTA，CUST，MESTA 和 web. sta），最终，MESTA 和 web. sta 在两个不同的、大致相同规模的范围中得以推广使用。在诉讼进程管理方面（侦查程序的登记、程序状况的记录、卷宗和时限的控制、自动查询和信息登记、签发羁押令、文字编辑，执行、羁押监控、管理证物、统计）并行开发这两个专门应用程序，而不是尽早地合并应用范围，对于各州政府来说成本不菲，在预算紧张的情况下更是没有多大意义，在最迟于 2026 年 1 月 1 日引入电子卷宗的背景下，必须重新考虑。早日合并不仅可以为各州节省大量费用，而且可以大大减少由于采用共同专业程序（gefa）而出现的问题。联邦制有时也会成为推进这项工作的障碍。

（三）检察机关案件中央登记处 404

检察机关案件中央登记处，最初是基于检察实践的要求，被认为在宪法上必要的（BVerfGE 65，1 ff.），经由 1994 年 10 月 28 日的《预防犯罪法》（BGBl. I S. 3186）在《刑事诉讼法》第 474 条及其以下条款被规定的，它不只是一种重要的信息和工作工具。最重要的是，它有助于改善刑事司法系统的运作。为了达到这一目的，检察机关有义务向作为登记当局的联邦司法局通报法律规定的一些数据，以便实现数据的储存和修改（《刑事诉讼法》第 492 条第 2 款，第 492 条第 3 款第 1 句）。《刑事诉讼法》第 492 条第 2 款第 1 句所述的数据，旨在让跨区犯罪者和多次犯罪者的调查变得容易，通过建立早期的数据收集程序，进一步加快刑事诉讼工作的效率（Löwe-Rosenberg 2010，Vorbemerkung zu § 492 StPO Rn. 2；Meyer-Goßner und Schmitt 2020，§ 492 StPO Rn. 1）。在有政治动机的危险人物轻微犯罪情况下，检察机关案件中央登记处就会发挥重要作用，根据《刑事诉讼法》第 492 条第 2 款第 1 句第 1 项和第 2 项的规定（被告的个人资料、主管机构和案卷编号），如有必要的话，还有第 3 项和第 4 项规定（罪名，特别是犯罪时间、犯罪地点、损害赔偿、指控犯罪的法律规则）的相关数据，可以根据《刑事诉讼法》第 492 条第 4 款第 1 句提交联邦和州的宪法保卫机构以及联邦情报局供其使用。

(四)电子卷宗

与自由经济和律师行业的发展相反,司法机构,特别是刑事司法机构,在不断变化的技术发展方面十分迟缓,并且由于联邦政府结构和各州的预算状况,适应方式也非常不同。在检察机关的工作场所,20 多年前就已经安装了计算机,随着代际变更,拒绝使用的人已经不存在了,并且在检察机关
405 所有工作领域,专业程序对于处理日常工作的优势已经广为人知。但是,对检察机关来说,紧迫且必要的从纸质卷宗向电子卷宗转化仍然是一个特别挑战。立法者最终通过 2017 年 7 月 5 日的《关于在司法机关引入电子卷宗和进一步促进电子法律文件交流的法律》(BGBl. I S. 2208)完成了这项工作。从 2026 年 1 月 1 日起,电子卷宗将取代目前的纸质卷宗成为唯一的主导卷宗。在此之前,《刑事诉讼法》规定了过渡安排。

在刑事诉讼中全面引入电子卷宗将改变检察机关的所有工作场所以及工作流程。与纸质卷宗相比,它为检察机关提供了相当大的优势,这里只能简单作一个概述:

· 加快检察机关、法院和诉讼各方之间的程序沟通。

· 更快地传输卷宗和文件。

· 文件的持续可用性。

· 多个负责卷宗处理的工作人员可以同时访问。

· 可以处理非本地文件。

· 可以更好地对文件内容进行使用、演示和改进。

· 可以改进搜索功能。

· 简化加快数据统计和数据管理。

· 降低办公场所、人员、邮寄以及其他运输费用支出。

(Löwe-Rosenberg 2016, Vorbemerkung zu § 33 StPO Rn. 10)

实施过程现已全面展开,但由于各州和行政区的联邦组织结构差异,执

行进程并不同步。现实中一个实际挑战是各州刑事司法系统中完全不同的信息技术架构,因此需要在所有联邦和州的警察部门之间,以及涉及经济管理领域,在海关和税务稽查之间,在税务犯罪案件办理处和联邦及各州的检察院、法院(就涉及的卷宗来说,其中也包括了普通审判管辖和专属管辖)、联邦机构和州机构之间建立接口。就像所有的基础结构变化一样,魔鬼存在于细节中(steckt der Teufel letztlich in Detail)。

对刑事诉讼程序至关重要的是,电子卷宗的引入不会危及《刑事诉讼法》,《法院组织法》和《欧洲人权公约》所规定的诉讼原则,以及确保德国 406
(刑事)司法部门有相似和同等的工作条件。

(五)共同专业程序(gefa)

随着法律规定最迟于 2026 年 1 月 1 日引入电子卷宗,目前司法系统所有领域存在的完全不同的信息技术架构迫切需要进行根本性的修订,以便集中在一个专业程序之内适用统一的标准。直到各州的司法行政机构最终都能认识到,不仅刑事诉讼,而且司法系统的所有其他专业应用都需要一个共同的专业程序,这是一条异常漫长的道路。在各州司法行政部门就司法系统中引入共同专业程序达成行政协议之前,所谓的现代化总体要求(üAdM)就已经先从检察机关尚未使用的专业程序 ForumStar 中衍生和发展出来。现代化总体要求包含了一些在关键点上无法与检察信息技术专业程序的特殊要求相协调(不足为奇)的指标,因此在后续的专业程序中,这些指标肯定会被再次放弃。

虽然检察机关的专业程序 MESTA 和 web. sta 作为信息传播媒介可以在检察机关所有工作领域内应用(《刑事诉讼法》第 483 条及以下),但今后获取信息将主要通过电子卷宗。目前这样的布局并非 IT 架构的现代化,而是限制了法律允许使用专业程序的可能性,并且也不会产生节约人力资源的效果。

现有的专业程序 MESTA 和 web. sta 的特点是:都具有非常高的数据质

量,可以向用户提供对获得的数据一贯到底的操作,如对统计或报告相关数据进行可靠性审查以及从给定的菜单中筛选,进行自动数据对比以及精心配置权限。与之相对,现代化总体要求设想了所谓的“自我负责的或适格的用户”,并将各组件拆分为案件管理、人员管理、统计、通知和答复,这将大大增加服务部门工作人员的工作量。因为在执行相关业务部门的命令时,必
407 须在几个组件之间不断来回切换。此外,不能低估收集到无效数据的风险。对于检察工作来说,以简单的赋权为原则的“gefa”,若不限制操作方法,隐含着因故意篡改数据(例如,在敏感侦查程序中操纵数据或掩盖处理瑕疵)或过失改变数据(例如通过无意识的存储过载)而引起的巨大风险。如果怀疑有故意的数据篡改,在职务监督的范围内很难找到证据。数据的质量和有效性将无法保障满足侦查程序和刑事诉讼之所需。鉴于诉讼程序的复杂性,工作程序的统一化是不可想象的。

刑事司法机关的共同专业程序无疑是必要的,但绝不能落后于迄今在设计上大体相同的技术程序 web. sta 和 MESTA。它必须体现或涵盖后续法院的诉讼程序,以及检察机关和法院的所有与执行有关的程序,到执行程序、证物管理的完全结束,再到电子卷宗存储状况和删除期限的确定。在技术上必须尽可能地消除操纵数据的隐患。此外,还要确保这个程序能够通过扩展实现个别应用,例如对议会质询进行答复,或者实现业务复查之类的管理目的。对于检察机关来说,通过引入“gefa”至少要确保完成法律规定的任务,并尽可能使之更加方便。在引入“gefa”后,《法院组织法》第 147 条规定的专业监督和职务监督在未来也必须得到保障。

六、前景

科学和技术的进步是不可阻挡的,而司法机构,特别是刑事司法机构,现在已经无所起色地大大落后了。随着过去 20 年持续削减成本,司法几乎全领域地受到了重大影响并且持续如此,导致的结果就是技术和人员方面

的配置被限制在了最低的水平。技术革新在引入时就早已过期和过时的情况并不罕见。检察官和法官们个人也不会使用办公区域配备的技术设备。408
因此,对于以下这一项调查结果就不感到奇怪了,在 2018 年年底对近 1000 名法官和检察官进行的一项调查中显示,有 89%的受访者(Roland Rechtsreport 2019 S. 40 und 41)认为办公区的人员配置和技术设备的改善很重要,不足一半的人认为建立一个安全、实用、全国联网的电子卷宗使用系统很重要,司法工作的数字化需要更快的网络来支撑。鉴于工作负荷较大,检察机关和法院有权要求提供最先进的技术设备。如果我们要应对未来的挑战,这一点势在必行。

(一)法律技术

二十多年来,引进到检察机关的法律技术很有限。"法律技术"这个术语主要是指支持司法工作流程的软件和在线服务,甚至是能够实现自动化的技术服务。法律技术的重要性在不断提升,并将在未来几年从根本上改变检察工作。司法机构中无人能忽视这一技术的发展。法律技术对于检察机关的工作流程起到了优化作用。如果不使用文本编辑程序(如 ESTA)或语音识别软件,并且在高级职位以及服务中心人员数量下降的情况下,检察机关的文字处理工作将无法及时完成。刑事处罚令的费用计算也将通过相应的 web. sta 和 MESTA 专业应用模块来完成。院内图书馆的使用率越来越低,因为在法院和检察机关工作场所的计算机上,更多借助于各种各样的法律数据库资料(例如 juris、beck-online)。最迟从 2026 年年初开始,"gefa"应当且必须与电子卷宗一起以最佳方式支持检察机关所有工作领域的业务流程和案件办理。当然,按照目前的构想,这是否能成功似乎值得怀疑,因为根据此前的介绍,"gefa"在性能上明显落后于当前的专业程序。通过使用专业程序单独的模块或者组件,侦查程序被描摹得越精准,工作流程的自动化程度就越高,速度也就越快。但要做到这一点,还有很长的路要走。

(二)检察机关和人工智能 409

经由 2017 年 7 月 5 日《关于在司法机关引入电子卷宗和进一步促进电

子法律文件交流的法律》(BGBl. I S. 2208)修改了《刑事诉讼法》第32条及其以下几条,以此创设了电子卷宗的法律依据,由此也确认检察机关有义务引入电子卷宗。这就提出了一个问题,即在刑事司法系统中,人工智能的使用是否以及在多大程度上影响检察官和法官的工作流程和决策过程,以及哪些领域可以考虑使用人工智能。对于大多数司法工作人员来说,在他们的工作领域中使用人工智能的想法更多地与科幻小说和(或)法治的恐怖电影剧本联系在一起。然而,人工智能早已不仅仅是科学,而是也进入了日常的司法工作,虽然融入的程度很有限。它并没有取代传统的法律解释方法,而是对其进行补充,从而使事实认定和法律裁定更加容易。在获取法律的方法选择中,引入适用法律者所拥有的先前理解(参见 Josef Esser 1972, S. 136,141),将得到同样由技术开发者的先前理解所接纳的定义及设计和算法范围的补充。现在已经如此,在经济犯罪中大数据的评估只有凭借特殊的评估软件才是可能的,这个软件无非就是人工智能(例如 IDEA、COWISTRA、WIKRI、NUIX)。这种评估结果是作出是否提出指控以及起诉多大范围的决定的依据。由此,诸如《刑法》第266a条中的犯罪损失计算,以及成本计算和刑期计算可以快速且相对可靠地进行。在诸如处罚令等书面进行的程序中,可以加速使用人工智能,将其嵌入文字处理程序之中,从而处理大量的轻微犯罪[例如盗窃低价物品、骗取给付(《刑法》第265a条)、无证驾驶],对类似案件作相似的处理。即使在证据评价、量刑等属于事实审法院领域的职责方面,也不是从一开始就排除人工智能的使用,而是可以把它作为事实审法院作出预期裁判的审查工具。

410 然而,人工智能首先最有可能在检察机关和法院办案达到极限的情况下获得应用。选择这些程序所使用的数据,跟法学方法论中的先行理解一样,取决于主观要素,只是一个有助于减轻工作负担和加快程序处理的辅助工具。然而,人工智能(还?)不能取代检察机关和法院的决定。只要检察官和法官最终对基于他们自己而非完全依靠人工智能的案件所作的决定负责,那么无论是在刑事诉讼法方面还是(法院)组织法方面都不会受到质疑

(《基本法》第 92、97 条)。

(三)对检察机关工作的影响

随着电子卷宗和共同专业程序(gefa)的引入、工作领域法律技术的扩展以及人工智能的使用,检察机关的各个领域都发生了变化。这样一种发展变化是否能够像司法行政机关所希望的那样,即发挥节约人力预算的潜能,这一点看起来十分存疑,这在很大程度上取决于软件程序的性能、可接受度、人员年龄结构和所有人员的培训需求。尽早地让相关人员代表参与这种根本性的变革进程,可能有助于避免以后的冲突。职责、岗位描述和总体要求以及薪资法上的规制和分类,都必须进行审查并适应新的情况。

对那些整天对着电脑屏幕的工作来说,劳动保护尤为重要,例如:工作区域的大小、照明、通风和设备(显示器的数量和尺寸,高度可调的办公桌)。无论是作为工作人员或是用人单位负责人,任何想要并必须推进引入软件程序的人都必须尽早考虑,并让所有业务领域的人员参与进来,并制定出计划,因为 2026 年 1 月 1 日引入电子卷宗是法律设定的义务,这个时间点比一些人所希望的来得更快。

(四)职务监督与专业监督 *411*

随着电子卷宗的引入,实施职务监督和专业监督,以及部门复查和业务复查必须跟以往有所不同。根据《法院组织法》第 147 条第 3 款,州总检察长负责对辖区内检察机关的所有工作人员进行职务监督和专业监督;在其业务范围内,检察机关负责人对所有检察官进行监督和领导。从 2026 年 1 月 1 日起,即使监督活动和领导活动不是作为刑事追诉机关,而是作为司法行政机关的活动,这项工作也必须通过电子卷宗进行。对于州司法行政机关来说,监督与领导的实际执行将是一个问题。因为它不像诸如州地方检察院和州总检察院那样同时也是刑事追诉机关,司法行政机关没有权限访问检察机关的信息系统和专业应用程序。在(后续的)涉及案件的职务监督申诉中,侦查程序的纸质文件现在通过工作渠道提交给州司法行政机关,然而,随着电子卷宗的实施,必须使州司法行政机关与其他并非刑事追诉机关的机关一样,能够以电子卷宗形式接收州地方检察院以及州总检察院的卷宗,以便作出相关决定。必须为州司法行政机关制作电子卷宗的打印件,这是不可接受的(不允许)。就此而言,可能还需要提高问题意识。

为了在检察机关实施部门复查和业务复查,共同专业程序(gefa)必须包含相应的模块,这些模块只有机关负责人享有查询权限,并提供筛查过滤功能。

经过一段时间的过渡期之后,电子化的职务监督与专业监督,以及部门复查和业务复查可能会比之前的纸质卷宗更快、更精准地运行。

412 (五)刑事诉讼程序的实践以及法律后果

电子数据和共同专业程序(gefa)的引入、法律技术的扩张与刑事诉讼中人工智能的发展将在今后几年成为检察机关甚至是刑事司法系统所面临的巨大挑战,同时也是巨大进步。这种发展不可阻挡,也别无选择。越来越重要的是,要制定明确的刑事诉讼准则,确保充分尊重基本(诉讼)权利。为了进一步发展本国法律并使其适应挑战,有必要审查现有本国的和欧洲的刑事诉讼法。立法机关必须审查《刑事诉讼法》中的一些诉讼原则和规定是否已经过时,是否需要根据诉讼现实和科技发展的背景重新考虑这些原则和规定。2020~2022 年第 73 届德国法学家大会致力于研究刑事诉讼程序还需要多少直接原则以及证据转化的方法与限制问题,并不是毫无原因的。

七、概览

170 多年前德意志个别邦国引入检察机关作为法律守护人,这是社会改革进程的结果。《刑事诉讼法》自生效以来已经修订了 250 多次,并根据社会发展、法律政策、科学和技术发展的需要和可能性进行了调整。基于技术进步带来了电子卷宗的引入、共同专业程序(gefa)的引入、法律技术和人工智能在刑事诉讼中的扩大适用,根本性的变化迫在眉睫。检察机关必须直面这样的挑战。然而,必须做到以下几个方面,才有可能成功:

·确保各州的检察机关拥有同等的工作条件。

·确保各州薪酬水平相同且有大幅提高,以便使年轻法律专业人才对成为雇员再次产生兴趣。 413

·所有工作领域以及人员代表尽早地参与即将到来的变革过程。

·在刑事诉讼(刑事程序)中的基本权利和诉讼参与人的权利得到严格尊重。

·程序中的法治不能被发展进步和政治活动牺牲掉。

·为了避免对诉讼程序的政治干预,要在《法院组织法》上明确规定外部指令权的边界和记录义务,以确保程序的透明性和档案的真实性。

鉴于社会的快速发展,现如今检察机关的守护人功能在法治国家中具有特别重要的意义。

参考文献:

Carsten, Ernst Sigismund und E. C. Rautenberg. 2012. Die Geschichte der Staatsanwaltschaft in Deutschland bis zur Gegenwart. Ein Beitrag zur Beseitigung ihrer Weisungsabhängigkeit von der Regierung im Strafverfahren. 2. Aufl. ,Baden-Baden:Nomos Verlagsgesellschaft.

Dünnebier, Hanns. 1958. Die Grenzen der Dienstaufsicht gegenüber der Staatsanwaltschaft, Juristenzeitung, 417-422.

Esser, Josef. 1972. Vorverständnis und Methodenwahl in der Rechtsfindung. Frankfurt/M. :Athenäum Fischer Taschenbuch Verlag.

Krebs, Michael. 2002. Die Weisungsgebundenheit des Staatsanwalts unter besonderer Berücksichtigung des rechtstatsächlichen Aspekts, Frankfurter Rechtswissenschaftliche Studien, Bd. 77. Frankfurt/M. :Peter Lang Internationaler Verlag der Wissenschaften.

Krey, Volker und J. Pföhler. 1985. Zur Weisungsgebundenheit des Staatsanwalts-Schranken des internen und externen Weisungsrechts, Neue Zeitschrift für

Strafrecht,145-152.

Löwe-Rosenberg. 2010. StPO,Band 9 § § 449-492,26. Auflage. Berlin, New York:Walter de Gruyter.

Löwe-Rosenberg. 2016. StPO,Band 1 Einleitung § § 1-47,27. Auflage. Berlin,New York:Walter de Gruyter.

Maier,Winfried. 2003. Wie unabhängig sind Staatsanwälte in Deutschland? Zeitschrift für Rechtspolitik,387-391.

Meyer-Goßner/Schmitt. 2020. Strafprozessordnung mit GVG und Nebengesetzen,63. Auflage. München:C. H. Beck.

Odersky,Walter. 1989. Aktuelle Überlegungen zur Stellung der Staatsanwaltschaft. In Eyrich/Odersky/Säcker,Hrsg. ,Festschrift für Kurt Rebmann zum 65. Geburtstag,343-358. München:C. H. Becksche Verlagsbuchhandlung.

Otto,Gustav. 1899. Die preußische Staatsanwaltschaft. Aus Anlaß ihres 50jährigen Bestehens als historisch-kritische Studie nach amtlichen Quellen bearbeitet. Berlin:Verlag Guttentag(jetzt:Walter de Gruyter).

Pflieger,Klaus. 2009. Die Geschichte(n) der württembergischen Staatsanwaltschaften. Vaihingen/Enz:IPa Verlag oHG.

Roland Rechtsreport 2019. Institut für Demoskopie Allensbach.

Rüping,Heinrich. 1992. Die Geburt der Staatsanwaltschaft in Deutschland, Goltdammers's Archiv für Strafrecht 147-158.

Schairer,Martin. 1998. Gedanken zum externen Weisungsrecht. In Eser/Schittenhelm/Lenckner/.

Schumann,Hrsg. ,Festschrift für Theodor Lenckner zum 70. Geburtstag, 739-754. München:C. H. Beck.

Wohlers,Wolfgang. 1994. Entstehung und Funktion der Staatsanwaltschaft: Ein Beitrag zu den rechtshistorischen und strukturellen Grundlagen des reformierten Strafverfahrens. Berlin:Duncker & Humblot.

译者后记

当代中国的检察制度具有鲜明的中国特色，谈及域外检察制度对我国检察制度的影响时，并不能找到移植德国检察制度的直接依据。德国检察制度更多是借助笼统的大陆法系检察制度或者欧陆检察制度的指称，作为现代检察制度的源起传承之一环而被引入中文语境的，这也导致了很多关于德国检察制度的表述语焉不详或者以非为是、以讹传讹，一些原本可以佐证、启发的制度原型只能被用来作点缀式援引。德国检察制度厕身于大陆法系检察制度面目不清的整体形象之下，散见于各种论述之中，大概只剩下刑事诉讼以及检察理念方面的泛泛而论。从刑事诉讼方面说，德国检察机关作为德国刑事诉讼程序中的一个重要角色，承担了特定的诉讼职能，然而其并不能为我们提供诸如公益诉讼检察、民事检察、行政检察之类的制度参考资源，由此看，它完全可以只作为刑事诉讼法教科书的某个章节。可能有人会产生这样的疑问，还有必要单独讨论德国检察制度吗？至于检察理念的部分，我国台湾地区学者撰就的《检察官论》[1]居功厥伟，曾风靡一时，引领了检察理想主义的大旗，诸如“法律守护人”“世界上最客观的官署”等名言深入人心。然而同样让人心生疑问的是，面对制定法上的指令权以及理论上的检察一体，到底怎样才能够保证检察官履职遵循客观性原则，检察机

[1] 林钰雄：《检察官论》，台北，学林文化事业有限公司1999年版。

关又是如何成为“世界上最客观的官署”的？概言之，德国检察制度到底是可以借鉴的理想型还是普通的（当事人意义上的）公诉机关？欲解开这样的疑问，还是要回到比较研究当中，带着问题探析德国检察制度的运行状态，而非拘泥于制定法的个别表述，甚至把这些表述当作德国检察制度的全部。

遗憾的是，关于德国检察制度的介绍长期缺乏第一手的最新资料，一些论著仍然在引用二十年前出版的译著，不免让人思量其资料是否可信。十余年前，国内出版了几部中外检察制度比较研究的著作，译者之一曾依据相关法律条文和零散的资料做了一个专题介绍，勾勒出了德国检察制度的概貌[1]，也有几点创见[2]，但仅止步于静态的、结构性的描述。近年来情况有所好转，魏武博士继2008年的《法德检察制度》之后推出了《德国检察纵论》[3]，从较长时间跨度内选译了一批重要论文，其中既有关于检察史的发覆之作，也有克劳斯·罗科信教授的经典论文，还有晚近一直甚有争议的协商制度研究，但总体上文献距当下已有一段时间。另有但伟教授译介的《德国检察机关职能研究——一个法律守护人的角色定位》[4]，以实地采访数据为基础提供了检察生态的生动描述，相关文字肯定能够激起我国很多检察人员的共鸣。由是可知，关于德国检察制度的介绍，不是太多，而是太少。

检察制度一直以来被划归刑事诉讼法的领地。与德国刑法的优势影响地位形成鲜明对比的是，德国刑事诉讼法对于国内的影响远逊得多，不过随着几部德国刑事诉讼法典的引入，这种情况正在改变，在不远的将来，会有更多通行的德国刑事诉讼法教科书被译介为中文，连带着有关德国检察制度的面目将越来越清晰。因此，当下无论作出怎样的判断可能都为时尚早。或许正确的做法是客观视之，既不将其视为高山仰止的模板，也不宜对其过

[1] 甄贞等：《检察制度比较研究》，法律出版社2010年版，第120~216页。

[2] 如揭示了法律守护人与法律监督具有亲缘性，系统梳理了德国检察机关参与非刑事诉讼方面的职能，以及德国检察官秉持客观性的职业伦理自觉。

[3] ［德］汉斯-约格·阿尔布莱希特、［中］魏武编译：《德国检察纵论》，中国检察出版社2021年版。

[4] ［美］肖恩·玛丽·博伊恩：《德国检察机关职能研究——一个法律守护人的角色定位》，但伟译，中国检察出版社2021年版。

分贬低，而应像海绵一样虚心吸纳更多的资料与养分，更近距离地观察它、认识它，了解德国检察制度的运行及实际的检察履职，然后审视对我国检察制度有何启发，对于职权主义诉讼模式优化可以提供什么样的镜鉴，以及在法系融合的大背景下如何坚持固有诉讼文化。作为这个总体目标之下的一小步，译介《德国检察机关的创新发展——社会变迁中检察机关的职责与未来》是一个小尝试，力图为想了解德国检察制度的读者提供一些近距离观察的资料和支撑。需要指出的是，这本书并不是一部专著，而是一部新近（2021 年）出版的论文合集，主要由一线实务人士围绕与德国检察机关有关的不同主题撰写。这种论文集的性质决定了本书主题的多元性，所以，无法奢求通过它就能形成德国检察制度的整体印象。但如果读者立足于学术谱系的脉络之中，便会同意以下观点：与其面面俱到地泛泛而论，不如围绕前沿问题凝神静思，用相对厚重的多彩马赛克拼接起社会变迁中检察创新发展的动态图景。

相比部分德国检察机关特有的难题（如欧洲化），本书大部分的主题都能与我国检察机关面临的问题形成对照，比如检察人员的工作负荷很大一部分来自诉讼的复杂化，即程序保障的严密、工作步骤（兼顾不同参与人的权益）的增多以及频繁地修法。理解检察机关的行动逻辑必须进一步了解检察机关的职业形象、社会认知以及现实行为选择，这需要基于社会学的观察，而不能止步于法条描摹或相关规定的推演。面对恐怖主义、极端主义，在强化技术手段运用的同时，有必要推进集中化办案以及集中管辖，以组织结构的变革迎接新形势、新任务的挑战；包括已经高度专门化的未成年人检察，以及对毒品犯罪、经济犯罪、网络犯罪的集中化应对。企业合规是刑事追诉私人化的一种表现形式，但企业内部的调查必须遵循相应的程序保障，才能将相关调查结果转化为刑事诉讼中的证据，对此检察机关不应任意让渡其追诉职权和降低证明标准。检察履职及检察裁量实际上是在履行法律政策，因此不可避免地带有政治色彩，彻底回避检察活动的政治性无异于自欺欺人，政治考量也并不等同于不符合法律的考量，所以，重要的不是否定指令权,而是落实透明原则以及将指令记录在案,接受更广范围的评鉴。随着信息时代的来临,数字化对检察履职的影响越来越大,无论是办案软件、电子卷宗还是统一数据标准、构建统一信息平台都已经提上议程,而且这个根本性的转变过程远比人们预想的更快。即使警察是实际的侦查主体,但为确保侦查结果经得起证据裁判和合法性原则的考验,也需要在侦查过程中强化检警合作,尤其是重大新型疑难案件中,离不开检察人员及时介入提供专业法律知识,为此,相互通报(告知)和数据共享则是必要的。律师与检察官不是对抗的两造,在法律规定之下共同避免错误裁判是其共同目标,这也决定了刑事诉讼不能演变为激烈交锋的剧场秀。[1] 现代检察工作越来越多地需要社会司法辅助力量的参与(如社会调查报告、多元化的预防犯罪),但这些社会司法辅助力量的职责与整合都需要高度重视,如果任由其自然生长,将妨碍他们提升专业水平并进而影响刑事政策的落地,等等。以上只是这本书中个别值得关注的论点,更多观点尚需要读者穿过或言近旨远或晦涩拗口的文字丛林去挖掘、探析。

本书的译介工作于2022年完成,历时七个月。伴随着起起伏伏的疫情,我们这个小小的翻译团队克服了种种困难,利用工作之余拿出了初稿,之后,为最大程度地减少误译以及表述上的不统一,我们进行了互校。但必须承认,因为论文集中的文章难易程度并不一致,个别文章用语艰涩,有的句子甚至极为费解,受限于翻译团队的德语水平和翻译经验,尽管我们在翻译过程中频繁叨扰师友,请益多方,但译文肯定有这样那样的问题,其中也不乏误解错译之处。为便于核查,正文标记了原文的页码,通过页边码可以迅速锁定个别段落或字句。需要特别说明的是,本译著是北京市人民检察院推出的“首都域外检察译丛”项目系列出版物的第一本,北京市检察机关特别是译者所在单位相关领导鼎力支持开展检察理论研究,对译介及出版抱之以足够的耐心与宽容,让作品以相对完善的状态呈现在读者面前。最后

[1] 检察官参与律师惩戒程序这项职责向来为国内研究者所忽视。

但并非最不重要，要特别感谢法律出版社的编辑们，朱峰老师极富执行力地敲定合作项目，马秋婧老师高效地解决版权事宜，与翻译团队反复沟通出版细节，金姗老师十分负责地审阅书稿，指出了大大小小无数问题。2023 年上半年，根据编辑老师的反馈，翻译团队又进行了一次全面复核、一次通校，消除了初译稿件中存在的若干问题，期间北京市人民检察院法律政策研究室的马含序、王玲同志参与了校对。在这个过程中，我们深切地体会到编辑工作的不易与不可或缺。当然，最终对译稿质量负责的还是我们翻译团队。至于本书是否达到了预期价值，尚请读者诸君品鉴与指正。

王志坤（北京市人民检察院）
王梅杰（北京市通州区人民检察院）
张雁涵（北京市平谷区人民检察院）
孟俊伟（北京市昌平区人民检察院）
2023 年 7 月

图书在版编目(CIP)数据

德国检察机关的创新发展：社会变迁中检察机关的职责与未来 /（德）拉尔夫·彼得·安德斯，（德）基尔斯滕·格拉尔曼-舍雷尔，（德）杨·亨里克·沙迪主编；王志坤等译. -- 北京：法律出版社，2023
(首都域外检察译丛)
ISBN 978-7-5197-8057-9

Ⅰ. ①德… Ⅱ. ①拉… ②基… ③杨… ④王… Ⅲ. ①检察机关－研究－德国 Ⅳ. ①D951.663

中国国家版本馆 CIP 数据核字(2023)第 117672 号

德国检察机关的创新发展
——社会变迁中检察机关的职责与未来
DEGUO JIANCHA JIGUAN DE CHUANGXIN FAZHAN
—SHEHUI BIANQIAN ZHONG JIANCHA JIGUAN DE ZHIZE YU WEILAI

[德]拉尔夫·彼得·安德斯
[德]基尔斯滕·格拉尔曼-舍雷尔 主编
[德]杨·亨里克·沙迪
王志坤 等 译

责任编辑 马秋婧
金 姗
装帧设计 臧晓飞

出版发行 法律出版社
编辑统筹 辞书·融出版编辑部
责任校对 张翼羽
责任印制 吕亚莉
经　　销 新华书店

开本 710 毫米×1000 毫米 1/16
印张 27.25 **字数** 373 千
版本 2023 年 11 月第 1 版
印次 2023 年 11 月第 1 次印刷
印刷 北京虎彩文化传播有限公司

地址：北京市丰台区莲花池西里 7 号(100073)
网址：www.lawpress.com.cn
投稿邮箱：info@lawpress.com.cn
举报盗版邮箱：jbwq@lawpress.com.cn
销售电话：010-83938349
客服电话：010-83938350
咨询电话：010-63939796

书号：ISBN 978-7-5197-8057-9
定价：98.00 元
凡购买本社图书，如有印装错误，我社负责退换。电话：010-83938349